Arroba lengua

Arroba lengua

Cómo internet ha cambiado nuestro idioma

Gretchen McCulloch

Traducción de Miguel Sánchez Ibáñez

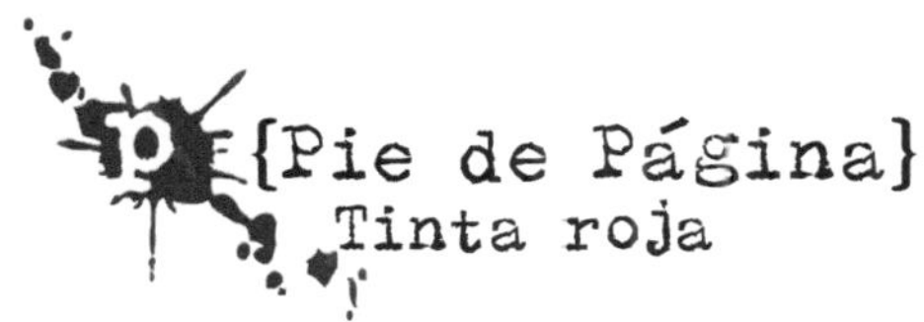

Título original: *Because Internet*

Primera edición en español, 2024

Corrección: Susana Sierra y Juan Romeu
Diseño de cubierta: José Miguel Rodríguez Montoya
Maquetación de interior: Marta Vega

Depósito legal: M-17482-2024
ISBN: 978-84-128718-3-8

La traducción de este libro se rige por el contrato tipo propuesto por ACE Traductores.

Impreso de forma cariñosa en España.

Índice

Capítulo 1. La escritura informal 13
Capítulo 2. Lengua y sociedad 33
Capítulo 3. La gente de internet 91
Capítulo 4. La voz escrita 149
Capítulo 5. Emojis y otros gestos 209
Capítulo 6. ¿Cómo cambian las conversaciones? 261
Capítulo 7. Los memes y la cultura de internet 313
Capítulo 8. Una nueva metáfora 349

Agradecimientos

Notas 365

Índice de términos 415

Arroba lengua es ideal para cualquiera que se haya parado a pensar alguna vez cómo puntuar un mensaje de texto, o que de pronto sienta la necesidad de saber de dónde vienen los memes. Es un libro perfecto para entender el modo en que internet está cambiando nuestra lengua, por qué es bueno que eso suceda y hasta qué punto nuestras interacciones digitales hablan de nosotros mismos.

La lengua es el proyecto de código abierto más espectacular que la humanidad ha concebido jamás, e internet está haciendo que cambie más rápido que nunca, y de modos totalmente insospechados. Las aplicaciones y las redes sociales condicionan nuestras conversaciones a golpe de teclado, desde las estructuras gramaticales de los textos con los que actualizamos los estados hasta las normas de cortesía que seguimos para dejar comentarios o responder a otros internautas. Las comunidades virtuales más creativas con el lenguaje inventan nuevas jergas y palabras a una velocidad abrumadora. Las redes sociales hacen las veces de lente privilegiada a través de la que observar el modo en que todos esos textos espontáneos y descontrolados hacen que la lengua evolucione.

Cualquier fenómeno lingüístico, por absurdo que pueda parecer, responde a un patrón que no siempre es evidente.

Gretchen McCulloch, lingüista especializada en internet, se adentra en esas pulsiones ocultas que dan forma al lenguaje humano y marcan el modo en que nos comunicamos con nuestros semejantes. A través de estas páginas, la autora nos explica por qué nuestros inicios en internet y nuestra preferencia por escribir «jajajaja» o «JAJAJAJA» están más relacionados que lo que podamos pensar en un principio. También desgrana los motivos que han llevado a las ~virgulillas~ a triunfar como marcadores textuales de ironía tras siglos de sonados fracasos tipográficos, y nos cuenta qué tienen en común los emojis y los gestos, o cómo el lenguaje confuso y deslavazado de los memes es, precisamente, la principal causa de su éxito.

A la gente que hace la lengua en internet:
Este libro no es más que un mapa; vosotros sois el territorio.

Capítulo 1

La escritura informal

Imaginemos que, en lugar de con personas, hubiéramos aprendido a hablar con grabaciones. Imaginemos que hubieran sido las películas las que nos hubieran enseñado a entablar conversaciones: probablemente pensaríamos que la gente cuelga el teléfono sin despedirse y que las interrupciones no existen. Imaginemos que hubiéramos aprendido a poner voz a nuestras ideas como lo hacen en la televisión: quizá creeríamos que nadie balbucea ni gesticula mientras piensa en lo que va a decir y que rara vez decimos tacos, especialmente si estamos en horario infantil. Imaginemos que hubiéramos aprendido a contar historias solo con audiolibros: creeríamos que el español apenas ha cambiado en los últimos doscientos años. Si hablar en público fuera nuestra única manera de comunicarnos oralmente, probablemente pensaríamos que es imprescindible prepararse durante horas para hacerlo bien y que el cosquilleo en el estómago es inevitable.

Nada más lejos de la realidad. Aprendimos a hablar nuestra lengua en casa, de manera informal, y empezamos a hacerlo mucho antes de que fuéramos capaces de ver un telediario entero o de dar un discurso. De hecho, puede que nunca nos hayamos sentido del todo a gusto al hablar en público, pero que no nos cueste lo más mínimo comentar con un amigo el tiempo que hace. Seguro que usamos las mismas partes del cuerpo en las dos situaciones, aunque son tareas muy diferentes.

Y, sin embargo, es así como aprendemos a leer y a escribir.

Cuando pensamos en la escritura, nos vienen a la cabeza libros y periódicos, revistas y artículos académicos, y también las redacciones escolares en las que intentábamos emular esos textos con resultados más que discutibles. Aprendimos a leer en un registro formal que parecía decirnos que nuestra lengua no había cambiado nada en el último par de siglos, que nos servía palabras y libros como si hubieran salido tal cual de las mentes de sus autores, sin ningún tipo de adaptación, y que alimentaba la ilusión de que los intercambios de ideas tienen lugar de forma ordenada, en perfecta simetría entre las partes implicadas. Agarrotados por el miedo a las correcciones en rojo, se nos enseñó a preocuparnos por la forma antes de tener claro siquiera lo que queríamos decir, como si la buena escritura consistiera en ir optando mecánicamente por una u otra regla, en lugar de dejarse llevar por el ingenio y la intuición. La consecuencia lógica de todo esto es que una hoja en blanco nos intimidaba tanto como un patio de butacas esperando a escucharnos.

Y esto ha sido así hasta hace bien poco. Internet y la telefonía móvil han multiplicado el número de personas que escriben a menudo. La escritura se ha convertido en un elemento conversacional indispensable de nuestra vida cotidiana. En el año 800, Carlomagno llegó a coronarse emperador del Sacro Imperio Romano sin poder escribir ni su propio nombre. Y sí, seguro que tenía escribanos que le redactaban las leyes, pero ¿se puede dirigir un imperio sin saber escribir? Hoy en día cuesta pensar en organizar una simple fiesta de cumpleaños sin tener que hacerlo. No obstante, no es que un tipo de escritura haya sustituido a otro: el mensaje de «feliz cumpleaños» no ha suplantado a los tratados diplomáticos. Más bien, el cambio reside en el hecho de que ahora utilizamos el lenguaje escrito en todo tipo de registros, tal y como llevamos haciendo un montón de tiempo con el lenguaje oral.

Hoy en día escribimos constantemente, y la mayoría de las veces se trata de textos informales: nuestros mensajes y *posts* en redes sociales son fugaces, espontáneos y no pasan por el ojo crítico de un corrector. Si crees que un escritor es alguien que ha escrito algo que ha llegado a más de cien personas, entonces prácticamente cualquiera que haya anunciado en sus redes sociales que va a cambiar de trabajo o que está esperando un bebé encaja en tu definición. Y no es que la escritura cuidada y formal haya desaparecido de la red (de hecho, hay muchas webs de noticias o de negocios en las que se escribe como en los medios impresos), sino que ahora está rodeada de un inmenso mar de palabras descuidadas que hasta hace un tiempo solo escuchábamos, pero no leíamos.

Soy lingüista y me paso la vida en internet. Cuando veo la creatividad que rezuma la lengua que se usa en redes me entran unas ganas locas de entender todos sus porqués. ¿A qué se debe la repentina popularidad de los emojis? ¿Por qué hay tantas diferencias en la manera de puntuar el texto de un correo electrónico dependiendo de la edad de quien lo escriba? ¿Por qué es tan fascinante, y al mismo tiempo extraño, el lenguaje que se emplea en los memes?

No soy la única que se pregunta todas estas cosas. Cuando empecé a escribir en internet sobre, precisamente, lingüística e internet, no tardé en recibir muchas otras preguntas de mis lectores, que me llevaban a publicar nuevos textos para responderlas. Asistí a congresos, me empapé de investigaciones sobre el tema y planteé mis propios interrogantes. Me di cuenta de que en la mayoría de los casos tenían respuesta, pero que nunca me las daban usuarios asiduos de internet, no estaban todas juntas en un mismo lugar ni eran textos sencillos y amenos de leer, independiente de los conocimientos de lingüística que tuviera quien los abordara. Por eso escribí este libro.

A las personas que nos dedicamos a la lingüística nos interesan esas claves ocultas que acaban por dar forma al lenguaje cotidiano. Sin embargo, no hemos analizado demasiado la escritura a lo largo de la historia, salvo cuando los textos escritos eran la única fuente de la que disponíamos para estudiar la historia de una lengua. El problema es que escribir es una tarea que exige mucha premeditación, que con frecuencia corre a cargo de varias personas y que, en consecuencia, es muy difícil de atribuir únicamente a las intuiciones lingüísticas de un único individuo en un momento determinado. Sin embargo, la escritura en internet es completamente diferente: su forma no está cuidada, apenas está procesada y es, en consecuencia, maravillosamente banal. Además, y tal y como no he parado de descubrir con cada capítulo de este libro, desentrañar lo que se esconde tras el lenguaje escrito de internet nos ayuda a entender mejor el lenguaje en general.

La escritura en internet también resulta útil porque analizar el lenguaje hablado es una auténtica pesadilla. En primer lugar, porque las intervenciones orales se desvanecen en cuanto se dicen y, si estás apuntándolas, es fácil que pases cosas por alto o que las confundas, así que piensas que quizá sea mejor grabarlas, pero aquí llega el segundo problema: tienes que trasladar a las personas a un estudio o llevar contigo una grabadora en todo momento. Por si fuera poco, cuando ya tienes tu grabación, surge el tercer problema: procesar los datos. Cada minuto de audio implica aproximadamente una hora de trabajo cualificado para lograr una transcripción que permita hacer análisis lingüísticos: tras una primera transcripción general, es necesario añadir información fonética detallada y extraer fragmentos para analizar sus frecuencias acústicas o las estructuras sintácticas en las que se organizan. Infinidad de atribulados estudiantes de lingüística han dedicado años de su vida a estas tareas, intentando dar con respuestas para unas pocas preguntas. Es muy difícil hacerlo a gran escala. Encima, hay una cuarta dificultad: es probable que los participantes de tu estudio no vayan a hablar con un lingüista provisto de una grabadora del mismo modo que lo harían con sus amistades. ¿Y si nos centramos en la lengua de signos? Pues en lugar de analizar un único canal, el audio, nos enfrentaremos a dos, al tener grabaciones de vídeo. ¿Qué tal si nos saltamos esta fase y trabajamos con grabaciones ya existentes? Buena suerte, porque en ese caso hablamos de emisiones periodísticas, de ficción o de otras variantes que, en todo caso, serán formales.

Antes de la llegada de internet también era difícil estudiar la escritura informal. Es cierto que existía en cartas, diarios y postales; pero, para cuando esos testimonios se donaban a un archivo, llevaban décadas cogiendo polvo en cajas, por no hablar de que también había que procesarlos para poder estudiarlos en detalle. Descifrar caligrafías añejas, plasmadas en viejos papeles, es solo un poquito más sencillo que transcribir audios. Los estudios sobre cartas decimonónicas o manuscritos medievales pueden revelarnos que una palabra es más antigua de lo que pensábamos, o confirmarnos cambios en su pronunciación, deducidos a partir de modificaciones ortográficas, pero estudiar la lengua con cincuenta años de retraso, y además hacerlo basándonos únicamente en muestras escritas de gente lo suficientemente célebre como para que sus cartas hayan acabado en archivos, no parece la mejor de las ideas. Sin embargo, si quisiéramos trabajar con material más actual, nos enfrentaríamos de nuevo al reto logístico que supone poner a gente a escribir, por ejemplo, postales, y esperar que no tengan demasiado en cuenta que sus palabras van a ser miradas con lupa por lingüistas.

Afortunadamente, la lengua que se usa en internet es, por un lado, más fácil de procesar, porque ya está en formato digital, y, por otro, mucho menos susceptible de verse distorsionada porque alguien esté observando a quien la utiliza, ya que, en la mayoría de los casos, cuando accedemos a ella ya está publicada en tuits, blogs o vídeos. En cualquier caso, si nos planteamos investigar la lengua que se usa en internet, deberemos tener en cuenta las implicaciones éticas de trabajar con datos lingüísticos públicos que, sin embargo, si se sacan de contexto, pueden perjudicar a sus autores. Internet también ha aligerado la tarea de difundir encuestas lingüísticas o de pedir a la gente que ceda los archivos de sus mensajes privados. Sin embargo, basar el estudio de la lingüística en lo que nos encontramos en internet no se reduce a analizar el meme de moda (aunque hablaremos de memes en próximos capítulos), ni mucho menos: nos permite zambullirnos en las profundidades del lenguaje cotidiano como nunca antes había sido posible, y hace que podamos dar nuevas respuestas a preguntas clásicas de la disciplina, como ¿cuándo se empezó a decir esta palabra?, ¿por qué se ha puesto de moda?, ¿en qué contextos se usa más?

A mí me gustan los libros buenos. También he visto unas cuantas charlas TED, y las disfruto. Soy muy consciente de las horas de trabajo artesano que hay detrás del proceso de enlazar ideas y lograr que fluyan con naturalidad, y me parece algo digno de admirar, pero la literatura y la oratoria ya están bien servidas de admiración. Como lingüista, lo que de verdad me cautiva del lenguaje son esas destrezas que ni siquiera sabemos que dominamos, esas dinámicas que surgen espontáneamente, sin pensar.

Son pautas que afloran incluso cuando aporreamos el teclado sin sentido para reflejar una emoción tan intensa que no encontramos palabras que puedan definirla. Una secuencia típica de letras tecleadas de este modo sería algo como «asdljklgafdljk» o «asdfkfjas;dfl», nada que ver con el «tfgggggggggggggggggggggggggggggxdzzzzzzzzzzzz» que haría, por ejemplo, un gato, si se paseara por el teclado. Algunas de las pautas que se pueden extraer de este tipo de tecleo aleatorio son las siguientes:

— Casi siempre empieza con una «a».
— Con frecuencia empieza con «asdf».
— Otros caracteres que suelen aparecer a continuación son «g», «h», «j», «k» y «l», pero no tienen por qué hacerlo en ese orden, y con frecuencia se alternan entre sí y se repiten.
— A menudo los caracteres de este tipo de secuencias pertenecen a la línea central del teclado, en la que los dedos se apoyan cuando no están tecleando, de lo que se podría deducir que quienes teclean de esta manera suelen tener nociones de mecanografía.
— En el caso de que aparezcan caracteres cuyas teclas están en filas que no sean la central, es más común que se ubiquen en la fila superior («qwe») que en la inferior («zxc»).
— Generalmente son todas mayúsculas o todas minúsculas, y rara vez se incluyen números.

Está claro que la mayoría de estas pautas obedecen a que aporreamos teclados QWERTY en lugar de usar generadores aleatorios de letras, pero lo cierto es que nuestras expectativas sociales no hacen sino reforzarlas. A modo de encuesta informal, pregunté a varias personas si volvían a teclear estas secuencias cuando no les parecían lo suficientemente aleatorias. Si bien es cierto que me encontré con algunos puristas que daban al intro sin pensar demasiado en lo que hubiera salido de los dedos, descubrí que la mayoría de la gente solía borrar y volver a teclear cuando no les gustaba el aspecto de la secuencia original, y también me topé con una significativa minoría de personas que cambiaba solo algunas letras. También me encontré con usuarios del teclado Dvorak, en el que la fila central contiene las teclas de las vocales, y no la secuencia ASDF, que aseguraban que ya no tecleaban a lo loco porque el resultado no cumplía ninguna función social. En cualquier caso, el tecleo aleatorio podría estar mutando: me he dado cuenta de que existe una pauta alternativa, que es más «gbghvjfbghchc» y no tanto «asafjlskfjlskf», y que nace de machacar la zona central del teclado de los móviles a golpe de pulgar.

La cosa no es que creemos patrones, sino que incluso cuando intentamos no crearlos y nos pensamos que simplemente somos miles de millones de primates aporreando sin sentido miles de millones de teclados, no podemos evitar ser primates, sí, pero sociales; como tales, reparamos en nuestros semejantes e interactuamos con ellos. Incluso cuando algo parece incoherente a quien no esté familiarizado con ello, o cuando lo presentamos como incoherente, de forma intencionada, a quien ya sabe de qué va la historia, nuestra naturaleza humana nos hace prácticamente imposible actuar en ninguno de los dos casos sin crear un patrón. En este libro, mi objetivo es desentrañar en qué consisten algunos de esos patrones, analizar por qué los adoptamos y proporcionar las herramientas que permitan mirar el lenguaje que se usa en internet desde el punto de vista de una buscadora de patrones.

Al igual que ha sucedido en cualquier periodo especialmente disruptivo, la explosión de la escritura informal está cambiando el modo en que nos comunicamos. Las normas que hemos forjado para escribir libros y periódicos no se aplican igual de bien a los mensajes de texto, chats y *posts*. ¡Imagina lo extrañas que te parecerían las conversaciones cotidianas si lo único que hubieras escuchado en tu vida fueran monólogos guionizados para televisión! Tenemos una cierta intuición de cómo funciona el registro informal: llevamos siglos modelándolo y es uno de los pilares de los estudios lingüísticos, como la escritura formal lo es de la literatura y el discurso oral formal de la retórica. Sin embargo, históricamente hemos ignorado la combinación de escritura e informalidad, y es precisamente esa intersección la que tiene lugar, de forma magistral, en internet. ¿Cómo se ensambla con las variables que acabamos de mencionar?

	Oral	Escrito
Informal	Conversaciones, discursos internos… 💬	Mensajes, chats, redes sociales, diarios personales, notas… 📱
Formal	Discursos, radio, televisión, interpretación 🎙	Libros, artículos, páginas web tradicionales 📰

Una manera de abordar la escritura informal es hacerlo en términos de eficiencia. En la mayoría de las lenguas, las palabras cortas tienden a ser las más comunes y suelen aportar muy poca información a los enunciados, mientras que las palabras más largas son menos frecuentes, pero poseen mayor carga informativa. Piensa en las palabras «por» y «jirafa». Obviamente, «por» es más común, y también mucho más corta: una simple secuencia de consonante + vocal + consonante, que, además, podemos reducir en algunos contextos a, simplemente, «x». Por su parte, «jirafa», sin ser kilométrica, es más larga y mucho más informativa: al escuchar, de pronto, «¡jirafa!», podemos hacernos una idea bastante certera de lo que está pasando, y si la omitiéramos en frases como «siento mucha simpatía por las ____», podríamos rellenar su hueco con muchas otras palabras. Escuchar de pronto un «¡por!» se nos haría bastante absurdo, y si lo omitiéramos («siento mucha simpatía ___ las jirafas») no nos costaría deducir su presencia. Emplear un monosílabo tan breve y versátil como «por» para designar un concepto tan poco común como un mamífero artiodáctilo rumiante originario de África sería todo un derroche de recursos. Del mismo modo, si asignáramos el significado de «por» a una secuencia de sonidos tan larga como la de «jirafa», también estaríamos siendo muy poco eficientes. Solo en lo que llevamos de capítulo, la palabra «por» ya ha aparecido veintiséis veces, y si fuera tan larga como «jirafa» estaríamos utilizando una palabra con mucha enjundia... para un significado mucho más liviano.

La frecuencia de uso no es algo completamente estático: la palabra «jirafa» no se usó con normalidad en español hasta el siglo XVI, ya que, hasta entonces, se las conocía comúnmente como «camellos pardales». «Jirafa» marcó la diferencia, y no le hizo falta ser tan corta como «por», que, en cualquier caso, siempre tendrá una frecuencia de uso mayor que «jirafa», incluso entre el personal encargado de las jirafas en los zoológicos. Los animales verdaderamente rebuscados, como el ajolote (un tipo de anfibio similar a una salamandra) o el *Wunderpus photogenicus* (un tipo de pulpo que, haciendo honor a su nombre, es muy fotogénico) no reciben nombres especialmente comunes ni breves, aunque no pierdo la esperanza de que algún día la Asociación para la Defensa del Ajolote y del *Wunderpus Photogenicus* (¿la ADAWP?) declare que nombran a estos seres con la suficiente frecuencia como para que hayan acuñado nombres más eficientes para referirse a ellos.

A veces, como pasa con los «por» y las «jirafas», la eficiencia en la escritura y en la lengua oral viene a ser la misma cosa: más letras sobre el papel se traducen en más sonidos que generar con la boca. Otras veces el canal oral y el escrito toman caminos separados. Al hablar solemos ganar en eficiencia comiéndonos sílabas innecesarias, o fusionando sonidos, aunque el resultado sea difícil (o controvertido) de transcribir. Al hablar, acortamos palabras sin preocuparnos demasiado por cuestiones ortográficas: en algunas variantes del español aspiramos las eses de los plurales y seguimos siendo totalmente comprensibles, pero nos lo pensaríamos dos veces antes de escribir cosas como «lah casah»: algo que por escrito generaría dudas, fluye sin problema en la lengua hablada. Existen casos más extremos, en los que los hablantes simplifican grupos de palabras, y, en lugar de decir «pues ya está», por ejemplo, acaban pronunciando «poh yahtá», o, simplemente, haciendo un gesto con las manos reconocible para el resto de hablantes. «Poh yahtá» es más fácil de articular que «pues ya está», pero no es muchísimo más breve (aunque a veces lo escribamos para imitar el discurso oral). El gesto con la mano es extremadamente sencillo de producir (de hecho, te permite comunicarte incluso mientras te estás comiendo un bocadillo), pero no es eficiente en absoluto a la hora de escribir, ya que requiere una explicación completa de su significado. También intentamos mantener un flujo de información constante, para lo que decimos más rápido las palabras más predecibles, pero vocalizamos con cuidado las menos esperables. Parece lógico pensar que pronunciaremos la palabra «levantar» bastante rápido en la frase «Hoy no me puedo levantar», donde es muy predecible gracias a la archifamosa canción de Mecano, pero que, sin embargo, la diremos mucho más despacio en un contexto donde no nos la esperemos tanto, como en «no basta con levantar al débil; es necesario sostenerlo después», uno de los aforismos menos conocidos de William Shakespeare (salvo que seas fan de los aforismos de Shakespeare y no hayas oído hablar en tu vida de Mecano, en cuyo caso la cosa sería al revés).

Al escribir, con frecuencia ganamos en eficiencia seleccionando unas pocas letras importantes de cada palabra o juntando símbolos, aunque las combinaciones resultantes sean impronunciables. Los tipos de ideas que abreviamos cuando escribimos han evolucionado en función del tipo de cosas en cuya escritura hemos querido ir optimizando. Los romanos consideraron mucho más práctico grabar en sus monedas y estatuas *SPQR* en lugar de *Senatus Populusque Romanus.* Los copistas medievales apretujaban las palabras de tal manera que acabaron creando nuevos símbolos, como *&* o %. Cuando el Renacimiento trajo consigo un creciente interés por los clásicos y por la ciencia, los estudiosos empezaron a abreviar expresiones latinas, como *e. g.* ('exempli gratia', es decir, «por ejemplo») e *ibid.* ('ibídem', «en el mismo lugar», que se utiliza para remitir a referencias ya citadas anteriormente en el texto). Pero la auténtica edad de oro de las abreviaturas, las siglas y los acrónimos empezó hace sorprendentemente poco: la propia palabra «acrónimo» no se popularizó en español hasta el siglo XX y este tipo de vocablos, especialmente los que se pronuncian como una palabra normal y corriente en lugar de como una enumeración de letras independientes, campan por doquier en el español actual: *sicav, pyme, ampa, mupi*[1]... si bien es cierto que su uso empezó a proliferar tras la Segunda Guerra Mundial, con las denominaciones de nuevos descubrimientos o de nuevas organizaciones, como radar, láser, NASA, OTAN, Unesco, Unicef, FIFA, FAO, sida o ADN, entre muchas otras. Se trata de formas más breves en la escritura, pero no necesariamente más eficientes en el plano oral, aunque a veces las pronunciemos tal cual cuando las utilizamos en contextos especializados. Se tarda más en decir «voltiamperio reactivo» o WYSIWYG que «var» o «lo que ves es lo que obtienes» (significado en español de *what you see is what you get,* cuya sigla se usa sin traducir en español). Las siglas técnicas remiten a una escritura formal, que persigue

---

[1] Sociedad de inversión de capital variable, pequeña y mediana empresa, asociación de padres y madres de alumnos, mueble urbano para la presentación de información.

optimizar procesos burocráticos y aligerar términos especialmente largos.

Internet también ha propiciado la abreviación de algunos términos especializados, casi siempre en inglés y exportados desde esa lengua al resto, como es el caso de *url*, *jpeg* o *html*, pero gran parte de lo que escribimos en la red es informal y conversacional. Existe un nuevo tipo de abreviaturas sociales que acortan expresiones cotidianas en lugar de terminología técnica: cada vez proliferan más expresiones como *lit* (literal), *meja* (mejor amiga), o *LOL* (*laughing-out loud*, 'reír a carcajadas' en inglés, aunque ahora tiene un nuevo significado no tan evidente, del que hablaremos en el capítulo 3), más usadas por los hablantes que otras como EEB (encefalopatía espongiforme bovina) o ARN (ácido ribonucleico), por ejemplo. Creo que sería bastante hipócrita seguir la norma en lugar de optar por lo que marca el uso en un libro que habla, precisamente, del uso, así que he tomado la decisión estilística de escribir en minúsculas las abreviaturas conversacionales que se usan en internet, al tiempo que he mantenido las siglas técnicas en mayúsculas, porque en la red el uso de *LOL* o de *OMG* se reserva, principalmente, a momentos en los que se quiere GRITAR.

Las abreviaturas que se usan en internet son un ejemplo perfecto de la intersección que se puede dar entre escritura e informalidad. Por un lado, su forma está marcada por el canal escrito que nos permite plasmarlas: abreviar reduce el número de caracteres que tecleamos, aunque no necesariamente el número de sílabas que pronunciamos. Dicho de otro modo: «porfi» es eficiente al hablar, mientras que «xfi» lo es al escribir. Sin embargo, por otro lado, su función responde a la informalidad en la que las enmarcamos al usarlas: se trata de la expresión personal de nuestros sentimientos y emociones, para lo que en español somos especialistas en importar fórmulas del inglés, como *wtf* (*what the fuck*, 'pero qué coño') o tbh (*to be honest,* 'para serte sincero/a'). Las abreviaturas técnicas surgen a la vez que los términos expandidos con los que se corresponden, a veces con la mirada puesta en el modo en que las iniciales encajan para crear una nueva palabra. Por el contrario, las abreviaturas sociales se acuñan a partir de expresiones que ya son conocidas por los hablantes, así que un signo inequívoco de un mal uso de la lengua en internet sería, por ejemplo, hablar del fenómeno de la IAPEPC (la invención de abreviaturas para expresiones poco comunes). Sin embargo, no siempre buscamos la eficiencia; a veces variamos la ortografía de una palabra cuando queremos que nuestra escritura refleje el lenguaje oral (como hemos hecho antes al escribir «lah casah»), o deletreamos siglas cuando queremos que nuestro discurso hablado evoque al escrito. La eficiencia, simplemente, nos sirve para explicar cuándo se produce un acortamiento y qué lo propicia.

Otro ejemplo del modo en que internet fusiona escritura e informalidad es nuestra manera de usar las imágenes. No es muy frecuente mantener conversaciones en la más absoluta oscuridad, de espaldas a nuestro interlocutor o con las manos atadas a la espalda, una bolsa cubriéndonos la cabeza y una voz robótica. Claro que podríamos transmitir un mensaje en esas circunstancias, pero seguro que una parte de lo que quisiéramos contar se perdería por el camino. Lo cierto es que nos pasamos la vida gesticulando: la próxima vez que estés en un espacio público, observa a los grupos de personas que haya cerca de ti; caerás pronto en la cuenta de que puedes saber quién está hablando en cada momento solo con reparar en quien esté gesticulando. Usamos los gestos y el tono de nuestra voz para reforzar nuestro mensaje o para añadirle una capa de significado adicional. Si decimos «¡Buen trabajo!» levantando el pulgar, lo estaremos diciendo con sinceridad, mientras que si lo pronunciamos al tiempo que ponemos los ojos en blanco, el comentario será, sin duda, sarcástico.

Los discursos formales se valen de menos gestos, que además son más sofisticados. Puede que los reporteros de la televisión señalen algo en un mapa o pasen papeles o tarjetas, pero la mayor parte del tiempo apenas moverán las manos. Es habitual que se recomiende a las personas que hablan en público que moderen sus movimientos naturales: un truco típico que se suele emplear para mejorar el modo en que hablamos ante otras personas es ver un vídeo de nosotros mismos haciéndolo, para ver qué gestos repetimos más y poder, en consecuencia, limitarlos. Ya sea por el encuadre de la cámara o por la posición del atril tras el que se hable, la visión del orador se suele interrumpir a la altura de sus hombros, lo que impide ver sus manos, tanto si las mueve como si no. Intentar establecer qué gestos son los adecuados al hablar en un contexto formal no es algo nuevo: Quintiliano, maestro romano de la retórica, distinguía entre gestos aceptables, que incluían señalar, expresar admiración, duda, rechazo, certeza o súplica, así como otros que «nos surgen naturalmente al tiempo que las palabras», y la mímica o los intentos de representar lo que vamos diciendo, que son más propios del escenario de un teatro que del estrado de un orador.

La escritura es una forma de tecnología. Para hablar y gesticular solo necesitamos nuestros cuerpos y la energía que queramos insuflarles, y no existe sociedad en la que no se utilice, al menos, una de esas dos estrategias comunicativas. Sin embargo, la escritura requiere algo ajeno al cuerpo. Incluso cuando nos escribimos en el brazo con nuestra propia sangre, tendremos que habernos pinchado previamente, haciendo así que nuestro plasma sanguíneo sea algo externo a nuestro propio cuerpo. Por lo tanto, para hacer que un sistema de escritura sea funcional, dependeremos enormemente de los utensilios de los que nos valgamos para ponerlo en práctica; es sencillo grabar líneas rectas sobre madera o sobre piedra, pero también lo es hacer curvas y espirales si disponemos de tinta. Las imágenes que acompañan a nuestros textos también son un reflejo de los útiles de escritura que se tienen a mano: las miniaturas medievales se plasmaban sobre vitelas de cuero de becerro, y sus pigmentos procedían de piedras o escarabajos machacados, mientras que las ilustraciones impresas se tallaban en madera, de tal manera que las zonas resaltadas se pudieran empapar de tinta y estampar con facilidad sobre el pergamino. Del mismo modo, las primeras cámaras fijaban pequeños puntos de luz sobre una fina película gracias a la reacción de algunos compuestos químicos que contenían, por ejemplo, plata. En cada uno de estos casos había formas y colores más fáciles de plasmar que otros, dependiendo de los materiales utilizados.

Si hablamos de formalidad, plasmarla por escrito es tan complicado como pretender capturarla en una intervención oral: del mismo modo que un presentador de telediarios es el medio de transmisión de una noticia, pero no su responsable, las imágenes que acompañan a la escritura formal remiten al contenido, pero no al autor. A veces sirven para presentar información, como los gráficos y los diagramas. Otras, son testimonio del pasado, como los mapas o los retratos. Incluso pueden ser particularmente vistosas y bastar para contar una historia entera, como pasa con las vidrieras o los álbumes ilustrados.

Lo genial de la escritura informal es que, ahora que disponemos de la tecnología suficiente para enviar cualquier imagen a cualquier lugar, es posible que alguien exprese su identidad y su estado de ánimo al mismo tiempo que transmite el mensaje. Los emojis, esas pequeñas imágenes con las que aderezamos nuestros mensajes digitales, ilustran perfectamente este avance: los hay por miles y pueden representar desde animales hasta alimentos, pasando por elementos de la naturaleza, objetos domésticos o herramientas de trabajo. Y, sin embargo, los más usados son los que representan caras y manos, como el emoji sonriente, el que está llorando de la risa, el que tiene un pulgar hacia arriba o el que tiene los dedos cruzados. Más que para describir el mundo que nos rodea, usamos los emojis para mostrarnos en el mundo digital tal y como somos.

Y nos pasa lo mismo con los *gifs*. En teoría, podríamos poner cualquier imagen en un bucle animado de ocho fotogramas (en los noventa, por ejemplo, la gente se disculpaba cuando su página web no estaba terminada con *gifs* en los que se podía leer «en construcción», tremendamente pixelados, en los que se veían cascos de obra y conos naranjas en movimiento). En la práctica, desde 2010 usamos los *gifs* para reaccionar: enviamos personas, animales o personajes de dibujos animados que, en silencio y sin descanso, hacen algún gesto en particular, muy expresivo, que proyectamos como la representación de nuestro cuerpo, para decir que nos estamos riendo, que aplaudimos, o que miramos a nuestro alrededor con desconcierto, tal y como esté haciendo el personaje que aparezca en el *gif*. En principio, se pensó que el ciberespacio sería un medio en el que manipular avatares tridimensionales con nuestro aspecto gracias a los cuales interaccionaríamos virtualmente con los demás. Sin embargo, al final resultó que lo que de verdad nos apetecía hacer tenía menos que ver con vestir a la moda figurines digitales y más con expresar lo que pensamos y sentimos. Y lo cierto es que disponemos de un amplio catálogo de recursos, desde abreviaturas, siglas y acrónimos hasta emojis y signos de puntuación, para poder hacerlo.

Los primeros sistemas de escritura eran muy conscientes de sus limitaciones. Solo constaban de palabras, un mero apoyo a la memoria de quienes las leían, que, además, tenían que pronunciarlas en voz alta para que cobraran vida. Paulatinamente, con el paso de los siglos, se fueron añadiendo mejoras tipográficas y signos de puntuación, que iban dando respuesta a nuestra necesidad de hilar más fino en los textos escritos: poco a poco, comenzamos a ver la escritura como un medio capaz de representar el discurso oral (o incluso el flujo de nuestro pensamiento) de manera textual, aunque la mayoría de quienes se enfrentaban a un texto lo hicieran para leerlo, no para expresarse redactándolo. Internet fue la última fase de un proceso que había comenzado con los copistas medievales y los poetas modernistas, y que acabó convirtiéndonos a todos, además de en lectores, en escritores. Ya no toleramos que la escritura sea algo inerte, que se limite a transmitir nuestra voz de forma burda e imprecisa, ni que los matices queden reservados para los que pergeñan textos de manera profesional. De hecho, estamos creando nuevas reglas para dar forma tipográfica a los tonos de voz, y no hablo de normas de las que se imponen desde arriba, sino de las que surgen de la práctica colectiva de dos mil millones de primates sociales: reglas que hacen que nuestras interacciones tengan la chispa que les faltaba.

Sea lo que sea lo que está cambiando en el mundo, para bien o para mal, la constante evolución del lenguaje no es ni la solución a todos nuestros problemas ni la causa que los genera. Simplemente es. Nunca nos topamos con la misma lengua dos veces. Cuando los historiadores del futuro estudien nuestro tiempo, considerarán los cambios que estamos generando en el idioma tan fascinantes como nos parecen a nosotros las innovaciones léxicas que vemos en las obras de Cervantes, en latín o en castellano antiguo, así que adoptemos el punto de vista de esos estudiosos que están por venir y exploremos con emoción y curiosidad el periodo revolucionario de la historia de la lingüística en el que vivimos.

Cuando nos preocupe no ser capaces de seguir el ritmo de todos estos cambios, o estemos tan a la última que tengamos dificultades para hacernos entender con la gente que no usa internet con frecuencia, este libro nos ayudará a encontrar nuestro lugar, a comprender cómo hemos llegado hasta aquí y el modo en que los cambios lingüísticos que se dan en internet tienen cabida dentro de las increíbles posibilidades que nos ofrece el lenguaje humano. No volveremos a mirar con los mismos ojos los mensajes que escribimos a toda prisa con el móvil.

Capítulo 2

Lengua y sociedad

¿Por qué hablas como hablas?

Porque has vivido en un lugar determinado, probablemente en varios. Porque tu familia y amistades te han influido. De hecho, puede que seas consciente de que algunos de tus rasgos lingüísticos te gustan, mientras que hay otros que prefieres evitar. Hace tiempo que sabemos que estos factores alimentan las diferencias en la manera de hablar de los diferentes grupos sociales, pero el estudio sistemático de los dialectos no se consolidó hasta los siglos XVIII y XIX, como parte de la misma corriente científica que nos legó la clasificación de los seres vivos de Linneo o la tabla periódica de los elementos. Mientras que había quien salía con cazamariposas a intentar comprender la vida animal o encerraba velas encendidas en tarros de cristal para entender cómo funcionaban los gases, otros se dedicaban a desentrañar antiguos manuscritos y a hacer listas de verbos.

Mapas

¿Qué cazamariposas puede servirnos para capturar una lengua viva? Un dialectólogo alemán llamado Georg Wenker creyó haber dado con la respuesta: envió una encuesta a unos cuantos maestros de escuela de la Europa germanoparlante y les pidió que tradujeran a sus lenguas vernáculas una lista de cuarenta frases del tipo «¡Te voy a dar en las orejas con el cucharón, so mono!». Fue una estrategia muy astuta, Wenker se aseguraba informantes que sabían leer y escribir y, aunque no supiera el nombre de todos y cada uno de los maestros de escuela a los que pretendía encuestar, era obvio que la oficina de correos de, por ejemplo, Dialectiburg, podría remitir su carta a la escuela de Dialectiburg sin problema. Sin embargo, para facilitar las cosas a los maestros, Wenker no les proporcionó ningún tipo de orientación sobre cómo transcribir sus respuestas, lo que implicó que, si uno escribía *Affe* ('mono' en alemán), otro *Afe* y otro *Aphe*, no se podía saber hasta qué punto estaban intentando representar la misma pronunciación.

Un lingüista francés llamado Jules Gilliéron creyó haber dado con un método mejor. En lugar de mandar cartas, como hizo Wenker, enseñaría a un ayudante a hacer las encuestas y lo enviaría en su nombre. Mientras tanto, él esperaría en París los resultados que el ayudante le fuera mandando para analizarlos. Para ello, seleccionó a un tendero llamado Edmond Edmont, que parece ser que tenía buen oído (no sabemos si es que lo tenía muy fino o si poseía un don especial para la fonética, pero el caso es que consiguió el trabajo). Gilliéron enseñó a Edmont cómo transcribir fonéticamente y lo mandó con una bicicleta y una lista de mil quinientas preguntas, del tipo «¿Cómo llama usted a las tazas?» o «Diga "cincuenta", por favor». Durante cuatro años, Edmont recorrió con su bicicleta 639 pueblos franceses, mientras enviaba a Gilliéron sus resultados periódicamente. En cada pueblo, entrevistaba a la persona de mayor edad que no hubiera salido de la región en su vida, tomándola como representante histórica de la zona en cuestión.

Los mapas dialectales de Wenker y de Gilliéron son endiablados, fascinantes y complicados de leer; pero, si se sabe cómo hacerlo, es posible trazar la línea que una los pueblos del norte de Francia en los que a principios del siglo xx se decía *mercredi* para referirse a los miércoles y los del sur, donde la palabra preferida era *dimècres*[2]. También es posible interpretar el mapa de Alemania que Wenker dibujó con sus propias manos y ver cómo va cambiando la pronunciación de muchas palabras a medida que nos desplazamos de región en región. Si estudiaste francés o alemán en el colegio, es muy probable que las consideres lenguas unitarias y compactas, pero solo lo son en sus versiones formales. Mapas como los de Wenker o Gilliéron nos revelan hasta qué punto hablamos de auténticas constelaciones de dialectos, de cientos de variedades que van mutando poco a poco a medida que saltamos de pueblo en pueblo.

Sin embargo, estos espectaculares atlas lingüísticos también tienen sus límites. Si Edmond Edmont, al llegar al final de su odisea de cuatro años, se hubiera dado cuenta de que las regiones por las que había ido pasando tenían diferentes palabras para nombrar a las bicicletas, habría tenido que, o bien volver a pasar por los 639 pueblos que ya conocía, o bien esperar que algún estudioso del futuro intentara emular su *tour de France* lingüístico. Por su parte, a Wenker se le fue un poco de las manos su proyecto: entre 1876 y 1926 logró reunir más de 44 000 encuestas, muchas más de las que nunca hubiera podido analizar manualmente. De hecho, tras su muerte, sus colegas continuaron desgranando los resultados durante décadas.

A medida que avanzaba la tecnología, también lo hacía la dialectología. En los años sesenta, el *Dictionary of American Regional English* envió a un equipo de encuestadores a recorrer más de mil municipios, equipados con cómodas grabadoras de bobina abierta que ocupaban lo mismo que un maletín y a

[2] Si te estás preguntando por qué *mercredi* ganó la partida, piensa que el norte es, precisamente, donde está París. Ese *di* significa 'día', así que ambos órdenes tienen su lógica. De hecho, en *dimanche* ('domingo'), fue la versión con el *di* al principio la que acabó por imponerse.

bordo de sus *word wagons* (algo así como sus *verbivehículos*, es decir: furgonetas provistas de una cama plegable y un *camping* gas). En los noventa, los creadores del *Atlas del inglés norteamericano* prefirieron quedarse en casa y hacer entrevistas telefónicas a 762 personas escogidas al azar, con un mínimo de dos de cada zona urbana del país. En 2002, la Harvard Dialect Survey diseñó un cuestionario lingüístico que cualquiera podía responder *online*; periódicos como *The New York Times* o *USA Today*, entre otros, no dudaron en difundirlo, gracias a lo cual se recogieron más de treinta mil respuestas.

Todos estos estudios han permitido dar con resultados increíbles: no solo han demostrado que el auge de la radio, la televisión y demás medios de comunicación de masas no han acabado con la variabilidad lingüística, sino que también han permitido que haya un montón de datos lingüísticos a los que, con solo un clic de ratón, puede acceder todo el mundo. Cualquiera puede ir a la página del *Atlas del inglés norteamericano* y ver cómo unos puntitos que pueblan el mapa de Estados Unidos van cambiando de color a medida que va variando el modo en que la gente llama, por ejemplo, a las bebidas con gas, desde *pop* a *soda*, pasando por *coke*, o comprobar sin esfuerzo cómo, si nos fijamos en la frontera con Canadá, los puntitos vuelven a remitir a *pop*. En el *Dictionary of American Regional English* se puede girar una «ruleta de las palabras» que permite descubrir léxico curioso, como la expresión *Adam's housecat* (sí, «el gatito de Adam») que se emplea en los estados sureños para decir que alguien no te suena de nada (*I wouldn't know him from Adam's housecat*), o la palabra *zydeco*, nombre que recibe un tipo de música popular, también sureña, que, dependiendo de a quién preguntes, procede de cómo se dice «danza» en suajili... o «alubias» en francés. Los resultados de la Harvard Dialect Survey, totalmente descargables, han vuelto a la palestra diez años después de compilarse, gracias a un reto viral de YouTube en el que miles de personas de todo el mundo se han grabado respondiendo a las preguntas del cuestionario que, en forma de test, publicó *The New York Times* y que, además de hacer que los lectores se interesaran por la variación dialectal, tuvo una respuesta masiva en su momento.

No obstante, si alguna vez has colgado el teléfono a alguien que te quería vender algo, o has amañado las respuestas al hacer el test «¿Qué princesa Disney eres?» para que te saliera tu favorita, sabrás perfectamente que este tipo de cuestionarios distan mucho de ser perfectos. Si se hacen por teléfono, los investigadores pueden grabar el audio, pero seguirán teniendo que hacer una encuesta por cada persona que quieran investigar. Aunque conducir un *verbivehículo* o gestionar una centralita telefónica lingüística puede ser la fantasía de cualquier friki de las lenguas (hola, ¿qué tal?), incluso quienes emplean cantidades ingentes de tiempo en entrevistar hablantes, por muy frikis que sean, han de recibir un salario por ello. Las encuestas que se hacen *online* son mucho más rápidas y baratas, pero la gente no siempre informa sobre sus usos lingüísticos con la precisión que se persigue.

Además, al revisar todas las encuestas puede aparecer lo que se conoce como la paradoja del observador: cuando sientas a alguien frente a una grabadora y le das un cuestionario que responder, esa persona suele tender a expresarse de un modo estandarizado, más formal, casi como si estuviera en una entrevista de trabajo, una variedad que ya está documentadísima, así que la grabación pierde buena parte de su interés. Querer saber más sobre variedades no tan documentadas obliga a los encuestadores a buscar respuestas para preguntas que quizá no sepan, y a veces las personas encuestadas no son conscientes de lo que hace especial su manera de hablar, por lo que les cuesta mucho hablar de ello de forma explícita.

Pero no todo está perdido: los lingüistas hemos diseñado ya varios métodos de recopilación de información lingüística bastante próximos a la manera habitual de hablar de los hablantes. Uno de ellos consiste en formular preguntas abiertas («¿Cómo es tu familia?», en lugar de «¿Cómo pronuncias "tía"?»). Otro se basa en pedir a la persona encuestada que relate algún episodio particularmente intenso o emotivo para ella, para hacer que se centre en el mensaje y no tanto en las palabras (una pregunta típica, aunque quizá un poco escabrosa, es «¿Recuerdas algún momento de tu vida en el que pensaras que ibas a morir?»). Una tercera estrategia pasa por trabajar con una comunidad de hablantes desde dentro: muchos lingüistas han analizado el lenguaje de sus hijos, sus abuelos o su familia extensa, o han trabajado con colaboradores que formaban parte de la comunidad entrevistada, para que fueran ellos quienes hicieran las preguntas. Los lingüistas que iban en el *verbivehículo* solían tener a mano pequeños cuadernos de notas, por si escuchaban algo interesante mientras hacían la compra, para acordarse de retomarlo después, cuando sacaran la grabadora a pasear.

En cualquier caso, si existe un modo particularmente efectivo de hacerse con material lingüístico auténtico, está en internet. No solo porque los investigadores pueden acceder a innumerables ejemplos de lenguaje informal, público y genuino, gracias a vídeos o a blogs, sino porque la red permite rastrear todos esos datos. Se acabó pasar las horas muertas transcribiendo archivos de audio con la esperanza de encontrar algún ejemplo. En este sentido, Twitter (actual X) es particularmente útil: prácticamente cualquiera puede buscar una palabra o expresión y hacerse una idea del modo en que la usa la gente. No le será muy difícil percatarse de que la mayoría de la gente que usa *uwu* también resulta ser fan del anime, o comparte fotos de animalitos, o que quienes utilizaban en un primer momento la expresión *bae* eran personas afroamericanas, hasta 2014, cuando empezó a aparecer en tuits de gente blanca, y, poco después, en los de las grandes marcas, que no dudaron en apropiarse de ella.

Las implicaciones éticas que tiene investigar en redes sociales todavía no están del todo claras. Independientemente de quién tenga acceso a la información, la gente tiende a hacerse una idea del tipo de usuario que va a leer sus *posts*, y se siente traicionada cuando caen en manos inesperadas. Cuando la Biblioteca del Congreso de los Estados Unidos anunció en 2010 que tenía la intención de archivar cada tuit que se publicara, los tuiteros tuvieron que reajustar su modo de usar una red social que, hasta ese momento, se había definido por el carácter efímero de los mensajes que se publicaban en ella. Muchos reaccionaron tuiteando instrucciones y comentarios a los futuros historiadores, con su buena ración de ironía; otros aprovecharon la coyuntura para obligar a tan augusta institución a recopilar todo tipo de palabras malsonantes, y también hubo quien tuiteó cosas como «Hola, buenas, ¿es aquí donde se pasa a la posteridad?» o «Por favor, ahora que estáis guardando todos mis tuits, archivad todas mis fotos de gatitos también con la etiqueta "gatetes", por si acaso». Al final no fue para tanto, y la Biblioteca del Congreso cambió de opinión en 2017, cuando restringió su archivo de tuits a aquellos que cumplieran unos criterios de relevancia y actualidad más estrictos. En 2018 se desató otra polémica sobre datos en redes sociales, en este caso mucho menos amable, cuando se descubrió que, tres años antes, la consultora política británica Cambridge Analytica se había hecho con información personal de millones de usuarios de Facebook simplemente al lograr que pincharan en un test de personalidad desde sus perfiles. Todos esos datos se utilizaron para definir los perfiles políticos de las personas engañadas, afinar la publicidad electoral que recibían y, en última instancia, condicionar el resultado de las elecciones. La Biblioteca del Congreso y la Cambridge Analytica son dos casos extremos, pero existen muchos otros, bastante menos conocidos, en los que lo único que ha limitado la extracción de información personal por parte de investigadores han sido los acuerdos de términos de servicio y su propia conciencia.

En este libro he limitado las referencias a datos extraídos de redes sociales a informaciones generales, en ningún caso vinculadas a usuarios concretos, o bien a ejemplos ya citados y anonimizados en otros artículos de investigación. Pero cuando no me ha quedado más remedio que recurrir a ejemplos concretos, he optado por aquellos sobre los que ya existe una clara discusión metalingüística, como los tuits dirigidos al personal del archivo de la Biblioteca del Congreso de Estados Unidos que acabo de mencionar. Citar textualmente a gente que habla de lo que ha comido o de sus sentimientos más íntimos y profundos me hacía sentir incómoda, como si estuviera espiándolos, pero tengo la esperanza de que incluir comentarios sobre la lengua en internet en un libro que habla de, precisamente, la lengua en internet se tome como un recurso para poder profundizar en el tema. Después de todo, quien tuitea con la intención de pasar a la posteridad no debería sorprenderse de que la posteridad acabe por hacerle un hueco.

La investigación en Twitter es particularmente provechosa porque en torno al 1 o 2 % de sus usuarios incluye en sus tuits sus coordenadas geográficas exactas. Alguien mínimamente hábil extrayendo datos podrá, en consecuencia, diseñar un mapa de España por provincias en el que se pueda ver dónde se tuitea «oliva» y dónde «aceituna», cómo se localiza la alternancia entre el «vosotros/as» y el «ustedes», o cuál es el nombre que recibe en cada sitio la práctica de saltarse las clases (si se prefiere hacer «novillos», «pellas», «campana» o «pirola», entre otras). Y lo hará, con toda seguridad, en menos tiempo del que le llevó a Edmond Edmont pedalear desde París hasta Marsella. Como ejemplo de esto que estoy contando, podemos tomar el trabajo del lingüista Jacob Eisenstein, que, gracias a la geolocalización, descubrió que las zonas de Estados Unidos donde se tuiteaban con más frecuencia ciertas palabras coloquiales eran las mismas que habían confirmado las investigaciones tradicionales, basadas en entrevistas. Además, este investigador aportó información que difícilmente se hubiera podido conseguir a la antigua usanza: uso de abreviaturas, de emoticonos (^_^ para expresar felicidad era especialmente popular en Detroit) o de variantes ortográficas, como el *suttin* que escriben en Nueva York en lugar de la forma estándar *something* ('algo').

Algunas de las investigaciones que tienen lugar en Twitter serían irrealizables fuera de internet. El lingüista Jack Grieve estudia los usos particulares de verbos modales en inglés (*might, could, can, should*...). En concreto, analiza el modo en que se combinan en el inglés que se habla en el sur de Estados Unidos. Ejemplos como *We might should close the window* (algo así como 'podríamos deberíamos cerrar la ventana'), cuando en otras variedades del inglés se diría *Maybe we should close the window* 'quizá deberíamos cerrar la ventana'). Grieve ha explicado que, en tiempos tan recientes como 1973, había lingüistas que consideraban imposible rastrear este tipo de construcciones: apenas aparecían en un puñado de textos y, con suerte, se podían encontrar muy de vez en cuando en conversaciones espontáneas. Eso implicaba tener que transcribir un porrón de horas de audio para dar con una cantidad exigua de datos relevantes. Sin embargo, Grieve y su equipo peinaron casi mil millones de tuits geolocalizados y dieron con miles de ejemplos. Pero es que no solo corroboraron la existencia de este tipo de construcciones (que se conocen como modales dobles), sino que además fueron capaces de hacer un mapa que detallaba, condado a condado, el modo en que varía el uso de esa construcción en el sur de Estados Unidos. En concreto, concluyeron que en la parte más septentrional de los estados sureños primaban las combinaciones *might could* y *may can,* mientras que en las zonas más meridionales se imponían opciones como *might can* y *might would.*

Podríamos incluso descubrir cosas en las que antes ni siquiera habíamos reparado. Por ejemplo, después de rastrear *might could*, Grieve empezó a interesarse por las palabrotas, y descubrió que, aunque se dicen en todos los estados, cada uno tiene sus favoritas. Sin entrar en las más fuertes, y aunque son bastante difíciles de traducir (las palabrotas siempre lo son), el estudio de Grieve permite ver con claridad que el sur de Estados Unidos parecía bastante proclive a decir *hell* ('infierno') a la primera de cambio, mientras que en el norte del país preferían *asshole* ('imbécil'), el Medio Oeste se inclinaba por *gosh* (alteración de *god*, 'dios') y en la Costa Oeste el inglés británico se dejaba sentir con fuerza en palabras como *bollocks* ('huevos') o *bloody* ('maldito' o 'puto').

El *Diccionario Oxford* también ha empezado a usar Twitter como fuente de datos, especialmente para palabras muy localizadas en regiones concretas, más difíciles de encontrar en libros o periódicos. Por ejemplo, en su actualización de septiembre de 2017, modificó la entrada de *mafted*, que se usa en el norte de Inglaterra y en parte de Escocia para describir a alguien a quien el calor, la multitud o un trabajo especialmente duro ha agotado (algo así como nuestro 'aplatanado' o 'asado'). Los ejemplos que se incluyen junto a la definición ilustran perfectamente cómo ha evolucionado la lexicografía: el más antiguo procede de un glosario compilado en torno a 1800, mientras que el más moderno es un tuit de alguien que en 2010 dijo *Dear Lord—a fur coat on the Bakerloo line, she must have been mafted* ('Madre mía, una chica con un abrigo de piel en la línea [de metro] de Bakerloo. Tiene que estar asada').

Twitter nos puede servir hasta para investigar las diferentes pronunciaciones que existen de una misma palabra, atendiendo a la ortografía con la que se escriban. Es un poco más complejo que la mera búsqueda de palabras, pero gracias a la labor de la lingüista Rachel Tatman podemos ver un ejemplo basado en la variación existente entre dos sonidos del inglés ya ampliamente estudiados: el primero es el que se genera al pronunciar, por un lado, las palabras *cot* ('catre') y *caught* ('cogido'), y por el otro *tock* (el «tac» de nuestro «tictac») y *talk* ('hablar'). Mientras que para las personas que viven en el oeste, en el Medio Oeste y en Nueva Inglaterra todas ellas contienen el mismo sonido vocálico (una especie de *o* abierta y prolongada), los hablantes del sur de Estados Unidos, así como las personas afroamericanas, las pronuncian de manera diferente (la «o» es más breve en *cot* y *caught*), algo que los lingüistas tienen claro desde hace mucho tiempo, gracias a las grabaciones. Tatman planteó la hipótesis de que los hablantes que pronuncian esas vocales de forma diferente las representan con las letras «aw», en lugar de con la «o», cuando quieren resaltar alguna de ellas. En efecto, descubrió que había tuits donde palabras comunes como *on* ('en', 'sobre'), *also* ('también') o *because* ('porque') aparecían reescritas con «aw», convirtiéndose en *awn, awlso* y *becawse.* Del mismo modo, también observó cierta tendencia a reflejar por escrito otras características típicas de las variedades sureñas y afroamericanas del inglés, como la supresión de la «r» en palabras como *for* ('para') y *year* ('año'), que aparecían escritas *foah* y *yeah* o el uso de *da* como sustituto de *the* (el artículo determinado del inglés) y de *dat* en lugar de *that* (que en inglés significa 'ese' o 'esa').

Podría tratarse, no obstante, de una mera coincidencia. Para disipar dudas, Tatman decidió fijarse en un sonido completamente distinto, que se da con frecuencia en una región a miles de kilómetros del sur de Estados Unidos: la pronunciación y variación ortográfica de las palabras *to* ('a') y *do* ('hacer') como *tae* y *dae,* algo que se asocia con el inglés hablado en Escocia y que está documentado incluso en textos poéticos del Romanticismo escocés. De nuevo, Tatman descubrió que la gente que tuitea *tae* y *dae* también suele mostrar otros rasgos típicos del inglés escocés: escriben, por ejemplo *ye* en lugar de *you* ('tú') u *oan* cuando quieren decir *on*. Es obvio que no todos los escoceses, afroamericanos o habitantes del sur de Estados Unidos escriben de este modo, y que quienes lo hacen tampoco lo hacen siempre, pero la cosa es que, cuando variamos la ortografía de las palabras que escribimos en nuestros textos informales, solemos hacerlo con un propósito concreto: intentar representar el modo en que hablamos. Aunque no esté siempre claro qué sonidos se pretende representar con algunas de las soluciones que hemos mencionado, si, como lingüistas, prestamos atención a las palabras y sonidos que los hablantes modifican, podremos hacernos una idea del tipo de mensajes que, cuando los grabemos para nuestros estudios, pueden ser relevantes para nuestros trabajos.

Internet permite a los lingüistas mapear dialectos y analizar el habla espontánea como ya se ha hecho durante siglos, pero accediendo a más datos, con la única ayuda de un ordenador y sin miedo a que la información recopilada esté sesgada. Del mismo modo que las encuestas telefónicas permitieron en su momento comprobar que la gente seguía hablando como sus vecinos, y no como hablaban en la tele o en la radio, y que las peregrinaciones en bicicleta corroboraron que los dialectos regionales pervivían incluso siglos después de la estandarización lingüística que supuso la invención de la imprenta, los estudios basados en internet muestran que solemos mantener nuestra manera de hablar al comunicarnos a través de las redes sociales; detrás de esa constancia está lo muchísimo que nos encanta contestar a cada test lingüístico que nos topamos en la red: hablar de una manera específica refuerza nuestras redes, nuestro sentido de pertenencia a una comunidad.

Redes

¿No os da la sensación a veces de que vuestra familia o amistades hablan en un idioma propio? Este fue el punto de partida del libro *Kitchen Table Lingo* (algo así como *La jerga de la mesa de la cocina*), que recogía ejemplos de lo que el lingüista David Crystal denomina *familectos*: «El conjunto de creaciones léxicas privadas y personales que se dan en todos los hogares y grupos sociales, pero que nunca llegan a entrar en los diccionarios (o en los mapas dialectales)». La convocatoria inicial para que la gente enviara sus palabras *familectales* tuvo una respuesta masiva y global, y el equipo de autores recibió historias de confusiones con letras de canciones, onomatopeyas, ocurrencias infantiles y hasta cincuenta y siete formas diferentes de llamar al mando a distancia. Los mapas dialectales muestran la punta del iceberg de nuestras diferencias lingüísticas: cada vez que hablamos más de lo estrictamente necesario con una persona, existe la posibilidad de que desarrollemos un vocabulario propio compartido, ya sea un familiar, una amistad, un compañero de clase, un colega del trabajo, o alguien con quien compartimos una afición. Con frecuencia, las variedades lingüísticas familiares surgen de palabras graciosas dichas por los más pequeños de la casa. Por ejemplo, parece ser que a la reina Isabel II de Inglaterra la llaman Gary en la intimidad, porque el príncipe Guillermo era incapaz de pronunciar *granny* (la forma cariñosa de llamar a las abuelas en inglés) correctamente. Sin embargo, la etapa vital en la que las jergas de grupo cobran su máxima importancia es un poco posterior, la adolescencia.

El instituto es un lugar donde hasta el más mínimo detalle social salta a la vista, ya sea una marca de vaqueros especialmente molona, quién está saliendo con quién… o cómo pronunciamos las vocales. En los años ochenta, la lingüista Penelope Eckert se centró en un instituto de la zona residencial de Detroit para estudiar la relación que existía entre lenguaje y pandillas de adolescentes. Se encontró con dos tipos de grupos bien diferenciados: el de los deportistas, que se integraban en la estructura de poder del centro mediante su pertenencia a equipos de baloncesto, fútbol americano u otros deportes, así como al consejo escolar, y el del alumnado menos popular y más contestatario, que rechazaba la autoridad del instituto. En Detroit, tal y como sucede en muchas otras ciudades de la zona de los Grandes Lagos, se está produciendo un cambio vocálico que hace que algunos hablantes, al decir *The buses with the antenas on top* ('Los buses con antenas en el techo'), parezca que dicen *The bosses with the antenas on tap* ('Los jefes con antenas en el grifo'). Para los estudiantes del estudio de Eckert, esta pronunciación alternativa tenía una connotación más callejera, así que era más fácil escuchársela a los díscolos que a los deportistas, independientemente de su clase social y del hecho de que todos vivieran en el mismo barrio y fueran al mismo instituto. También era posible agrupar a los estudiantes en subgrupos más específicos, que iban desde los rebeldes más indómitos hasta los capitanes de los equipos deportivos del centro, y se podía seguir el cambio vocálico en cuestión a lo largo de todo el espectro. En otras palabras: si Eckert hubiera ido al instituto de *Grease*, es muy probable que Sandy dijera *bus*, Rizzo optara por decir *boss* y Frenchie estuviera en algún punto entre ambas.

Estudios posteriores llevados a cabo en otros institutos revelan la existencia de más grupos de adolescentes con sus propias actitudes lingüísticas. Una pandilla de chicas californianas que se autodenominaban como frikis rechazaba de plano tener que escoger entre el bando de los deportistas y el de los rebeldes: lingüísticamente, evitaban la pronunciación de vocales de modo que se las pudiera asociar con alguno de los dos grupos (pronunciando palabras como *friend* ('amigo') de tal manera que sonara como *frand*) porque no querían que la gente pensara que les importaba ser más o menos populares. En lugar de eso, adoptaban rasgos lingüísticos ligados al intelectualismo, como una articulación de los sonidos extremadamente cuidadosa, el uso de vocabulario rebuscado o el empleo de juegos de palabras. Otro estudio que también tuvo lugar en California, esta vez con adolescentes latinas, reveló que existía una distinción lingüística entre las *norteñas*, que se presentaban como chicanas o estadounidenses y hablaban en inglés, y las *sureñas*, que se identificaban como mexicanas y hablaban en español. Y podríamos seguir, pero prefiero que nos paremos a pensar, en primer lugar, cómo desarrollamos la intuición para detectar lo que nos apetece más decir. Lo que mola, vamos.

¿Recuerdas quién te enseñó a decir palabrotas? Probablemente fue algún otro niño o niña de tu misma edad, quizá un hermano o hermana mayor, pero en ningún caso un profesor o una figura con autoridad. Y es muy posible que te encontraras en los inicios de tu adolescencia, que es la etapa en la que quienes nos cuidan dejan de influirnos lingüísticamente y empiezan a hacerlo nuestros iguales. La innovación lingüística sigue un patrón similar y la primera lingüista que se percató de ello fue Henrietta Cedergren. Se encontraba en la Ciudad de Panamá, donde la gente joven había empezado a pronunciar la «ch» como «sh», (diciendo «shica» en lugar de «chica», por ejemplo). Al fijarse en las edades a las que esa pronunciación era más común, Cedergren se dio cuenta de que los adolescentes de dieciséis años eran mucho más propensos a incluirla en su manera de hablar que los de doce. ¿Significaba eso que, después de todo, esa «sh» no era la innovación lingüística de moda entre la juventud panameña, puesto que los grupos de edad más joven no la estaban adoptando? Cedergren volvió a Panamá diez años después para averiguarlo. Quienes con doce años se habían resistido a seguir la moda lingüística eran, una década después, jóvenes hipernormativos de veintidós, y su pronunciación de la «ch» como si fuera «sh» era incluso más evidente que en el grupo original de adolescentes de dieciséis años, que ahora tenían veintiséis y seguían pronunciando ese sonido exactamente igual que diez años antes. Es más: los jóvenes que tenían dieciséis años cuando Cedergren volvió a Panamá habían adoptado ese cambio lingüístico de forma incluso más evidente, mientras que los adolescentes de doce solo lo mostraban de forma incipiente. Cedergren concluyó que en los primeros años de adolescencia los hablantes tienen todavía un camino lingüístico que recorrer; para ello, se dedican a imitar los hábitos lingüísticos de quienes les sacan unos pocos años (y que, a sus ojos, son ligeramente más guais que ellos) y cuando pasan la barrera de los veinte se estabilizan.

Si trasladamos esta conclusión al ámbito de las palabrotas, es como decir que algunas personas de doce años ya las dicen, pero son muchas menos en comparación con las de dieciséis que también lo hacen. Pero decir tacos es muy llamativo desde un punto de vista social (¡hay hasta leyes para aclarar cuándo es delito decirlos y cuándo no!) y no es una práctica en la que se den demasiados cambios lingüísticos: alcanza su pico durante la adolescencia y luego inicia un descenso que se prolonga durante décadas a lo largo de la adultez de los hablantes. Los otros rasgos lingüísticos, mucho menos evidentes, que adquirimos en la adolescencia (como la pronunciación de *bosses* o de «shica», o el uso de expresiones como «en plan», por ejemplo) son más una cuestión de sutil diferenciación social, y no constituyen un tabú, por lo que tendemos a conservarlos en nuestra vida adulta.

La curva de la edad es importante cuando pensamos en el momento en que la juventud empieza a usar redes sociales: a los trece años, si nos fiamos de las condiciones de acceso a la mayoría de páginas web y *apps* o un poquito antes si asumimos que algunos usuarios mienten al decir su edad. Se trata del momento justo en el que se comienzan los años en los que la lengua de los adolescentes se ve tremendamente influida por la jerga que usen sus iguales. Sí, los niños pequeños juegan a videojuegos, ven vídeos e incluso preguntan cosas a los asistentes de voz, pero sus vidas sociales aún están mediadas por sus familias y sus incipientes habilidades lectoras. El hecho de que el acceso a las redes sociales y la influencia de los iguales coincidan en el tiempo implica que sea muy sencillo vincular la forma de comunicarse de los jóvenes con las herramientas de las que se sirven para hacerlo. Sin embargo, todas las generaciones han hablado de un modo un poco diferente a como lo hacían sus padres; si no, seguiríamos comunicándonos igual que Shakespeare. La pregunta es, por tanto, hasta qué punto las nuevas tecnologías influyen en el lenguaje, y si este habría evolucionado del mismo modo de no haberse visto condicionado por los nuevos medios.

Parece que la respuesta es que ambos elementos (innovación lingüística y acceso a las redes sociales) se dan de forma simultánea. Investigadores del Instituto Tecnológico de Georgia (EE. UU.), de la Universidad de Columbia y de Microsoft han intentado averiguar cuántas veces tiene que exponerse un hablante a una palabra para que la incorpore a su vocabulario. Para ello, analizaron una muestra de palabras con diversos grados de popularidad en Twitter entre 2013 y 2014 en una ciudad concreta. Como cabría esperar, no tardaron en ver que cuando un usuario sigue a otro no tarda en copiarle palabras. Pero había una diferencia significativa en el modo en que la gente asimilaba algunos tipos de vocablos. A veces, los usuarios se quedaban con palabras que también existen en el discurso oral (similares a otras que usamos en español, como «holi», «celu» o «casito»), sin importar demasiado el número de veces que se hubieran topado con ellas. En el caso de palabras de uso al alza que predominan en el canal escrito, pero no en el oral (abreviaturas como *grax* en lugar de «gracias» o siglas que, directamente, tomamos prestadas del inglés, como *RT*, en lugar de «retuit» o *DM* en lugar de «mensaje directo») el número de veces que se exponían a ellas era decisivo. Cada vez que un usuario se topaba con una de estas últimas, las posibilidades de que la incorporara a su propia jerga se duplicaban. El estudio señalaba que la gente se topaba con la jerga eminentemente oral tanto en la red como en sus conversaciones cotidianas, por lo que advertía de que solo medía la mitad de esa exposición, y la otra mitad se perdía, así que las conclusiones quedaban un poco desdibujadas. Sin embargo, la gran mayoría de momentos en los que los hablantes se topaban con jerga eminentemente escrita se daban en internet, por lo que buena parte de ellas se podían medir gracias a Twitter. Los investigadores también descubrieron que es más probable que copies una palabra a @Amigui_DelAlma, con quien tienes un montón de seguidores en común, y no tanto a @Desconocidx_Aleatorix, aunque Desconocidx y tú os sigáis mutuamente, igual que te pasa con Amigui.

Estas redes no se crean de forma aislada: la gente tiende a seguir a personas con quienes comparte rasgos e intereses, tal y como corroboró un estudio que analizó el modo en que dos mil palabras especialmente populares en Twitter se expandieron por esa misma red social entre 2009 y 2012: resultó que muchas de ellas se propagaban por lugares con similitudes demográficas, aunque no estuvieran próximos geográficamente. Así, por ejemplo, la jerga común entre la población afroamericana fluía sin problema entre Washington D. C. y Nueva Orleans, la más usada por las personas latinas se movía entre Los Ángeles y Miami, y las expresiones más típicas de la gente blanca viajaban de Boston a Seattle, y en ninguno de los tres casos todo ese material lingüístico hacía paradas por el camino. Por ejemplo, en 2009 la abreviatura «af» (iniciales de *as fuck*, que viene a ser algo así como 'de la hostia') presentaba unos niveles de uso incipientes en Los Ángeles y Miami, pero terminó extendiéndose por otros lugares de California, de los estados sureños y llegó hasta Chicago en 2011, de lo que podemos deducir un trasvase en su uso, de la población hispana a la afroamericana. El estudio no fue más allá, pero no es descabellado imaginar que el proceso siguió su curso y que, por eso, en 2014 y 2015 *af* empezó a aparecer en los titulares de *Buzzfeed*. Esto nos dice, con bastante fiabilidad, que para entonces ya había sido asimilada por las marcas más *mainstream* del mercado, que estaban empezando a capitalizar las connotaciones positivas que tiene asociarse con ciertos aspectos culturales de la cultura afroamericana.

El momento en el que nos incorporamos a un grupo es particularmente fructífero en términos de asimilación de nuevo vocabulario. El lingüista Dan Jurafsky y su equipo analizaron más de cuatro millones de *posts* publicados por los miembros de dos comunidades virtuales de aficionados a la cerveza (RateBeer y BeerAdvocate) con más de diez años de recorrido en las redes. Pretendían averiguar si el cambio en el vocabulario utilizado por sus miembros era proporcional al tiempo que llevaban participando en los foros, y se dieron cuenta de que los usuarios más veteranos solían ser fieles a jerga más antigua, como, por ejemplo, el uso de «aroma» para hablar del olor de la cerveza, mientras que las cuentas más recientes adoptaban nuevo vocabulario más rápido y preferían, por ejemplo, usar la letra «s» (inicial de *smell*, 'olor' en inglés) para referirse al mismo concepto. Se trata de un estudio que permite distinguir de un modo muy interesante los efectos de la edad en grupos de iguales, ya que apunta a que somos más proclives a adoptar nuevo vocabulario durante el primer tercio del periodo de tiempo que estemos expuestos a él, ya sea una vida de ochenta años o una trayectoria de diez en una asociación *online* de amigos de la cerveza.

Estudios así nos llevan a pensar que lo que hace que la adolescencia sea tan especial quizá no sea lo sensibles que somos a esa edad frente a los usos lingüísticos que nos rodean, sino que es la última vez de nuestra vida que, como población, entramos todos juntos a la vez a un nuevo grupo social: el de la adultez. Pasada esa etapa, cabe la posibilidad de que cambiemos de ciudad, de trabajo, o de aficiones, lo que nos pondrá en contacto con nuevas tendencias lingüísticas, pero en ningún caso reorientaremos nuestras trayectorias profesionales o nos daremos de alta en foros sobre cerveza todos a la misma edad, algo que, una vez superamos la edad del pavo, dificulta estudiar los cambios lingüísticos de la población. Lo dificulta, sí, pero no lo imposibilita por completo, porque todo depende de los aspectos en los que queramos fijarnos: es probable que, como miembros de la sociedad que investigamos, a los lingüistas nos interese más la jerga adolescente que los vocablos que nuestros padres añadan al familecto que se hable en casa, o a las palabras de moda que se inventan los jefes de las empresas para motivar a sus empleados. Quizá necesitemos replantearnos la cuestión demográfica y no limitarnos a preguntar en nuestras encuestas por la fecha de nacimiento, sino también por los momentos de unión a otros grupos sociales.

Encontrar en las redes sociales patrones lingüísticos estructurados y compartidos por los usuarios no tiene nada de excepcional: fuera de internet la gente también suele ser más similar a sus amistades que a las categorías cerradas donde pretende encajonarnos el censo; lo que pasa es que hasta ahora no hemos tenido una forma operativa de calibrar este fenómeno. Hacer un análisis de las amistades e interlocutores de una comunidad de hablantes era algo tremendamente complicado. Tanto, que a su lado recorrerse Francia en bicicleta durante cuatro años para rastrear variantes dialectales resulta más sencillo. Se puede empezar por una encuesta lingüística al uso, pero eso será solo el principio, porque también hará falta que cada individuo encuestado haga una lista de amistades donde especifique cuánto hace que las conoce y con qué frecuencia habla con ellas. Después, habría que contactar con todas esas personas y encuestarlas también. Y, aun así, solo estaría completa una de las capas de esa red de hablantes: habría que repetir este proceso bastantes veces para poder configurar una auténtica constelación de conexiones entre una comunidad de hablantes. Hay casos en los que este tipo de estudios se han llevado a cabo, como el que se desarrolló en Framingham, una localidad de Massachusetts donde los investigadores siguieron la pista de dos mil personas, de su salud y de sus conexiones sociales, durante tres generaciones; pero, como es comprensible, este tipo de experimentos no se hacen muy a menudo, como tampoco se analizan las palabras que salen de la boca de decenas de cientos de miles de personas cada día. Aunque nuestros contactos de Twitter no representen exactamente a toda la gente con la que nos relacionamos en esa red social y aunque no todo el mundo sea, ni mucho menos, tuitero, nuestra lista de contactos en esa red social basta para plantear un nuevo y fascinante enfoque desde el que responder a una vieja pregunta: ¿qué hace que, con ciertas palabras, prenda la chispa del uso?

Analizar el lenguaje a partir de las redes sociales también entra en conflicto con otra de las categorías demográficas clásicas: la del género. Un ejemplo del tratamiento tradicional de esta variable en estudios lingüísticos es el trabajo de Terttu Nevalainen y Helena Raumolin-Brunberg, de la Universidad de Helsinki, que analizaron seis mil cartas personales escritas en inglés entre 1417 y 1681. La correspondencia privada genera corpus extraordinarios porque, al igual que sucede con los tuits, son textos que escapan de la estandarización editorial. Por desgracia no abundan y además suelen sobrerrepresentar a las clases sociales más ociosas y formadas. A pesar de ello, son el mejor testimonio que contamos para poder asomarnos al inglés cotidiano de hace unos siglos. La pareja de lingüistas finlandeses examinó catorce cambios lingüísticos que tuvieron lugar a lo largo del periodo estudiado, como la desaparición del *ye* como forma alternativa al *you* ('tú'), el cambio de *mine eyes* a *my eyes* ('mis ojos'), o la sustitución del grupo consonántico *th* por *s* en las terceras personas del singular del presente de los verbos, de tal forma que se pasó de decir *maketh* o *hath* a *makes* o *has* ('hace' y 'tiene', respectivamente. Y sí, es un cambio muy raro). En once de los catorce cambios estudiados por Nevalainen y Raumolin-Brunberg, se descubrió que las autoras de las cartas los adoptaban más rápido que los hombres. Las tres excepciones fueron cambios claramente vinculados al hecho de que, en la época en que se escribieron las cartas estudiadas, los hombres tenían más acceso a la educación reglada que las mujeres. Es decir, que podemos afirmar que las mujeres llevan la delantera a los hombres en lo que se refiere a cambios lingüísticos cotidianos.

Investigaciones llevadas a cabo en otros siglos, lenguas y regiones del planeta confirman el liderazgo femenino para los cambios lingüísticos, con infinidad de transformaciones específicas catalogadas en distintos lugares. Además, son las mujeres jóvenes quienes suelen situarse en la primera línea de fuego de esos cambios que de vez en cuando protagonizan noticias virales: en español tenemos los ejemplos de las coletillas «o sea» o «en plan», por nombrar alguno. A estas alturas, su papel como disruptivas del lenguaje es tan obvio que los lingüistas han llegado a un punto en que les aburre analizarlo: el famoso sociolingüista William Labov publicó en 1990 un artículo en el que aseveraba que alrededor del 90 % del cambio lingüístico venía propiciado por mujeres, y he estado en más de un congreso de sociolingüística (y en más de dos) donde han despachado este asunto con un simple «y bueno, aquí vemos que, como siempre, las mujeres van por delante de los hombres en la asimilación de este cambio lingüístico. Pasemos a lo siguiente». Los hombres suelen seguir la estela del cambio una generación después que las mujeres. En otras palabras: las mujeres actualizan su lengua con sus iguales; los hombres, con sus madres.

Lo que no está tan claro es el motivo. Se han propuesto multitud de razones, desde el hecho de que el cuidado de la infancia todavía recae en gran medida en las mujeres, que ellas podrían prestar más atención a la lengua que usan para compensar su relativa falta de independencia económica y servirse de las palabras como elemento de movilidad social y que suelen tener más vínculos sociales que los hombres. Sin embargo, en muchos casos, el género (como la edad) parece ser más un parámetro que nos marca el camino para llegar a los factores que realmente condicionan el modo en que socializamos con nuestros semejantes.

Diversos estudios basados en internet han resaltado la importancia de distinguir entre género y contexto social. Una investigación de Susan Herring y John Paolillo analizaba el modo en que la gente escribía blogs. Al principio parecía que el género de quien estuviera detrás de los textos ocasionaba importantes diferencias lingüísticas, pero un estudio más concienzudo reveló que la diferencia era de género, sí, pero textual: mientras que los blogs escritos por hombres solían centrarse en temas concretos, los de las mujeres adoptaban más un formato de diario personal. Y, por supuesto, también había quien escribía textos que no eran los que se esperaban de su género. Cuando los lingüistas compararon tipologías textuales, la diferencia que, en un primer momento, marcaba los géneros de los autores desapareció.

Otro estudio, basado en un corpus de 14 000 usuarios de Twitter que estableció el género de cada uno de los sujetos basándose en sus nombres personales, pareció mostrar, en un primer momento, claras diferencias en este sentido: los usuarios con nombres femeninos tendían a usar más emoticonos, por ejemplo, y las cuentas asociadas a nombres masculinos contenían más palabras malsonantes. Sin embargo, cuando la investigación avanzó, resultó que las palabras que la gente tuiteaba con más frecuencia solían agruparse en torno a una docena de grandes temas, como los deportes, el hiphop, la familia, las polémicas políticas, la televisión y el cine, la tecnología o la literatura. Si bien es cierto que muchos de estos temas presentaban una cierta tendencia a estar copados por personas de un mismo género, no se trataba en ningún caso de tendencias absolutas, y siempre se establecían relaciones con otros factores demográficos, como la edad o la etnia. Los usuarios que tuiteaban sobre algunos de esos temas desafiaban completamente las normas de género preconcebidas; por ejemplo, a pesar de que los hombres suelen usar un vocabulario malsonante, este apenas aparecía entre los que tuiteaban sobre cuestiones tecnológicas, probablemente porque consideraban su cuenta de Twitter como una extensión de su lugar de trabajo. Cada usuario, de forma individual, tendía más a ceñirse a las normas del tema sobre el que estuviera hablando que a las que se le presuponía por su género. Es decir: una mujer hablando de deportes, o un hombre hablando de crianza tuiteaban más como la gente con quien compartieran tema y no tanto como se esperaba de ellos en calidad de mujeres u hombres. Es más, restringir el estudio a cuentas de usuario cuyos nombres permitían intuir su género con facilidad dejaba de lado, precisamente, a quienes cuestionan la concepción binaria del género, como las personas no binarias o, simplemente, a aquellas que habían escogido a propósito un nombre no identificable con ninguno de los dos géneros tradicionales.

Fuera de las redes, las investigaciones de corte más etnográfico también han dejado constancia del peso de la pertenencia a grupos y comunidades de hablantes. En un estudio bastante estándar sobre cambio lingüístico en parejas de clase trabajadora de un barrio de Belfast, la capital de Irlanda del Norte, Lesley Milroy se dio cuenta de que las mujeres llevaban la voz cantante al modificar la pronunciación de palabras como *car* ('coche') y hacer que, en vez de sonar con una «a» alargada, se articulara con algo que se aproximaba ligeramente a un diptongo «ea», también alargado. Se trata de un sonido bastante común en otras zonas de Irlanda del Norte, pero novedoso en el contexto donde se estaba desarrollando el estudio, y eran las mujeres jóvenes quienes lo estaba introduciendo. Lo desconcertante del asunto era el modo en que lo estaban adquiriendo ellas mismas. Cuando Milroy preguntó a estas mujeres con quién solían relacionarse, nombraron amigas, familiares y compañeras de trabajo, todas ellas de su barrio, el mismo en el que nadie había adoptado todavía ese cambio vocálico.

En un artículo posterior, publicado con James Milroy, Leslie planteó una posible causa para este cambio lingüístico, relacionándolo con otro concepto habitual en las ciencias sociales: los vínculos fuertes y débiles. Los primeros se estrechan con las personas con las que pasamos mucho tiempo y a quienes nos sentimos muy cercanos, gente, por ejemplo, con quien compartimos amistades; por su parte, los vínculos débiles son personas menos próximas, con quienes podemos o no tener amistades en común. En el caso del estudio de Belfast, las jóvenes que estaban adoptando ese cambio vocálico en primer lugar trabajaban todas en los mismos grandes almacenes del centro de la ciudad, donde el cambio ya estaba bastante asentado. Aunque no tuvieran relaciones muy estrechas en esa zona, sí que tenían vínculos débiles con sus clientes, que las habrían expuesto con frecuencia a ese nuevo sonido vocálico. Sin duda, una exposición superior a la de los chicos del barrio en el que vivían, que no salían de él ni para trabajar.

Milroy y Milroy plantearon que, si los vínculos débiles son una fuente privilegiada de información, desde cotilleos hasta oportunidades laborales (datos que nunca se obtienen de las amistades cercanas de un individuo, que cuentan con la misma información que él), una mayor presencia de vínculos débiles en las conexiones sociales de un hablante implica una mayor predisposición de este al cambio lingüístico. Para demostrarlo, la pareja de investigadores comparó la historia de las lenguas inglesa e islandesa. Ambas proceden de un mismo ancestro lingüístico, de tipo germánico, y, hace unos mil años, el inglés antiguo y el antiguo nórdico (antepasado, a su vez, del antiguo islandés), todavía eran lenguas bastante inteligibles entre sí. Sin embargo, a partir de ese momento, sus caminos comenzaron a bifurcarse: mientras que el islandés apenas ha cambiado y los hablantes del siglo xxi pueden leer sin problema poemas épicos escritos en el siglo xiii (las famosas «sagas»), el inglés ha mutado casi por completo; aunque un hablante contemporáneo puede apañárselas para entender a Shakespeare, un escritor de hace apenas unos siglos, gracias a las notas al pie de página que jalonan las ediciones actuales de sus obras, necesitará un curso de inglés medieval o una traducción para entender *Los cuentos de Canterbury*, publicados hace seiscientos años. Vamos, que hoy en día un islandés tendrá menos problemas que un inglés para leerse el *Beowulf*, a pesar de que se trate de un poema épico escrito en inglés antiguo.

Es obvio que el inglés ha cambiado más rápido que el islandés en el mismo lapso, y, según Milroy y Milroy, esto se debe a los vínculos débiles. Si hay algo que caracteriza al islandés es su uso en comunidades muy cerradas; es un idioma en el que los apellidos siguen siendo patronímicos (o, a veces, matronímicos), algo que tiene su lógica en una sociedad en la que la mayoría de conocidos ya sabe de la existencia de la familia del otro, y donde la costumbre de enumerar parientes al presentarse se remonta a la época de las sagas. Si las personas que conocen también se conocen entre sí, su única fuente de innovación lingüística será la variación aleatoria que pueda darse en su comunidad de hablantes, ya que carecen de vínculos débiles de los que nutrirse.

El inglés, por el contrario, ha tenido distintas oportunidades de establecer vínculos débiles a lo largo de su historia, con un peso considerable en su configuración como lengua: desde las invasiones de daneses y normandos hasta el éxodo rural, primero a Londres y luego a otras grandes ciudades, pasando por su propia expansión como lengua del Imperio británico. Si bien es cierto que el mundo anglohablante cuenta con sus propias comunidades pequeñas y cerradas donde todo el mundo se conoce (yo misma me sigo presentando en las reuniones familiares explicando quiénes son mis padres o mis abuelos), también cuenta con muchas grandes ciudades donde perderse en el anonimato de la multitud o tener, por ejemplo, tres grupos de amigos que nunca se mezclan. De hecho, los estudios de mapeo dialectológico que hemos mencionado al inicio de este capítulo nos vienen a decir que es precisamente en esas ciudades grandes y diversas donde el inglés tiene más probabilidades de mutar.

Sin embargo, los vínculos débiles no pueden ser la única causa. Después de todo, también hablamos en nuestros círculos sociales más próximos, ya sean pueblecitos franceses, deportistas de Detroit o nuestras propias familias, y todos ellos son ejemplos de vínculos estrechos. ¿De qué modo se reparten nuestras relaciones sociales la responsabilidad a la hora de determinar el modo en que hablamos? ¿Y cómo podemos rastrear quién dice qué a quién, en un grupo de hablantes de un tamaño importante, durante un par de siglos, que es un tiempo más que suficiente para que un cambio lingüístico tenga recorrido? Ya no hablamos de cruzar un país en bicicleta, sino de, directamente, viajar en el tiempo.

La lingüista Zsuzsanna Fagyal y su equipo respondieron ambas preguntas gracias a una simulación informática: crearon una comunidad hipotética de novecientas personas. Cada persona tenía un número determinado de vínculos con otras y al empezar la simulación se les asignaba un valor aleatorio, asociado a un hipotético rasgo lingüístico como, por ejemplo, llamar al espray con el que regamos las plantas «flus-flus», mientras que alguno de sus contactos lo llamaba «pulverizador de agua». Después, por turnos, cada persona contactaba con alguna otra con la que tuviera algún tipo de conexión establecida y existía un cierto grado de probabilidad de que adoptara su rasgo lingüístico en detrimento del propio. Cuando eso pasaba, en la siguiente ronda de la simulación esa persona podía pasar el rasgo lingüístico recién adquirido a alguno de sus contactos. Repitieron este proceso durante más de cuarenta mil rondas y organizaron las conexiones de la red de tres maneras diferentes. En la primera, todos los individuos estaban conectados mediante vínculos estrechos, por lo que se dio una situación similar a la que se da en Islandia: una de las opciones lingüísticas en liza fue adoptada rápidamente por toda la comunidad y prevaleció sobre todas las demás durante toda la simulación. En la segunda, la totalidad de vínculos establecidos fueron débiles, y la red se comportó como una tremenda masa de recién llegados: todas las opciones lingüísticas perduraron y ninguna se impuso a las demás. La tercera fue la más interesante: se establecieron algunos de los nodos (es decir, algunos de esos hablantes hipotéticos) como «líderes» y otros como «hablantes solitarios». Esta configuración mixta se comportó como se comporta el inglés: una opción lingüística de todas las que estaban en liza se expandía durante un tiempo, pero las alternativas no desaparecían por completo, y finalmente alguna de ellas tomaba el testigo, configurando así un ciclo que se repitió varias veces. El equipo de investigadores concluyó que tanto los vínculos débiles como los fuertes desempeñan un papel importante en la configuración de los cambios lingüísticos; los primeros introducen nuevas opciones y los segundos contribuyen a propagarlos.

La cuestión es que internet acelera el cambio lingüístico porque multiplica los vínculos débiles; uno puede ser consciente de la existencia de personas con las que ya no tiene contacto y, al mismo tiempo conocer gente nueva que, de otro modo, nunca se hubiera cruzado en su camino. El fenómeno de los *hashtags* o el de los vídeos graciosos que se hacen virales ejemplifican el poder de los vínculos débiles: cuando un contenido se comparte solo entre vínculos fuertes, acaba siendo una mera broma interna de un grupo de personas que se conocen. Pero tampoco es que internet sea un medio que alimente el fin de los vínculos fuertes, un usuario medio de redes sociales tiene un pequeño grupo de contactos próximos con los que se comunica con frecuencia, que oscila entre los cuatro y los veintiséis, dependiendo de lo que entendamos por contacto estrecho. De hecho, las redes sociales que incentivan el contacto con vínculos más estrechos (gente que ya conoces o amigos de amigos) suelen ser menos innovadoras lingüísticamente hablando. No es casual que Twitter, donde se anima a los usuarios a que sigan a personas que no conocen, haya sido la punta de lanza de la innovación lingüística (por no hablar de los memes o de los movimientos sociales), especialmente si la comparamos con Facebook, donde solemos hacernos amigos solo de personas que conocemos en la vida real.

En cualquier caso, ni la geografía ni la demografía ni tan siquiera las redes sociales determinan completamente nuestro destino. Además de tener cierto margen de elección al pensar dónde vivimos o con quién nos relacionamos, también tenemos bastante control sobre el grado en que queremos dejarnos influir por nuestros interlocutores; en otras palabras: sobre cómo queremos proyectarnos, lingüísticamente hablando.

Actitudes

Si quisiéramos resumir Canadá en un titular, podríamos decir «Canadá, de la *a* a la *z*», o, si preferimos darle un toque claramente canadiense, deberíamos modificarlo ligeramente y dejarlo en un «Canadá, de la *eh* a la *zed*», que es como un canadiense medio pronuncia la primera y la última letra del alfabeto. Y no estaríamos siendo nada originales, porque es una frase que ya aparece en los títulos de tres libros, en camisetas, en vídeos de YouTube y en infinidad de noticias sobre multitud de cuestiones, desde deportes hasta la propia lengua inglesa y el modo en que se usa en ese país. Pero hay algo en lo que casi nadie cae en la cuenta, ni siquiera los propios canadienses, y es que los niños y niñas de ese país no llaman a la última letra del alfabeto *zed*, sino *zee* (pronunciado con una «i» larga). Normalmente, cuando los lingüistas vemos una palabra o una expresión que es común entre los padres, pero no entre su descendencia, la conclusión más sencilla es que se está produciendo un cambio en la lengua y que esa palabra será en breve propia de las personas de mayor edad, por lo que acabará desapareciendo en unos años. Es lo que está pasando, por ejemplo, con *chesterfield*, que, de ser la palabra favorita de la gente canadiense para denominar a los sofás, ha pasado a ceder terreno, paulatinamente, a *couch* (es decir, a la palabra más estándar del inglés estadounidense para decir «sofá»).

Sin embargo, *zed* se comporta de un modo bastante extraño. En los años setenta el lingüista J. K. Chambers elaboró una encuesta entre canadienses de doce años y constató que dos de cada tres llamaban *zee* a la última letra del alfabeto. Sin embargo, cuando en 1990 volvió a encuestar a las mismas personas, comprobó que, al llegar a la edad adulta, habían pasado a decir *zed*, un cambio que se mantenía constante generación tras generación. Chambers concluyó que los niños y las niñas aprendían a decir *zee* gracias a la canción con la que enseñaban el abecedario en Norteamérica en programas infantiles como *Barrio Sésamo*, pero que, al crecer, aprendían que decir *zed* era una cuestión identitaria de Canadá y optaban por cambiar. De hecho, Chambers se percató de que *zed* era una de las primeras variantes que las personas migrantes incluían en su discurso al llegar a Canadá, porque «llamar *zee* a la zeta siempre provocaba comentarios positivos en la gente con la que hablaban».

La primera vez que me topé con este fenómeno tenía dieciocho años; fue en una asignatura de mis estudios de lingüística sobre el inglés canadiense, que cursé en Kingston (Ontario). De entre toda la montaña de mapas dialectales y tipos de encuestas que tuve que estudiar, esta cuestión me llamó poderosamente la atención porque me di cuenta de que era algo que yo misma había hecho. Yo fui una niña que, al cantar la canción del abecedario cuando era pequeña, la terminaba con un *zee* y que, en algún punto a finales de la primaria, decidió empezar a decir *zed*. Y lo que es más llamativo: ese *zee* me avergonzaba ligeramente, por lo que había intentado borrarlo de mi memoria por todos los medios; algo me decía que nunca debí haberlo usado. Cuando me di cuenta de esta actitud, pregunté a mi madre cómo llamaba ella a la última letra del alfabeto. Siempre la había tenido por una partidaria de *zed*, pero parece ser que pasó por el mismo trance que yo, solo que mucho antes de mi nacimiento. En mi caso, empecé a decir *zed* a la misma edad a la que empecé a usar la ortografía típicamente canadiense para otras palabras, como *centre* en lugar de *center* ('centro') o *colour* en lugar de *color* ('color'). No recuerdo que nadie me mandara hacerlo, pero sí que fue una elección consciente, alimentada por ese sentido de la identidad social que describió Chambers. En aquellos tiempos, hacer gala de un cierto nacionalismo lingüístico era un modo de dejarme llevar por el modo en que hablaban mis padres o mis profesores. Desde que alcancé la edad adulta, y especialmente si hablamos de los textos que publico en internet, uso la ortografía canadiense, en parte por costumbre, en parte porque es algo que va contra las normas: es un modo sutil de reivindicar que existe una realidad de hablantes de inglés que no tienen por qué encajar en las opciones «inglés americano» o «inglés británico», con frecuencia, las dos únicas variantes lingüísticas que la mayoría de formularios y menús de páginas web ofrecen como opciones.

Nos pasamos la vida tomando decisiones de este tipo. A veces, escogemos alinearnos con el poder imitando la manera de hablar de quienes lo poseen, para pasar por personas ricas, con una educación esmerada, o socialmente exitosas. Otras veces nos alineamos con grupos sociales menos poderosos para mostrar inconformismo, rebeldía y resistencia a la autoridad.

En noviembre de 1962, William Labov diseñó el estudio más célebre que existe sobre los factores sociales que inciden en las diferencias lingüísticas. Para ello, se centró en el acento *New Yawk*, esa variante del inglés hablada en la Gran Manzana que elimina las «r» que van después de vocales. Labov fue a varios grandes almacenes neoyorkinos y en todos ellos preguntó que dónde estaba una sección (la de zapatería, por ejemplo), sabiendo de antemano que la respuesta iba a ser «en la cuarta planta», porque ya lo había comprobado antes. En inglés, «cuarta planta» se dice *fourth floor* (o *fawth flaw*, en la variante que Labov pretendía estudiar). Cuando le respondían, Labov fingía no haber entendido bien, lo que hacía que el personal de los grandes almacenes le tuviera que repetir la respuesta con más cuidado. Tras la aclaración, Labov se iba en la dirección indicada, pero nunca llegaba a la sección de zapatería. En lugar de eso, en cuanto nadie lo veía, sacaba una pequeña libreta en la que apuntaba si quien le había atendido había pronunciado las «r» finales de *floor* y *fourth.* Descubrió que, como suponía, el personal de ventas de los grandes almacenes más elegantes que visitó, los Saks de la Quinta Avenida, pronunciaban más la «r» que los que trabajaban en Macy's, que eran de nivel medio, y estos a su vez la articulaban con más claridad que los trabajadores de Klein's, una cadena de tiendas que ya no existe y que vendía productos de saldo. También constató que la *r* aparecía en mayor medida cuando la gente pronunciaba *fourth floor* con más cuidado, al pedirles que lo repitieran. Pero un sueldo medio no daba para ir de compras a los Saks de la Quinta Avenida y los propios dependientes y dependientas de las tres cadenas que Labov visitó procedían de una clase social similar. En lugar de la procedencia, era la percepción del cliente a quien tuvieran que atender lo que marcaba la diferencia al pronunciar, a pesar de que Labov se hartó a decir una y otra vez que él fue a los tres sitios con la misma ropa «con un estilo muy de clase media, con camisa blanca, corbata y americana, y sin ocultar mi acento de persona de Nueva Jersey que había ido a la universidad» (es decir, pronunciando la «r»). Por cierto, que al especificar que la pronunciación había sido acorde a la vestimenta en los tres establecimientos podemos deducir que cabía la posibilidad de que la hubiera variado si se hubiera vestido más elegantemente o de un modo más humilde.

Pero ¿de dónde surge la concepción de que ciertas pronunciaciones son propias de la clase alta y otras de las clases más populares? En Nueva York, obviar las «r» está menos prestigiado. Aunque es un rasgo presente en muchas variedades del inglés estadounidense, como las que se hablan en Boston, las propias de las personas afroamericanas o de las oriundas del sur del país, los medios de comunicación no suelen hacerle mucho hueco. Cuando alguien estadounidense dice que «ha perdido su acento» suele referirse a que ha empezado a pronunciar la «r» final en expresiones como *fourth floor.*

Si el estudio se hubiera desarrollado al otro lado del charco, en grandes almacenes de las islas británicas (por ejemplo, en Harrods, Debenhams y Poundland), nos encontraríamos con la tendencia inversa. El personal de Harrods, la cadena de tiendas más pija que existe, no pronunciaría ni una sola «r», mientras que en Poundland, donde (casi) todo cuesta una libra (es decir, un *pound*), podríamos encontrarnos con «r» finales si escogiéramos para nuestro estudio algunas ciudades concretas, como Bristol o Southampton. Existen variedades del inglés que conservan esa «r» final por toda Gran Bretaña, incluyendo Escocia y el norte de Inglaterra, pero no se escuchan demasiado en Londres ni en la BBC. No todos los angloparlantes hablan con el inglés de los libros o de los medios de comunicación, como no todos los hablantes de francés o de alemán suenan como los manuales que usamos para aprender esas lenguas. Cuando los habitantes del Reino Unido hablan de «perder el acento» suelen referirse a dejar de pronunciar la «r» en expresiones como *fourth floor*.

Está claro que la «r» no tiene nada que ver con todos estos cambios, tan solo es una pobre e indefensa consonante que nunca ha tenido la menor intención de verse en medio de las escaramuzas lingüísticas de quienes la pronuncian. En lugar de eso, lo relevante aquí es el significado que le otorgamos en diferentes contextos. Le pasa un poco como al color azul, que, dependiendo de la situación, puede remitir a un equipo de fútbol, al grifo del agua fría, a un hipervínculo o a un periodo artístico de Picasso, por ejemplo. La «r» *per se* no es ni buena ni mala: su significado, y el de los acentos ingleses en los que se pronuncia o no, son constructos sociales. Del mismo modo que el dinero no es más que papel con dibujitos hasta que resulta decisivo para saber si nos da para pagar algo, las palabras que pronunciamos no son más que signos inertes hasta que determinan nuestras posibilidades de conseguir un trabajo, o si los dependientes de unos grandes almacenes se dignarán o no en indicarnos cómo llegar a la sección de zapatería. Si mañana decidiéramos, como sociedad, que cualquier vocal suena mejor si va seguida de una «r», podríamos adoptar el cambio sin problema (irmargírnarter, quér lorcurar seríar).

Sin embargo, no solemos levantarnos por las mañanas y cambiar nuestra opinión sobre la pronunciación de la «r» así como así. En lugar de eso, solemos asimilar los rasgos lingüísticos de las personas y las dinámicas de poder con las que vivimos. Un ejemplo muy bueno de estas dinámicas nos lo da James Milroy (sí, el que comparaba las redes de hablantes de inglés y de islandés): la historia de las lenguas, como la de cualquier otra cosa, la escriben los vencedores.

Milroy nos cuenta que, por ejemplo, H. C. Wyld, un prominente historiador de la lengua inglesa, insistía en 1927 en que «la única variedad del inglés digna de análisis es la estándar: debemos estudiar el inglés académico y el militar, pero nunca el de los "campesinos iletrados"». Dan ganas de viajar en el tiempo y acabar con tanto clasismo, la verdad.

Wyld no fue el primer elitista lingüístico: antes de la élite académica inglesa ya existió el foro romano. Los romanos, a quienes construir carreteras y acueductos y dirigir ejércitos se les daba de vicio, también nos dejaron un importante legado lingüístico; durante el milenio posterior a la caída de su imperio, cualquier persona que quisiera formarse tenía que hacerlo en latín. Escribir en inglés en la época en la que esto empezó a cambiar era, en cierto modo, boicotearse a uno mismo, porque cuanto más latín se pudiera meter en el texto, mejor. Robert Lowth, que escribió una famosa gramática del inglés en 1762, incluyó ejemplos de la entonces conocida como «falsa sintaxis», utilizada por eminencias literarias como Shakespeare o Milton. Y no lo hizo para dar a entender que era así como se tenía que escribir en inglés, sino para advertir de que incluso los grandes literatos de la historia deberían haberse dejado empapar más por el latín para escribir sus obras.

Parecía que los escritores competían por ver quién usaba un inglés más elevado. Lowth fue uno de los primeros en recomendar que se evitara escribir las preposiciones al final de las oraciones (algo muy común en el inglés coloquial de aquella época y, hoy en día, en el estándar): «Nuestra lengua es muy proclive a ello: se trata de una práctica que predomina en las conversaciones y no desentona en la escritura de textos familiares, pero colocar las preposiciones antes de los pronombres relativos es más elegante y perspicuo, al tiempo que casa mucho mejor con un estilo solemne y elevado». El propio Lowth no estaba totalmente en contra de esta práctica, y su aseveración era más de tipo estético, pero gramáticos posteriores elevaron esta preferencia a la categoría de dogma, tal y como hicieron con otros rasgos poco «latinos» del inglés, como ubicar los adverbios antes de los verbos o usar el pronombre *they* tanto para el plural como el singular, a pesar de ser fenómenos que llevaban siglos mutando en la lengua inglesa. Esa misma tradición latinista fue la responsable de la adición de consonantes mudas a palabras como *dete* ('deuda'), *iland* ('isla') o *samoun* ('salmón'), que pasaron a ser *debt*, *island* y *salmon*, simplemente porque así se parecían más a *debitum*, *insula* y *salmonem*. Y poco importa que *island* ni siquiera procediera del latín, o que esta adición añadiera un esfuerzo extra a colegiales de unas cuantas generaciones. Hay muchas lenguas en las que no se pueden organizar esos concursos de deletreo tan comunes en inglés porque sus ortografías son tan intuitivas que serían demasiado sencillos. Un auténtico sueño hecho realidad para muchos anglohablantes, vamos.

Podríamos llegar a sentir cierta lástima por el desprecio que todos estos gramáticos sentían por su propia lengua, que les hacía querer sustituirla parcialmente por otra, si no fuera porque fueron capaces de transmitirnos ese odio. A pesar de que gramaticalmente no alcanzaron totalmente sus objetivos, especialmente en el discurso oral y entre escritores particularmente talentosos que se fiaban más de su oído o que se atrevían a guiarse por su criterio y romper con las reglas establecidas, sí que consiguieron legarnos esa ligera sensación de inquietud que a los hablantes de inglés nos aflora al afrontar la tarea de escribir un texto. Incluso después de años dedicados a la escritura, muchos de nosotros todavía desconfiamos de nuestro instinto para decidir si determinadas frases suenan bien en nuestro idioma. La sombra de aquellos gramáticos tan poco afortunados en sus juicios sigue siendo muy alargada.

Aunque la lingüística moderna haya evolucionado, e incluso los manuales de escritura en inglés que se publican en la actualidad, con mayor o menor entusiasmo, se vayan quitando ese viejo barniz latinista, hemos desarrollado nuevas formas de autoridad lingüística en el mundo digital: las aplicaciones que permiten revisar la ortografía y la gramática, los teclados predictivos o las funciones de dictado de texto imponen automáticamente unas reglas lingüísticas determinadas, generando una especie de autoridad invisible que podemos desafiar, pero nunca evitar por completo. Si no te gusta la *Gramática* de Lowth, siempre puedes dejar que coja polvo en la estantería o tirarla a la otra punta de la habitación, pero cada vez que quieres escribir en tu móvil una palabra que no esté incluida en el teclado predictivo, tendrás que pelear por cada letra que quieras teclear. En su libro *Fixing English*, Anne Curzan describe el modo en que el asistente gramatical de Word continúa perpetuando ese paradigma de escritura latinista, cada vez más caduco, y cómo ella y sus colegas del departamento universitario donde trabaja, a pesar de tenerse por lingüistas lo suficientemente experimentados como para ignorar o directamente desactivar el subrayado rojo del procesador de textos, nunca se han preguntado de dónde sale esa «ayuda» gramatical. Si ni los catedráticos de lenguas, que se ganan la vida poniendo en tela de juicio la autoridad lingüística, se han parado a cuestionar el origen de esas gramáticas electrónicas, ¿cómo vamos a hacerlo el resto de los mortales?

Las herramientas lingüísticas no se pueden considerar neutrales en la misma medida que, por ejemplo, la calculadora que trae instalada nuestro móvil. Lo que entendemos como lengua «estándar» u ortografía «correcta» descansa sobre acuerdos colectivos, no sobre verdades inmutables, y los acuerdos pueden modificarse. Las herramientas de comunicación que nos exponen a más gente pueden acelerar la difusión de nuevas palabras, pero las aplicaciones que pretenden ayudarnos con la lengua también pueden ralentizar la evolución lingüística natural, empujándonos a limitarnos a las opciones que nos ofrecen, y a ninguna más.

Estoy segura de que los correctores ortográficos electrónicos son los responsables de que haya tanta gente que escribe mal mi apellido, «McCulloch». Nunca lo dan por bueno y, cada vez que alguien lo escribe mal, se encuentra con que el ordenador o el móvil le propone «McCullough» como variante correcta. Por otro lado, a veces la gente comete errores al escribir mi nombre, «Gretchen», a mano, pero nunca si lo hacen con un teclado. Es como si mi nombre y mi apellido pertenecieran a dos clases de discurso digital: a uno la máquina lo fomenta, mientras que al otro lo rechaza. Podría parecer algo relativamente intrascendente, dado que mi nombre es alemán y mi apellido escocés, pero me temo que si nos fijáramos en qué nombres contienen los correctores y los teclados predictivos, descubriríamos que los más típicos siempre están presentes, mientras que los que proceden de otras lenguas, no. Un ejemplo del modo en que la tecnología puede favorecer, aparentemente de forma inofensiva, a los nombres estándar y a las personas que los llevan.

Los correctores ortográficos del inglés ejercen tanta influencia que en las últimas décadas han generado un cambio en el inglés británico: mientras que en la variante estadounidense se prefiere escribir con «z» palabras como *organize* ('organizar') o *realize* ('darse cuenta'), la británica ha alternado el uso de las terminaciones *-ise* e *-ize*. Sin embargo, los correctores de inglés británico han intentado evitar que una misma palabra se escriba con ortografías diferentes a lo largo de un mismo texto, favoreciendo el uso de *organise* y *realise*. Esto ha prestigiado la terminación *-ise* entre los hablantes de inglés británico, que ahora perciben *-ize* como una variante exclusivamente estadounidense.

Como autora de este libro, soy muy consciente de que mantener las viejas tesis latinistas sería una decisión política, como también lo sería abrazar sin reservas la anarquía ortográfica. Creo que, en estos temas, la honestidad y la claridad son importantes, y más en una época en la que cualquier libro o tuit es susceptible de acabar usado como prueba de lo común o aceptable que era un uso lingüístico particular en un momento determinado. Sí, escribo para ti, que me lees, pero en cierto modo también lo hago para ese ente que todo lo ve que son «los datos». Si el legado más duradero de este libro es provocar un ligero cambio en la inclinación de una gráfica diseñada por alguien que aún no ha nacido pero que en algún momento analizará cómo era la lengua en estos años, quiero influir en esa gráfica con total conocimiento de causa. No son pocos los editores y lexicógrafos que piensan que estamos atrapados en un círculo vicioso: los diccionarios y los manuales de escritura remiten a la prosa publicada para saber en qué consiste la lengua «estándar», pero quien crea esa prosa manda de vuelta a los hablantes a esos diccionarios y manuales para responder a la misma pregunta, y ambas partes permanecen inmóviles, esperando a que sea la otra la que haga algún movimiento. En lo que a mí respecta, he decidido corregir estos sesgos optando por la solución más innovadora cada vez que se me presente la posibilidad de elegir, es decir, pretendo encaminar mi escritura hacia donde creo que la lengua escrita debe llegar a finales de este siglo, teniendo en mente a quien me lea en el futuro, en lugar de pensar en los lectores del pasado. Como lectora y analista de datos que soy, siento un cosquilleo de ilusión cada vez que tomo un poco de distancia de mi trabajo y me doy cuenta de que estamos en medio del devenir del idioma que hablamos, no en su principio, ni en su desenlace. No sé cómo escribirá la gente en el siglo XXII, pero siento la responsabilidad de ayudar a los y las lingüistas de ese momento a entender en profundidad lengua del siglo XXI, y por ello quiero evitar aferrarme a la del siglo XX.

En consecuencia, he decidido escribir «internet» en minúscula, así como siglas y abreviaturas como *LOL* o *OMG*, u optar por *email* en lugar de *e-mail.* Y cuando he tenido que tomar una decisión sobre otras ortografías conflictivas, he preferido las opciones más comunes en el Corpus of Global Web-Based English y en Twitter, en lugar de las recomendadas por los manuales, lo que me ha llevado a usar muchos compuestos, tras eliminar muchos guiones y espacios entre palabras compuestas. (Mientras escribía este libro, la agencia de noticias estadounidense Associated Press pasó a recomendar «Internet» en lugar de «internet», así que tengo la esperanza de que, dentro de diez años, cualquier otro aviso de este tipo que incluya en las próximas páginas resulte un engorro para la lectura de este libro). He adoptado el retrónimo «ordenadores en red» para lo que antes se conocía como «internet» con «i» minúscula, es decir, el mero servicio de conexión, y hablo de «páginas web», o simplemente «páginas», en lugar de insistir en la distinción entre «internet» y «red informática mundial», que ya no hacen ni las personas jóvenes ni los usuarios no especializados (también intento evitar opciones anticuadas como «la red», y dejo «ciberespacio» solo para anécdotas divertidas). Del mismo modo, he incluido una cantidad importante de referencias temporales absolutas, en lugar de relativas, con la intención de ser precisa al referirme a hechos de principios de este siglo, de la década pasada, de un año en concreto o de cualquier otro momento específico, en lugar de decir «ahora» o «en la actualidad» y hacer que quien me lea tenga que ir a la página de créditos del libro, ver la fecha de *copyright* y restarle uno o dos años para saber de qué momento estoy hablando, como me ha tocado hacer a mí muchas veces. He intentado ser lo más inclusiva posible en cuanto al género, colocar los adverbios en diferentes posiciones dependiendo del énfasis que quería que dieran al discurso y he conservado la ortografía y las decisiones tipográficas de todas las citas textuales que he incluido. Sin embargo, en mi texto original me he ceñido a lo que marca el mundo editorial actual, aunque eso me ha llevado a pasar el mal rato de cambiar algunas de las variantes canadienses que suelo escribir para adecuarlas al público estadounidense. En cualquier caso, y aunque son palabras de uso común en internet, he mantenido la mayúscula inicial en los nombres de plataformas y marcas digitales, como Facebook, Twitter y YouTube.

A pesar de todos mis reparos, continúo usando el corrector ortográfico y la función de teclado predictivo, porque la mayoría de las veces es muy práctico. No hay duda de que poder despreocuparme de algunas reglas ortográficas libera espacio en mi cerebro. Cosas como añadir, por ejemplo, «Internet», en mayúscula, al diccionario de mi móvil. Pero también me intriga pensar cómo serían las cosas en un mundo donde, de entrada, nadie se preocupara de estas cuestiones. Desde un punto de vista meramente lingüístico, todas las variedades de una lengua son igual de válidas: cualquiera de ellas no es más que la manifestación de la increíble capacidad humana de articular el lenguaje, que nos define como especie. A nadie se le ocurriría decir que un pájaro no canta bien porque su manera de piar es de mala calidad, y, del mismo modo, no hay maneras de hablar peores que otras. Seguro que podemos destinar nuestro tremendo potencial tecnológico actual a empresas bastante más elevadas que la preservación de los prejuicios de un montón de aristócratas de hace trescientos años.

Algunas herramientas y recursos lingüísticos ya llevan tiempo intentándolo, aunque con resultados dispares. Wikipedia, cuyo lema es «La enciclopedia libre que cualquiera puede editar», ha sido muy eficaz combatiendo el vandalismo más evidente, gracias a la dedicación de los voluntarios y las voluntarias que la editan, pero se enfrenta a otros problemas más sutiles, como el sesgo que genera el hecho de que esos editores sean, en su inmensa mayoría, hombres, angloparlantes y pudientes y se limiten a cuidar de los artículos sobre temas que les interesan. Cuando escribí este libro, Google Docs tenía un corrector ortográfico basado en internet, lo que arrojaba resultados sorprendentes. Por ejemplo, en cierta ocasión me propuso alternativas para *Ronbledore* (una teoría un poco siniestra que defiende que Ron Weasley, el amigo de Harry Potter, es en realidad Dumbledore, su anciano profesor, que viaja en el tiempo), y me encantó, claro. Otras veces ha insistido en sugerirme escribir *alot* ('mucho', 'un montón') todo junto, en lugar de *a lot*, que es la opción estándar. Si bien *alot* es una variante bastante común, me parece demasiado informal como para que un corrector de ortografía la sugiera. Quizá la herramienta con mejores perspectivas para combatir los sesgos en lugar de alimentarlos sea Textio. Se trata de una *startup* que evalúa los textos de las ofertas de empleo para determinar si hay alguna frase o expresión que pueda disuadir a potenciales candidatos de presentarse, lo que agilizaría, en consecuencia, los procesos de selección. Reduce la carga de sexismo y otros clichés alertando de la presencia de expresiones de moda como «big data» o «emprendedor» y favoreciendo otras, como «permiso por cuidado familiares» o «empresa que apuesta por la formación de su plantilla».

Del mismo modo que podemos usar la lengua para ser elitistas, también puede servirnos para mostrar empatía, como pasa con esos políticos que, cuando están en campaña, se vuelven campechanos. En algunos casos, este tipo de cambios en nuestras actitudes lingüísticas son universales: nadie habla igual a su perro que a sus superiores (imaginaos: «¿Quién es mi jefecito favorito?, ¿quién quiere salir a dar un paseo y subirme el sueldo?»). En otros, nuestro estilo lingüístico está ligado a una identidad específica. William Labov estudió a los habitantes de Martha's Vineyard, una isla turística cercana a Boston, y descubrió que quienes se identificaban más con los valores de la cultura tradicional del lugar tenían un acento más marcado que el resto. Hay investigaciones más recientes que sugieren que la entonación tiene mucho que ver con la identidad social de los hablantes; por ejemplo, los hombres jóvenes de Washington D. C. que tienen un progenitor blanco y otro negro hablan diferente, dependiendo de si se identifican como negros o como interraciales; el modo de hablar de los habitantes de la zona de los Apalaches, en el Medio Oeste estadounidense, depende de cómo de «arraigados» se sientan en la comunidad en la que vivan, o también hay un estudio que demuestra que las judías de Ohio y Nueva Jersey varían su forma de hablar en función de su relación con su religión.

Hay otros casos donde la postura de los hablantes no tiene tanto que ver con mostrar que forman parte de un grupo determinado, sino con tomar prestados de otros grupos rasgos que consideran que les favorecen. Las investigaciones sobre el habla juvenil que se han desarrollado en diferentes países muestran una pauta común: existen rasgos lingüísticos distintivos que se asocian con los jóvenes económica y racialmente marginados, y se dan en lugares tan dispares como el centro de las ciudades estadounidenses, los suburbios parisinos o las favelas de Río de Janeiro. Los jóvenes blancos de clase media seleccionan algunos de esos rasgos y los integran en su lenguaje, sin llegar nunca a hacerlos desentonar en su contexto social, pero en un grado que les permite demostrar cierta independencia de sus padres, sus profesores y otras figuras de autoridad. Obviamente, cuando alguno de esos rasgos se asimila lo suficiente a los códigos culturales de masas (especialmente si alguna marca empieza a servirse de ellos para obtener beneficios económicos), queda despojado de su carácter rompedor, lo que activa de nuevo el ciclo con un nuevo rasgo lingüístico marginal.

En inglés, la asociación de la variedad afroamericana con lo *cool* y la consiguiente apropiación de muchos de sus rasgos por parte del resto de hablantes surgió bastante antes que internet. La terminología asociada con distintos géneros de música negra, como el *blues*, el *jazz*, el *rock and roll* o el rap está totalmente integrada en la cultura *mainstream*, mientras que los hablantes que la acuñaron siguen estigmatizados por su manera de hablar. Uno de los principales cambios que ha originado la descentralización de los medios digitales es que ha permitido a los usuarios originarios de estas variedades marginadas ser más visibles. Una persona blanca de los años sesenta podía estar escuchando a Elvis sin tener ni la más mínima sospecha de que se trataba de un cantante tremendamente influido por artistas negros como B. B. King y Rosetta Tharpe, pero ahora es mucho más fácil para cualquier estadounidense medio averiguar que la expresión *on fleek* ('perfecto', 'genial'), que tan de moda está, procede de un post que la *influencer* afroamericana Peaches Monroee publicó en Vine (una red social ya difunta que permitía compartir vídeos breves) hace unos años.

Aun así, es muy fácil caer en la tentación de ignorar el verdadero origen de todas las palabras afroamericanas que la cultura popular estadounidense sigue apropiándose y creer que son simplemente vocabulario de las redes sociales, solo porque las usan los jóvenes, y los jóvenes están en las redes sociales. Por suerte, internet ha inventado una palabra para definir este fenómeno: *columbusing*, algo así como «colonear», que remite a la gente blanca que afirma haber descubierto algo que en realidad ya existía desde hacía tiempo en otra comunidad. El «coloneo» es una referencia a Cristóbal Colón y al modo en que se arrogó el mérito de descubrir América, a pesar de los millones de personas que ya vivían allí en el momento de su llegada.

En otras lenguas es el propio inglés el que, con frecuencia, sirve de fuente para nuevas tendencias y modas lingüísticas que revelan un interés por la cultura global, en lugar de la local. La situación del árabe es especialmente interesante porque atañe a muchas lenguas, dialectos y sistemas de escritura. La mayoría de los hablantes de esta lengua manejan dos variedades lingüísticas: el árabe moderno, que es la versión estandarizada e internacional del árabe clásico, y que se enseña en las escuelas pero que rara vez se habla, y las variedades locales, como el egipcio o el marroquí, que son las lenguas cotidianas y que carecen de escritura estandarizada. Cuando los hablantes de árabe, como la mayoría del resto del mundo, asociaban escritura con formalidad y oralidad con lo contrario, esta dilogía lingüística funcionaba. Por supuesto, en los telediarios se hablaba árabe estándar y en la prensa se podían ver anuncios en las lenguas vernáculas para llamar la atención de la población local, pero en la mayoría de los casos el árabe estaba cómodamente articulado en lo que en lingüística se llama diglosia: la presencia de dos lenguas o dialectos en una comunidad de hablantes, usadas por prácticamente toda la población, pero con fines y en contextos diferenciados.

La llegada de los ordenadores y de internet complicó la cosa en un abrir y cerrar de ojos. Las primeras computadoras y páginas web estaban en inglés, por lo que sus usuarios más habituales eran la gente de las universidades que utilizaba esa lengua para comunicarse con el resto del mundo. Además, había un detalle muy importante: esos nuevos dispositivos llegaban con teclados y pantallas aptas para escribir en inglés, pero no en árabe, por lo que los hablantes acabaron creando un sistema de escritura para reflejar los sonidos del árabe con el alfabeto latino, que recibió diversos nombres, como Árabe ASCII, Franco, Arabini o Arabizy.

Se trata de un sistema que tiene varias ventajas. Por ejemplo, la mayoría de transcripciones del árabe al alfabeto latino utilizan la secuencia «kh» para representar la letra árabe خ, que suena similar a la «j» del español. Sin embargo, «kh» es en realidad una manera bastante confusa de representar este sonido porque tiene el mismo aspecto que el sonido /k/ seguido de /h/, una secuencia poco habitual en muchas lenguas, aunque relativamente común en árabe. Esto provocó que, de manera informal, se adoptara otra solución: debido a la similitud en sus formas, la gente empezó a usar los números 5 o 7' (es decir, un siete con un apóstrofo), que parecen la خ reflejada en un espejo. No usan el 7 sin más porque ya se utiliza para transcribir ح, que es la misma letra, pero sin el punto situado en la parte superior, y que remite a otro sonido difícil de representar; hay sistemas de transcripción que utilizan la letra «h» porque suena un poco más gutural que una hache aspirada inglesa, pero esto es problemático porque en árabe también existe ese mismo sonido sin forzar su guturalidad; usar el 7 acaba con el problema de tener una única letra para representar dos sonidos.

Siguiendo una lógica similar, los números 9' y 9 se pueden usar para las letras ض y ص, el 6' y el 6 para ظ y ط, y el 3' y el 3 para غ y ع, y todos ellos remitirían a sonidos cuyas representaciones no tienen transcripciones inequívocas en el alfabeto latino. Lo relevante de este sistema es que da por hecho que quien lo lee ya está familiarizado con el árabe: que cada uno de esos sonidos deba representarse con un símbolo diferente es una solución básica que responde a las necesidades de los hablantes nativos alfabetizados. Existen otras transcripciones en las que se tiende a lo opuesto, representando las mismas letras como variantes de la «d» y la «s», la secuencia «dh» y la «t», o la secuencia «gh» y un apóstrofo inverso (o simplemente omitiéndolas por completo, como en la propia palabra «árabe», que debería ser «3arabi»), de acuerdo con cómo sonarían para quien no esté familiarizado con el árabe. Si bien es cierto que a veces es muy práctico poder comunicarse globalmente, como cuando hay que transcribir nombres propios y topónimos de países árabes para periódicos en otras lenguas, hay otras ocasiones en que lo importante es atender a las necesidades de la propia comunidad de hablantes. En el caso del árabe, estas distinciones al transcribir resultan cruciales, e ignorarlas es como intentar convencer a un hispanohablante de que «cosa» y «rosa» se escriben igual simplemente porque a los ingleses les cueste mucho pronunciar la «r» inicial del español.

Aunque el sistema de transcripción alternativa del árabe fue necesario en un principio porque los primeros ordenadores no permitían usar el alifato, actualmente ha trascendido a lo lingüístico y tiene implicaciones sociológicas. Lo explican David Palfreyman y Muhamed Al Khalil en un artículo donde analizan conversaciones de chat entre estudiantes de una universidad de Emiratos Árabes Unidos donde todas las clases se dan en inglés. Estos autores ponían el ejemplo de un dibujo hecho por una estudiante para representar a otras alumnas de su clase. Una de ellas recibía el nombre de Sheikha en el chat, siguiendo las normas de transcripción oficiales de la universidad. Sin embargo, en el dibujo, la estudiante añadió «shwee5» bajo el dibujo que hizo de su compañera, usando el 5 que ya hemos mencionado, para referirse al sonido que oficialmente se representa con la secuencia «kh». Se trataba de un dibujo hecho a mano, por lo que no tendría por qué haber usado el alfabeto latino, pero no son pocos quienes consideran la escritura occidental más fresca y actual: los estudiantes que tomaron parte en el estudio afirmaron que preferían la transcripción alternativa con cifras porque así «solo la gente de su edad los iba a entender» y que así hacían que la palabra «sonara más árabe y no recordara a pronunciaciones inglesas. Por ejemplo, escribiríamos *'7kwala* en lugar de *Khawla* porque así nos suena más árabe».

Los avances en el diseño de teclados que han tenido lugar desde los años noventa han facilitado mucho el uso del alifato árabe en los ordenadores, y la gente lo usa para escribir la variedad estándar de la lengua, la que tiene un sistema de escritura bien consolidado, mientras que puede optar por el alfabeto latino con cifras cuando se escribe en su lengua vernácula. Un estudio que analizaba los hábitos lingüísticos de personas egipcias famosas en Twitter nos da varias pistas sobre lo que lleva a los hablantes a escoger una u otra opción: mientras que los políticos tuiteaban principalmente en la variedad estándar, poniendo de manifiesto así su madurez y experiencia, y respondían a lo que se esperaba de ellos (que usaran el árabe formal), un cantante famoso escribía prácticamente todos sus tuits en la variedad egipcia coloquial, pero con algunas partes en árabe estándar, siempre usando el alifato, para reflejar su juventud y llegar mejor a sus fanes, pero, al mismo tiempo, respetar la lengua de las letras de sus canciones. Por su parte, un restaurante elegante tuiteaba en inglés y en árabe egipcio escrito en arabizi, con el fin de atraer una clientela cosmopolita y de alto *standing*, que probablemente hubiera estudiado en el extranjero, mientras que un centro cultural alternaba tuits en inglés y en árabe estándar formal para llamar la atención de un público formado no necesariamente en el extranjero, sino también en Egipto. Esta diversidad hacía que los usuarios de Twitter del país del Nilo pudieran toparse en los tuits de las cuentas que siguieran con hasta cuatro convenciones lingüísticas diferentes: inglés y árabe estándar formal, en sus respectivos alfabetos, y la variedad egipcia del árabe con y sin transcribir. También les daba la opción de escoger la que quisieran entre todas ellas, dependiendo de la identidad que quisieran proyectar y de a quién pretendieran dirigir sus mensajes.

Puede que en otras lenguas no tengamos varios sistemas de escritura para elegir cómo transmitir nuestros mensajes, pero es inevitable que tomemos decisiones basadas en el público al que los dirigimos. Jacob Eisenstein, el lingüista que mapeó tuits geolocalizados del que ya hemos hablado, junto con su asistente Umashanthi Pavalanathan, del Instituto Tecnológico de Georgia (EE. UU.), decidieron clasificar los tuits en inglés de un modo diferente: en lugar de fijarse en la ubicación, el idioma o el alfabeto, trazaron la línea entre los tuits que trataban sobre un tema en concreto, por ejemplo, los Oscar, y los que formaban parte de conversaciones con otros usuarios. Casualmente, Twitter permite agrupar los tuits bajo estas dos categorías de un modo muy sencillo: cuando añades una almohadilla a una palabra de tu tuit, como, por ejemplo, #Oscar, otros usuarios interesados en la misma cuestión saben que pueden buscar esa etiqueta, o pinchar en ella, para llegar a otros tuits que también la contengan. Del mismo modo, si escribes el nombre de un usuario precedido de una arroba, como, por ejemplo, @Beyonce, el usuario en cuestión recibe una notificación y, con suerte, te responderá del mismo modo.

Como # y @ son símbolos diferentes, no es difícil cribar y organizar una gran cantidad de tuits de forma automática, descartando los que contienen ambos o ninguno de ellos. Vale, es un poco burdo, porque la gente no va a pinchar en etiquetas sarcásticas, como #sorrynotsorry para buscar información, y tampoco es muy probable que Beyoncé te vaya a responder (desengáñate, #sorry), pero es una estrategia bastante funcional para trabajar con muchos tuits. Eisenstein y Pavalanathan descubrieron que los regionalismos, el argot, los emoticonos y, en definitiva, el lenguaje informal, eran más comunes en los tuits que @mencionaban a otros, mientras que esos mismos usuarios adoptaban un estilo más formal y estándar cuando incluían #etiquetas en sus tuits. Su conclusión fue que, del mismo modo que nos ponemos más formales cuando hablamos frente a un grupo de personas que cuando mantenemos una conversación solo con una, los tuits con etiquetas están dirigidos a un grupo de más usuarios. Por el contrario, las @menciones, que son más informales, solo llegan a unas pocas personas. Vamos, que adecuamos nuestro lenguaje digital como lo haríamos si estuviéramos hablando sin pantallas de por medio.

Los estudios que analizan el modo en que se escribe en esta red social en otras lenguas muestran una pauta similar. En uno que se centraba en los habitantes de Países Bajos, que tuitean tanto en neerlandés, que es la lengua predominante, como en frisón, que es una lengua minorizada que se habla solo en una parte del país, se descubrió que era más fácil que los tuits con etiquetas estuvieran escritos en neerlandés para que llegaran a más gente, pero que los usuarios solían optar por el frisón en sus respuestas a otros tuits. La práctica inversa era mucho menos común: muy poca gente usaba la lengua de menos peso para tuitear con etiquetas y cambiaba a la mayoritaria para conversar con otros usuarios.

Otro estudio investigó el lenguaje informal indonesio, para lo que se comparó el modo de escribir tuits con el empleado para enviar mensajería instantánea. Por ejemplo, la palabra indonesia *sip* significa «bueno, vale, de acuerdo», pero para enfatizarla, se puede escribir *siiippp*. Por su parte, «gracias» se dice *terima kasih*, pero se puede reescribir como *makasi* si lo que se pretende es que recuerde al modo en que lo pronuncian las clases populares de la capital, Yakarta. Si las @respuestas en Twitter son un poco más casuales que los mensajes con etiquetas, los mensajes privados se escriben en un contexto aún más íntimo y, como era de esperar, el número de variantes ortográficas informales empleadas en ellos por parte de los indonesios prácticamente cuadruplica la cantidad del mismo tipo de palabras incluidas en tuits. Del mismo modo, los tuits eran casi el doble de largos que los mensajes y en general contenían frases más complejas y una mayor riqueza de vocabulario.

Desde el punto de vista de la lingüística de internet, merece la pena comprender la variación de las lenguas en formato digital, pero no porque sea algo novedoso (las lenguas siempre han variado), sino porque rara vez podemos observar este fenómeno por escrito. La literatura da preferencia a un puñado de lenguas y dialectos de prestigio, aunque en el mundo se hablen más de siete mil idiomas y al menos la mitad de la población terrestre sea, como mínimo, bilingüe. Por desgracia, esta variedad tan maravillosa esconde una brecha digital: la gente que vive en contextos multilingües o que habla variedades lingüísticas que no se suelen escribir tienen dificultades con muchas de las herramientas basadas en el lenguaje que tan necesarias son para los internautas, como los motores de búsqueda, los sistemas de reconocimiento de voz, de detección automática de idioma o de traducción automática. Se trata de funcionalidades entrenadas con corpus textuales muy extensos, a menudo formados a partir de libros, periódicos y emisiones de radio, lo que hace que sea más probable que recojan formas lingüísticas bien documentadas, en detrimento de las demás. Una manera de reducir esta brecha es usar los propios textos de redes sociales como material de entrenamiento para todas esas herramientas, lo que abre una vía de trabajo muy prometedora, sobre todo si tenemos en cuenta que la cantidad de textos informales que contienen estas plataformas excede, con mucho, a los formales.

Me temo que no hay demasiados hablantes cuatrilingües de árabe, frisón, indonesio e inglés, así que no creo que vayamos a tener, a corto plazo, ningún estudio que analice cambios lingüísticos al tuitear en los cuatro. Sin embargo, independientemente de los círculos lingüísticos con los que nos relacionemos *online*, todos hablamos la lengua de internet, porque la forma que adopta nuestro idioma está condicionada por el papel que desempeñan los entornos digitales como contextos culturales. Cualquier lengua que se use en la red se irá descentralizando progresivamente y, en consecuencia, contará cada vez con más muestras de informalidad puestas por escrito. Los hablantes estamos aprendiendo a sofisticar hasta el extremo el modo en que escribimos para poder expresar matices que antes solo comunicábamos al hablar, y para ello cambiamos de alfabeto, alternamos lenguas o reinventamos las normas ortográficas.

Los mensajes y los tuits que escribimos nos están haciendo mejorar nuestra expresión escrita. El investigador Ivan Smirnov analizó los *posts* de casi un millón de usuarios del equivalente ruso a Facebook, una red social llamada VK. Se trataba de textos escritos en el área de San Petersburgo, entre 2008 y 2016, y este lingüista descubrió que la longitud media de las palabras empleadas, un indicador de complejidad lingüística, aumentaba a medida que la gente envejecía o avanzaba en su educación, como era de esperar. Sin embargo, también se percató de que los mensajes en sí también eran cada vez más complejos: independientemente de quién los escribiera «los usuarios que tenían quince años en 2016 escribían *posts* más complejos que cualquier persona, de cualquier edad, en 2008».

Nadie que escribe «tb» lo hace porque no sepa que existe «también». Un estudio de lectoescritura desarrollado por Michelle Drouin y Claire Davies sugiere que la idea de que este tipo de abreviaturas pueda interferir en nuestra capacidad de escribir textos formales no casa con lo que sabemos del funcionamiento de nuestra memoria. Se trata de estrategias que reformulan palabras muy comunes, y ahí está la clave: quien las teclea optimiza esfuerzos y quien las recibe las interpreta sin problema, por lo frecuentes que son. No existen abreviaturas para palabras o expresiones más largas o singulares, como «pterodáctilo» o «¿qué te parece si montamos una banda de *rock*?». En términos psicológicos, podríamos decir que acortamos y simplificamos las ideas que conocemos de sobra. Puede que no te acuerdes de cómo llegar a ese restaurante tan elegante porque vas muy de vez en cuando, pero seguro que eres capaz de ir de tu cama al cuarto de baño con los ojos cerrados. Del mismo modo, si se te fuera a olvidar alguna palabra, sería una de las raras, como «depauperar» o «gaznápiro», pero no una de las cortitas que aprendemos en nuestra infancia y que nos encontramos día tras día, abreviadas o no.

Del mismo modo que las conversaciones y los discursos en público han coexistido desde siempre, la escritura informal en internet puede compartir espacio con otros estilos más formales. Los formatos digitales que van más en esa línea, como los libros electrónicos, los sitios de noticias o las páginas de las grandes empresas, recuerdan a un mensaje de texto tan poco como un libro impreso o un periódico se parecen a una nota de las que dejamos pegadas al frigorífico. Son varios los estudios que han demostrado que la gente que usa un montón de abreviaturas en internet es capaz de ceñirse a la lengua estándar para escribir textos formales o hacer dictados como mínimo igual de bien que quien no las usa nunca. De hecho, a veces lo hacen incluso mejor.

En lugar de eso, lo que se está haciendo con la jerga de internet es muchísimo más sutil. Los lingüistas Sali Tagliamonte y Derek Denis lograron reunir el historial de las aplicaciones de mensajería instantánea de setenta y un adolescentes y, de todo lo que pudieron desentrañar, destaca el hecho de que no usaban demasiada jerga de internet, contrariamente a lo que reflejan las noticias más exageradas, que sustituyen prácticamente todas las palabras por abreviaturas u otras fórmulas («salu2 mñn ns vems»). Solo el 2,4 % de los mensajes analizados contenían este tipo de expresiones (me vienen a la mente esas encuestas de percepción vs. realidad que se hacen para otras facetas de la vida de los adolescentes, como esas en las que todo el mundo cree que bebe más y tiene una vida sexual más activa que la media). En lugar de eso, lo que los adolescentes estaban haciendo era bastante más sofisticado: entremezclaban rasgos muy informales, como emoticonos y siglas, con otros muy formales, como verbos modales del tipo *must* o *shall* que son poco frecuentes en el discurso oral. Aquí tenéis algunos ejemplos de diferentes extractos de esas conversaciones:

> *Aaaaaaaaagh the show tonight shall rock some serious jam*
> *Jeff says «Iyk mogod omgod omgodzzzzzZZZzzzzz!!!11one»*
> *Heheh okieee! Must finish it now ttyl*
> *Lol... as u can tell im very bitter right now.*[3]

Lo que más salta a la vista de estas frases son sus partes más informales: alargamientos expresivos como «aaaaaaaaagh», énfasis en la puntuación, como «!!!11one», y abreviaturas como *ttyl* (*talk to you later*, 'luego hablamos') o *LOL* (*laugh out loud*, 'reír a carcajadas', el equivalente a nuestro «jajaja»). Sin embargo, Tagliamonte y Denis señalan que existen diferencias con respecto a la informalidad del inglés hablado: si grabáramos a un grupo de adolescentes charlando en la actualidad es muy poco probable que pudiéramos registrar palabras como *shall*, *says*, *must* o *very*, ya que prefieren en su lugar *going to*, *is like*, *have to* y *so* (observemos la diferencia entre decir *And then he said, 'Shall you go?' And I said, 'I must, I'm very tired'*[4] y *And*

[3] Aaaaaaah el concierto de esta noche va a ser la leche!
Jeff dice: «Diosdiosdios qué fuerteeeeeeee».
Jejejejeje okisssss! Pero tengo que acabar hablamos luegooo.
Jajaja... ya ves que hoy estoy algo borde.

[4] Entonces me dijo: «¿Tienes pensado ir?». Y yo respondí: «Debería, pero estoy muy cansada».

then he's like, 'Are you gonna go?? And I'm like 'I have to, I'm so tired[5]. La primera frase se corresponde con la escritura, o con la manera de hablar de la generación anterior, pero la segunda es mucho más de la nuestra).

El hecho de que todas las variantes de la segunda frase excepto una sean más largas que las de la primera (todas tienen dos sílabas en lugar de una) cuestiona la premisa de que las nuevas estrategias son siempre un signo de pereza. Es más, que los adolescentes desplieguen semejante mezcolanza de rasgos formales e informales sugiere que lo que están haciendo no es ni una transcripción imperfecta del discurso espontáneo ni un intento fallido de escribir formalmente. La escritura en internet constituye un género textual con sus propios objetivos, y para alcanzarlos es necesario tomar prestados detalles de muchas otras variedades lingüísticas, aunque no se haga de un modo especialmente evidente. La representación del lenguaje de los mensajes de texto en los medios de comunicación no es del todo certera si se limita a destacar los elementos más llamativos (como *LOL* o *ttyl*) y obvia la pericia lingüística que se necesita para sacar el máximo partido a todo el sistema (y que permite que en lenguas como el inglés coexistan, por ejemplo, *LOL* o *heheh* con *shall* y *I'll,* mucho más propios de registros formales).

Las variaciones ortográficas y otras estrategias utilizadas en internet no tienen por qué ser únicamente signos de informalidad; también pueden denotar cierta hospitalidad. El humorista @jonnysun tuitea con un particular estilo propio en el que entran en juego el uso de las mayúsculas y la reescritura creativa de algunas palabras, como se puede ver en su nombre de usuario, que no es «Jonny Sun» sino «Jomny Sun» y en la descripción que aparece en su perfil: *aliebn confuesed abot humamn*

[5] Y luego me dijo, en plan: «¿Vas a ir?». Y yo, en plan: «Me toca, pero estoy molida».

lamguage (algo así como 'madciano cobfundido con el ledguaje hubano'). El lenguaje depurado que Jomny utiliza en sus tuits le hace parecer una persona afable, inofensiva y muy cercana (si dejamos a un lado el detalle de que es un *madciano*, claro). A pesar de sus cientos de miles de seguidores y su dedicación diaria a sus estudios de posgrado, el uso que hace de sus redes da a entender que no es el tipo de persona que nos juzgaría si se nos escapa una errata en nuestros tuits. De hecho, algunos seguidores incluso le contestan hablando en *madciano*, una muestra de fraternidad lingüística que tiene más de familecto que de charla estirada en algún seminario de Oxford.

Yo misma he empezado a jugar con la lengua de este modo, especialmente cuando llevo un rato leyendo artículos académicos y quiero desintoxicarme de tanta Contaminación por Acumulación de Nominalizaciones. Para lograrlo, adopto un estilo 100 % internet, sin mayúsculas iniciales ni signos de puntuación, con abundancia de abreviaturas y de soluciones ortográficas creativas, y así suelo ordenar mis ideas al ponerlas por escrito mucho mejor que si me parara cada vez que no supiera cómo expresar algo o acompasar a la perfección forma y contenido al redactar. Es mucho más difícil sonar recargada o pretenciosa cuando el único espacio que tengo para escribir es una ventanita de chat que me impide rebobinar y editar lo escrito, y también me fastidia mucho menos tener que borrar algo que no me ha supuesto excesivos quebraderos de cabeza. Al final, termino dando forma a lo que quiero decir y entonces es muy fácil releer, añadir mayúsculas y comas y borrar frases del tipo «madre mía no tengo ni idea de cómo acabar este párrafo». Es más sencillo imprimir formalidad a un texto que *a priori* ya resulta claro que pretender inyectarle lucidez y chispa cuando está perfectamente formateado desde el primer borrador, pero lo que cuenta es tan denso como impenetrable. Un estudio que analiza los efectos de la revisión ortotipográfica en el bloqueo al escribir sugiere que es probable que mi manera de entender la escritura sea una buena señal: los subrayados en rojo de los procesadores de texto pueden parecer útiles al principio, pero lo cierto es que en textos complejos interrumpen constantemente el flujo de escritura y obligan a quien teclea a detenerse antes de tiempo en los pequeños detalles. Y no soy la única que va siendo consciente de los efectos positivos que tiene el contacto con las redes sociales en el estilo de escritura: en concreto, en Twitter el límite de caracteres y la respuesta prácticamente instantánea que se suele obtener de lo que se publica obligan con frecuencia a tuiteros y tuiteras a estructurar sus ideas en afirmaciones sucintas y concisas.

Mucho antes de que Edmond Edmont se montara en su bicicleta, ya había existido gente con ganas de descifrar el modo en que diferentes aspectos de nuestra experiencia vital (nuestra ubicación geográfica, las personas con las que nos relacionamos, las comunidades en las que vivimos…) se refleja en nuestra comunicación. Es obvio que siempre quedan cosas por dilucidar, pero estamos en un punto en el que ya podemos hacernos una idea bastante certera de la manera en que nos valemos del lenguaje para proyectar nuestra identidad cuando mantenemos una conversación con alguien. Y, lo que es mejor, todo apunta a que también podemos mostrarnos tal y como somos al comunicarnos por internet: existen prácticas como los juegos lingüísticos o la alternancia de lenguas y estilos que se encuentran actualmente inmersas en un proceso de adaptación al canal escrito y electrónico. La cara más joven, vernácula y digital de las lenguas todavía es una gran desconocida: si le prestáramos un poquito de atención ¿qué descubriríamos?

Capítulo 3

La gente de internet

¿Se puede hacer amigos en internet?

Es una vieja pregunta que lleva mucho tiempo sin una respuesta clara. En 1984 un investigador se preguntaba si internet no sería «un lugar poco adecuado para hacer un uso "social" del lenguaje», como el que se despliega cuando entablamos amistades, mientras que, en 2008, otro planteaba que quizá internet fuera un lugar «"alienante e insatisfactorio". Teclear no es humano, el ciberespacio no es real. En realidad, ambas cosas son pura pretensión y alienación, un pobre trasunto del mundo real. Y por eso, el ciberespacio nunca puede ser un lugar en el que se fragüen verdaderas amistades».

Y el debate se va enconando, pero mientras tanto cada vez dedicamos más tiempo a socializar en internet: el intercambio de *links* graciosos con nuestros amigos más cercanos es constante; los abuelos y nietos se hacen videollamadas; los colegas de trabajo se mandan mensajes continuos sobre lo que toca hacer cada día; familiares y viejos amigos suben fotos antiguas en las que damos a «me gusta» o sobre las que comentamos y la gente se une a comunidades de internet sobre temas muy diversos, y terminan involucrándose en la vida de sus compañeros de afición.

Al final, las amistades cibernéticas terminan desbordando el mundo virtual y llegan al mundo físico. En 2014 fui a una de las primeras grabaciones en directo de un famoso pódcast, *Welcome to Night Vale*, en el que Meg Bashwiner, la cómica que lo presentaba, comenzó diciendo: «A ver, sabéis lo que es internet, ¿no? La mayoría incluso venís de allí». El público rio, cómplice: la popularidad de *Welcome to Night Vale* se disparó cuando la gente empezó a compartirlo en internet, especialmente en Tumblr, lo que le hizo alcanzar el top 5 entre los pódcasts más escuchados en iTunes, y eso despertó la atención de los medios de comunicación generalistas. Aquellas primeras grabaciones en directo fueron también las primeras reuniones físicas de una comunidad que se había fraguado a través de las pantallas.

Según algunos cálculos, más de un tercio de las parejas que se casaron entre 2005 y 2012 se conocieron *online*. Otras estimaciones apuntan que un 15 % de estadounidenses ha usado aplicaciones para ligar, y que el 41 % conoce a alguien que lo ha hecho. 1995 fue el primer año en el que los matrimonios surgidos de internet tuvieron un peso significativo, lo que significa que las criaturas que nacieron de esas primeras uniones surgidas del mundo virtual son ahora lo suficientemente mayores como para conocer a sus parejas por internet y tener su propia descendencia, al menos en teoría, claro. Da la sensación de que la hipotética existencia de nietos cibernéticos (!) tiene poco de «alienante e insatisfactorio», la verdad.

La población de internet supera a la de cualquier país; sus habitantes, además de usar las nuevas tecnologías, constituyen una comunidad en sí misma: la gente de internet. Claro que existen personas ajenas a este colectivo, gente que aún hoy basa sus relaciones sociales en el contacto físico, las cartas y las llamadas a teléfono fijo, algunas porque quieren, como las personas de más edad que tienen a sus amistades y familiares cerca o que les gusta hablar por teléfono fijo, y otros porque, de forma deliberada, deciden vivir desconectados y sin redes sociales. Hay quien vive sin internet por causas ajenas a su voluntad: porque reside en zonas aisladas, no habla ninguna lengua de las que tienen más presencia en la red o no se puede permitir contar con un dispositivo para conectarse o con la conexión en sí. Técnicamente hablando, solo la mitad de la población mundial cuenta con acceso a internet, pero hay una ingente cantidad de personas (cuatro mil millones, según los últimos cálculos) que *están conectadas*. En cualquier caso, los escépticos de la amistad virtual tenían razón en una cosa: tenemos que moldear y dar una nueva forma a la lengua que usamos en internet si queremos que sea una buena herramienta para socializar. Por suerte, eso es justo lo que la gente de internet lleva haciendo todo este tiempo.

La primera oleada

Los movimientos migratorios se dan en todo el mundo, y apenas hace falta una generación o dos para que los descendientes de los recién llegados hablen la lengua de su país de acogida tan bien como cualquiera de sus vecinos. Los lingüistas conocen este fenómeno como el «efecto fundador», un término que Salikoko Mufwene tomó prestado del campo de la ecología y que describe el modo en que los primeros miembros de una comunidad de habla ejercen una influencia desproporcionada en el modo en que esta se desarrolla después, especialmente cuando la norma se sustenta en un aparato institucional que permite la publicación de libros, o el uso de esa lengua en las escuelas o en las señales de tráfico. Muchas de las familias que emigran a Estados Unidos no hablan inglés, sino lenguas usadas en Polonia, China, México o Senegal, y sin embargo, un niño o una niña que crezca en Texas o California hablará inglés tan bien como cualquiera de sus amigos o compañeros de clase, independientemente de la lengua que hablen sus padres. Los acentos característicos de zonas como Boston o Virginia se pueden rastrear hasta las regiones de origen de los primeros colonos británicos.

Sin embargo, si lográramos trasladar un grupo de gente lo suficientemente grande a esas mismas zonas, podrían alterar la variedad local de inglés que se hable. Las vocales de Raleigh, una ciudad de Carolina del Sur, empezaron a sonar menos sureñas cuando una ola de trabajadores tecnológicos de estados situados al norte del país empezó a instalarse allí en los años sesenta. Del mismo modo, el *cockney*, el dialecto que se hablaba en la zona del East End londinense hasta mediados del siglo XX, se ha visto reemplazado por una variedad lingüística conocida como inglés multicultural de Londres, en el que se mezcla el propio *cockney* con rasgos del inglés afrocaribeño, el indio, el nigeriano y el bangladesí, en parte porque muchos de los habitantes originales del barrio se mudaron a otras zonas de la capital inglesa tras la Segunda Guerra Mundial.

Por lo tanto, cuando analizamos los dialectos que se usan en internet, parece que tiene sentido abordarlos aceptando que cuentan con hablantes fundacionales y con olas migratorias. No es difícil averiguar el número de usuarios que tiene una red social ni sus principales características demográficas, pero nunca informan de la variable que a mí más me interesa. Llegados a este punto, ¿en qué otros lugares socializan esos usuarios? Como ya vimos en el capítulo anterior, durante la infancia y la adolescencia son las personas de nuestra misma edad quienes nos proporcionan un armazón lingüístico, y unirse a un nuevo grupo social implica, irremediablemente, que adoptemos sus usos y rasgos lingüísticos. Así que ¿cómo fueron nuestros primeros años en internet, esos en los que fraguamos nuestras primeras relaciones sociales virtuales? Internet es una población, como la de cualquier país, pero, al contrario de lo que pasa en estos, no se puede acceder a datos migratorios. No existe una frontera en la que se registren las llegadas. Y eso, para el flujo de información es una bendición, pero pone las cosas un poco cuesta arriba si lo que queremos es investigar.

Para afrontar esta cuestión, hice una encuesta. Había una pregunta sobre el uso de internet que me interesaba, y tenía mi propia teoría al respecto, basada en mis investigaciones y mi propia experiencia en la red, sobre cómo organizar a los internautas en diferentes sectores. La pregunta en cuestión resultó no ser especialmente reveladora, pero la organización de las respuestas sí lo fue. Pedí a las personas encuestadas que se ubicaran en el tramo de edad al que pertenecieran, de trece a diecisiete, de dieciocho a veintitrés, de veinticuatro a veintinueve y, a partir de ahí, por décadas (treinta, cuarenta, cincuenta, sesenta, más de setenta). Después les pedí que escogieran el grupo de redes y plataformas sociales que representaran mejor sus primeros pasos socializando en internet. Les di cuatro opciones:

— Usenet, foros, IRC, BBS, listas de servidores, servicios similares.
— AIM, MSN Messenger, LiveJournal, MySpace o redes similares.
— Facebook, Twitter, Gchat, YouTube o redes similares.
— Instagram, Snapchat, iMessage, WhatsApp o redes similares.

Ambas preguntas eran opcionales y tenían recuadro adicional para respuestas libres. Sin embargo, solo ciento cincuenta de las más de tres mil personas que respondieron a la encuesta no marcó ninguna de las opciones dadas o añadió alguna opción adicional, lo que implica que el 95 % consideró que encajaba en alguno de los cuatro grupos planteados. Excluí de la pregunta los correos electrónicos y los mensajes de texto a propósito, porque tener una dirección de correo o un número de teléfono móvil es imprescindible para crear una cuenta en cualquier otra plataforma o red social, y estos dos canales de comunicación poseen sus propios estilos de comunicación intergeneracionales, de los que hablaremos en el capítulo 6. La encuesta no llegó a una muestra aleatoria y representativa de la población, pero permitió recopilar, como mínimo, cien respuestas en cada franja de edad, desde la adolescencia hasta el grupo de mayores de cincuenta y, en el caso de tener algún sector de la población sobrerrepresentado, es muy probable que fuera el de la gente que se pasa la vida en internet, que era precisamente lo que me interesaba.

Llevé a cabo este estudio en 2017, una fecha que me vino muy bien porque me permitió tomar 1997 como referencia para observar la evolución de las personas encuestadas durante dos décadas completas. 1997 marca el inicio del consumo masivo de internet que se consolidó a finales de los 90 y principios de los 2000. En ese momento, los adolescentes a los que formulé mis preguntas no habían nacido, los veinteañeros eran niños, los treintañeros, adolescentes, y así sucesivamente. Hacer la encuesta en 2017 también me permitió tomar 2007 como año de referencia, y no es una cuestión baladí: se trata del año en el que Facebook se abrió a cualquier usuario con una cuenta de correo electrónico, y no solo a estudiantes. En ese momento, los veinteañeros de 2017 eran adolescentes, los adolescentes, niños, etcétera.

La experiencia que tenemos con internet y con la lengua que usamos *online* está marcada por nuestra identidad y la de aquellas personas con las que interactuábamos cuando empezamos a usarlo; en aquel momento, ¿había que saber mucho de ordenadores para poder participar en las conversaciones? ¿Nos conectábamos porque nuestras amistades también lo hacían o para conocer gente nueva? Si nos uníamos a una comunidad,

¿debíamos seguir unas normas concretas o había flexibilidad? Y, en el caso de que hubiera que seguirlas, ¿las aprendíamos de forma tácita, por inmersión o leyéndonos un reglamento? Del modo en que respondamos a estas preguntas y otras similares dependerá enormemente la variedad lingüística que usemos en internet. En un mundo donde, como dice la científica Jenny Sundén, existimos a través de la escritura, el modo en que nos expresamos por escrito nos acaba por definir. En términos generales, podemos organizar estos modos según cinco grandes grupos de usuarios:

La generación del antiguo internet

Empecemos por los primeros colonos de internet, esa primera oleada de gente que se lanzó a navegarlo. He llamado a este grupo *Old Internet People* (generación del antiguo internet) porque son quienes recuerdan la primera versión de ese mundo virtual, y es lo más parecido a un nombre común que este colectivo utiliza para referirse a sí mismo. Me la encontré en varios lugares diferentes: una página web codificada a mano en HTML (creada en 1998 y actualizada por última vez en 2006) que defendía la idea de diseñar nuestros sitios web sin usar gráficos ni plantillas («Algunos apuntes de la "generación del antiguo internet"»), una discusión de foro de 2011 («La "generación del antiguo internet" tiene que acostumbrarse a las redes sociales»), y un tuit que daba la razón a un artículo publicado en 2018 en la revista *New York* sobre el declive en el acceso directo a páginas web cuya dirección nos sabemos de memoria, ya que cada vez se accedía más a través de buscadores o de las redes sociales («La "generación del antiguo internet" no puede perderse este artículo, le toca de cerca»). Las comillas sugieren que los usuarios de esta denominación suelen creerse pioneros en su uso, pero el hecho de haber encontrado varios resultados diferentes me hace pensar que estoy frente a una denominación cada vez más generalizada. La generación del antiguo internet no tiene por qué tener una edad avanzada, solo son mayores en términos de años de vida *online*, porque fueron los primeros en pasarse al uso de ordenadores en red, antes de que estuviera de moda (en cualquier caso, es muy probable que quienes llegaran a usar ordenadores en los tiempos de las tarjetas perforadas sean personas de bastante edad en la actualidad).

Debido a su temprana incorporación al mundo cibernético, previa a la de la mayoría de sus amistades o semejantes, interactuaban con gente que no conocían. Para socializar, usaban herramientas que permitían buscar gente por temas de interés, como Usenet, Internet Relay Chat (IRC), sistemas de tablón de anuncios (o *BBS*, por sus siglas en inglés), dominios multiusuario (*MUD*, por sus siglas en inglés), listas de servidores o foros. Puede que alguno de estos recursos ni te suenen: pues bien, ahí está la clave de que hablamos del *antiguo* internet.

Muchas de estas plataformas siguieron pasando bastante desapercibidas incluso después de que el uso de internet se generalizara. La más famosa fue Usenet, una «red de usuarios» centralizada que permitía a los cibernautas iniciar hilos de debate, o responder a los creados por otras personas, sobre un amplio abanico de cuestiones que suscitaban controversias variadas. Esas discusiones se desarrollaban en grupos de debate de diversos tamaños, que recibían nombres como rec.humor.oracle, talk.politics o alt.tv.simpsons. Usenet acabó archivado en Google como «grupo» (el equivalente de esta plataforma a los foros tradicionales), y todavía hoy es posible leer *posts* que se remontan hasta 1981. Este chat es uno de los antepasados de plataformas de discusión actuales como Reddit.

Parte de esta generación podría llegar a rechazar que se les considere usuarios de «internet» porque lo que recuerdan es usar diferentes redes, y se afanarán en explicarte que lo que usaban era la Red Informática Mundial, la Web con mayúsculas, faltaría más. Si nos ceñimos a la historia, no les falta razón, pero la manera de hablar de ordenadores ha cambiado, y yo misma soy un buen ejemplo de ello. Hace diez o veinte años, todavía habría tenido algo de sentido dividir a este colectivo en gente que usaba ordenadores en los tiempos en los que una computadora ocupaba una habitación entera y gente que empezó a usar dispositivos personales más manejables; entre los primeros capaces de hackear el lenguaje LISP y los que podían piratear UNIX; entre quienes utilizaban ARPANET en los 60 y los 70 y quienes preferían, ya en los 90, Usenet, o incluso entre estos dos y quienes se subieron al carro en 1989, con la invención de la World Wide Web como tal. Sin embargo, todas estas rivalidades históricas tienen hoy más en común entre ellas que con los usuarios de internet que aparecerían en las décadas posteriores: conforman una generación de usuarios que se adelantaron a su tiempo, fascinados ante las posibilidades que la tecnología abría ante sus ojos, y absolutamente decididos a sacarle el máximo partido.

Hasta principios de los 2000, un usuario medio de un ordenador también debía tener cierta afición por la tecnología en general. Durante lo que posteriormente acabaría recibiendo el nombre de Web 1.0, todavía era relativamente complicado conectarse a internet. De hecho, ser un usuario activo de la red requería de aún más habilidades tecnológicas: había que tener cierto arrojo para codificar a mano en HTML tu propia página personal o descifrar comandos IRC, pero es que incluso para dejar un comentario en un foro de Usenet, para instalar una plataforma de envío de mensajes instantáneos o para configurar un servidor de correo electrónico era necesario echarle valor. En la película *Tienes un email,* estrenada en 1998, uno de los personajes le pregunta a otro «¿Estás en internet?». Se puede apreciar perfectamente una pausa entre las dos últimas palabras, y por la situación queda claro que lo que en realidad está preguntando es «¿Usas internet en algún momento de tu vida?» y no «¿Estás ahora mismo conectado?». En aquellos años, entrar en contacto con alguien o hacer una bomba de humo y no volver a hablarle era más una afición que un rito de paso que, además, no entendía de edades: podía llamar la atención de adolescentes precoces o de adultos de cualquier edad. El núcleo duro de esta generación de usuarios estaba en su etapa universitaria o en plena vida laboral cuando se conectaron a internet por primera vez, ya que los primeros accesos a la red tenían lugar en ordenadores universitarios o de empresa. Las respuestas que recopilé en mi encuesta lo corroboraron: ese fue el caso de casi dos tercios de la gente de cuarenta años que marcaron Usenet como su primera plataforma social, un tercio de los treintañeros y casi la mitad de los mayores de cincuenta años. Esto no significa, en ningún caso, que la mitad de las personas mayores actuales accedieran a internet en los tiempos de Usenet, sino que, de la pequeña muestra de personas mayores a los que llegué con mi encuesta, muchos llevaban en internet más tiempo que yo.

Como grupo, la generación del antiguo internet es la más experta en informática: se saben un buen puñado de atajos de teclado, conocen los rudimentos de uno o dos lenguajes de programación y son capaces de comprender cómo funciona un ordenador por detrás de las interfaces de usuario. A menudo dominan alguna cuestión más en detalle: son expertos en montar e instalar *hardware*, en encriptar historiales de navegación, en editar la Wikipedia o en moderar foros. No conciben la vida sin un montón de extensiones para navegadores y otras herramientas que les permiten personalizar la configuración de sus ordenadores. Y sí, puede ser que haya gente de generaciones posteriores que también sea capaz de hacer algunas cosas, pero es obvio que el usuario medio actual de internet ya no necesita saber código ni cómo cambiar el disco duro de su portátil.

La jerga cotidiana de la generación del antiguo internet tiene mucho de la que suelen utilizar los programadores. Al principio, saber programar era la única puerta de acceso a internet, así que se trataba de una habilidad compartida por todos los usuarios. Gran parte de ese vocabulario quedó registrado por sus hablantes en un documento llamado *Jargon File* (algo así como el 'archivo de la jerga'). En un primer momento, se trataba de un mero glosario de argot de *hacker* que se inició en 1975 y fue creciendo gracias a la labor de voluntarios del departamento de informática del MIT, y de un reducido grupo de universidades conectadas a ARPANET. En 1983, uno de los primeros colaboradores lo publicó en papel, con el nombre de *Hacker's Dictionary* (*Diccionario del hacker*), y el compendio permaneció sin alteraciones durante varios años, hasta que un nuevo editor se dedicó a revisarlo y actualizarlo, lo que terminó desembocando en dos ediciones impresas posteriores, en 1991 y 1996, como *New Hacker's Dictionary* (*Nuevo diccionario del hacker*). La versión web del glosario inicial siguió actualizándose hasta finales de 2003.

Cuando ese *Jargon File* era una lista de palabras en constante crecimiento, el acuerdo era sustituir las que se iban quedando desfasadas por sus equivalentes actualizados, algo que tenía todo el sentido cuando almacenar datos costaba dinero, pero que, al cabo de unas décadas, no ayuda demasiado a quien quiera investigar los orígenes de aquella especie de diccionario. En 2018 se logró recuperar un archivo con información que se remontaba hasta 1976 gracias a que se descubrió una copia de seguridad. Recorrer las diferentes actualizaciones de vocabulario que recoge ese documento es como viajar en el tiempo. La versión más antigua del *Jargon File* que se recuperó es un archivo de texto plano del 12 de agosto de 1976 que contiene cuarenta y nueve palabras con sus definiciones y que ocupa unas seis páginas. Algunas de estas palabras eran argóticas en ese momento, como *win* ('ganar') con el sentido de 'lograr hacer algo', y otras han acabado incorporándose al lenguaje informático general, como *feature* ('herramienta'), *bug* ('error') o *glitch* ('fallo'). Otras eran términos que pertenecían a la cultura *hacker*, como *foo* ('colega') o *bar* ('barra'), empleados para denominar los marcadores de posición al programar. También había una definición para *user* ('usuario') completamente diferente a la actual: «programador que se cree todo lo que le dices. Persona que hace preguntas». Otros términos de ese primer glosario son en la actualidad crípticas extensiones de jerga de programación muy técnica: por ejemplo, aparece *JFCL* como sinónimo de «cancelar», porque se trataba de un comando que hacía que cualquier programa en curso se detuviera. Sin embargo, es probable que lo más interesante de este primer vocabulario sea lo que *no* aparece en él. No hay ni rastro de lo que actualmente consideramos como jerga normal de internet: nada de *LOL*, *OMG*, de emoticonos…, ni siquiera una mención al uso de las mayúsculas para indicar que estamos gritando.

El año siguiente, entre marzo y abril de 1977, se produjo el nacimiento de las abreviaturas sociales. La versión del vocabulario que se conserva de ese año explica que se trata de «un grupo específico de palabras que se usan para ahorrar tiempo al teclear» en Talk mode, uno de los primeros chats que existieron. Se trataba de abreviaturas como *R U THERE?* (*Are you there?*, es decir, '¿Estás ahí?'), que actualmente pasa prácticamente desapercibida; *BCNU* (*Be seeing you*, es decir, 'Ya nos veremos'), que ahora resulta bastante incomprensible, *T* para *yes* y *NIL* para *no*, o *CUL* para *See you later* ('Hasta luego'). (Las he dejado todas en mayúsculas porque es así como las recoge el *Jargon File*, pero no está claro que sea un reflejo del modo en que la gente las usaba o más bien una decisión editorial de los voluntarios que elaboraban el glosario, y me temo que se trate más bien de lo segundo). Una versión del glosario publicada en 1977 ya recoge *BTW* (*by the way*, es decir, 'por cierto') y *FYI* (*for your information*, es decir, 'para tu información'), que todavía se usan, pero aparte de esta breve lista, la jerga más social permaneció sin actualizar hasta principios de los noventa.

Fue entonces cuando empezaron a aparecer elementos que ya nos son más familiares: emoticonos como :) y :(, mayúsculas para gritar y una lista más amplia de abreviaturas, entre las que destacan algunas que ya hemos mencionado, como *LOL*, *BRB* o *AFK*. Si bien algunas se han quedado un poco desfasadas, como *CU L8TER* (*see you later*, es decir, 'hasta luego', que se abrevia aprovechando que tanto las letras «c» y «u» al ser deletreadas, así como el número 8 (*eight*) inserto en *later*, suenan del mismo modo que la expresión en cuestión), y otras no han logrado perdurar, como *HHOJ* (*haha only joking*, es decir, 'jaja, es broma') y su compañera *hhos* (*haha only serious*, es decir, 'jaja, va en serio'), lo cierto es que estamos ante los rudimentos del lenguaje que surgiría años después; las abreviaturas, el uso de mayúsculas para gritar y los emoticonos son habituales para cualquier persona que haya usado internet entre 2010 y 2020 de un modo que, tan solo una década antes, era imposible de concebir. La propia versión del *Jargon File* de 1990 refleja este cambio, al afirmar que buena parte de la jerga que recogía procedía de Usenet y que las abreviaturas se habían recopilado de plataformas donde era común tener «charlas *online* en directo», pero que «no se usaban en universidades: del mismo modo, la mayoría de la gente que las usa no está familiarizada con *FOO*, *BCNU*, *NIL* o *T*». Sin embargo, los grupos de usuarios más forofos de la tecnología fueron los primeros en adoptar estas nuevas convenciones. Una actualización de 1991 señalaba que *IMHO* (*in my humble opinion*, es decir, 'en mi humilde opinión'), *ROTF* (*roll on the floor in laughter*, es decir, 'me parto de la risa') y *TTFN* (*ta-ta for now*, es decir, algo así como '¡chaíto!') habían cobrado cierto protagonismo en las universidades y entre quienes usaban el sistema operativo *UNIX*. Los usuarios de Usenet estaban tan disgregados en diferentes foros de debate que no nos queda más remedio que fiarnos de estos juicios externos a ellos a la hora de recopilar sus usos lingüísticos. En cualquier caso, da un poco igual, porque tanto los primeros entusiastas de las nuevas tecnologías como los usuarios de Usenet que también sentían cierta inclinación por los aspectos técnicos, así como quienes simplemente eran asiduos de los chats, constituyen, todos juntos, la primera generación de hablantes de internet.

No es que la primera jerga que se usó *online* asumiera que todo el mundo sabía un poco de programación, sino que iba mucho más allá y daba por sentado que cualquier usuario era capaz de utilizar comandos específicos en un lenguaje muy especializado. Las habilidades tecnológicas y el conocimiento del lenguaje interno de cada comunidad iban de la mano: cuantas más abreviaturas fuéramos capaces de comprender, más probable era que lleváramos mucho tiempo conectándonos o que, como poco, nos hubiéramos tomado la molestia de documentarnos al respecto, ya fuera con guías como el ya mencionado *Jargon File,* el apartado de preguntas frecuentes de algún foro o el archivo *readme* de algún proyecto en abierto.

Parte de esta generación acabó siendo pionera en el uso de blogs y de Twitter, y su facilidad para la interacción social *online* los convirtió en perfiles muy visibles e influyentes. Algunos de ellos constituyeron la primera hornada de investigadores dedicados a estudiar internet, y reflexionaron sobre las prácticas de las comunidades de usuarios a las que ellos mismos habían pertenecido en sus inicios. Otros continuaron pasando el rato *online* sin salir de sus territorios tradicionales, y han terminado viéndose obligados a explicar a más de un joven advenedizo que su vejez no tiene por qué implicar que no sepan de tecnología, que, cuando esos recién llegados aún no habían nacido, ellos ya estaban aburridos de programar ordenadores y de conectarse a internet a través de la línea telefónica. Probablemente, el rasgo que las personas de esta generación todavía compartan a día de hoy es que aún mantienen cierto nivel de vida social *online*, a menudo bajo el mismo pseudónimo de siempre, y que conservan amistades que forjaron en internet, a veces más longevas que las que tienen en la vida real. Son los usuarios del internet social que, con más probabilidad, no hayan usado nunca Facebook, o que apenas se hayan asomado a esa red, porque para ellos internet es un lugar en el que sacar provecho de las ventajas que ofrece pertenecer a una comunidad global, en lugar de limitarse a reforzar vínculos más locales (a finales de la década de 2010, muchos de ellos comenzaron a plantearse pasarse a Mastodon, una red social con una estructura descentralizada basada en temas y con una interfaz tan poco amable con el usuario que les recordaba al internet de los primeros años).

A medida que el papel de internet en la vida cotidiana se ha ido asentando, también se ha ido haciendo cada vez más difícil distinguir a estos primeros cibernautas, a no ser que se les pregunte directamente. Su edad o la de la gente con la que se relacionan *online* puede hacer que se les confunda con los usuarios de las dos generaciones posteriores a ellos. La mayoría de la jerga de estos primeros usuarios ha tenido uno de los dos siguientes destinos: o bien ha pasado a la escritura informal general, como el ya mencionado BTW (*by the way*, es decir, 'por cierto') o usar el verbo *crash*, cuyo significado original es 'chocarse' o 'estrellarse', como sinónimo de «averiarse» cuando hablamos de ordenadores; o bien han caído en el olvido, como la abreviatura UTSL, que remite a la frase *Use the source, Luke!*, es decir, '¡usa la fuente, Luke!', en referencia a la frase célebre de *La guerra de las galaxias*, y que se empleaba para recordar a la gente que leyera el código fuente con atención antes de preguntar dudas sobre él). Ciertos vestigios pintorescos de esta jerga primigenia perviven en alguna que otra comunidad de internet un poco trasnochada y nostálgica de aquellos tiempos, sin que hayan calado en el imaginario más común.

La contribución lingüística más significativa de la generación del antiguo internet no fue una palabra en particular, sino más bien una actitud; ¿recordáis aquellos detractores de internet, que lo consideraban «un lugar poco adecuado para hacer un uso "social" del lenguaje»? Las primeras comunidades de hablantes en aquella red incipiente se las vieron, precisamente, con ese problema: el de transmitir emociones a través de la escritura informal. Un estudio llevado a cabo en Alemania a finales de los años noventa, que analizó los chats de una comunidad de juegos de rol, confirmó que ambos elementos estaban muy relacionados; los jugadores que usaban más emoticonos y una jerga más propia de internet y no tanto del mundo físico, y que tenían menos reparos en abrazar el potencial social de la plataforma, también eran los que afirmaban haber forjado más amistades a través de dicho chat.

La historia de la abreviatura *LOL* (que, como ya hemos visto, se usa en inglés para expresar carcajadas, similar a nuestro 'jajaja') es un ejemplo palmario del modo en que las emociones pueden desbordarse de internet y llegar al mundo físico. La versión más extendida del nacimiento de *LOL* es la que afirma que un hombre llamado Wayne Pearson, de Calgary (Canadá), la acuñó en un chat a principios de los ochenta, tal y como él mismo nos cuenta:

> Un amigo que se hacía llamar Sprout (y que creo que sigue usando ese apodo) dijo algo tan gracioso en una reunión que no pude evitar reírme en voz alta, con unas carcajadas tan fuertes que yo creo que las paredes de mi cocina llegaron a retumbar. Y esa fue la primera vez que se usó *LOL*: fue lo que escribí para describir la risa que me había provocado.

> Obviamente, ya teníamos maneras de expresar por escrito que algo nos había hecho gracia, como *hihihi* para las risitas nerviosas o pícaras, o *hohoho* para la risa franca y entrañable, además de toda la gama de emoticonos con los que ya contábamos, pero en ese momento me dio la sensación de que ninguna de esas opciones podía expresar el hecho de que otra persona acabara de hacerme parecer uno de esos locos que se ríen en voz alta solo en una habitación (o peor: con algún familiar al otro lado del tabique, escuchándome y pensando que me faltaba un tornillo).

Puede que hayamos perdido para siempre el momento exacto en el que *LOL* se usó por primera vez, pero la historia de Pearson encaja con otros hechos que sí que podemos comprobar. El lingüista Ben Zimmer ha logrado dar con la primera referencia a *LOL* de la que tenemos constancia: se encuentra en una lista de abreviaturas de uso común, publicada en mayo de 1989 en *FidoNews*, un boletín *online* de noticias. En cualquier caso, la anécdota de Pearson recuerda en cada detalle a la generación del antiguo internet: amistades virtuales, pseudónimos de largo recorrido, risas frente al ordenador, familiares ajenos a internet perplejos... La llegada de la siguiente oleada de usuarios ayudó a que la gente empezara a sorprenderse mucho menos de que se pudieran tener amigos y anécdotas divertidas a través de una pantalla.

La segunda oleada

Se trata de la hornada de cibernautas de mayor envergadura en el mundo angloparlante. En unos pocos años, a finales de los noventa y principios de los dos mil, internet se convirtió en algo masivo. El acceso dejó de ser exclusivo de empresas, universidades y hogares de unos cuantos forofos de la tecnología, y la gente corriente comenzó a conectarse desde sus casas, en los institutos o en sus lugares de trabajo. Según *Pew Research,* el año 2000 fue el primero en el que más de la mitad de la población estadounidense se conectó a internet, aunque para entonces las tasas de uso entre personas con estudios universitarios o entre los dieciocho y los veintinueve años ya superaba el 70 %. Por el contrario, en 1995, apenas un 3 % de la población estadounidense había visitado alguna vez una página web, y solo un tercio contaba con ordenador personal. La película *Tienes un email* de 1998, se estrenó en los albores de esta popularización: solo algunos personajes eran asiduos de internet, y se conectaban para hablar con extraños en chats, pero ya no tenían un perfil excesivamente tecnológico, y eran, por ejemplo, libreros. En 1999, el periodista Rob Spiegel escribió: «Lo que cambian las cosas en un año. Hace doce meses, no hubiera podido imaginar que en noviembre de 1999 el uso de internet sería algo tan popular..., aunque he de decir que me cuesta acostumbrarme a que todo el mundo me entienda cuando digo "online" o "web"».

La narrativa imperante sobre internet pasó de ser una historia de *hackers* a otra protagonizada por nativos e inmigrantes digitales: apareció una generación mayor que se conectaba por primera vez y se maravillaba de ver cómo otra hornada de usuarios más jóvenes, normalmente los hijos de gente mayor que ellos, nacía siendo ya «digital», con un manejo de los ordenadores aparentemente tan innato como respirar. Sin embargo, no tardaron en surgir voces que cuestionaban este supuesto fenómeno: un estudio con universitarios llevado a cabo a principios de los dos mil descubrió que no había diferencias significativas entre los veinteañeros y las personas que superaban los cuarenta cuando había que trabajar con una hoja de cálculo o retocar una foto digital. La revisión crítica de los argumentos a favor y en contra de la existencia de personas digitales ha terminado por considerarlo un mito, «el equivalente académico al "pánico moral"», es decir, lo que sucede cuando un grupo o actividad se percibe como una amenaza por parte del resto de la sociedad, pero son los medios sensacionalistas, y no la evidencia real, los que alimentan esa supuesta sensación de peligro. Y eso, por no hablar del hecho de que no todo el mundo encaja en la dicotomía padre/hijo, o que, tras una o dos décadas de práctica diaria, hasta el usuario más vacilante puede alcanzar un nivel de destreza más que aceptable.

Lo que realmente diferenciaba a la gente que empezó a conectarse en este momento no radicaba en sus habilidades técnicas, sino en sus elecciones sociales. Una parte de estos usuarios adoptó internet sin reservas como medio a través del que canalizar sus vidas sociales, y se convirtieron en la generación conectada a tiempo completo. Otra parte lo integró como una herramienta más en sus vidas, pero no alteró su manera de socializar, y empezó a coquetear con las amistades virtuales de forma lenta y progresiva: son los que llamaremos la generación conectada a tiempo parcial. Existía una correlación entre la composición de estos grupos y la edad de sus miembros, pero no era total: la generación conectada a tiempo completo solía ser más joven, estar todavía estudiando y ser más susceptible de adoptar modas que gustaran a sus semejantes. Por su parte, la generación conectada a tiempo parcial era, por lo general, de mayor edad, se conectaba en su lugar de trabajo y ya tenía una vida social asentada lejos de las pantallas. Sin embargo, la verdadera distinción radica en lo que hacían en internet, y no tanto en su edad: en 1999, un novato que decidiera entrar en un chat sobre un tema concreto con la intención de conocer gente todavía sería heredero de buena parte de las prácticas del antiguo internet, mientras que otro novato que prefiriera usar sistemas de mensajería instantánea se convertiría en una persona conectada a tiempo completo, y un tercer perfil que se limitara a reenviar cadenas de correos electrónicos graciosos acabaría siendo una persona conectada a tiempo parcial. Todos estos principiantes podrían ser de la misma edad, pero las comunidades de habla a las que se unirían serían muy distintas. En cualquier caso, tal y como sucede siempre que se generaliza, merece la pena describir con precisión cada una de ellas para que no queden dudas de sus diferencias, aunque, al leer las próximas páginas, pueda haber quien se dé cuenta de que se encuentra a caballo entre unas y otras.

Generación conectada a tiempo completo

Este grupo de usuarios creció a la vez que internet desarrollaba su lado más social, a finales de los noventa y principios de los dos mil. Empezaron a usar un internet con unas normas para comunicarse ya muy asentadas, y las asimilaron no de forma explícita, estudiando el *Jargon File* o leyendo las secciones de preguntas frecuentes de las páginas que visitaban, sino de un modo mucho menos consciente: junto con los demás usuarios que empezaron a usar internet a la vez que ellos y mediante la misma alquimia cultural que decide qué música es la que está más de moda o qué vaqueros son los más estilosos. Esta gente es una auténtica «plaga» en internet porque son los únicos que jamás han cuestionado su potencial social; ¿cómo hubieran podido dudar de las posibilidades que les ofrecía la red, si cuando empezaron a usarla fue para comunicarse con gente que ya conocían del mundo real? Sería absurdo afirmar que internet es asocial o que las relaciones de quienes lo usan no son, en cierto modo, reales, cuando las anécdotas de los grupos de mensajería instantánea copan las conversaciones de la vida real prácticamente de inmediato.

Las plataformas pioneras en permitir enviar este tipo de mensajes, como AOL, MSN Messenger o ICQ, marcaron a fuego las primeras experiencias *online* de la generación conectada a tiempo completo. Se trataba de páginas que se podían personalizar, donde cualquiera podía tener un perfil propio al que añadir los fondos del color chillón que más le gustaran, así como multitud de pequeños *gifs* centelleantes, como los de GeoCities, Angelfire, Xanga, Neopets, LiveJournal o MySpace. Según mi encuesta de 2017, este grupo de usuarios aglutinaba principalmente personas entre los veinticuatro y los veintinueve años, y tres de cada cuatro identificaban MSN Messenger, los blogs, LiveJournal, MySpace o páginas similares como las primeras redes sociales que utilizaron. Aproximadamente la mitad de las personas encuestadas entre los dieciocho y los veintitrés años, así como las que superaban la treintena, y también un cuarto de quienes pasaban de los cuarenta, también se estrenaron *online* con alguna de estas plataformas. Estamos hablando de muchos adolescentes, preadolescentes y veinteañeros de finales de los noventa y principios de los dos mil.

Este grupo no reunió su propia jerga en un documento como sí que hizo la generación que lo precedió con el *Jargon File*, porque su propia naturaleza de usuarios a tiempo completo les convertía en una comunidad pluricéntrica de enormes dimensiones que no se paraba a reflexionar en sus prácticas discursivas (aunque no os quepa la menor duda de que si tuviera una máquina del tiempo buscaría a mi yo de catorce años y le pediría que se pusiera con esa lista inmediatamente, la verdad). Sin embargo, ahora que ya ha alcanzado la adultez, esta generación de usuarios puede acceder sin problema a multitud de plataformas y redes que, periódicamente, reavivan su nostalgia por sus primeros pasos en internet. Existe un videojuego, llamado *Lost Memories Dot Net* (algo así como *Recuerdos perdidos punto com*), creado por Nina Freeman, en cuyo diseño aparecen selfis de la propia autora, así como recuerdos del internet de 2004 y, al jugar, nos convertimos en una chica de catorce años que está diseñando su nuevo blog de anime y chateando con su mejor amiga sobre el chico que les gusta a ambas, con una interfaz que recuerda al Internet Explorer de aquellos años. Un artículo que evocaba el internet adolescente de principios de este siglo subrayaba el hecho de que lo que se hacía era, principalmente, replicar las estructuras sociales del mundo físico: los grupos de amigos y amigas solían enlazar sus páginas personales entre sí y llenarlas de brillantes tonos pastel y pequeños *gifs* de animalitos adorables. Cuando estas generaciones de usuarios se relacionaban con desconocidos, lo hacían en páginas de mascotas virtuales, como Neopets o Petz.com, que daban a las chicas un espacio seguro en el que jugar, en medio de un internet que a veces podía serles hostil. La periodista Nicole Carpenter describió cariñosamente esas páginas como «una mezcla entre un Tamagotchi y un Pokemon». También se produjo una avalancha de nostalgia cuando los documentalistas se apresuraron en preservar todas las webs de GeoCities después de que Yahoo las clausurara en 2009, y cuando AOL dejó de funcionar definitivamente, en 2017. En ese momento, una periodista especializada en temas tecnológicos recordó cómo, cuando estaba en el instituto, acostumbraba a imprimir sus conversaciones con chicos para poder analizarlas después con sus amigas.

Pocos años después de haberse unido al internet social, la generación conectada a tiempo completo también empezó a usar Facebook y Twitter. Sin embargo, mi encuesta aquí se pone interesante no por las redes sociales en las que estaba esta gente, sino por aquellas en las que no llegó a estar. Sabemos fehacientemente que la generación a tiempo completo fue la primera en usar Facebook porque cuando esta red social nació en 2004 solo estaba disponible para estudiantes de Harvard, aunque luego su acceso se extendió a otras universidades, a institutos y, finalmente, al público general, en 2006. Lo curioso aquí es que muy poca gente de este rango de edad (menos de un 10 %) tuvo sus primeras experiencias sociales virtuales en Facebook. Las primeras generaciones que utilizaron Usenet o AOL estuvieron formadas, en ambos casos, por gente que se estrenó en internet con esas plataformas. Por el contrario, Facebook se alimentó de gente que migró de otras redes ya existentes.

En sus inicios, Facebook se salía de lo común por el modo en que permitía conectar nuestra identidad *online* con la del mundo físico, y con los vínculos sociales que tuviéramos en él. Desde los tiempos de la generación del antiguo internet, se daba por sentado que conectarse a internet era para conocer gente nueva y experimentar con nuestra identidad, y Facebook rompía con esa idea como nunca antes se había hecho. Sin embargo, lo único que hacía esta red social era poner negro sobre blanco algo que sus primeros usuarios llevaban haciendo desde el instituto: con frecuencia, nuestros amigos del Messenger usaban pseudónimos imaginativos y elaborados, que a primera vista recordaban a los que la generación del antiguo internet había usado en Usenet y en los primeros chats, pero que tenían una función completamente distinta. Mientras que Wayne Pearson, el tipo que inventó el *LOL* en los ochenta, tenía un amigo en internet del que solo sabía que se llamaba Sprout, la protagonista de Recuerdos Perdidos punto com sabía perfectamente que TarnishedDreamZ (que en nuestro Messenger podría haber sido perfectamente algo así como SuEñOzRoToZ) no era otra que Kayla, su mejor amiga de clase.

Quienes empezaron a usar internet para conocer gente nueva mantuvieron durante años, incluso décadas, el mismo pseudónimo en todas sus redes, para que sus amistades virtuales pudieran encontrarlos. Sin embargo, aquellos para quienes internet fue desde el primer momento un medio de comunicación con gente que ya conocían del mundo físico, los nombres que adoptaban en la pantalla eran un modo de performar su identidad, y no tanto de enmascararla; el apodo en internet podía ser un homenaje a un grupo favorito o una frase de una película que nos gustara mucho, y si al cabo de unos meses los gustos cambiaban, el nombre también podía hacerlo. Nuestras amistades sabían todo el rato que quien estaba detrás de esas frases eras tú, así que, si otra gente acababa perdiéndose con tanto cambio, pues peor para ellos. Por lo tanto, usar el nombre real en Facebook no fue un cambio tan revolucionario para quienes ya llevaban años enlazando sin problema sus identidades físicas y virtuales al socializar con sus amigos. De hecho, dejar de performar la identidad propia a través del apodo podía llegar a considerarse como un rasgo de madurez (todo lo maduro que puede ser usar tu nombre real..., pero acompañarlo de fotos bebiendo cerveza caliente en vasos de plástico).

Encontramos un ejemplo perfecto de esta diferencia de actitud entre la generación del antiguo internet y la conectada a tiempo completo en *Es complicado: las vidas sociales de los adolescentes conectados*, la etnografía, tan detallada como amena, que la investigadora danah boyd escribió sobre el uso de internet por parte de adolescentes en Estados Unidos entre 2005 y 2012:

> Yo misma me había pasado la adolescencia conectada a internet, y formaba parte de la primera generación de adolescentes que había actuado así, pero eran otros tiempos: a principios de los noventa tenía muy pocos amigos interesados en las tecnologías, y mi propia curiosidad se debía a lo descontenta que estaba con mi entorno. Internet me abrió las puertas a un mundo más grande, lleno de gente con mis mismos intereses, dispuesta a hablar sobre ellos a cualquier hora del día o de la noche. Crecí en una época en la que conectarse era un mecanismo de evasión, y yo ansiaba con todas mis fuerzas poder escapar de mi realidad.
>
> Los adolescentes que he conocido posteriormente se sienten atraídos por redes sociales como Facebook o Twitter, o por

> aplicaciones de mensajería instantánea, por motivos completamente diferentes. Al contrario de lo que me pasaba a mí y a otras personas de mi generación, que nos metíamos en chats y en tablones de noticias *online* para huir de nuestros entornos sociales, la mayoría de adolescentes de la actualidad se conectan para seguir charlando con gente que conocen en el mundo físico. Su actividad virtual no es excéntrica, sino completamente normal, incluso esperable.

Usando la terminología de este capítulo, la diferencia que explica boyd se debe a que ella es una persona del antiguo internet, y los adolescentes a los que encuestó para su estudio están conectados a tiempo completo, además de ser más jóvenes. Las webs que trata boyd en su libro van de MySpace a Instagram y en sus páginas la autora relaciona el impulso socializador virtual de la gente joven con la aparición de restricciones en el mundo físico, especialmente en el contexto estadounidense, como la legislación que pone trabas al tránsito de peatones o el urbanismo centrado en los coches que limita los espacios dedicados a la socialización física a los centros comerciales y los parques públicos. En la misma línea, un estudio del año 2000 en el que se encuestó a estudiantes de escuelas públicas de California reveló una abrumadora preferencia por charlar en privado con amigos y amigas que ya se conocían previamente frente al uso de chats públicos para hablar con desconocidos.

Seguro que algunas de las personas conectadas a tiempo completo acabarán forjando amistades virtuales, ligando, haciendo contactos profesionales o uniéndose con gente con quien comparten intereses, del mismo modo que la generación del antiguo internet también podría acabar fundiendo sus identidades físicas y virtuales en una sola. Esa primera generación de usuarios de internet había generado una cierta sensación de esnobismo, de sentimiento de excepcionalidad por conectarse habitualmente, y la convicción de que eran personas que merecían más la pena que la gente corriente, y que esto se debía a que internet era un lugar donde el código de conducta social no operaba de la misma manera. Si el lenguaje que se usaba *online* era poco sofisticado y fácil de malinterpretar, tanto mejor para mantener a raya a quienes no fueran capaces de entenderlo. Por el contrario, la hornada de usuarios que se conectó de forma masiva a internet en esta nueva oleada tenía una motivación distinta: mantener las amistades de su entorno inmediato, y no tanto unirse a una comunidad global. No intentaban reinventar la comunicación, sino simplemente vivir teniendo citas, rompiendo con sus parejas y superando crisis con sus amigos por medio de las herramientas de comunicación que tenían a su alcance. Sin embargo, al empezar a usar la escritura informal para articular los dramas ordinarios de la existencia humana, también comenzaron a transformar esa escritura en algo capaz de transmitir cualquier emoción con toda fidelidad.

No deja de ser irónico que esta generación de gente conectada a tiempo completo, la primera que desconcertó a sus padres de forma colectiva, también haya sido la última en ser desconcertada por su propia descendencia. Mientras que esta gente puede echar mano de sus propios años adolescentes para entender aplicaciones de mensajería instantánea, o evocar GeoCities para comprender Tumblr, no tuvieron una infancia digital. De hecho, fueron los primeros en tener que lidiar con cuestiones inéditas hasta ese momento, como cuánto tiempo de iPad es recomendable para un niño pequeño, qué hacer cuando una criatura se topa por casualidad con una parodia adulta de sus dibujos animados preferidos, o hasta qué punto es conveniente subir fotos y vídeos de sus hijos a las redes sociales para que los vea la familia que vive lejos si los protagonistas se van a morir de la vergüenza al verse cuando sean mayores.

En lo que respecta al acceso a internet, la generación conectada a tiempo completo siente cierta nostalgia por la tecnología de hace unos años, y también mira con inseguridad a lo que la juventud hace *online,* aunque se suele adaptar sin problema tanto a las redes sociales como a las plataformas de corte más profesional. Como poco, tienen un perfil en alguna red, y es probable que sean varios, y es *online* donde se informan y entretienen, ya sea en Facebook, Twitter, Instagram, Reddit, Netflix o en pódcasts. Han resuelto problemas técnicos al resto de su familia desde la adolescencia, y son la punta de lanza gracias a la cual las nuevas tecnologías han acabado popularizándose. No tienen problema en usar toda una amplia gama de teléfonos móviles, ordenadores y otros dispositivos, así como en mandar correos electrónicos, mensajería instantánea, en navegar sin más por internet, crear documentos de texto e incluso en trabajar con hojas de cálculo o diseñar presentaciones. Puede que no recuerden los tiempos en los que todavía no tenían internet, pero lo que está claro es que no conciben conectarse sin usar cierta jerga básica: tienen bien asentadas abreviaturas como *LOL* o *WTF*, emoticonos como :-) o <3, y convenciones como usar las mayúsculas para expresar que están gritando. Fueron haciéndose con todos estos recursos expresivos sobre la marcha, tomándolos de sus compañeros de generación y asociándolos con hipotéticos tonos de voz.

Sus niveles de maestría con otro tipo de tecnologías varían considerablemente. Un estudio sobre realidades y mitos del conocimiento tecnológico de los estudiantes universitarios estadounidenses llevado a cabo en 2004 reveló que, si bien todos ellos poseen más o menos todas las habilidades que acabamos de enumerar, solo una pequeña parte sabe diseñar gráficos, editar archivos de audio o vídeo, o crear una página web. Estudios posteriores en países como Reino Unido, Australia y Sudáfrica han confirmado estos datos: la facilidad para usar las nuevas tecnologías con fines socializadores era una constante entre la gente nacida después de 1980, pero solo una minoría (entre un 20 y un 30 % de los usuarios) poseía las habilidades más específicas, como escribir código, editar wikis, gestionar un blog o suscribirse a archivos RSS. Esta minoría no es como la élite experta que se diferenciaba de la masa absolutamente novata en tecnología en los albores de internet, sino que más bien refleja una distribución del conocimiento bastante inconsistente y fragmentaria: los usuarios encuestados declararon que iban aprendiendo nuevas habilidades a medida que las iban necesitando. Y hablamos de estudios llevados a cabo entre población universitaria, que de por sí es más proclive que la media a estar al día de cuestiones tecnológicas.

Las predicciones sobre los nativos digitales solo acertaron en parte. La línea que separa a quienes dominan las nuevas tecnologías de quienes solo las conocen parcialmente se ha borrado, pero no porque ahora todo el mundo sea experto. A principios de los dos mil había una expresión que estaba en todas las encuestas sobre habilidades tecnológicas: TIC, es decir, tecnologías de la información y la comunicación. Sin embargo, hay que analizar ambos tipos de tecnologías de forma independiente. Es cierto que las generaciones que nacieron cuando internet ya era una realidad extendida estarán más cómodas con una vida social desarrollada a través de las pantallas, como les pasó a las generaciones que nacieron cuando ya existía el teléfono o el automóvil y nunca se sintieron perturbadas por el hecho de poder hablar a través de un cable o alarmadas ante la perspectiva de viajar a más de cien kilómetros por hora. Sin embargo, para la generación del antiguo internet, apenas existe una relación entre lo bien que la generación conectada a tiempo completo socializa gracias a los ordenadores y lo bien que se comunica con los propios ordenadores. Los primeros conductores eran expertos mecánicos porque los coches se averiaban constantemente, pero, a medida que los automóviles se popularizaron, se hizo necesario que cualquiera pudiera conducirlos, incluso la gente incapaz de distinguir una bomba de aceite de un carburador. Del mismo modo, a medida que los ordenadores empezaron a proliferar en las casas de gente que nunca se habría atrevido a «levantar el capó», la relación entre las destrezas tecnológicas y la socialización por internet fue difuminándose, en un proceso sobre el que seguiremos hablando en lo que nos queda de capítulo.

Generación conectada a tiempo parcial

Al igual que sucedió con quienes se conectaban a tiempo completo, esta hornada de usuarios empezó a conectarse en los albores del internet social, a finales de los noventa y principios de los dos mil. Sin embargo, no están al tanto de la mayoría de referencias culturales de sus coetáneos más entusiastas con las redes porque su presencia en internet responde a otros motivos: generalmente se conectaban por trabajo, aunque no tardaron en diversificarse y empezar a conectarse para leer las noticias, buscar información, comprar u organizar viajes. Tuvo que pasar más tiempo para que, poco a poco, exploraran la vertiente social de internet y, en cualquier caso, pasaron por ella de puntillas. Son usuarios «a tiempo parcial» porque su vinculación con la vida social virtual no es total; puede que fueran capaces de trasladar alguna de sus relaciones del mundo físico a la pantalla, especialmente con los miembros más jóvenes de sus familias, y alguna otra, como las que mantuvieran por otros medios con viejas amistades, pero nunca terminaron de deshacerse de sus reparos a la hora de conocer gente directamente *online*. Y, por supuesto, aún recuerdan perfectamente cómo era mantener el contacto con la gente gracias a las cartas o al teléfono.

Un estudio llevado a cabo en el Reino Unido en 2007 reveló que la mayor brecha que se abre entre quienes usan internet y quienes prefieren permanecer lejos de la red no se daba entre jóvenes y gente más madura, sino que eran los cincuenta y cinco años la edad que realmente marcaba la diferencia. Hablaremos más adelante de quienes superan esa cifra, pero lo cierto es que los usuarios que no llegaban a ese umbral presentaron, a su vez, diferencias muy interesantes en lo que respecta al modo en que usaban internet. Aproximadamente dos de cada tres cibernautas menores de veinticinco años que respondieron a la encuesta usaban, como mínimo, una red social, pero solo la mitad de los participantes entre los veinticinco y los cuarenta y cuatro, y un tercio de los mayores de cuarenta y cinco lo hacían. Después de 2007 fueron muchas las personas mayores que se lanzaron a las redes sociales, algo de lo que los medios se hicieron eco con titulares como «Mis padres ya están en Facebook». En 2017, Pew Research Center, un importante *think tank* estadounidense, calculó que más del 60 % de los estadounidenses entre los cincuenta y los sesenta y cuatro años se habían unido a dicha red social, sin contar con las demás. Son cifras que concuerdan con las que recabé yo al preguntar por la primera red social de las personas que participaron en mi encuesta. Ya vimos que apenas había adeptos a Facebook, Twitter, YouTube o Gchat en las franjas de edad intermedias porque los primeros usuarios de estas redes migraron desde otras. Sin embargo, ese vacío intermedio está flanqueado por dos franjas de edad cuyas cotas de uso son notablemente altas, y son las de quienes se estrenaron en internet en alguna de estas redes, es decir, los menores de veintitrés y los mayores de cincuenta. Como podéis imaginar, las experiencias de dos personas, una de cuarenta y cinco años y otra de trece, que se estrenaran en el mundo de las redes sociales uniéndose a Facebook en 2008 son bastante diferentes, así que vamos a reservarnos la mitad joven de primeros usuarios de esta red para más adelante.

Si la generación conectada a tiempo completo aprendió la lengua de las redes por inmersión a finales de los noventa y principios de los dos mil, los adultos que empezaron a conectarse en esa época reclamaban una guía de viaje, algún tipo de explicación sobre ese panorama social al que apenas se atrevían a asomarse. Después de todo, si les hubiera apetecido ser autodidactas o hacer amistades *online* se habrían lanzado a conectarse mucho antes y habrían formado parte de la generación del antiguo internet. En el contexto anglosajón, la guía más completa con la que contaron fue *The Wired Style*.

Se trata de un manual que nació como guía de estilo para la revista de tecnología *Wired*, fundada en 1993. Es habitual que las revistas y los periódicos cuenten con este recurso. Por ejemplo, son famosos el libro de estilo de *The Associated Press* o el *Chicago Manual of Style*; en ambos casos, su cometido es asegurar que todos los textos publicados en un medio concreto son coherentes en cuestiones como la coma de Oxford, el uso de puntos en las siglas o la ortografía de palabras que pueden dar problemas. Sin embargo, las guías se estaban quedando atrás y no eran capaces de dar respuesta a los problemas que planteaba escribir sobre temas como los que trataba *Wired*. Incluso cuando alguna de estas guías más clásicas contaba con recomendaciones que podían ser pertinentes, solían ser demasiado conservadoras para una revista sobre tecnología que presumía de estar a la vanguardia. No pasa nada si un periódico normal continúa escribiendo «página web» o «Email» a pesar de que sus lectores ya lleven un tiempo optando por soluciones como simplemente «web» o «email» (por ejemplo, la identidad de *The New Yorker* se define en parte por su deliberada y conservadora diéresis, un signo ortográfico muy poco usual en inglés, en palabras como *coöperation*), pero en *Wired* (o en este libro) quedarse atrás en estas cuestiones al hablar de internet afectaría seriamente la credibilidad de lo que se cuenta.

Por ello, Constance Hale y Jessie Scanlon, correctoras de *Wired*, dieron forma a su propia guía de estilo interna para tomar decisiones coherentes en cuestiones como el guion de *email* o su mayúscula inicial (negándose a ambas cosas) o el uso de mayúsculas y puntos en las siglas (optando, en este caso, por las primeras, pero no por los segundos, es decir, por *LOL* en lugar de *L. O. L.* o *lol*). Los editores vieron que se trataba de un recurso capaz de atraer más lectores a su revista, por lo que la publicaron en 1996, revisada y ampliada, bajo el nombre de *Wired Style*, y la reeditaron en 1998.

En aquel momento ya se escribían artículos académicos sobre la lengua que se usaba en internet, pero documentos como *Wired Style* o *Jargon File* son especialmente importantes porque se escribieron para el público en general y reflejaban el uso real de las redes de la gente de a pie. Si bien la guía original de *Wired Style*, que era de uso interno de la redacción, había nacido como un medio para uniformar la escritura de un grupo de periodistas que ya estaban versados en nuevas tecnologías y escribían para un público no menos especializado, *Wired Style* tenía unas miras mucho más populares y pretendía orientar sobre las normas de cortesía *online* (la denominada *netiqueta*) al usuario medio. La generación conectada a tiempo parcial no tuvo por qué leerse la *Wired Style* cuando se conectaron por primera vez, pero es la guía más completa de todas las que circularon fotocopiadas o rescatadas de pequeñas secciones de revistas y periódicos de la época que enseñaban a la gente que escribir con mayúsculas es gritar y que si algo hace mucha gracia lo mejor es escribir *LOL* para expresarlo. Sin embargo, este conocimiento era con frecuencia más teórico que práctico, porque intercambiaban correos electrónicos principalmente con personas de su misma generación.

Al igual que pasaba con los supuestos nativos digitales, tenemos que extremar la precaución y no confundir el aspecto funcional que implica conectarse a internet con el social: a la generación conectada a tiempo parcial se les llamó inmigrantes digitales, para reflejar de algún modo su incomodidad con las tecnologías y su tendencia, por ejemplo, a imprimirse los *emails*. Sin embargo, después de un par de décadas de práctica, se han convertido en usuarios perfectamente integrados en el internet personal y profesional que habitan. Tal y como sucedía con la generación del antiguo internet, su nivel de comodidad con la jerga del medio estaba muy relacionada con su pericia con otras herramientas que también usaban en la red: ambos factores nos ayudan a saber cuánto tiempo llevan navegando y hasta qué punto se sienten como en casa cuando lo hacen. Ninguna generación va a alcanzar el nivel medio de habilidades de la hornada de usuarios que nació a la vez que internet, pero la que nos ocupa tiene, por norma general, un conocimiento más profundo que la de jóvenes conectados tiempo completo, que suelen tener unas destrezas más diversificadas y variadas, pero no demasiado especializadas. La generación conectada a tiempo parcial suele ser experta en unas pocas herramientas que han usado durante mucho tiempo, como Photoshop o Microsoft Office, u otros recursos que han tenido que utilizar por motivos laborales.

A pesar de su facilidad para manejarse con herramientas que les son familiares, y a pesar de que ahora mismo pueden ayudar, con la misma pericia que cualquier joven, a sus padres, que ya son mayores, o a sus amistades de más edad, se resisten a considerarse «gente que entiende de ordenadores». Su primera reacción cuando no les queda más remedio que enfrentarse a un reto tecnológico es preguntar a alguien que conozcan en el mundo físico, como sus hijos o sus compañeros de trabajo más jóvenes, o simplemente a la persona que tengan más a mano en ese momento. Recuerdo, por ejemplo, que una vez en una cafetería una pareja de mediana edad me pidió que los ayudara a arreglar una aplicación de su móvil sin más motivos que tenerme sentada en la mesa de al lado con un portátil encendido. No seré yo quien diga que es una estrategia poco práctica, de hecho, les arreglé la aplicación, pero lo cierto es que también fue la primera vez que me enfrenté al problema que me plantearon, y lo pude resolver a fuerza de repetir un proceso que aprendí en un cómic de *xkcd* que se llamaba «Chuleta del soporte técnico» que, en un momento dado, decía «Busca una opción del menú o un botón que se parezca a lo que quieres hacer ➛ Haz clic ➛ ¿Ha funcionado? ➛ No ➛ (repite) ➛ He probado con todos los botones ➛ Busca en Google el nombre del programa que te está dando problemas junto con una breve descripción de lo que quieres hacer». En cafeterías he pedido la contraseña del wifi, o que alguien me acercara una carta porque yo no llegaba, pero para problemas técnicos siempre he optado por la ayuda digital: googlear con la esperanza de dar con un texto claro de alguien que supiera más que yo y que me explicara con claridad lo que necesitaba, pero dispuesta a conformarme con cualquiera que hubiera preguntado mi duda en un foro cinco años atrás.

Del mismo modo que la generación del antiguo internet se definía como conocedora de las nuevas tecnologías y entusiasta de hacer amigos gracias a ellas, sus coetáneos de la generación conectada a tiempo parcial responden más a un perfil de ambivalencia frente a lo digital, y de preferencia de las relaciones sociales en el mundo físico frente a las que se desarrollan a través de la pantalla. El éxito de Facebook entre esta cohorte de usuarios se debió a que les permitió hacer una réplica virtual de su red de contactos, en lugar de conminarlos a que conocieran gente nueva *online*. Llevé a cabo una segunda encuesta, continuación de la primera, usando las mismas categorías demográficas, pero preguntando por una palabra diferente y publicándola en Twitter unos días antes de hacerlo en Facebook. No fueron pocas las personas entre cuarenta y cincuenta y pico años que contestaron, pero la mayoría eran de la generación del antiguo internet. A las pocas horas de haber posteado la encuesta en Facebook, esa franja de edad se reequilibró y sus respuestas empezaron a parecerse a las recabadas en la primera encuesta, repleta de gente cuya primera experiencia en redes sociales fue en Facebook, y a pesar de que yo había agrupado Twitter y Facebook en la misma categoría. Diez años después de que Facebook se abriera a un público más allá de los estudiantes universitarios, sus usuarios preferentes todavía mostraban actitudes muy dispares con respecto a las relaciones sociales *online*, incluso en comparación con otras redes sociales del mismo periodo.

No obstante, la generación conectada a tiempo parcial no se estrenó en el internet social con Facebook, sino con los correos electrónicos, que yo, con toda la intención, no incluí en mi encuesta porque se trata de una forma de comunicación que fue común y popular antes de los años en los que internet se hizo masivo, y continuó siéndolo también durante esa etapa. En 1995, Pew reveló que el número de adultos estadounidenses que habían mandado alguna vez un correo electrónico triplicaba al de quienes habían visitado una página web, y en torno al 90 % de todos los internautas mandaron *emails* con regularidad entre 2002 y 2011. La generación conectada a tiempo parcial suele ser muy buena mandando correos, con frecuencia hacen gala de una etiqueta y un estilo impecables, tiene un sofisticado sistema de carpetas para almacenarlos, si reciben textos muy largos intercalan sus respuestas a lo largo de ellos, e incluso a veces llegan a cambiar el asunto si el tema de la correspondencia ha variado. Algunas personas del antiguo internet también lo hacen, frente al horror que le produce a la generación conectada a tiempo completo, que temen que altere el orden automático, por hilos de envíos y respuestas, que en Gmail organizan automáticamente la correspondencia y ocultan los bloques de texto que se repiten. Las referencias culturales de la generación conectada a tiempo parcial tienen más que ver con las cadenas de envío de correos graciosos, y no tanto con los pesados vídeos en *flash* que se intercambiaba la generación conectada a tiempo completo.

Aunque les llevó más tiempo forjar amistades *online*, la generación conectada a tiempo parcial sí que tiene, por norma general, vínculos que mantiene a través de medios digitales, ya sea por medio de correos electrónicos, mensajes de texto, aplicaciones de chat, Facebook, Skype, FaceTime u otras plataformas de videollamadas. Suelen estar al tanto de la jerga de internet, especialmente de la que se acuñó a finales de los noventa, que fue cuando ellos empezaron a conectarse. Nunca han terminado de acostumbrarse a usar emoticonos en la misma medida en la que lo hacen otros colectivos de usuarios más entusiastas. Si acaso usarán :), pero probablemente se hayan pasado directamente a los emojis. La generación conectada a tiempo parcial considera que el lenguaje que se emplea en internet no es más que el código que hace falta para mandar mensajes a través de ese medio, que serán, en esencia, literales, porque para añadir capas de significado más sutiles ya están las conversaciones a viva voz. Asumen que un texto no es capaz en absoluto de transmitir todos los matices sociales, justo lo opuesto a lo que cree la generación conectada a tiempo completo.

Basta con fijarse en la diferencia entre *LOL* y *lol* para entender lo que separa a estos grupos de usuarios que, juntos, constituyen la segunda ola de internautas. La generación conectada a tiempo parcial aprendió a escribir *LOL* en mayúsculas gracias a las listas de vocabulario de internet que les ayudaron a entender, sin atisbo de ambigüedad, qué significaban esas letras; tanto los manuales como la gente joven se lo dejaron bien claro: había que usar *LOL* cada vez que dieran ganas de partirse de risa. Pero las palabras son seres pequeños y huidizos, especialmente las que se usan *online*. La generación conectada a tiempo completo aprendió *lol* de sus semejantes, en ese crisol social que es internet, donde las palabras (y en especial las siglas que permiten ganar tiempo al escribir) se escriben siempre en minúsculas a no ser que queramos usarlas para enfatizar algo. Y es verdad que *LOL* empezó siendo sinónimo de risa, pero no tardó en apuntar a otros significados, a convertirse en una manera de apreciar un chiste o una broma, o de aliviar situaciones más o menos incómodas, aunque no fueran contextos que, técnicamente, nos hicieran gracia. Ya en 2001 el lingüista David Crystal manifestó sus reparos en identificar *LOL* con carcajadas reales y, tal y como decía un *post* de Reddit que acabó siendo viral, «habría que decir *ne* (iniciales de *nose exhale*, es decir 'expulsar aire por la nariz'), porque eso es lo que realmente hacemos cuando algo de internet nos hace gracia».

En 2017 hice una encuesta en la que pregunté a la gente por el modo en que usaban *lol* y me encontré con una palabra en pleno proceso de transición, no solo porque se estuviera desprendiendo definitivamente de las mayúsculas, sino porque su significado estaba evolucionando. Más de la mitad de la generación conectada a tiempo parcial manifestó que lo usaba para expresar una risa a carcajadas, aunque también reconocieron que lo utilizaban para expresar mera diversión, sin que tuviera que haber risa de por medio. Otros usos, como el sarcástico o el irónico, no eran tan relevantes para ellos. La generación del antiguo internet, así como quienes lo usan a tiempo completo, afirmaron darle a *LOL* todos esos significados. Es cierto que apuntaron al divertimento como sentido principal de la abreviatura, pero no dudaron en ampliar sus significados hacia la ironía o directamente la carcajada, aunque en este último caso indicaron que solían expandirla como *LOLOLOLOL* o diciendo *actual LOL* (es decir, algo así como 'LOL de verdad'). El sector más joven rechazó rotundamente el uso de mayúsculas, incluso en los casos de carcajada con *LOLOLOLOL*, y en su lugar le reconocieron significados de divertimento, ironía e incluso de pasivoagresividad. Esta nueva función social, sutil, de *LOL* plantea nuevos interrogantes, como a qué nos referimos exactamente cuando hablamos de ironía, así que volveremos sobre esta cuestión muy pronto, cuando hablemos de la generación posinternet.

La tercera oleada

Una nueva hornada de usuarios fue accediendo a internet después de que la práctica totalidad de la población ya lo hubiera hecho, cuando vivir en conexión a la red se convirtió en algo casi imposible de evitar. La mitad de este grupo la constituye la gente demasiado joven como para poder recordar una vida sin internet, y que accedieron a la red al mismo tiempo que aprendían a leer y a teclear, la generación posinternet. La otra mitad es mayor, y la conforman las personas que pensaron que podrían vivir de espaldas a internet, pero que, al final, y con retraso, decidieron empezar a usarlo, la generación preinternet. (Quienes siguen, hoy en día, sin conectarse serían la generación sin internet).

La generación del antiguo internet, la conectada a tiempo parcial y la preinternet ejemplifican el modo en que la red caló en la sociedad: los tecnófilos de diferentes edades se empezaron a conectar muy pronto, una mayoría escéptica esperó a que conectarse fuera algo normal y las personas más tecnófobas retrasaron su entrada en el mundo virtual tanto como les fue posible. Esta división ya no se volverá a dar nunca más. Es obvio que alguien puede optar por vivir sin tecnología, del mismo modo que hay quien prefiera irse a vivir a una cabaña en medio de un bosque, sin electricidad, pero en las sociedades más acomodadas, y cada vez más en cualquier parte del mundo, internet se ha convertido en algo a lo que todo el mundo está expuesto en mayor o menor medida. Cualquier niño o niña se conecta desde muy corta edad y socializa *online* en su preadolescencia y primera juventud, a la misma edad en la que sus pandillas empiezan a cobrar importancia en su vida real, así que, en las próximas generaciones, los datos demográficos que siempre han influido en la configuración del lenguaje (edad, género, raza, clase, vínculos sociales, etc.) irán teniendo cada vez más peso que el momento de la primera conexión.

Un modo muy sencillo de identificar a las dos generaciones que constituyen esta tercera oleada es observando su relación con el correo electrónico, o mejor dicho, la ausencia de esa relación. Las generaciones del antiguo internet, así como las conectadas a tiempo parcial y completo, fueron las primeras en navegar por la red, cuando las redes sociales todavía estaban en pañales y el correo electrónico era un pilar fundamental de la comunicación personal y profesional (de hecho, para muchas de esas personas aún lo es). Para quienes se estrenaron en internet en torno a 2010, las redes sociales ya estaban por todas partes. Se trataba de usuarios que, o bien estaban jubilados, o bien eran demasiado jóvenes como para usar el correo electrónico por motivos profesionales, por lo que lo más común era que pasaran directamente a las redes y los chats.

La generación preinternet

Los miembros de la hornada de mayor edad de nuestra clasificación están en internet (esporádicamente), pero no «son» de internet. Se trata de gente que ya estaba ahí en las oleadas previas, cuando internet surgió y se popularizó, pero que siempre pensó que podría apañárselas sin contar con el mundo digital. A partir de 2010, muchas de estas personas comenzaron a hacerse un hueco, poco a poco, en la red, ya que llegó un momento en que buena parte de la información y de la socialización solo tenía lugar a través de las pantallas. *Pew Research* reveló que apenas un 14 % de la población estadounidense mayor de sesenta y cinco años usaba internet en el año 2000, el primero en que más de la mitad de la población adulta del país se conectó. Sin embargo, en 2012 esa cifra ya había llegado al 50 %, y ha seguido subiendo a un ritmo de un 1 o un 2 % anual desde entonces. *Pew* también ha señalado que en 2017 un tercio de las personas mayores usaba las redes sociales, frente al 10 % que lo hacía en 2010.

Si bien es cierto que la generación preinternet no se nutre solo de personas mayores de sesenta y cinco años, y que no todas las personas mayores de sesenta y cinco años pertenecen a la generación preinternet (alguien que tuviera sesenta y cinco años en 2015 estaba en la flor de su treintena en 1980, y podría haber sido perfectamente uno de los primeros usuarios de la red), la franja de personas de mayor edad es la que, en mayor proporción, más ha tardado en empezar a usar internet y a manejarse en las redes sociales. Curiosamente, las generaciones pre- y posinternet tienen algunas características comunes: ninguna de las dos sabe lo que es conectarse a una red sin Facebook, YouTube, wifi o pantallas táctiles, y en ambos casos es muy probable que se conecten a través de dispositivos heredados de algún familiar.

Generalmente, la generación preinternet no se abre sus propias cuentas, sino que confía en alguien más experto para que se las configure, ya sean de correo electrónico, Facebook, WhatsApp o FaceTime. Conocen los rudimentos de la red, como enviar y recibir mensajes, pero si en algún momento se les cierra la sesión o la aplicación que estén usando cambia su aspecto, necesitarán ayuda para volver a usarla. Es probable que solo usen internet en dispositivos provistos de pantalla táctil, como *smartphones* o tabletas, pero si usan un ordenador, tendrán iconos en el escritorio llamados «internet» o «Para mandar correos»... y pobres de ellos si en algún momento desaparecen de ahí. No saben nada de código, puede que incluso sean incapaces de copiar y pegar texto, pero los hay que saben mecanografía, ya que la aprendieron en la época de las máquinas de escribir.

Las incorporaciones tardías a internet no despiertan tanto interés como la juventud entusiasta de las tecnologías o la generación de primeros usuarios que se lanzó a las redes, pero hay excepciones: Jessamyn West es una bibliotecaria (perteneciente a la generación del antiguo internet) que lleva desde 2007 organizando, semana tras semana, un taller informal de asistencia técnica en zonas rurales del estado de Vermont (Estados Unidos). Cada cierto tiempo, da cuenta de estos talleres en internet para que sus seguidores puedan comprender un poco mejor cómo navega la generación preinternet. La mayor parte de personas que acuden a los talleres de West están entre los cincuenta y cinco y los ochenta y cinco años, y la población que vivía de espaldas al mundo digital ha descendido de forma continuada durante años, pero, en Estados Unidos, entre 2015 y 2018 la proporción se quedó estancada en el 11 %. El porcentaje sube en las zonas rurales con conexiones más precarias, en comunidades que prefieren navegar en lenguas que no son el inglés y en personas con dificultades de visión o audición. Todas estas características se dan con frecuencia en las personas mayores. West insiste en que alguien no se convierte en una persona ajena a internet de casualidad; la gente con la que trabaja ha estado expuesta a los ordenadores a lo largo de su vida, pero en algún momento decidieron que aquello no era para ellos, hasta que se han topado con algo a lo que solo pueden acceder a través de una pantalla, como gestiones burocráticas o fotos de sus nietos. Su labor es la de enseñar habilidades básicas, pero también acompañar y ayudar en la gestión de la ansiedad y la confusión de quienes acuden a sus talleres.

Mientras que la generación conectada a tiempo parcial asociaba la jerga de internet a cualquier clase de comunicación informal que estuviera mediada por la tecnología, y las hornadas de usuarios más jóvenes se servían de ella para reflejar hasta el tono de su voz, la generación preinternet directamente no usa *LOL* u otras abreviaturas (y mucho menos sus versiones en minúsculas, tan en boga en la actualidad), y de hecho puede que ni siquiera sean capaces de entender qué significan. Tal y como vimos en el capítulo anterior, adoptar la lengua de una comunidad específica es una aspiración de cualquiera que quiera formar parte de ella, pero también algo que se consigue de una forma tan simple como exponiéndose y dejándose influir por esa comunidad. A pesar de su uso de internet, la generación que nos ocupa no lo reconoce como una influencia social legítima; de hecho, son el grupo de usuarios que con más facilidad abandonan la red en cuanto se les estropea el dispositivo a través del que se conectan porque no sienten la necesidad de tener que arreglarlo. La poca jerga que puedan usar se limitará a alguna de las abreviaturas que pueblan internet, como «x» para «por», o la «k» en lugar de la secuencia «qu» o de la «c», o algún emoji que les salga automáticamente gracias a las sugerencias del teclado predictivo[6]. Las abreviaturas y los emoticonos no les son extraños, pero denotan la pertenencia a un grupo del que ellos no tienen el menor interés en formar parte. Por decirlo usando las palabras de una persona mayor con la que hablé después de que llevara un año en Facebook: «No paro de ver a gente que escribe un punto y coma y un paréntesis… ¿qué quieren decir con eso?», pero a la que, después de explicárselo

[6] A pesar de que, como veremos en el capítulo 5, los emojis no tienen por qué tener siempre un significado inequívoco.

(y que me dijera: «Uy, ¡qué buena idea!»), no la he visto usar un emoticono ni una sola vez.

Puede que esta generación no siga las mismas normas lingüísticas que otras más duchas en cuestiones digitales, pero eso no quiere decir que escriban como si estuvieran redactando noticias para un periódico, ni mucho menos. Por sus propias características, no son el tipo de internautas a los que se pueda llegar con una encuesta masiva, pero el rasgo lingüístico más característico que he visto y he oído a otras personas comentar tiene que ver con el modo en que separan las palabras: mucha gente de esta generación usa guiones, o ristras de puntos o comas para separar una idea de la siguiente («Acabo de ganar a dos daneses al *ping-pong*.... eran buenos..... menos mal que me mantengo en forma» o «Gracias por las felicitaciones...... me ha encantado que tantos buenos amigos me hayáis felicitado......,, espero que estéis todos bien......buenas noches» o «Feliz aniversario-------que tengáis muchos años más de felicidad----un beso»).

Carecemos de datos que nos permitan saber la prevalencia exacta de esta práctica, pero parece que tanto los guiones como las elipsis como estrategias genéricas para marcar la separación son comunes en todo el mundo angloparlante. Cuando pregunté en Twitter si la gente conocía más rasgos lingüísticos de este grupo, alguien me dijo: «Uy, si hablaras con mis suegros...». ¿Por qué toda esta gente, que ha acabado conectándose a internet para mantener el contacto con sus familiares más jóvenes, siguen manteniendo su propia manera de escribir y no se les pega nada de sus interlocutores? Un señor mayor que Jessamyn West grabó en vídeo durante uno de sus talleres nos da la primera clave al respecto: en la grabación vemos cómo el señor, que se llamaba Don, le dice a Jessamyn: «Es la primera vez en mi vida que escribo en un teclado». Luego se para y dice: «Una cosa que hago mucho cuando escribo a mano es escribir tres puntos cuando acabo una idea». En ese momento se gira hacia la pantalla y dice: «Hala, ya he escrito lo que quería escribir, y punto». Cuando West le da la razón, observamos como pulsa tres veces, triunfante, la tecla del punto.

La expresión de triunfo de Don contrasta con el desconcierto de los jóvenes cuando se les habla de caracteres de separación. Su caso me hizo pensar y decidí buscar más ejemplos manuscritos. Acabé analizando postales, y una fuente de información especialmente interesante fue un libro que recopilaba las que Ringo Starr había recibido de los otros tres Beatles. Los textos de John Lennon y Paul McCartney eran más largos y con una puntuación relativamente estándar, pero los de George Harrison eran mucho más breves y, al leerlos en las transcripciones que contenía el libro, eran prácticamente idénticos a los mensajes que escribe una persona de la generación preinternet. En una postal que Harrison mandó a Starr en 1978 se pueden ver hasta cinco puntos seguidos:

> Con todo nuestro cariño desde Hawái.....
> George +Olivia

Otras postales del libro incluyen pequeños dibujos que recuerdan a los emojis (un osito hablando, una carita sonriente bajo la firma...). Encontré más postales de Harrison en casas de subastas: en una que mandó a su padre se podían ver unos cuantos guiones, así como «xx» al final, simulando ser besos, algo que las personas británicas siguen incluyendo en sus mensajes de texto hoy en día:

> Queridos papá - Eileen -
> Espero que estéis bien, mi vuelta fue bien. Hemos venido al norte de Suecia - hace bastante frío. Pero es muy bonito - diferente - vuelvo la semana que viene - ya hablamos entonces
> Besos, George+Olivia xx

Y no es solo cosa de los Beatles, o de la gente inglesa. Un estudio basado en un corpus de más de quinientas postales suizas enviadas entre 1950 y 2010 constató dos características constantes: la repetición de signos de puntuación, como …….., ???? y !!!!!, y el uso de caritas sonrientes, corazones y otros pequeños dibujos similares a los emojis actuales. De hecho, la influencia es bidireccional; otro estudio de 2003, en el que se comparaba el modo en que los adolescentes finlandeses escribían postales y mensajes de texto, reveló que los jóvenes habían comenzado a añadir emoticonos del tipo :) en los márgenes de sus postales.

Otros géneros de escritura informal también presentan el uso de guiones o de puntos como medios de separación de caracteres, especialmente cuando el espacio es limitado. Por ejemplo, en esta tarjeta escaneada, en la que aparecía escrita a máquina una receta de galletas de avena, atribuida a una tal Joyce Viele, aparecen los puntos repetidos, esta vez con espacios entre ellos, mientras que otras recetas escritas a mano utilizan guiones para separar cada paso:

> Mezclar manteca, azúcar, huevos, sal y vainilla y batir a conciencia . . . tamizar la harina y la levadura juntas; añadir a la masa el coco y la avena y mezclar bien . . . con una cuchara, ir haciendo pequeñas pelotas de la masa y colocarlas en una bandeja de horno previamente engrasada . . . hornear a temperatura media (170°) durante 10-15 minutos. La masa preparada permite hacer hasta tres docenas de galletas.

Las postales y las tarjetas con recetas comparten un par de rasgos clave con los *posts* que colgamos en las redes sociales. En ambos casos se trata de textos escritos por una única persona, sin edición posterior (no estamos hablando de una novela epistolar o de un libro de cocina), el espacio previsto para su redacción es reducido, lo que les confiere cierto aire apresurado, y ambos tipos de textos son, con frecuencia, semipúblicos: suelen estar destinados a dos o tres personas, pero se da por hecho que los va a leer mucha más gente. Coger una postal o una receta de una mesa y leerla no invade la intimidad de sus destinatarios, pero abrir una carta ajena sí. Estas similitudes explican tanto la separación genérica de caracteres como la adopción, sorprendentemente rápida, de los emojis por los internautas de mayor edad, en comparación con su reticencia frente a abreviaturas como *LOL*. La generación preinternet (junto con algunos miembros de la generación conectada a tiempo parcial y del antiguo internet que también utilizan los puntos como separación, aunque no con tanta frecuencia) están reproduciendo fielmente las convenciones de un género textual que dominan, pero del que los jóvenes que los leen no tienen referencias digitales. Se trata de un género en el que los puntos de separación tenían cabida, y que también tiene un hueco para asimilar a los emojis. Esta generación tiende un curioso puente entre la escritura informal manual y digital, sus miembros son la prueba andante de que incluso quienes están más pez en nuevas tecnologías han identificado correctamente el marco social que estas establecen y lo han sabido adaptar a prácticas lingüísticas que les son familiares.

Son muchos los aspectos que hacen de esta generación madura de usuarios de internet un grupo mucho más interesante de observar que sus homólogos jóvenes. Tenemos una cierta idea de lo que implica ser joven y tener amistades virtuales. No hay mucha diferencia entre los adolescentes de finales de los noventa que se pasaban el día enviando mensajes de Messenger, banales para muchos, pero cruciales para ellos, expresando, por ejemplo, su terrible preocupación por su lista de seguidores en

MySpace, y los adolescentes de en torno a 2015 que se pasaban el día enviando mensajes de Snapchat, banales para muchos, pero cruciales para ellos, expresando, por ejemplo, su terrible preocupación por su lista de seguidores en Instagram. Sin embargo, llevamos muchos años (probablemente desde la invención del teléfono) sin ver a una generación de usuarios maduros adoptar masivamente una nueva forma de comunicarse. Hasta la fecha, apenas si hemos podido atisbar qué supone que una generación entera de personas mayores use internet durante un tiempo medianamente prolongado, pero los esfuerzos puntuales por enseñarles cómo navegar por la red sugieren que el mundo digital puede ayudarles a sentirse más conectados socialmente. Me encantaría ver un estudio en condiciones, hecho a partir de un corpus de postales y de mensajes de texto de jóvenes y gente mayor, para ver qué más podemos aprender de comparar la escritura informal redactada por diferentes generaciones y publicada a través de diversos canales.

La generación posinternet

Cuando era pequeña, mi familia no tenía televisión. Esto hizo que mi infancia fuera ligeramente distinta a la de mis amigos, pero, a pesar de ello, fui capaz, por cuestión de ósmosis cultural y gracias a que la vi alguna vez que otra en las casas de mis amigos, de hacerme con los rudimentos de la cultura televisiva: sabía usar un mando a distancia, podía tararear las sintonías de los programas más famosos y viví sin problema la transición de considerar *Barrio Sésamo* el mejor programa del mundo a que no fuera más que «tele para bebés», para acabar, gracias a la nostalgia que ha embargado a mi generación, volviendo a ser el mejor programa del mundo. Crecí en una generación postelevisión, a pesar de no contar con una en casa. Si la generación preinternet no se siente parte de la red ni siquiera cuando la usan, con la posinternet ocurre lo contrario: son incapaces de recordar la primera vez que usaron un ordenador o que hicieron algo *online*, del mismo modo que las generaciones precedentes tampoco recuerdan la primera vez que vieron la tele o llamaron por teléfono, y pueden hablar sin problema de las implicaciones sociales de seguir a alguien en redes, o de dar a «me gusta» en una publicación aunque no tengan perfil propio en una red social determinada, o aunque ni siquiera usen redes sociales. Se trata de cuestiones que forman parte de su entorno social más cotidiano.

Si nos ponemos prácticos, la pregunta que realmente ayuda a trazar la línea entre la generación conectada a tiempo completo y la generación posinternet es «Te hiciste Facebook ¿antes o después que tus padres?» o, en términos más generales: «¿Llegaste al internet social antes de que fuera una realidad omnipresente o ya formabas parte de él cuando solo era una cosa de jóvenes?». En la encuesta que hice en 2017, la clasificación de redes sociales preferidas por las personas de entre trece años y diecisiete años estaba muy igualada, sin que Facebook, Twitter, YouTube, Instagram, Snapchat, iMessage o WhatsApp destacaran con claridad sobre las demás. Un tercio de los participantes entre dieciocho y veintitrés optaron por Facebook, mientras que la mitad de participantes de esa franja de edad declararon preferir iMessenger, por lo que entrarían en el mismo saco que la generación conectada a tiempo completo.

La vida digital suele comenzar entre los nueve y los catorce años. Durante la infancia las pantallas táctiles son para jugar o ver vídeos, pero el uso de internet para comunicarse todavía está, en esa etapa, mediado por los cuidadores, al igual que las relaciones en el mundo físico: son los padres quienes conciertan las videollamadas con los abuelos o con padres de otros niños con los que quieren chatear, del mismo modo que los llevan a las casas de sus amigos o al parque. En parte, esto se debe a cuestiones prácticas; la comunicación digital implica a menudo saber leer y escribir, existe una preocupación real por la adecuación del contenido a la edad de las criaturas y para contar con un perfil propio en la mayoría de redes sociales es necesario tener, como mínimo, trece años[7]. Sin embargo, en plataformas de uso menos restringido, como las que permiten el envío de mensajes, e incluso asumiendo que algunos usuarios no dan su edad real, el cambio a un uso cotidiano, personal y autónomo de un dispositivo electrónico para comunicarse suele tener lugar en los primeros años de la adolescencia, un periodo en el que los padres empiezan a querer organizar la logística de sus hijos e hijas directamente con ellos, en lugar de con otros padres, y en el que los chavales también sienten por primera vez la necesidad de tener teléfonos propios porque la vida social de sus amistades les despierta más interés que la de los mayores con los que conviven.

Es la generación más joven, por lo que podemos caer en la tentación de considerarla una especie de bola de cristal a través de la cual adivinar cuál va a ser la tónica general de comportamiento en redes sociales durante las próximas dos décadas, pero no conviene dejarse llevar por esa sensación de horóscopo cibernético y ser capaces de distinguir entre los rasgos lingüísticos y sociales propios de esta etapa vital y los que perdurarán en las posteriores.

Existe cierto tipo de artículo periodístico que, cada dos o tres meses, aparece de la nada para explicar el modo en que los adolescentes usan las redes sociales. Para ello, entrevistan a familiares, incluyen todo un abanico de perfiles supuestamente

---

[7] En Estados Unidos, la Ley de Protección del Menor en Internet cuenta con varias cláusulas que regulan las páginas web destinadas a menores de trece años, y para evitar problemas, muchas páginas simplemente limitan su acceso quienes superan esa edad.

representativos de la juventud actual o recogen el testimonio de un adolescente que detalla el modo en que se comunica con sus amigos. Este tipo de retratos siempre terminan concluyendo que la juventud manda mensajes constantemente, sin motivos aparentes, a un ritmo inconcebible para los adultos. ¡Miles de mensajes al mes! ¡Y un consumo desmesurado de datos! Si estos reportajes indagaran un poco más en la cuestión, también descubrirían que, cuanto más tímido, friki o introvertido sea un adolescente, menos probable será que encaje en ese perfil.

En cualquier caso, esta percepción de la juventud no es exclusiva de internet. Tal y como la lingüista Susan Herring señala, cuando ella y su generación de *baby boomers* llegaron a la adolescencia también deambulaban «un poco porque sí» por centros comerciales, cines, bailes de fin de curso, partidos de deporte escolar y parques públicos. Crearon códigos propios y aprendieron a escribir en espejo para pasarse notas que solo ellos pudieran entender, del mismo modo que las generaciones que les sucedieron, ya con acceso a internet, desarrollaron ingeniosas fórmulas lingüísticas, y decoraron sus taquillas del instituto y sus cuartos con el mismo celo con el que los jóvenes actuales diseñan sus perfiles para redes sociales. Ya fuera colgados del teléfono fijo (y generando facturas estratosféricas a sus padres) o enganchados a Facebook, MySpace o Instagram, hay algo que los adolescentes hacen siempre, generación tras generación, y es pasar cantidades ingentes de tiempo sin hacer nada concreto, matando el tiempo con sus amigos, tonteando con sus ligues o pensando cómo mantener su reputación y mejorar su popularidad.

Herring también menciona un estudio sociológico que se llevó a cabo en Francia en 1981 que concluyó que la sociabilidad alcanza sus cotas más altas en la adolescencia y la primera juventud, y va cayendo a medida que envejecemos. «En igualdad de condiciones —escribe Herring—, esto sugiere que podríamos interpretar las diferencias a la hora de socializar que observamos en personas de diferentes edades como algo que tiene que ver con la etapa vital en la que estas se encuentran, en lugar de como indicios de un supuesto aumento de sociabilidad *online* aplicable a todos los usuarios de internet». El propio hecho de que los adolescentes usen todo tipo de redes sociales en mayores proporciones que los veinteañeros no tiene por qué implicar necesariamente que prefieran pasar el tiempo con sus amigos *online*. Diversos estudios han coincidido en señalar que los adolescentes prefieren quedar con sus pandillas en persona. Las razones hablan por sí solas: les gusta más la interacción sin pantallas de por medio porque «mola más» y «puedes entender mejor lo que los demás te quieren decir». Sin embargo, el aislamiento que se da en las urbanizaciones de las periferias urbanas, lo hostiles que son para los adolescentes aburridos los centros comerciales y otros espacios públicos similares, así como unos horarios cada vez más abarrotados de actividades extraescolares, dificultan esas quedadas, por lo que a los adolescentes no les queda más remedio que entrar en esas redes y aplicaciones donde saben que van a encontrarse con sus amigos (y no con sus padres). Ya lo dijo danah boyd: «La mayoría de los adolescentes no están enganchados a las redes sociales. De estar enganchados a algo, es a otros adolescentes».

Igual que los adolescentes que mataban el tiempo en los centros comerciales o pegados a los teléfonos fijos de sus padres han terminado siendo adultos que dedican una cantidad de tiempo absolutamente razonable a ambas cosas, las horas que los adolescentes actuales pasan en las redes sociales o con sus móviles no tiene por qué presagiar a qué dedicarán su tiempo libre dentro de diez años. Después de todo, cuando llegamos a la adultez nuestras posibilidades sociales mejoran bastante: podemos salir sin toque de queda paterno, ir a bares, a conciertos, a discotecas, a fiestas… o quedarnos en casa con nuestros amigos o nuestras parejas. Los adultos podemos incluso meter gente en el dormitorio sin permiso de nuestros padres y tener la puerta cerrada…

La auténtica influencia de la generación posinternet en el modo de socializar en internet fue mucho más sutil y trascendental que una mera red social resultona: al haberse unido al internet social con sus padres siendo ya parte de él, tuvieron que afrontar un «colapso contextual» en su versión más extrema. Este término acuñado por danah boyd describe el solapamiento, dentro de una red social, de los diferentes grupos sociales a los que pertenece una persona, que la lleva a ver publicaciones y *posts* procedentes de diferentes parcelas de su vida, todos juntos. Para los adultos que se topan de vez en cuando con fotos personales u opiniones políticas de algún compañero de trabajo, este colapso no tiene demasiada importancia, más allá de tener que gestionar algún que otro contacto que se pasa de indiscreto. Pero, para la gente joven, el colapso contextual es un problema colectivo en toda regla: necesitan un espacio para definir sus identidades en un lugar donde no haya figuras de autoridad supervisándolos constantemente.

La generación conectada a tiempo completo solucionó este problema usando redes sociales en las que no estaban sus padres, abandonándolas cada dos años para rehacer su vida social *online* de nuevo, dejando atrás sus publicaciones más bochornosas, enterradas en cementerios cibernéticos. De Friendster pasaron a MySpace, y de ahí a Facebook. Las redes sociales intentaron acabar con ese problema y evitar las desbandadas permitiendo a sus usuarios configurar su privacidad y escoger con qué contactos compartir cada publicación. Pero cambiar de redes sociales cada dos años y crear listas de contactos continuamente para publicar contenido con diferentes grados de privacidad es muy cansado. Por ello, la generación posinternet prefirió adoptar una estrategia más duradera, basada en tres principios.

Primero: el contenido de las redes debería ser más efímero, del mismo modo que no guardamos registros de las conversaciones que se han producido a lo largo de la historia. Mensajes privados que se esfuman en cuanto son leídos, retransmisión de vídeo en directo, borrado manual de *posts* antiguos y *stories* que solo son visibles durante 24 horas reducen las posibilidades de que alguien encuentre todo ese material fuera del contexto en el que se publicó. Segundo: no todas las redes sociales tienen por qué ser para todo el mundo. En lugar de usar solo una, o de mantener y alimentar un perfil en cada una de ellas, se puede ir escogiendo en cuál postear para controlar en qué entorno compartimos qué cosas; por ejemplo, podemos usar Instagram para mantener el contacto con las amistades del colegio y reservar Twitter para la gente con la que compartimos aficiones, o generar un contenido blanco en una cuenta abierta bajo nuestro nombre real, y reservarnos los *posts* más personales para nuestro perfil privado o para uno que abramos bajo pseudónimo. Por último, también es necesario organizar los grupos sociales de un modo más fluido y cambiante que simplemente destinando una red social a cada uno de ellos: para los grupos más grandes se puede echar mano de etiquetas y grupos públicos, y para los más reducidos, opciones más cerradas, como chats grupales o grupos secretos.

La generación posinternet también ha continuado modificando el significado de *LOL*. Sabemos que, escrito en minúsculas, lleva desde principios de este siglo sin tener por qué ser sinónimo de una risa a carcajadas, pero ¿qué implica exactamente que la generación de Facebook y de Instagram reconozca en esta abreviatura matices conciliadores, de ironía o de pasivoagresividad? La lingüista Michelle McSweeney decidió lanzarse a responder a esta pregunta. Para ello, creó un corpus de 45 597 mensajes de texto escritos por quince adolescentes bilingües inglés-español, residentes en Nueva York y con edades comprendidas entre los dieciocho y los veintiún años, y analizó, junto con esos mismos jóvenes, los diferentes usos de *LOL* que encontraron en todo el material compilado.

Lo primero que observaron fue que *LOL* nunca se repetía: la gente decía «madre mía, me estoy mareando *LOL*», pero no flanqueaba sus mensajes con la abreviatura («*LOL* me parece genial *LOL*») ni la situaban en el medio del enunciado («me parece *LOL* genial»). Si había más de un *LOL* en un único mensaje, era porque este constaba de varias partes independientes, cada con su propio *LOL* («sí *LOL* / a mi madre no le sentó nada bien cuando se lo dije *LOL*»). La otra clave que McSweeney descubrió fue que *LOL* se usaba para reforzar determinados contextos emocionales: tontear, pedir o manifestar empatía, revelar información, reparar el daño causado por un mensaje previo o apaciguar una situación tensa, pero no otros: nunca se usaba para expresar amor, intercambiar información o en charlas intrascendentes (encontró ejemplos de «tengo un montón de deberes *LOL*» o de «qué bien te sienta el rojo *LOL*», pero nunca «te quiero *LOL*» o «buenos días *LOL*»). Los jóvenes del estudio explicaron que se podría decir «buenos días *LOL*» como una manera de tomarle el pelo alguien porque ya fuera por la tarde (es decir, porque se usa para revelar información y no como un mero formulismo), pero decir «te quiero *LOL*» nunca sería una buena idea, porque supondría reírse de alguien de un modo bastante cruel.

McSweeney dedujo que *LOL* encierra un mensaje que atañe al enunciado al que acompaña en su conjunto, un significado compatible con el tonteo, la conciliación y la empatía, pero no con el amor o el lenguaje claro. La diferencia entre tontear y decir «te quiero» puede encerrar la negación de un sentimiento, del mismo modo que usar *LOL* puede matizar lo que de otra manera se podría interpretar como una confrontación («pero qué haces por ahí a estas horas *LOL*»). Sin embargo, también puede invalidar cualquier enunciado dicho en serio («me hiciste mucho daño cuando estuvimos saliendo juntos»). *Lol* puede ser también una manera sutil de reclamar empatía de nuestro interlocutor («aquí ando, haciendo un trabajo para clase *LOL*»), pero no hace falta si lo que queremos es hacer una pregunta directa («¿me puedes decir qué horario tienes para saber cuándo te puedo escribir?»).

Algunos enunciados son directos, y otros esconden sus verdaderos significados bajo varias capas de otros elementos. Incluir *LOL* da a entender que estamos añadiendo una segunda capa de significado, e indica a nuestro interlocutor que debe ir más allá de las palabras literales que le estamos diciendo. El significado exacto de esa segunda capa semántica dependerá del de la primera: ejerce de contrapeso conciliador cuando el enunciado es sarcástico, maleducado o agresivo, pero «te quiero» ya es de por sí todo lo cálido y reconfortante que puede llegar a ser, por lo que añadir una segunda capa de significado no puede sino empeorarlo.

En cierto modo, *LOL* no ha cambiado tanto de significado con respecto a sus orígenes. Sí, es verdad que a veces nos reímos de las bromas, o de algo que señalamos y que pensamos que es gracioso, pero también existe la risa social, la risa nerviosa, o las risas de cortesía. Reímos más viendo una comedia si estamos con más gente con la que compartir nuestra risa: nos basta con formar parte de un público de desconocidos, o incluso con escuchar una risa enlatada de fondo. Un estudio sobre conversaciones reveló que solo entre un 10 y un 20 % de las risas se deben a una reacción frente a algo gracioso; por ejemplo, tontear a menudo implica reírse sin un motivo en particular, pero la primera vez que alguien nos dice que nos quiere preferimos que lo haga sin risitas de por medio. En internet necesitamos maneras de representar la risa abierta y sincera a las que un uso demasiado extendido no las haya vuelto manidas. En mi encuesta de 2017, la gente mostró su preferencia por el «jajajajajajaja», que cada vez es más largo, o por frases extensas y específicas para cada situación como «acabo de escupir el agua que estaba bebiendo y he puesto el teclado perdido». El modo en que expresamos nuestras carcajadas cambia constantemente.

Del mismo modo en que la generación preinternet se las apañó para disfrutar de cierta vida social *online* sin tener que hacerse experta en tecnologías, la soltura de los jóvenes posinternet en las redes sociales no tiene por qué implicar una especial habilidad informática. Puede que estén al tanto del último grito en aplicaciones y sean capaces de descifrar el tono de voz que se esconde tras una coma mal puesta, pero sus conocimientos tecnológicos son muy dispares. De hecho, parte de estos jóvenes acceden al mercado laboral sin algunas destrezas que para generaciones precedentes eran absolutamente básicas, como organizar archivos en carpetas, añadir una columna numérica en una hoja de cálculo, o incluso diseñar páginas web. Parte de esos jóvenes tienen un conocimiento muy avanzado de la cultura de internet y de las estrategias de uso de las redes sociales, y quizá incluso hayan llegado a crear memes o perfiles visitados por millones de personas. Sin embargo, al mismo tiempo pueden ser incapaces de escribir una buena línea de asunto para un correo electrónico.

Algunos están muy especializados en un área sin tener ni la más remota idea de cómo desenvolverse en otra. Tal y como sucede con otras diferencias sociales, los niños y niñas con padres que se pueden permitir comprar los dispositivos electrónicos más modernos, que los mandan a campamentos tecnológicos o que son capaces de asesorarlos sobre cómo usar internet en contextos profesionales suelen desenvolverse mejor que quienes tienen que conformarse con móviles de segunda mano u ordenadores capados en bibliotecas escolares.

Esta brecha tan enorme en la generación posinternet suele ser lo que más les cuesta abordar a padres y docentes. La pericia social y tecnológica *online* era prácticamente la misma para toda la generación del antiguo internet, e incluso guardaba cierta cohesión en las generaciones conectadas a tiempo parcial y completo, pero la gente posinternet la ha desdoblado completamente. Esto pone en tela de juicio las predicciones de quienes creían que para los nativos digitales aprender a desenvolverse a través de las pantallas sería algo tan intuitivo como hablar. En lugar de eso, ya no hablamos de «habilidades informáticas», sino de un concepto mucho más difuso, el de «habilidades digitales». La segunda generación de niños y niñas que han crecido con internet asimilan sin problema las estrategias comunicativas de sus semejantes, pero, como pasa siempre en los trasvases generacionales, no son capaces de dominar las destrezas de quienes los han precedido si nadie se las enseña explícitamente. El gran reto de la generación posinternet es dilucidar qué habilidades se asimilan sobre la marcha, mientras se socializa *online*, y cuáles eran así de intuitivas hace un par de décadas, pero ya no lo son y, en consecuencia, hay que enseñarlas *ex profeso.*

Si observamos la diferencia entre los pre- y los posinternet desde el punto de vista de los más jóvenes, comprobaremos que con frecuencia dan por hecho que las personas mayores, al usar Facebook y mandar mensajes con normalidad, comparten con ellos algunas convenciones comunicativas, como el significado de *LOL* o el uso de los signos de puntuación. En este sentido, los puntos suspensivos son particularmente problemáticos. Como ya hemos visto, para gente con un pasado fuera de internet en el que escribían textos informales, no son más que una forma neutra de separar enunciados. Sin embargo, para personas acostumbradas a escribir informalmente en internet (y solo en internet), la separación más genérica es el cambio de línea o el envío de un nuevo mensaje, lo que ha otorgado a los puntos suspensivos un nuevo sentido en estos contextos: el de sugerir que existe información que el hablante no quiere explicitar. Al dialogar con las generaciones de más edad que ellos, los jóvenes posinternet suelen sobreinterpretar los mensajes e inferir emociones a partir de signos y estrategias tan sutiles que a las personas de más edad ni se les han pasado por la cabeza en ningún momento. Este nivel de matización en el uso de la puntuación y las mayúsculas es tan variado e interesante que merece su propio capítulo, y es, precisamente, el que viene a continuación.

Sin embargo, al reflexionar sobre generaciones y oleadas de usuarios la línea que las divide de un modo más claro es la respuesta a la siguiente pregunta: ¿quién es la autoridad imaginaria que tenemos en la cabeza cuando decidimos cómo puntuar un mensaje de texto? ¿Se trata de la norma prescriptiva de una autoridad del mundo físico, como nuestros antiguos profes de Lengua o nuestros diccionarios? ¿Hablamos, por el contrario, de la sabiduría colectiva que emana de la gente con la que nos relacionamos en internet, esa anticipación a la reacción emocional que, con el tono de voz que infieren de la manera en que escribimos, somos capaces de generar en esas personas? Al final, la diferencia en el modo en que nos comunicamos por internet se reduce a una pregunta fundamental, que tiene que ver con nuestras actitudes como hablantes: ¿nuestra escritura informal obedece a un conjunto de normas que operan en el mundo digital o en el físico?

Capítulo 4

La voz escrita

«El número marcado no existe». «Su llamada ha sido redirigida a un sistema de mensajería automático». «Disculpe, no le he entendido». Las palabras se pronuncian correctamente, pero las voces robóticas son planas: la entonación no varía, el ritmo no cambia, el volumen no se altera, no se enfatiza ninguna parte del enunciado en particular y al robot en cuestión nunca se le escapa la risa ni ningún otro sonido que desvele sus emociones.

No queremos sonar como robots en internet…, y eso que los robots suenan cada vez menos a robot. La capacidad de transmitir emociones a través de la escritura ha sido una tarea que siempre se ha asociado con novelistas y poetas, las únicas personas capaces de hacer que un personaje fuera más molesto, o más agradable, que otro, únicamente gracias a las palabras que ponían en su boca, o de dar con la palabra justa para hacer aflorar ese sentimiento que ha estado oculto durante tantas páginas. Describir emociones mediante la escritura artística no es tarea fácil, pero, en cierto modo, permite cierto margen de maniobra: si escribes un mal poema, o describes a un personaje de un modo demasiado ortopédico siempre puedes mejorar el texto o, directamente, guardarlo en el fondo de un cajón y pasarte a la lingüística (ejem). Pero si eres incapaz de socializar en condiciones por escrito, en los tiempos que corren, puede que quien acabe sintiéndose un borrador abandonado en el fondo de un cajón, en la más absoluta de las soledades, seas tú.

¿Cómo es posible que Prosaiko_95, nuestro usuario medio de internet, tenga que saber cómo expresar todos esos matices tan cruciales cuando escriba textos informales en la red? Cuando nos movemos en la formalidad jugamos con ventaja porque podemos tomarnos tiempo para revisar el texto o dar acceso al documento a otras personas para que lo editen por nosotros, pero la escritura informal se da prácticamente en tiempo real, lo que dificulta la redacción de borradores, por no hablar del reto que supone escribir sobre emociones en el momento en el que las estás sintiendo. Ni al escritor más pintado le da tiempo de desplegar todos sus encantos literarios cuando la persona con la que se está mensajeando puede ver que ya ha empezado a escribir una respuesta. (Dicho de otro modo: VersoSuelto_17, el primo poeta de Prosaiko, echa mano de los mismos recursos que cualquier otra persona cuando escribe mensajes en su vida cotidiana).

Para empezar, tenemos que delimitar la base de la que partimos, esa forma de comunicarnos que consideramos neutra. Un registro del que, si nos desviamos, será porque estamos buscando algún tipo de impacto emocional en nuestro interlocutor. En la lengua oral, esa base serían nuestras intervenciones, es decir, ese borbotón lingüístico flanqueado por pausas o interrupciones. A veces esa intervención se corresponde con un enunciado completo, pero no tiene por qué. Con frecuencia consiste en una secuencia de palabras, pero puede pasar que nos paremos a mitad de frase y digamos, por ejemplo, «por ejemp-». Hablar usando únicamente enunciados completos suena forzado en cualquier registro, excepto en los más formales, cuando el discurso está preparado de antemano. La escritura informal también se estructura a base de este tipo de intervenciones. Para la gente cuyas normas lingüísticas responden a las convenciones de uso de internet, el modo más neutral de indicar los límites de un enunciado es cambiando de línea al escribir. Cada mensaje enviado en una conversación escrita es, por definición, un enunciado diferente. Por ejemplo:

> Hola
> Qué tal
> Oye, ¿te apetece quedar esta semana?
> ¿cómo tienes el martes?

Se trata de una estrategia eficiente en un contexto digital, donde bajar el cursor es fácil y se puede hacer siempre que queramos; al contrario de lo que sucede con el papel, los píxeles son ilimitados y los saltos de línea salen gratis: ocupan los mismos bytes que un punto o un espacio y hacen que los textos sean mucho más legibles. El movimiento de dedo que hay que hacer para saltar a un nuevo renglón es el mismo que para enviar un nuevo mensaje, y con frecuencia en ambos casos coincide con la misma tecla, por lo que se queda fijado en la memoria muscular muy fácilmente. Además, pulsar «enviar» después de cada enunciado hace que la conversación fluya mejor que si mandamos extensas parrafadas, porque de ese modo nuestro interlocutor puede empezar antes a dar forma a su respuesta. Incluso en contextos *online* menos espontáneos, como las piezas periodísticas, los párrafos han visto reducida su extensión y ampliada la separación entre ellos con saltos de línea adicionales, en lugar de la sangría que se suele usar en papel.

Para la gente cuyas normas lingüísticas son ajenas a las dinámicas de internet, el modo más neutral de separar un enunciado del siguiente es usando un guion o una línea de puntos. A fin de cuentas, mandar todas esas intervenciones como *emails* independientes (y no digamos como mensajes de texto, pagando cada vez que enviamos uno) no parece una buena idea en absoluto. Y bueno, imaginemos una postal en la que saltáramos de línea cada vez que empezáramos una nueva idea, ¡el texto nos ocuparía cuatro veces más de espacio! Siguiendo la puntuación típica de la tinta y el papel, los mensajes de nuestro ejemplo tendrían este aspecto:

> Hola…qué tal…oye, ¿te apetece quedar esta semana?…¿cómo tienes el martes?

A su vez, esta estrategia también sigue su propia lógica: mientras que algunos signos de puntuación se suelen reservar para unir oraciones autónomas (los puntos) y otros para conectar oraciones interdependientes (las comas), los guiones y los puntos suspensivos se consideran aceptables para fusionar ambas acciones, incluso en las normas de estilo más conservadoras. Así que, si estás escribiendo de manera informal y no quieres molestarte en decidir si tu secuencia de palabras constituye un enunciado independiente o un mero fragmento de una oración, una manera de sortear la duda es puntuar el texto de un modo ambiguo… usando guiones o puntos suspensivos. Y sí, si nos ceñimos a la tradición, los primeros han de usarse para indicar una omisión y los segundos para dejar un enunciado en suspenso, pero lo cierto es que en la lengua oral a veces indicamos ambas cosas con un fin meramente efectista. Y por supuesto que la norma nos dice que los puntos suspensivos son siempre tres, y que el espacio que los separa cuando los escribimos en un procesador de textos es ligeramente superior al que se genera entre el resto de caracteres, pero ese es el tipo de norma relevante para editores, nunca para mandar un simple correo electrónico. Quienes acostumbran a escribir textos informales según las normas tradicionales, y no las del mundo digital, como los Beatles en sus postales de los años setenta, salpican sus textos de puntos y guiones para dejar claro que huyen de rigideces y puntuaciones clásicas, exactamente la misma motivación que encontramos detrás de los jóvenes que dividen sus enunciados con saltos de línea o cambios de mensaje. Y la misma razón, de hecho, por la que Jane Austen llenaba sus manuscritos originales con lo que a cualquier lector moderno le parece una cantidad absurda de comas, o por la que la poesía de Emily Dickinson incluye una cantidad ingente de guiones (si tenemos la suerte de dar con una edición en la que no los hayan suprimido, claro). La marcación de la pausa es muy intuitiva, y siempre lo ha sido.

Los problemas comienzan a aflorar cuando se combinan conjuntos de reglas diferentes. Supongamos, por ejemplo, que una persona mayor manda un mensaje a un adolescente de su familia, o un jefe *boomer* a un empleado *millennial*: el resultado puede generar sensaciones muy dispares, dependiendo de lo que el receptor entienda por neutral:

> Hola.
> Qué tal….
> Oye, ¿te apetece quedar esta semana?…¿cómo tienes el martes?

Habrá quien, al leerlo, entienda que se encuentra a medio camino entre el estilo tradicional de los puntos suspensivos y los saltos de línea más propios de la escritura actual, pero quien suela optar por los segundos pensará que los puntos sobran, que con seguir saltando de línea habría bastado y, en consecuencia, que cualquier elemento que implique un esfuerzo específico para verse incluido en el mensaje encierra algún tipo de información: los puntos indicarían que hay algo que se ha quedado sin decir «qué tal (hay algo que no te estoy contando)». Si el mensaje viene de alguien con un perfil generacional similar, esos puntos suspensivos pueden encerrar algún tipo de cortejo, pero viniendo de un familiar entrado en años, ese matiz sería un poco raro, así que… ¿qué otra información podrían transmitir? Lo más normal es pensar en que se trata de un comentario pasivo-agresivo o que quien lo escribe está bastante perdido.

El potencial pasivo-agresivo de los puntos finales empezó a ocupar espacio en artículos y textos varios en 2013 gracias a la revista *New York* y, el año siguiente, a otra pieza publicada en *New Republic*, que precedieron a una sucesión de textos sobre el tema que fueron apareciendo posteriormente. Los puntos suspensivos protagonizaron un artículo de 2018, aunque ya llevaban apareciendo en textos más breves desde 2006, mientras que sus parientes los guiones y las líneas de comas habían suscitado menos interés a pesar de haber sido tema de conversación en varios foros. A pesar de los titulares agoreros, el significado pasivo-agresivo de los puntos finales no ha acabado con todos los demás usos de este signo de puntuación, ni mucho menos. El lingüista Tyler Schnoebelen, sin duda más joven que la generación de los puntos suspensivos, llevó a cabo un estudio sobre el uso de los puntos finales basándose en 157 305 mensajes de texto enviados y recibidos por él mismo. Descubrió que sí, que es verdad que los puntos finales no son muy comunes en mensajes breves e informales (los de menos de diecisiete caracteres que contienen abreviaturas como *LOL, OK* y otras), pero que aparecían con frecuencia en mensajes de más de setenta y dos caracteres que contenían palabras como «decir», «sentir», «sentimientos», «cita», «triste» o «hablar». La seriedad que aportan los puntos finales reforzaba la intensidad de los mensajes sobre temas importantes.

Así que ¿cómo puede una persona saber si un punto está indicando pasivoagresividad, tristeza o, simplemente, formalidad? Esta mezcolanza de significados de los puntos finales se hizo evidente para mí cuando empecé a interpretarlos como marcadores gráficos de los tonos de voz. Del mismo modo que un signo final de interrogación marca una elevación de tono, el punto puede indicar lo contrario, incluso cuando no se utiliza para indicar el final de una frase («Eso. No. Me. Gusta»). Cuando pongo voz de locutora de radio, siempre acabo las frases bajando la entonación. Con solemnidad. Con elegancia. Pero en una conversación normal no hablamos con frases completas y, sobre todo, no las acabamos con una caída de entonación específica («Y ahora: la información meteorológica»); en lugar de eso, hablamos a base de enunciados y nuestra entonación no suele elevarse ni descender: normalmente es lineal o acaba en suspenso, como la que indicamos con los puntos suspensivos o con los saltos de línea.

Sin pretenderlo, los aficionados a estas dos estrategias de separación de enunciados nos han llevado de vuelta a la concepción originaria de la puntuación. En sus orígenes, se trataba de signos que indicaban divisiones entre ideas, y los copistas medievales fueron los primeros en usarlos. Un signo importante de esa época fue el *punctus*, un punto que se ubicaba donde ahora colocamos la coma para hacer una pausa breve, un poco más arriba para una pausa un poco más alargada y en la parte superior de la línea de escritura, como si fuera un apóstrofo, para una pausa prolongada. Antes de eso, la escritura en Grecia y Roma era como una sopa de letras en la que no existían la puntuación, los párrafos ni tan siquiera los espacios entre palabras, que además, si se grababan en piedra, iban siempre en mayúsculas y, si se escribían en papel, en minúsculas. Tal y como sucede con las sopas de letras actuales, el lector tenía que apañárselas para adivinar dónde acababa una palabra y empezaba la siguiente y, también como nos pasa cuando nos enfrentamos a ese pasatiempo, con frecuencia murmuraban por lo bajo lo que iban leyendo. Afortunadamente, y al contrario de lo que pasa en las sopas de letras, las palabras nunca estaban en diagonal, y entre ellas nunca había letras adicionales puestas para complicar la cosa.

Con el auge de la imprenta y de los diccionarios en los siglos XVI y XVII, la ortografía y la puntuación se hicieron más complejas y acabaron por estandarizarse. Los copistas habían seguido unas normas más bien intuitivas, pero los impresores podían (y así lo hicieron) modificar elementos mientras configuraban las planchas de impresión para que todas sus publicaciones siguieran las mismas normas. Al escribir su correspondencia personal, o sus manuscritos, la gente podía permitirse no seguir al dedillo esas directrices cada vez más elaboradas; está claro que ni los Beatles ni Austen ni Dickinson lo hicieron, y que las notas manuscritas de las grandes plumas siempre son las más analizadas, pero cuando las planchas de la imprenta eran el modo más sencillo de llegar a muchos lectores, la que prevalecía era la puntuación convencional. Internet hizo que las preferencias personales a la hora de poner puntos y comas se hicieran públicas y, con ello, alteró el orden de las prioridades: la escritura tiene que ser intuitiva, ágil y prácticamente tan instantánea como el pensamiento o el habla. Para lograrlo, los hablantes hemos terminado dando forma a todo un sistema de representación gráfica del tono de voz.

Tomárselo a pecho

CUANDO ESCRIBIMOS TODO EN MAYÚSCULAS ES COMO SI ESTUVIÉRAMOS GRITANDO.

Es probable que el uso de las mayúsculas para expresar que nos estamos tomando algo muy a pecho sea el ejemplo más célebre de representación gráfica del tono de voz, aunque hay muchas maneras de tomarse a pecho las cosas. La lingüista Maria Heath pidió a una muestra variada de usuarios de internet que determinara la diferencia que notaban entre un mismo mensaje escrito con normalidad y completamente en mayúsculas. Descubrió que las mayúsculas generalizadas hacían que la gente interpretara los mensajes felices como más felices («ES MI CUMPLE» suena más feliz que «es mi cumple»), pero no hacía que los mensajes tristes fueran más tristes («te echo de menos» es tan triste como «TE ECHO DE MENOS»). En lo relativo a la ira, los resultados no fueron muy claros: a veces las mayúsculas intensificaban la transmisión de ese sentimiento, y otras no, algo que Heath achacó a la existencia de una ira explosiva («TE VAS A ENTERAR») y una ira mucho más sosegada («te vas a enterar»). Si lo que aparece en mayúsculas es una única palabra, simplemente denota EMPATÍA. Al fijarse en los ejemplos de palabras escritas en mayúsculas que suelen aparecer en Twitter, Heath concluyó que NO, TODOS y TÚ estaban entre las más comunes, así como otras de tipo publicitario como GRATIS. Hablamos de palabras que también se enfatizan en conversaciones orales (o en anuncios). Cuando queremos subrayar algo en nuestro discurso oral, solemos subir el volumen, acelerar, adoptar un tono más agudo... o las tres cosas a la vez. Las mayúsculas son una estrategia gráfica de representar esos tres elementos de forma simultánea.

Las mayúsculas empáticas son un ejemplo perfecto del concepto de «tono de voz» que se maneja en internet, y su uso se remonta a los primeros tiempos de la red: el lingüista Ben Zimmer dio con gente explicando en grupos activos de Usenet de 1984 que usar mayúsculas era como gritar, pero lo realmente curioso es que las mayúsculas enfáticas ya se usaban mucho antes de que existiera internet. El lingüista John McWorther las data en los años cuarenta del siglo pasado, de la mano de la pianista y escritora Philippa Schuyler, aunque Lucy Maud Montgomery, la autora de *Ana de las Tejas Verdes,* ya las usó veinte años antes para transmitir el énfasis en los diarios personales del personaje de uno de sus libros que, además, tenía un compañero en la trama que consideraba ese uso lingüístico como algo «victoriano», es decir, pasado de moda y melodramático, incluso para la época en la que Montgomery escribió la historia. Si seguimos viajando hacia atrás en el tiempo, nos encontramos con un periódico que, en 1856, describía parte de una conversación con la siguiente frase «Esa vez terminó voceándolo en mayúsculas».

En los tiempos de mayor auge de tráfico epistolar, las mayúsculas formaban parte de un ecosistema emocional que permitía expresar una interesante variedad de sentimientos, con otras estrategias como la cursiva, el subrayado, las letras de gran tamaño, la tinta roja y distintos elementos decorativos de la escritura. Pero el uso emocional ni siquiera era el principal: las mayúsculas estaban muy extendidas como alternativa a las minúsculas manuscritas, solían escribirse enlazadas, y eran la opción preferida en cómics, formularios («Por favor, incluya sus datos en mayúsculas») o documentos oficiales de abogados, arquitectos e ingenieros. Del mismo modo, varias de las postales que consulté para el capítulo anterior estaban escritas en mayúsculas, especialmente la parte de la dirección a la que se enviaban. Las máquinas de escribir y los primeros ordenadores hicieron que las letras manuscritas dejaran de suponer un problema de inteligibilidad, pero también trajeron consigo un nuevo inconveniente: no permitían escribir en cursiva, subrayar o cambiar el tamaño de la fuente (de hecho, todavía hay redes sociales en las que no es posible). Esto creó un vacío de soluciones expresivas que las mayúsculas gritonas, que ya existían, aunque no fueran demasiado conocidas, supieron aprovechar.

Esta situación nos pone frente a un auténtico rompecabezas. Las primeras guías lingüísticas de internet, como las ya mencionadas *Jargon File* y *Wired Style,* o como las secciones de preguntas frecuentes de algunas páginas web, mencionaban este uso de las mayúsculas, pero no para describir gritos del modo en que los ***asteriscos para negrita*** o las _*subrayas para cursiva*_ se recomendaban para compensar la ausencia de otros formatos que pudieran indicar énfasis, o los emoticonos para expresar sarcasmo o frivolidad. Con las mayúsculas no se trataba de eso: si aparecían en esas guías era para desaconsejar su uso, ya que en los ochenta y los noventa no eran pocos los internautas que escribían siempre en mayúsculas[8]. ¿De dónde surgió la idea de que un mensaje escrito enteramente en mayúsculas podía ser aceptable? Después de todo la gente llevaba escribiendo a mano (y en minúsculas) más de un milenio, y ni siquiera las victorianas más melodramáticas escribían *todo* en mayúsculas. ¿Qué llevó a cambiar, de pronto, esta tendencia y empezar a escribir todo en mayúsculas?

Parte de la culpa la tiene el código Morse, ese sistema de rayitas y puntitos que servía para mandar telegramas. Se trata de un código que representa cada letra como una combinación de puntos y rayas que se podían transmitir como señales breves o largas a través de la línea eléctrica: la A es un punto y una raya, la B una raya y tres puntos, y el resto de letras se representan mediante combinaciones de hasta cuatro puntos o rayas. Sin embargo, si quisiéramos incluir minúsculas, necesitaríamos un quinto y un sexto punto o raya, porque las letras por representar serían el doble, lo que también doblaría el esfuerzo de los telegrafistas, que tendrían que memorizar muchas más combinaciones. Como era de esperar, la gente pensó que no merecía la pena y que, si en el Imperio romano les bastó con las mayúsculas para sus inscripciones, los telegramas no iban a ser menos.

[8] La versión noventera de «ay, madre, mi jefe no sabe que los puntos finales son bastante bordes» era «ay, madre, mi jefe no sabe que si escribe todo en mayúsculas es como si estuviera gritando».

Con los primeros ordenadores pasaba más o menos lo mismo: algunos se servían de máquinas de teletipos (los descendientes mecánicos de los telegrafistas) para transmitir o imprimir información. El primer comando que aprendemos al empezar a escribir código viene a ser algo como PRINT («HOLA MUNDO»), que hace que el ordenador proyecte en la pantalla un HOLA, MUNDO. No hace que imprima ese HOLA, MUNDO en papel, pero la orden era literal en los primeros ordenadores, que carecían de monitor y se manejaban tecleando palabras en una máquina de teletipos para las que el propio ordenador imprimía respuestas en rollos de papel. Incluso cuando las pantallas empezaron a usarse, el espacio de almacenamiento seguía siendo caro y tan preciado como la memoria de los telegrafistas, así que muchos de los primeros ordenadores, como el Apple II, lo mostraban todo en mayúsculas. Algunos vestigios de aquella configuración siguen vigentes en varios sistemas operativos: los teletipos no son muy comunes ya, pero el *ticket* que nos dan cuando vamos a la compra, el resguardo del cajero automático o los billetes de avión siguen imprimiéndose, en la mayoría de los casos, en mayúsculas sobre rollos de papel satinado.

Para cuando los ordenadores empezaron a admitir caracteres en minúscula, ya había dos estándares asentados: algunos usuarios asumían que las mayúsculas eran el modo natural de escribir en un ordenador, mientras que otros insistían en que, si lo hacían, era poco menos que ponerse a chillar. Al final, el elemento emocional decantó la balanza. En inglés, el cambio funcional se dio en paralelo al del propio nombre de este tipo de letras: mientras que, si atendemos a los millones de libros que alberga Google Books, los términos *cap* (abreviatura de *capital letter*) y *uppercase* vivieron su punto álgido de uso a principios de los noventa, una década después el término predominante era *block letter*. Las denominaciones se especializaron, y *caps* pasó a remitir al uso de mayúsculas cuando se usaban para «gritar», mientras que *block* se empezó a usar solo para las mayúsculas con las que se rellenan formularios. Sin embargo, la vinculación de *caps* con un tono de voz elevado no suprimió el sentido original de *capital letters*, que se sigue aplicando para palabras como «SALIDA», «PRECAUCIÓN» y «CAPÍTULO 1», que pueden denotar cierto énfasis, pero no se interpretan como particularmente altisonantes.

En lugar de eso, nuestra interpretación de ese tipo de palabras suele depender de si nos las encontramos en contextos formales o informales. Por ejemplo, si vemos VOLVER en la parte baja de una web entenderemos que se trata de una decisión de diseño, mientras que VOLVER en un mensaje como «Quiero VOLVER a casa» se entiende como la representación gráfica de un tono de voz concreto.

Otro modo de enfatizar lo que escribimos es repitiennnnnnnnnnnnndo letrasssssssssss, especialmente en palabras emotivas como «bieeeeeeeeeen» o «joooooooooooooo». Igual que pasaba con las mayúsculas gritonas, esta práctica se remonta a los orígenes de internet, hace muuuuuuuchos años. Para comprenderla, hice varias búsquedas en el Corpus of Historical American English de secuencias de como mínimo tres letras repetidas (para evitar palabras con dos vocales repetidas, que son muy comunes en inglés, como vemos en palabras como *book* o *keep*). El corpus contiene textos desde 1810 a 2009, pero, para mi sorpresa, apenas di con ejemplos de las primeras décadas. Los pocos que encontré en esos años eran principalmente erratas (como *commmittee*, que en inglés normativo se escribe con dos *m*) o números romanos como XXXIII. A continuación, incluyo el ejemplo más antiguo que encontré: un personaje de una novela de 1848 que finge ser vendedor de caramelos:

> *«Confectionary, confectionary,» he cried, bursting into a louder tone of voice, which rang forth clear and depth-toned, as a bel. «Confectionary» and then he added with grotesque modulations of his voice, «Confectunarrry!».*
>
> *«By Jove, how this reminds me of the little fellow in London. I'll go the complete candi-seller. I might as well».*
>
> *«Ladies and gentlemen! Here is you fine candy, lozenges, apples, oranges, cakes and tarts! Heeeeeeere's your chance!».*[9]

Las «grotescas modulaciones» de este falso confitero de 1840 eran algo extraño, adelantado a su tiempo. El autor reescribe ese *confectunary* alterando los sonidos vocálicos en lugar de preservando la ortografía original como haría un autor actual. Ni siquiera los sonidos elongados del tipo *ahhh, ohhh, hmmmm, sshhh* y *brrr* aparecen en este corpus histórico hasta la década de 1890, momento a partir del cual su presencia aumentará de forma constante durante un siglo, desplazando sus versiones lexicalizadas, como *ahem* ('ajá') o *hush* ('chitón'). Las elongaciones puntuales de palabras completas, como el caso del fragmento de la novela que acabamos de ver, siguieron también esa tendencia, pero con varias décadas de retraso: su presencia empezó a aumentar en los 50 y los 60, pero no se terminaron de popularizar hasta finales del siglo pasado. El periodo en el que este alargamiento de palabras se convirtió en algo común coincidió con el aumento de grabaciones, primero con gramófonos, y luego con cintas de casete o CD. Quizá sea una coin-

---

[9] «¡Dulces, dulces!», gritó, estallando en un tono de voz más fuerte, que sonó claro y profundo, como una campana. «¡Confites!», y luego agregó, modulando su voz grotescamente, «¡confeeeeeeeeeeeeeeetesssss!».
«Por Dios, cómo me recuerda esto al muchacho que vi en Londres. me dan ganas de hacerme vendedor de golosinas de verdad».
«¡Damas y caballeros! ¡Vendo dulces finos, ricas grageas, manzanas, naranjas, pasteles y tartas! ¡no se arrrrrrrrrpentirán!».

cidencia, pero también puede ser que, en cuanto empezamos a ser capaces de escuchar y volver a escuchar lo que grabábamos, también comenzamos a prestar más atención a lo que se grababa exactamente. Está claro que el objetivo de repetir letras en la escritura es el de representar rasgos de oralidad porque los primeros ejemplos pertenecen a diálogos ficticios, especialmente en textos teatrales y en novelas.

Repetir letras es un recurso expresivo que se ha ido afianzando durante más de un siglo en la escritura informal, no solo en internet. Y no es algo casual. Un estudio que analizó las palabras que se alargan con más frecuencia en Twitter determinó que suelen ser las que remiten a emociones y sentimientos. De hecho, las veinte palabras del inglés que más se alargan en esa red social son un auténtico festival de sentimientos: *nice* ('bien'), *ugh* ('puaj'), *lmao, lmfao* (ambas abreviaturas usadas para expresar risas a carcajadas en contextos muy coloquiales), *ah* ('ah'), *love* ('amor', 'cariño'), *crazy* ('loco', 'locura'), *yeah* ('sí'), *sheesh* ('vaya', 'anda que…'), *damn* ('maldito'), *shit* ('mierda'), *really* ('de verdad'), *oh* ('oh'), *yay* ('sí'), *wow* ('hala'), *good* ('bueno'), *ow* ('ay'), *mad* ('enfadado'), *hey* ('hola', 'oye') y *please* ('por favor'). Varios estudios han descubierto que este alargamiento expresivo, tal y como lo denominó el lingüista Tyler Schnoebelen, es sensible al contexto social: la gente alarga más las palabras en la intimidad de los mensajes privados que en sus publicaciones abiertas a más público.

Los hablantes también son muy sensibles a las pistas que puede dar el lenguaje que usamos. En un estudio que llevé a cabo con el lingüista Jeffrey Lamontagne, descubrimos que, en inglés, la gente acostumbra a alargar la letra que se encuentra más a la derecha (más próxima al final) de las palabras y que tiene sonido propio, pero que también alarga la letra que se encuentra más a la derecha de las secuencias que tienen entidad sonora propia. Por ejemplo, en la palabra *dream* ('soñar', 'sueño'), el diptongo *ea* indica el último sonido vocálico, por lo que la gente la alargará diciendo *dreaaaaaaaam* o *dreammmm*. Sin embargo, en una palabra como *both* ('ambos') las letras *ot* no constituyen una secuencia con entidad sonora propia (la «t» va con la «h», y juntas se pronuncian con un sonido similar a la «z» del español del norte peninsular), así que la gente alarga esa palabra como *bothhhhhh* o *booooooth*, pero nunca como *botttttttth*. No obstante, los hablantes de inglés no se pliegan siempre a las restricciones fonéticas, y con frecuencia escriben cosas como *stahppppppp* (una intensificación de *stop* en la que, además de alargar la «p» final, se modifica la pronunciación del sonido vocálico) u *omggggggg*, donde se alarga la última letra de la abreviatura de *oh my god*, es decir, 'Dios mío'. En ninguno de estos dos casos es imposible prolongar la pronunciación de una «p» o de una «p» a discreción del hablante, y esta estrategia, por escrito, puede llegar a tal extremo que se da hasta con consonantes que ni se pronuncian. Y eso es lo genial de estos alargamientos expresivos, que, a pesar de que en sus inicios eran representaciones de sonidos prolongados, han acabado por generar una estrategia de expresión emocional que ya no tiene equivalente posible en el discurso oral, y que está mucho más próxima a sus parientes gráficos: las mayúsculas y la cursiva.

En términos generales, los indicadores de intensidad emocional gozan de una notable estabilidad desde los primeros compases de internet, y durante buena parte de los últimos cien años. Frente a estas estrategias, Catulo o Chaucer estarían bastante perdidos, pero Lucy Maud Montgomery, que escribió en los años veinte del siglo pasado, no habría tenido problema en percibir énfasis en textos informales actuales. Quizá en otros muchos casos esta estabilidad se debe a que cuando la emoción nos puede nuestra creatividad se resiente, o a que los sentimientos intensos son TAN IMPORTANTES que ALGO HABRÁ QUE HACER CON ELLOS.

Un internet más amable y cortés

Quienes investigan internet fijándose, desde los albores de la comunicación electrónica, en los encontronazos entre usuarios, las mayúsculas que gritan o el sarcasmo mal entendido tienen motivos de sobra para plantearse seriamente si la red está condenada a ser un lugar donde existen dos opciones extremas sin ningún tipo de posibilidad intermedia: o bien nos cabreamos con los demás, o bien nos dejamos influir por ellos sin reservas. Sin embargo, la frialdad del primer internet fue más una curva de aprendizaje que un estado permanente. En 1999, Susan Brennan y Justina Ohaeri analizaron el modo en que grupos de individuos retransmitían un relato de forma colaborativa, tanto hablando en persona como por mensajería instantánea. En el primer caso, cada miembro de los diferentes grupos habló más o menos la misma cantidad de tiempo, y todos adornaron su discurso con muletillas atenuantes como «es como», «se trata de una especie de»... en lugar de exponer sin ambages su opinión de lo que estaba relatando como si fuera la única forma posible de verlo. En la versión escrita los matices se redujeron, lo que podría dar la sensación de que, simple y llanamente, la gente se vuelve más borde cuando tiene un teclado delante y piensa «¡A las armas!». Sin embargo, cuando estas investigadoras profundizaron un poco más y se fijaron en cada individuo del estudio por separado, dieron con datos que relativizaban esa conclusión. Tanto el número de palabras tecleadas por cada participante como su nivel de amabilidad variaba enormemente, pero quienes más escribían también eran los que empleaban más estrategias de cortesía.

Dicho de otro modo: los individuos que escribían con más soltura se servían de esa fluidez para ser más educados o, al menos, tan educados como lo habrían sido en una conversación oral. Está claro que juntar gente en un laboratorio y pagarles dinero, por escaso que sea, para que cuenten una historia poco tiene que ver con generar una situación en la que se espere que esa misma gente vaya a sacar a relucir sus peores modales, pero este estudio me da esperanzas. Quienes eran capaces de ser corteses al teclado tendieron a ello, incluso de forma inconsciente. El modo en que damos forma a nuestro tono de voz cambia cuando pasamos de la charla oral al chat, pero internet no tiene por qué ser un sitio hostil o desagradable.

En términos más generales, desde 1999 hemos cogido bastante práctica con el teclado. Más de veinte años de experiencia pueden transformar el tecleo balbuceante que resulta de aporrearlo con los dedos índices en cierta soltura mecanográfica, especialmente cuando la motivación es charlar y no escribir aburridos informes. Mi experiencia en este sentido es la de la generación conectada a tiempo completo: a pesar de haber hecho un curso de mecanografía gracias al cual pude hacer los trabajos del instituto a ordenador, no gané en velocidad al teclado hasta que me vi en la necesidad de seguir el ritmo de mis amigos en el Messenger.

A medida que nuestras habilidades al teclado han ido mejorando, también hemos aumentado la capacidad de producir y apreciar esos matices de la lengua escrita informal que nos permiten ser corteses, tener sentido del humor o hacer gala de nuestra amabilidad cuando estamos en internet. Los estudios sobre cortesía ofrecen un par de estrategias principales para ser educado: la primera es tomarnos la molestia de salpicar nuestro discurso de tratamientos distinguidos, circunloquios o de, simplemente, más palabras de las necesarias, y decir «Caballero, ¿sería usted tan amable de abrir la ventana, por favor?» en lugar de «¡Abre la ventana!». La segunda es manifestar solidaridad con nuestro interlocutor, usando fórmulas más cercanas que dejen claro que estamos de su parte y que no es necesario andarse con formalismos tipo «Tío, ¿tú me abrirías la ventana, que me muero de calor?». Ambas son comunes en internet. Muchas de las abreviaturas que se usan *online* hacen que estas estrategias de cortesía también estén al alcance de quienes no sean especialmente veloces al teclado. En español hemos importado alguna del inglés, como *btw* (abreviatura de *by the way*, es decir, 'por cierto') o *imo* (abreviatura de *in my opinion*, es decir, 'en mi opinión'), pero también las tenemos de cosecha propia, como *xfa*, *xfi* o *grax*. Usar este tipo de abreviaturas en lugar de sus equivalentes extendidos, o sus significados cuando son préstamos de otras lenguas, es también un modo de potenciar una jerga compartida con nuestros interlocutores, como si les estuviéramos diciendo «Estamos todos en la misma onda, así que confío en que entiendas esto que te estoy diciendo».

Las investigaciones sobre la cortesía en internet han descubierto que buena parte de sus características son un reflejo de las normas de urbanidad del mundo físico; existe bastante consenso en afirmar que el poder afecta a la cortesía (somos más amables con nuestros jefes que con nuestros subordinados). Un grupo de investigadores analizó la fórmula de cortesía del tipo «gracias» o «buen trabajo», así como otras estrategias menos explícitas, como «perdona si...» o «por cierto...» en los mensajes que se mandan los editores voluntarios de la Wikipedia y en las consultas registradas en Stack Exchange, una web de preguntas y respuestas sobre distintos temas. Tal y como sucede con las relaciones de poder en el mundo físico, cuanto más poderoso era un administrador de Wikipedia, o mejor posicionado estaba un usuario de Stack, menos corteses eran sus respuestas. Es más, se pudo comprobar que la cortesía es un elemento fuertemente ligado al contexto, ya sea en internet o en el mundo físico: las preguntas registradas en Stack Exchange resultaron ser más educadas que las respuestas, aunque los usuarios implicados tuvieran un mismo nivel de reputación. La cortesía *online* también tiene efectos reales; los administradores de Wikipedia fueron más educados cuando eran editores rasos, más educados, de hecho, que otros editores que quisieron llegar a administradores y no lo lograron.

El signo de exclamación suele ver cómo su uso original varía y pasa de reflejar emoción o nerviosismo a transmitir un valor de calidez y sinceridad. A fin de cuentas, la emoción de conocer a alguien o la satisfacción de poder ayudarlo no dejan de ser sentimientos sinceros. Se trata de un cambio que está en pleno curso: en su estudio de 2006, Carol Waseleski descubrió que los signos de exclamación rara vez indicaban emoción o nerviosismo en los correos electrónicos. Apenas un 9,5 % de las apariciones de este signo respondían a este uso, y, o bien acompañaban a enunciados con lenguaje que bordeaba lo malsonante, como «¡Estos programas de mierda están totalmente desconectados de la realidad!», o bien a agradecimientos efusivos, como «¡Muchísimas gracias por tus comentarios, me han ayudado un montón y la lista de recursos que me enviaste es maravillosa!». En comparación, los signos de exclamación acompañaron enunciados de todo amistoso en un 32 % de los casos («¡Nos vemos allí!», «¡Espero que te sirva!»), y a declaraciones enfáticas en un 29,5 % de las ocasiones («¡Todavía estás a tiempo de apuntarte!»).

Un artículo publicado en la revista satírica *The Onion* exageraba cómicamente el carácter prácticamente obligatorio del uso del signo de exclamación como señal inequívoca de sinceridad:

> El pasado lunes, en una diabólica omisión rebosante de crueldad, la gélida bruja Leslie Schiller, que en lugar de corazón tiene una piedra en el pecho, envió a su amiga un helador correo electrónico de agradecimiento sin un solo signo de exclamación, según confirmaron las fuentes consultadas. «Oye, me lo pasé muy bien anoche», escribió a sangre fría la mencionada harpía, invocando, con su misiva paupérrimamente puntuada, el frío de mil inviernos glaciales.

Para evitar ese problema, las brujas gélidas con corazones de piedra podrían plantearse instalar en sus ordenadores Emotional Labor, una extensión de Gmail que promete «animar el tono de cualquier correo electrónico», en gran parte añadiendo signos de exclamación a cada frase. Debo admitir que llevo ya un tiempo pasándomelo francamente bien al responder a la gente que omite estos signos de sus *emails* pagándoles con la misma moneda, en lugar de usar alguno que otro en mis textos, especialmente si se trata de correos electrónicos profesionales. Al principio se me hacía raro (¿no me estaría convirtiendo en una harpía sin sentimientos?), pero después de un tiempo, empecé a disfrutar de la seriedad que la omisión de exclamaciones parecía imprimir a lo que escribía. A fin de cuentas, ¿por qué debería aceptar tomar parte en una correspondencia con una carga gráfica emocional tan descompensada?

Si hablamos del uso repetido del signo de exclamación, la cosa es menos clara: del mismo modo que los adjetivos y los sustantivos hiperbólicos han ido perdiendo intensidad a fuerza de usarlos (y preferimos, por ejemplo, evitar llamar «superdotado» a alguien y hablar de que tiene «altas capacidades», porque el «super-» está cada vez más manido), con los signos de puntuación pasa algo similar. La repetición del signo de exclamación se consideró parte de la jerga primigenia de internet, que se caracterizaba por el uso de números y de otros caracteres para sustituir a letras con las que guardaban cierto parecido formal, y 3scr1b1r, p0r 3j3mpl0, d3 3st4 m4n3r4. Este modo de alterar la lengua también aceptaba erratas comunes, como el uso de 1 por !, un error muy frecuente porque ambos símbolos suelen compartir tecla. La errata «!!!11!!1» empezó a parodiarse escribiendo *one* ('uno') o *eleven* ('once') con todas sus letras, por lo que, para expresar una emoción o un nerviosismo particularmente intensos en esa primera jerga de internet, no era extraño usar secuencias como *!!!one!!!!eleven!!!*. Este tipo de estrategias sustitutorias, que en inglés se conocieron en su día como *Leetspeak*, así como la repetición del signo de exclamación, fueron señales inequívocas de dominio de la informática en los ochenta y de expresión de emoción intensa en los noventa, pero su uso continuado empezó a dotarles de un cariz irónico. En un artículo de 2005 que analizaba esta práctica se denominaron las expresiones escritas de esta manera como propias de «gente novata y *amateur*». Pues vaya. Sin embargo, después de un periodo de latencia, los signos de exclamación repetidos renacieron en 2018 de nuevo como señal de auténtico entusiasmo. En cualquier caso, la experiencia nos dice que el uso de este signo para expresar una alegría tan sincera es de todo menos estable.

Otro modo de ser amable es evocar directamente el gesto de pronunciar nuestro mensaje con una sonrisa en los labios, para que nuestro interlocutor no piense que le estamos diciendo las cosas a regañadientes o de malas maneras. Un ejemplo de esta práctica es el que hemos visto en páginas anteriores a propósito del uso de *LOL*, que aprovecha el potencial cortés de la risa para convertirla en una especie de lubricante social, y no tanto en un recurso meramente cómico. Los emoticonos pueden surtir un efecto similar, como podemos ver en un estudio sobre el uso de este recurso en la comunicación profesional en el que Erika Darics compiló ejemplos de mensajes mandados en contextos laborales como el siguiente:

> Todo el mundo me ha entregado ya el informe, solo faltas TÚ :)

A este respecto, Darics apunta que «aunque te lleves muy bien con tu superior es evidente que el emoticono del final de esta frase no funciona como la representación de una sonrisa o como indicador de una broma, pero que las mayúsculas tampoco quieren decir que te esté gritando». En lugar de eso, «se podría interpretar como un recordatorio amistoso, un pequeño empujón… el emoticono no representa una sonrisa, sino que reajusta el tono global del mensaje» (nos adentraremos en el mundo de las emociones en el próximo capítulo).

La cortesía al escribir no es exclusiva de la comunicación por vía electrónica, pero, antes de que existiera internet, las peticiones informales, joviales y espontáneas eran fundamentalmente orales o, como mucho, se garabateaban en pequeñas notas («¡Aquí tienes el libro!, Gretchen» o «Da de comer al perro»). Es fácil que haya algún tipo de relación con la persona a la que dejaras la nota en cuestión y, aun así, basta con echar un vistazo a cualquiera de esos pósits que la gente dejaba a sus familiares o a sus compañeros de piso para ver lo frecuente que era firmarlos con un corazoncito o una carita sonriente. Dudo mucho que fuera casualidad que nuestro repertorio de recursos gráficos frescos y desenfadados aumentara tanto precisamente en el momento en que empezamos a necesitarlos para fraguar relaciones sociales por escrito.

Otra manera de ganarse la empatía de los demás a través de las pantallas consiste en hacer bromas y alimentar referencias internas que solo un grupo reducido de personas entiende. Esta estrategia no es exclusiva de internet, pero tiene un modo de manifestarse que la hace parecer nacida para el mundo digital: la creación de bromas internas nos permite adaptar a un uso más social las herramientas técnicas que usamos para dar forma a los textos que escribimos en internet, dando así a entender que somos ese tipo de personas que conocen esa herramienta tan bien que podemos permitirnos el lujo de jugar con ella.

Un modo de crear bromas internas es jugar con el lenguaje propiamente informático, escribiendo en un pseudocódigo que imite, de broma, a los lenguajes de programación. Por ejemplo, imaginemos que quisiéramos marcar una línea de texto en particular como cursiva en HTML: se podría poner <i>*donde vayan a empezar las cursivas y* </i> donde queramos que terminen. Esta convención puede explotarse con fines irónicos, dando lugar a cosas como «<sarcasmo>pues yo no veo el problema</sarcasmo>» o, si preferimos simplificar, «ESTOY HARTA</desahogo>». El ordenador, como buen amigo sin sentido del humor que es, no reconoce comando alguno en esos «<sarcasmo>» o «<desahogo>», pero si nuestros interlocutores están acostumbrados a ese lenguaje admirarán nuestro ingenio, sobre todo si somos capaces de dar con nuevas formas de usarlo. Un ejemplo un poquito más friki del modo en que los lenguajes de programación pueden tener su vis cómica lo vemos en el uso del lenguaje LISP: para hacer preguntas a las que se pueda responder únicamente con un «sí» o con un «no», en LISP se añade «-P» al final de los enunciados, por ejemplo, VERDADERO-P significaría «¿es verdadero?». Pues bien, tengo una amiga que un día salió a cenar con sus amigos programadores de LISP y cuando quiso saber si alguien quería compartir un plato con ella, preguntó: «¿Alguien quiere compartir la sopa-p?». Creo que no hace falta que os explique quién era «mi amiga». Ejem.

Como vimos en el capítulo anterior, el usuario medio de internet ya no sabe programar, por lo que este tipo de jerga ha quedado restringida a la generación del antiguo internet o a subculturas entusiastas de la informática que se engloban en generaciones posteriores. Mucho más frecuentes son los *asteriscos* y las _subrayas_, como maneras de enfatizar mensajes en entornos que no admiten el uso de negritas o cursivas. Pero la cosa es que los asteriscos también pueden recordar a las estrellas, y que, tal y como advirtieron los primeros moradores de internet, combinados con las ~virgulillas~ se convierten en un adorno estupendo. A finales de los noventa y principios de los dos mil, la chispeante puntuación de los estados del Messenger iba del uso de ~*solo uno de cada*~ flanqueando el texto a ~~~~~~~~~~~~~~*********muchos seguidos*********~~~~~~~~~~~~~~, pasando por ~*~*~*~*~*estados en los que se alternaban*~*~*~*~*~, o donde se mezclaban con MaYúScULaS tAmBiÉn aLtErNaS, e s p a c i o s a d i c i o n a l e s u ☆♥✿☼otros símbolos vistosos☼✿♥☆. Los avances tecnológicos permitieron a la gente usar otros colores, séʌəɹ ləp ɹıqıɹɔsə, incluir emojis, 𝔢𝔰𝔠𝔯𝔦𝔟𝔦𝔯 𝔢𝔫 𝔣𝔲𝔢𝔫𝔱𝔢𝔰 𝔢𝔰𝔭𝔢𝔠𝔦𝔞𝔩𝔢𝔰, ⓒⓞⓝⓛⓔⓣⓡⓐⓢ ⓔⓝⓒⓔⓡⓡⓐⓓⓐⓢ ⓔⓝ ⓒⓘⓡⓒⓤⓛⓘⓣⓞⓢ o con caracteres especiales[10]. No es sorprendente, por tanto, que esta clase de tipografías se hicieran especialmente populares entre las generaciones de adolescentes que, sucesivamente, usaron Messenger, MySpace y Tumblr, versiones digitales de los elaborados dibujitos y diseños que decoraban las notitas que antaño se pasaban en clase. El periodo de esplendor del uso decorativo de los signos de puntuación tuvo lugar a finales de los noventa y principios de los dos mil, pero todavía reaparecen de vez en cuando en ciertos contextos. En el siguiente ejemplo, de 2017, un usuario de Twitter lo utilizó para expresar su fascinación al encontrarse, en un menú desplegable de un formulario, toda una variedad de fórmulas de tratamiento además de Mr/Ms, que incluían, entre otras, «Capitán», «Su Excelencia» o «Distinguida Catedrática»:

> Inscribirse en un congreso en el Reino Unido es
>
> ,-~*'-¨`*·~-UNA FANTASÍA-~·*´¨-'*~-,

[10] Sin olvidar el llamado t̷e̷x̷t̷o̷ ̷z̷a̷l̷g̷o̷, un estilo particularmente cibernético que se aprovecha del hecho de que Unicode permite añadir marcas ilimitadas encima y debajo de las letras que escribimos.

Las referencias compartidas también pueden fundamentarse en la propia socialización que las genera, y no solo en los lenguajes de programación o los usos imaginativos de la tipografía. El ejemplo más evidente de esto son los *hashtags* o etiquetas. Este recurso empezó siendo una manera bastante sencilla de encontrar conversaciones en redes sociales sobre temas concretos y de unirse a ellas. Una podría tuitear, por ejemplo, «Acabo de llegar a #EmojiCon» y cualquiera que pinchara sobre esa etiqueta, o la buscara *ex profeso,* podía encontrar todas las publicaciones que la contuvieran, dando así con información relevante sobre ese congreso exclusivamente sobre emojis al que una vez asistí (y también con un montón de erratas de gente que en realidad lo que había querido escribir era #emoticon). O también podríamos escribir «Aquí, viendo la #champions» si lo que quisiéramos fuera unirnos a la conversación sobre ese evento deportivo... o llamar la atención de un modo imaginativo sobre nuestra colección de fotos de champiñones (por qué no). Y, al igual que sucedía con <sarcasmo> o </desahogo>, también sería posible que etiquetas como #IroníaOn o #vergüencita aludieran a toda la frase en su conjunto, o incluso #insertarhashtagingenioso o cualquier otro comentario meta cuyo fin fuera irónico, en lugar de simplemente clasificatorio.

La almohadilla, ese símbolo que también responde a nombres como «numeral», «tatetí» o incluso «gato» o «vieja», es un símbolo que lleva siglos usándose y cuyo origen es la escritura simplificada de la abreviatura *lb*, del latín *libra pondo* (una libra de peso). En los inicios de internet, la almohadilla era un símbolo infrautilizado, pero, al estar presente en todos los teclados estándar de tipo QWERTY, no tardó en emplearse para nuevos usos. Uno de ellos fue organizativo. En los primeros chats se podía escribir «únete a #canada» o «únete a la #radiodifusión» para hablar con canadienses o con radioaficionados. En del.icio.us, uno de los primeros sistemas de marcadores sociales en web, o en Flickr, red pionera para compartir fotos, era posible «etiquetar» los marcadores o las imágenes con categorías relevantes como #gracioso o #atardecer. Hablar de «etiquetas» era una metáfora que hacía referencia al modo en que las etiquetas de la ropa permiten averiguar más información sobre el precio o el diseñador de cada prenda. Con estos antecedentes, era cuestión de tiempo que, cuando los usuarios de Twitter empezaran a darle vueltas a cómo agrupar con facilidad tuits que trataran de los mismos temas, acabaran por adoptar la # para ello. El primero en usarla con este fin fue el bloguero y consultor Chris Messina, el 23 de agosto de 2007. Twitter no adoptó oficialmente los *hashtags* como estrategia categorizadora hasta 2009, pero su uso irónico era común prácticamente desde el momento en que Messina los utilizó por primera vez.

No tiene mucho sentido intentar «etiquetar» nuestras conversaciones orales, porque, por el momento, carecemos de una tecnología que nos permita rastrear mediante palabras clave la información que sale de nuestras bocas, algo que probablemente sea positivo, ya que ayuda a proteger nuestra intimidad. Sin embargo, el *hashtag* entendido como comentario meta, como marca de ironía, no tiene ningún tipo de función categorizadora, por lo que a veces se cuela en el discurso oral. No poder etiquetar mientras hablamos es una ventaja en términos de privacidad, pero un inconveniente para la investigación, porque hace que sea muy difícil datar con exactitud el primer uso de *hashtag* en la lengua oral. Nos consta que ya había gente que lo usaba en 2009, porque es el año en el que la bloguera Mariana Wagner escribió «Cuando quedo en la vida real con gente que conozco de Twitter DIGO cosas como "*hashtag* [comentario ingenioso]" para enfatizar o etiquetar algo que acabo de decir. ¿Es una estupidez? Sin duda, pero mis amistades de Twitter lo "pillan" y tiene su gracia».

En 2015, decir *hashtag* como marca de comentario meta ya se había extendido incluso entre personas que ni siquiera usaban internet con asiduidad, como padres que explicaban que se lo habían oído a sus hijos e hijas de no más de ocho años. Una madre lingüista estaba encantada con que su criatura dijera «*hashtag* broma, mamá», pero otra mostraba la poquita gracia que le hacía la cosa:

> Mi hija acaba de terminar una frase con un «*hashtag* qué vergüenza».
>
> Ocho años. Fue bonito mientras duró, pero creo que es momento de llevarla al sitio donde le corresponde estar: el orfanato.

A primera vista, esta especie de reconversión de una palabra podría parecer una moda inventada en internet y nada más. Obviamente, los hablantes nunca habían aliñado su discurso oral con etiquetas de este tipo ni con abreviaturas o fragmentos propios de los lenguajes de programación hasta que estos se empezaron a usar en internet. Sin embargo, llevamos mucho tiempo verbalizando signos de puntuación: pensemos en expresiones como «así están las cosas. Y punto», «estos (abro comillas) expertos (cierro comillas)», «yo de esto no cambiaría ni una coma» o «su tono de voz planteaba un gran interrogante». El *hashtag* oral no es más que la última incorporación a una larga lista de estrategias creativas para decir más con menos, añadir contexto, controlar el flujo de información que vamos dando o indicar la importancia de un dato. Además, en el discurso oral contamos con otros recursos, como susurrar, poner vocecillas tontas, imitar acentos o hablar tapándonos la boca con la mano. ¿Quién no ha dicho un verso de una canción o una frase de una película imitando su tonillo original? ¡Es imposible no hacerlo!

En cualquier caso, no todas las estrategias de creatividad tipográfica trascienden a su escritura y llegan a la boca de los hablantes. Algunas simplemente sirven para reforzar el vínculo entre los miembros de una comunidad en particular. Por ejemplo, en el japonés hablado, la gente alarga el final de las palabras o de las frases para hacer que el mensaje sea más tierno o chistoso. Sin embargo, en el japonés escrito, cada símbolo representa una sílaba, y no un sonido, del modo en que lo hacen las letras, y los hablantes no suelen tener interés en indicar que lo que se repite o alarga es una sílaba completa, así que, mientras que, si escribimos en inglés, alargaremos las palabras escribiendo varias veces la misma letra, en japonés se añade un símbolo adicional, completamente distinto: el guion ondulado 〜 (o la virgulilla media ~, un poco más pequeña, dependiendo del teclado). En japonés, «sí» se escribe はい y se pronuncia «hai»; el equivalente a «sííííí» o «haiiii» se escribiría «sí 〜〜», «hai 〜〜» o «はい〜〜». El alargamiento final mediante guion ondulado o virgulilla se ha convertido en una estrategia muy común en todo el Sudeste asiático, en japonés, chino o coreano, e incluso en lenguas cercanas que se escriben en alfabeto latino, como el tagalo o el singlés. Además, como en inglés ya existe una manera de indicar esos alargamientos, este signo de puntuación ha pasado a asociarse en ese idioma al bilingüismo con alguna de las lenguas asiáticas que acabamos de mencionar, con ser entusiasta de algún aspecto de la cultura japonesa, como el anime o el manga, o puede simplemente remitir al uso imaginativo de los signos de puntuación del que ya hemos hablado, sin tener nada que ver con el alargamiento.

Otra estrategia reconvertida con fines expresivos, muy común en inglés, es la creación de compuestos mediante el uso del signo de exclamación, presente en expresiones como

CAPLOCK!Harry[11]. Este tipo de compuestos nos abren la puerta a un capítulo fascinante de la historia de las nuevas tecnologías. Hace mucho tiempo, cuando estábamos todos interconectados en un único internet, para enviar un correo electrónico había que especificar exactamente la ruta que el mensaje debía seguir para llegar al ordenador de su destinatario. Por ejemplo, Álex, del Departamento de Matemáticas de Princeton, sería princeton!math!alex, por lo que, si quisiéramos escribirle, nuestro ordenador enviaría el correo al servidor de Princeton, que lo derivaría al ordenador del Departamento de Matemáticas donde estuviera alojada la cuenta de Álex. Este sistema pasó muy pronto a usarse para descripciones personales, porque, del mismo modo que era posible distinguir entre dos amigos que se llamen Álex aludiendo a sus intereses (Álex el matemático versus Álex el artista, por ejemplo), también se podían diferenciar atendiendo a las rutas de sus ordenadores (arte!Alex versus mates!Alex)[12] .

Desde un punto de vista técnico, es un sistema con muchos puntos débiles: ¿quién está dispuesto a memorizar rutas y más rutas que solo sirven para mandar correos electrónicos? Para cuando internet se masificó, la estructura de red que lo constituye era mucho más tupida e invisible a ojos de los usuarios que en sus inicios, por lo que lo único que se hizo necesario especificar era un nombre de usuario y un dominio, y la tecnología oculta era capaz de dar con el camino para enviar el mensaje a la persona correcta. Pero los fanes de *Expediente X,* una exitosa serie emitida en los noventa, habían empezado

---

[11] «CAPLOCK» es la palabra que designa el uso generalizado de mayúsculas en un texto. Esta expresión se usaba en referencia al quinto libro de la saga de Harry Potter, donde el protagonista grita constantemente. (*N. del T.*).

[12] En realidad, se trata se un sistema que no difiere demasiado del que se ha utilizado históricamente para asignar muchos de los apellidos más comunes, como en el caso de Álex (el) Herrero o Álex (el que vive en los) Montes.

a chatear en Usenet en los años de esplendor del sistema «característica!ruta», por lo que también empezaron a referirse a las diferentes versiones de los protagonistas de la serie como *Action!Mulder* y *Action!Scully*, para distinguir las escenas más trepidantes de aquellas en las que simplemente charlaban y poco más. *Expediente X* terminó, pero sus fanes se mudaron de Usenet a LiveJournal, y después a Tumblr, y aunque las direcciones de correo pasaron a seguir el esquema «usuario@dominio.com», los fanes continuaron con la costumbre de referirse a las diferentes versiones de la gente o de los personajes como *Angustiado!Draco* o *Futuro!yo*, aunque la mayoría de los fanes de Harry Potter o de otras sagas más recientes no se hayan topado jamás con una «*característica!ruta*».

Algunos de los recursos que hemos mencionado han terminado calando en el lenguaje común, como el uso de *hashtag* en el discurso oral, o la creatividad al usar signos de puntuación con fines decorativos y estéticos. Otros se quedaron en marcas de identidad de comunidades concretas, como el uso irónico de los lenguajes de programación, las virgulillas que alargan sonidos, los compuestos con signos de exclamación y alguno más que no hemos incluido en nuestra lista o que están por inventar. En cualquier caso, el reciclaje de los recursos técnicos como material para bromas internas es una estupenda estrategia para hacer que internet no sea un lugar frío e impersonal donde la gente se grita, ni siquiera un lugar donde simplemente se sigan unas mínimas reglas de educación, sino un lugar en el que realmente podamos vivir.

Quien calla otorga

El sarcasmo, ya sea en internet o en el mundo físico, consiste en decir lo contrario a lo que se quiere expresar de un modo que nos permita, no obstante, transmitir la idea que queremos dejar clara: cosas como responder «maravilloso» cuando alguien nos da una mala noticia, o decir «¡estás hecho un lince!» como respuesta a una deducción extremadamente obvia. Al escribir, es más difícil lograr que el sentido verdadero de la interlocución quede patente sin el apoyo de pausas elocuentes, entonaciones efectistas, arqueos de cejas o, simplemente, de la mala baba de la que podamos hacer gala en vivo. La ironía es sutil y contextual, es la broma por excelencia.

La gente se percató de esta limitación mucho antes de que existiera internet y no han sido pocos quienes han intentado ponerle remedio. Keith Houston los reunió en su libro *Shady Characters* (algo así como *Caracteres con mala leche*). Por ejemplo, personas como Henry Denham, un impresor británico que usó un signo de interrogación en espejo (⸮) para distinguir las preguntas retóricas de las que no lo eran, o John Wikins, un filósofo también británico que en 1668 propuso lo que en español conocemos como signo de apertura de exclamación (¡) para indicar ironía. Tras ellos, los escritores franceses se pasaron tres siglos proponiendo diversos *points d'ironie*: en 1781 Jean-Jacques Rousseau señaló la necesidad de tener uno, en 1899 Alcanter de Brahm propuso otra versión de ⸮ y en 1966 Hervé Bazin planteó, con el mismo objetivo, el uso de la letra griega ψ con un punto debajo. Más recientemente, la segunda mitad del siglo XX vio cómo se atribuían unas cursivas inclinadas al lado opuesto al habitual (las *ironics* o *sartalics*) a varios columnistas estadounidenses. Ya en este siglo, en 2004 el signo de apertura de exclamación (¡) se volvió a proponer como solución tipográfica, esta vez por parte de un antiguo colaborador de *The Onion*, y en 2010 se registró una espiral con un punto en el centro que, bajo el nombre de *SarcMark*, se podía adquirir por el módico (⸮) precio de 1,99 dólares.

Y todo esto para nada.

El problema de adoptar signos de puntuación para remarcar la ironía es que, si no sirven para que la gente que los lee pueda percibirlos, dará igual usarlos o no. Dejar claro con un signo que estamos siendo sarcásticos es tan divertido como tener que explicar un chiste. Y es peor aún si la gente que recibe esos mensajes sarcásticos tiene que pagar dos dólares e instalar un nuevo tipo de letra simplemente para que le expliquemos la gracia de lo que estamos diciéndole.

El uso humorístico del lenguaje de código (</sarcasmo>) o de los *hashtags* (#sarcasmo) no precisa de explicaciones, pagos o instalaciones, y, hasta cierto punto, ha calado entre los hablantes sin necesidad de ser demasiado obvio. Después de todo, la gracia de la ironía es, precisamente, el doble sentido que genera, lo que se insinúa, lo que se sobreentiende. Ya existe una estrategia infalible para hacer que nuestros mensajes no den lugar a dobles lecturas y se llama, precisamente, No Ser Sarcástico. En lugar de poner luces de neón junto a nuestras frases irónicas, lo que nos hace falta es contar con un abanico de estrategias que nos permitan dar a entender con elegancia que lo que estamos diciendo encierra más significados que los que se puedan a preciar a simple vista.

Por suerte, las posibilidades que ha abierto la puntuación expresiva lo hacen posible: algunos de los marcadores de ironía más extendidos se sirven de convenciones tipográficas que suelen asociarse con la autoridad, como el uso de «sentencias lapidarias» o la creación de Nombres Satíricos de Marcas Comerciales y Conceptos Legales™. Puede Que Las Mayúsculas Irónicas También Lleven Usándose Un Tiempecito, como en este fragmento de *Winnie the Pooh* escrito en 1926:

> «Gracias, Pooh», respondió Ígor. «Eres un auténtico amigo», añadió. «No como Otros», dijo.

El único signo de puntuación que internet puede reclamar como propio es la virgulilla del ~sarcasmo. Procede, *grosso modo*, del uso ~*chispeante*~ de este tipo de marcas que durante tanto tiempo decoraron los estados del Messenger o de otras páginas como MySpace o Xanga. Rastrear el modo en que este signo se convirtió en irónico supone asomarse a la cara más social de la historia. Empezaremos con *Urban Dictionary*, ese diccionario de jerga y argot en inglés construido a partir de las contribuciones de los hablantes, que es donde solemos terminar, mordiendo el polvo de la derrota, tras admitir que no somos capaces de dar en Google con el significado de la enésima sigla novedosa con la que nos hemos topado.

Sin embargo, para usar *Urban Dictionary* como fuente de datos, primero debemos ser conscientes de sus limitaciones. Las entradas que se incorporan a este recurso pasan por un mínimo control editorial que mantiene a raya el *spam* y los textos que, directamente, no tienen sentido, pero no existe una exigencia de citar las fuentes consultadas como sí sucede en Wikipedia, a pesar de que también se trate de una página creada a partir de contribuciones de usuarios. Esta flexibilidad de *Urban Dictionary* es, al mismo tiempo, su mayor fortaleza y su principal debilidad. Se puede incluir una palabra años antes de que llegue a aparecer en las fuentes más convencionales de las que se nutren los diccionarios convencionales, si ya es popular en un grupo de amigos, por ejemplo, pero hay otras que no llegan a popularizarse y no pasan del estatus de broma interna. En consecuencia, *Urban Dictionary* no puede servirnos como única prueba de que un término concreto se usa con normalidad: basta con que consultemos la entrada de prácticamente cualquier nombre de persona que se nos ocurra para toparnos con el mismo tipo de entradas, algunas muy benévolas, otras extremadamente insultantes, todas presumiblemente relativas a personas anónimas cuyos amigos quisieron, un buen día, poder decirles «¡Pues claro que eres como te digo yo, si lo dice hasta el diccionario!».

Buscar una palabra que ya conocemos de antemano, que es lo que solemos hacer la mayoría, evita este problema, porque nos permite contrastar la definición que nos ofrezca *Urban Dictionary* con el contexto en el que nosotros la hayamos encontrado. Sin embargo, en esto también hay que tomar precauciones porque muchas de las definiciones que tiene esta herramienta son abiertamente racistas, sexistas u ofensivas de muchos otros modos. A veces no se trata de gente que quiere tomar el pelo a sus amistades, sino que las entradas que se corresponden con nombres de personas famosas que son mujeres, de raza negra, o ambas cosas destilan una cantidad tal de bilis que, a su lado, los comentarios de YouTube parecen bromitas inofensivas. Y algo similar sucede con la jerga asociada a mujeres jóvenes o a personas afroamericanas. Por ejemplo, aunque muchas de las entradas de *bae* (abreviatura de *before anyone else,* es decir, 'antes que nadie', que se usa para referirse a una persona muy querida y que también goza de cierta popularidad en español) claramente remiten a las connotaciones cariñosas que tiene el uso de esta palabra, hay otras que se recrean en el hecho de que *bœ* significa 'caca' en danés. Es como si existiera una correlación entre lo genuinamente popular que es una palabra y lo mucho que la definición dada por *Urban Dictionary* la desprecia, a ella y a quienes la usan.

En lo que respecta a la virgulilla del sarcasmo (~), me interesa una de las estrategias de *Urban Dictionary* porque lleva el asunto un paso más allá: en este caso, ya conocemos tanto el signo como su significado, y lo que nos interesa es dar con el instante preciso en el que ambos elementos unieron sus destinos. Siempre y cuando tengamos en mente que este sitio web se creó en 1999 y que le llevó algunos años acumular un número relevante de entradas, *Urban Dictionary* permite rastrear como ningún otro recurso la historia de la jerga que se incorporó al inglés a principios de este siglo, varios años antes de la eclosión de las redes sociales. La clave aquí es que *Urban Dictionary* incluye entradas que explican una considerable variedad de caracteres, lo que resulta muy útil para rastrear el auge de determinados usos, en detrimento de los más comunes o esperables.

Como prueba de concepto, comparemos la evolución temporal en *Urban Dictionary* de dos elementos con un uso pasivo-agresivo relativamente conocido: el *LOL* y el punto final. En 2003, un usuario definió el símbolo «.» explicando que servía para «acabar las putas frases», pero en 2009, otro usuario explicó que se trataba de «la nueva manera guay de enfatizar sarcasmo (con mala leche)». Podemos ver cómo el desdén se abrió camino en esos años y ganó en popularidad. En 2003 el desprecio caía sobre el lector, por buscar en el diccionario un signo de puntuación que no tenía ningún significado oculto, pero en 2009 a quien se menosprecia es a quien, precisamente, hace un uso irónico del punto. En la actualidad, el significado sarcástico de este signo de puntuación aparece en definiciones proporcionadas por distintos usuarios, lo que confirma que el cambio de su significado sigue su curso, poco a poco, de forma tan paulatina que la revista *New York* se tomó su tiempo antes de publicar un artículo sobre el creciente potencial pasivo-agresivo del punto y no lo hizo hasta 2013.

Por el contrario, *LOL*, que, como ya vimos en el capítulo anterior, surgió en los ochenta y cuyo uso no irónico ya estaba en entredicho en 2001, no presenta un cambio similar en sus definiciones: todas las entradas que lo definen, desde el principio, hacen constar que si bien su significado literal es «reírse a carcajadas», la realidad es que «nadie lo usa cuando se ríe».

La virgulilla que nos ocupa (~) ya contaba con varias entradas en *Urban Dictionary* en 2008 que explicaban que «se usa al final de las palabras para alargarlas», pero el sarcasmo no aparecía en ninguna, hasta ese año, en el que se incluyó una entrada que incluía un ejemplo de uso irónico: *OMG that's so cool* ~ ('madre mía, qué guay'), a la que siguieron otras dos que también mencionaban el sarcasmo, publicadas en 2009. Ahí tenemos la información que nos puede permitir rastrear el cambio de uso de este signo. Sin embargo, en lo que respecta a su significado, lo interesante es que podríamos haberlo deducido sin usar el *Urban Dictionary* en absoluto.

De hecho, tenemos pruebas de que hay gente que lo hizo. Dos hilos de LiveJournal de 2010 y 2012 discutían sobre los usos de este signo de puntuación en contextos como «Bueno, no es tan ~especial» o «Todos los personajes de esta serie tienen un ~trágico pasado~». Ambos hilos habían sido iniciados por gente que preguntaba por este nuevo uso de la virgulilla que llevaban tiempo viendo, sin darse cuenta de que ellos mismos, al plantear la duda, ya estaban respondiéndola: uno decía «Es como si se refiriera a algún tipo de ironía o desacuerdo con lo que se está diciendo» y el otro «Supongo que es lo que en otros contextos se conoce como "sentencia lapidaria"». En las discusiones que seguían a sendos comentarios algunas personas (no muchas) todavía mencionaban el sentido de la virgulilla como equivalente a «más o menos» o «aproximadamente» (como en «~20»), recordaban su uso *~*decorativo*~* o hacían referencia al alargamiento tierno e inocente del japonés 〜〜, pero muchos la consideraron como marcas de sarcasmo. ¿Cómo es posible que este signo de ironía chispeante le ganara la partida a seis siglos de sesudas propuestas? ¿Y por qué triunfó tan rápido en un campo donde soluciones como «⸮» o «¡» habían fracasado?

El secreto de su éxito no reside solo en la facilidad de su trazo, sino en las capas de significado que la acompañan: esa ironía «chispeante» no está exenta de cierto entusiasmo, que, como hablantes, detectamos inconscientemente cuando nos topamos con el signo y pensamos «Podrías haber usado esta palabra aquí en serio, pero también sé que es una palabra que no se te ocurriría decir en un contexto de emoción o de alegría. Y, sin embargo, has añadido simbolitos divertidos alrededor, así que está claro que no la estás diciendo en serio. Por tanto, si no estás siendo sincero, y es obvio que lo que estás contando no te suscita entusiasmo alguno, entonces esa supuesta emoción no es más que ironía por tu parte». Al igual que *LOL*, el uso decorativo de los signos de puntuación denota falta de seriedad y deja cierto margen a que sea el contexto el que determine en qué consiste exactamente esa falta de seriedad. Su significado previo y esa operación mental de identificación del nuevo sentido es lo que han hecho que la ironía expresada con signos de puntuación decorativos, con sentencias lapidarias o con Mayúsculas Irónicas hayan calado, sobre todo en inglés, en la expresión escrita, frente a unas propuestas oficiales que han fracasado porque ni son ambiguas ni dependen del contexto, que es, precisamente, la esencia de la ironía.

Y ¿por qué en inglés ha triunfado la virgulilla para transmitir este sentido y no otro signo? Después de todo, los asteriscos también son parte esencial de la *~*decoración tipográfica*~*, pero, en solitario ya llevan mucho tiempo con otros usos muy asentados, como marcar la *negrita* o *narrar acciones en tercera persona* (usos, por otra parte, muy alejados de la dilogía ironía-entusiasmo que nos ocupa). Por curioso que pueda parecer, puede que la virgulilla se haya visto favorecida por su forma, que podría recordar a cierto tipo de entonación sarcástica. La gente que respondía en los hilos de LiveJournal a los que nos hemos referido antes la describían una y otra vez como «la manera de reflejar cierto "retintín"». A mí también me da esa sensación, pero «retintín» no es un término demasiado riguroso desde un punto de vista lingüístico, por lo que intenté delimitar el concepto un poco más y, de pronto, vi la luz. Casi me caigo de la silla al darme cuenta de que cuando en inglés decimos palabras como *sooooo* (con un sentido similar al «pueeeeees» español) con ese retintín sarcástico, elevamos el tono, luego lo bajamos un poco y luego lo volvemos a elevar: vamos, que la entonación traza la forma de la virgulilla en cuestión.

El sarcasmo expresado por el uso decorativo de los signos de puntuación fue descrito en todo su esplendor en *Buzzfeed* en 2015 por un periodista que lo definió como algo «a medio camino entre el sarcasmo y un pudor entre crítico e indulgente de un hablante al usar una palabra o expresión concreta». En teoría, existen tantas posibilidades de expresar sarcasmo con signos de puntuación como de expresar entusiasmo, pero en la práctica la ironía se vale de medios más bien sutiles: un par de ~virgulillas~, los emojis de estrellitas o, como mucho, la combinación de ~*virgulilla y asterisco*~, aunque lo más frecuente es una mera ~virgulilla inicial. A fin de cuentas, esta *~*profusión de creatividad tipográfica*~* no casa demasiado con la socarronería que persigue el sarcasmo.

La ausencia total de puntuación y de mayúsculas, lo que yo llamo puntuación minimalista, implica dar un paso más en la expresión de esa ironía. ¿Cómo dar con ella, que es el contrapunto del uso generalizado de todos los signos y estrategias que acabamos de explicar? En inglés, el uso de las mayúsculas por defecto tiene la suerte, al menos, de contar con varias denominaciones más o menos estables, como *all caps* o *block capitals*, y lleva décadas ocupando un lugar preferente en los manuales de estilo que recomiendan cómo escribir en internet. No es el caso de la puntuación minimalista, que carece de entrada en el *Urban Dictionary* o en el *Jargon File*, y es la única estrategia para la que me he visto en la necesidad de proponer un nombre. Por tanto, decidí fijarme en dos tipos de fuentes: las de quienes se quejan de estos usos y las de quienes los analizan. Empecemos por quienes se quejan, para seguir un orden cronológico.

Como ya hemos visto, los ordenadores de los años setenta y ochenta que funcionaban con máquinas de teletipos solo permitían escribir en mayúsculas, aunque el uso de Unix no tardó en popularizarse; se trataba de un sistema operativo para el cual la distinción entre mayúsculas y minúsculas era muy relevante..., quizá demasiado: si tu nombre de usuario era fulanitoperez y escribías FulanitoPerez, es probable que te estuvieras refiriendo a otra persona. Si el modo de abrir un navegador era escribir «netscape», también habría sido necesario escribir «firefox» o «chrome» (si ambos hubieran existido en esa época). Todos los nombres de usuario y comandos en los que el tipo de caja de las letras pudieran suponer un problema tendían a escribirse en minúsculas, por lo que los usuarios de Unix se acostumbraron a evitar el uso de mayúsculas con ese tipo de vocabulario, incluso cuando se encontraban al inicio de las frases. A fin de cuentas, si escribimos «fulanitoperez debería haber usado netscape», incluso en mensajes y *posts* de redes sociales, es mucho más difícil que cualquier novato que lo lea se confunda y añada mayúsculas al escribirlo él.

Al mismo tiempo que los pioneros de la informática, influidos por las máquinas de teletipos y por el Apple II, continuaron escribiendo solo en mayúsculas incluso cuando el resto de usuarios ya había decidido que hacerlo implicaba dar a entender que estabas gritando, los *hackers* de Unix se hicieron famosos por lo contrario; eran ese tipo de gente que escribía todo en minúsculas (y también ese tipo de gente que defendía, con total franqueza, que un *hacker* solo es alguien a quien le gusta cacharrear con ordenadores, que los malos de verdad eran los cibervillanos de las películas de Hollywood). Para el público general, no familiarizado con Unix, estas estrategias minimalistas también se han ido asociando con la tecnología: tanto las direcciones de correo electrónico como las URL suelen escribirse siempre en minúsculas, y los nombres de usuarios no tardaron en seguir esta tendencia.

Sin embargo, los verdaderos cibervillanos, si prestamos atención a las opiniones vertidas en foros de internet durante más de diez años, son quienes se saltan a la torera las reglas de uso de las mayúsculas. Desde los manuales de mediados de los noventa que explicaban las normas de etiqueta en internet hasta los mensajes sobre el tema publicados en diversos foros, ya en los dos mil, uno de los temas que más debate suscitaban era el de la gente que nunca usaba mayúsculas. Partidarios y detractores hablaban del tema en términos de facilidad de uso: no utilizarlas se entendía como un síntoma de «dejadez», mientras que incluirlas donde marcaba la norma suponía «tener que pulsar constantemente la tecla de *shift*, que es un engorro». Las discrepancias en sí no eran gran cosa; un poquito de desdén lingüístico no es más relevante para la lingüística de lo que lo pueda implicar para la nutrición como disciplina que, por ejemplo, no te guste el brócoli. En lugar de eso, del mismo modo en que un historiador que estudie la gastronomía pueda valerse de la diatriba de un personaje histórico en contra del brócoli para demostrar que esa verdura se consumía en un momento y lugar determinados, las formas lingüísticas de las que la gente se queja nos pueden dar información sobre el momento en que esas formas empezaron a cobrar popularidad. Nadie se molesta en cargar contra verduras que no conoce o contra palabras que no ha escuchado jamás.

Lo curioso aquí es que después de 2006 se produjo un notable descenso en el número de personas lamentándose por la falta de mayúsculas en los textos de los demás. Y sí, podemos pensar que es que simplemente terminaron acostumbrándose a las minúsculas, del mismo modo que muchos hablantes han acabado relajando sus posturas con respecto al uso de emoticonos y abreviaturas. Sin embargo, la cosa es que unos pocos años después, un nuevo tipo de villano, entregado a la defensa a ultranza de las mayúsculas, empezó a incendiar el ciberespacio con sus soflamas normativas. Y ya no se trataba de mensajes en foros, sino de publicaciones en medios dirigidos a un público joven, como *Teen Vogue*, *BuzzFeed* o *Crimson*, el periódico estudiantil de Harvard. Y el pecado que se señalaba en estos casos no era el de la pereza, sino el de la pasivoagresividad. Las piezas periodísticas sobre mensajes escritos en ese tono empezaron a surgir en 2013 y alcanzaron su cénit en 2015 y 2016; señalaban que usar una puntuación reducida a la mínima expresión hacía que nuestras amistades se preguntaran por qué estábamos enfadados con ellas. Escribir todo en minúsculas dejó de ser una cuestión de dejadez o de eficiencia y pasó a ser un problema de actitud.

Así que, ¿qué pasó entre 2006 y 2013? El auge de los *smartphones* (teléfonos con enormes pantallas táctiles, acceso a internet, carentes de teclados físicos y con sistemas de texto predictivo muchísimo mejores que los de sus predecesores) coincide exactamente con el lapso de tiempo que nos interesa. El primer iPhone se lanzó en 2007, y 2011 fue el primer año en que la venta de *smartphones* en Estados Unidos superó a la de los teléfonos móviles convencionales, unas cifras que se replicaron en el resto del mundo dos años después.

Los teclados predictivos añaden automáticamente las mayúsculas de inicio de mensaje y las que van después de punto, y solo predicen palabras que estén en sus diccionarios. De pronto, escribir las mayúsculas correctamente costaba menos esfuerzo que no hacerlo. En una encuesta informal que hice en Twitter en 2016, donde pregunté «cuando escribes en tu móvil, ¿corriges alguna vez por motivos estéticos las mayúsculas que te pone el teclado predictivo?», los resultados no pudieron ser más claros: de las más de quinientas personas que contestaron, más de la mitad dijeron que lo hacían constantemente, en torno a un tercio marcó la opción «a veces» y solo un 14 % dijo que no lo hacía nunca. Hubo quien, espontáneamente, comentó que había llegado a desactivar las mayúsculas de su móvil permanentemente, una actitud en las antípodas del estereotipo de persona perezosa contra el que cargaban quienes, hasta 2006, preferían no usarlas. Ya lo dijo Dolly Parton: «No sabes lo caro que me sale lograr que todo parezca tan barato». Obviamente, la gente que responde a una encuesta cualquiera en Twitter quizá no sea una muestra representativa de los usuarios de internet, así que hay que coger con pinzas estos resultados, pero no hay duda de que una proporción significativa de personas opta por reducir al mínimo el uso de mayúsculas para generar un efecto en concreto. ¿Qué pretenden dar a entender tomándose tantas molestias?

La trascendencia social de reducir la puntuación y las mayúsculas a su mínima expresión no cabe en un corpus o un diccionario. Se manifiesta en el nivel oracional, el de los enunciados, así que limitarnos a buscar palabras escritas en minúscula no sirve de mucho, acabaríamos dejándonos la vista en listas de palabras absolutamente anodinas e irrelevantes extraídas de frases estándar. Es más, nos consta que, en un primer momento, la gente no se molestaba en añadir mayúsculas ni en puntuar correctamente simplemente por ahorrarse esfuerzos, sin que quisieran con ello imprimir a sus mensajes un tono determinado, y puede que todavía queden usuarios que eviten las mayúsculas por este motivo. Para abordar esta cuestión, lo que necesitamos es adentrarnos en las mentes de la gente que escribe de esta manera.

Si prestamos atención a las ubicaciones de esas primeras manifestaciones del fenómeno, todo apunta a que la simplificación extrema de la puntuación es cosa de jóvenes. Pero el problema es que, cuanto más claras son nuestras intuiciones sobre algún aspecto de la lengua empleada por la población de menos edad, más difícil suele sernos ponerlas por escrito: es la pescadilla que se muerde la cola. Personalmente, no tengo problema en opinar sobre la jerga juvenil de los noventa y los dos mil con cierto conocimiento de causa, pero a medida que los años se acercan al presente voy sintiéndome cada vez más desfasada, a pesar de que las fuentes en las que puedo basar mi discurso no paran de crecer. El momento en el que, como hablantes nativos, tenemos las intuiciones lingüísticas más audaces y estamos más integrados en la subcultura popular juvenil con la que nos identifiquemos, rodeados de amistades de nuestra edad a los que les hará mucha gracia que queramos analizar sus *posts* en redes o sus mensajes de texto, es también el momento en que es muy probable que escribamos nuestro primer artículo de investigación o vayamos a nuestro primer congreso. En ese instante sabremos perfectamente lo que nos merece la pena investigar, pero no nos conocerá nadie, ni nadie entenderá por qué debería prestar atención a lo que decimos.

Algunos lingüistas trabajan con el lenguaje juvenil implicando a sus estudiantes en sus investigaciones, otros colaboran con escuelas cercanas y yo lo hago a través de internet. Cuando estaba haciendo mi máster, creé un blog al que llamé *All Things Linguistic* (algo así como «Todo sobre lingüística»), y lo hice en Tumblr porque ya conocía la plataforma gracias a otros blogs de memes. Al principio, el blog me sirvió para no quedarme encerrada en mi torre de marfil. Empecé publicando consejos para mis estudiantes, artículos que iba leyendo y cualquier cosa curiosa relacionada con la lingüística que me fuera encontrando en el día a día. Al darme cuenta de que disfrutaba mucho más escribiendo para el gran público en lugar de solo para la Academia, empecé a divulgar sobre cuestiones lingüísticas como actividad principal y, como consecuencia, el propio blog y las redes sociales acabaron por devolverme a la Academia, en lugar de servirme para huir de ella. Mi blog no tardó en convertirse en mi vía para enterarme de qué congresos no me podía perder y qué artículos tenía que leer.

También me vino de perlas para dar con citas sobre internet con las que completar mis artículos. Cuando el blog solo tenía una semana de vida yo ya había creado una etiqueta «la lengua de internet» para clasificar los *posts* que iba escribiendo, mucho antes de que decidiera escribir este libro o de ser consciente de lo importante que iba a ser internet para mis investigaciones. En el momento en que escribo estas líneas, tengo casi trescientos *posts* etiquetados así, y es la tercera categoría más numerosa, por detrás de «Lingüística general» y «*Humour* (sí, a la canadiense) para lingüistas». Algunos de esos *posts* son preguntas que me gusta lanzar al aire, otros tienen enlaces a artículos académicos o divulgativos y en otros he compartido contenido de otros blogs que también hablan de lingüística. A veces, navegando por Tumblr me topo con el trabajo de jóvenes investigadores y de vez en cuando hago un llamamiento a que la gente me mande sus trabajos de clase, sus proyectos finales de máster o los resúmenes de sus comunicaciones en congresos sobre el lenguaje de internet; cada vez me habla más gente, ya sea por correo o en persona, en los congresos a los que acudo, para contarme en qué consiste su investigación. De hecho, me he basado en alguno de esos trabajos para varios capítulos de este libro. En otros casos no llego a citarlos, pero nunca me he encontrado con ninguno que no me ofreciera claves interesantes sobre las comunidades de hablantes que los lingüistas consideraran relevantes para su investigación, sobre los ejemplos escogidos como representativos de un fenómeno general, o sobre cómo tratar los datos recopilados de nuevas comunidades de hablantes. De este modo, voy construyendo una cierta genealogía de estudios sobre la lingüística de internet. En su libro de 2011 *Internet Linguistics: A Student Guide*, David Crystal incluye una invitación muy clara: «Si hay algo que necesita el lenguaje de internet es gente que lo describa». Cuando me topo con esta cita al inicio de los trabajos de los estudiantes me da la sensación de que, de algún modo, están contribuyendo a esa genealogía. En la era de internet, una observación no tiene ni por qué aparecer ni siquiera en una revista académica para ser citable.

Sobre la ausencia de puntuación como estrategia existen dos trabajos finales de máster particularmente relevantes: el de Harley Grant (2015) y el de Molly Ruhl (2016), ambos sobre Tumblr. Existe un déficit de estudios sobre esta red social, si la comparamos con Twitter (o, mejor dicho, existe un exceso de estudios sobre Twitter, si lo comparamos con el resto de redes sociales), porque en Twitter es muy sencillo compilar grandes cantidades de tuits aleatorios y buscarlos por la fecha de su publicación. Tumblr facilita la investigación más que Facebook o Snapchat porque al menos los *posts* suelen ser públicos, pero no existen maneras de seleccionar una muestra aleatoria: hay que formar parte activa y analizar lo que postea y comparte la gente a la que se sigue o bien escoger una subcomunidad en concreto para estudiarla. Ambos métodos implican la necesidad de tener una intuición previa, una opinión sobre qué comunidades podrían ser interesantes desde un punto de vista lingüístico.

Tumblr es especialmente valioso para estudiar el periodo de desarrollo de la puntuación minimalista como práctica, entre 2006 y 2013, porque la base de su comunidad de usuarios era joven en esos años (casi la mitad tenía entre dieciséis y veinticuatro años en 2013) y tenía predisposición a socializar con gente conocida en la propia red, frente a Instagram o Snapchat, populares para conectar con grupos de amistades del mundo físico. Además, se trata de usuarios con conciencia sobre el uso que hacían del lenguaje. En su trabajo, Grant cita varios *posts* que incluyen comentarios meta sobre el estilo lingüístico habitual de Tumblr, todos ellos de 2012, que también son ejemplos autorreferenciales de la eliminación de puntuación, el más popular de todos ellos, con más de medio millón de «me gusta», empieza de la siguiente manera:

> *when did tumblr collectively decide not to use*
> *punctuation like when did this happen why is*

this a thing

It just looks so smooth I mean look at this sentence flow like a jungle river[13]

La popularidad de este *post* y de otros similares confirma que los usuarios estaban describiendo un fenómeno que no les era en absoluto ajeno y que, de este modo, ayudaban a los nuevos miembros de la red a familiarizarse con diferentes normas de la red social, como la que estipulaba que no añadir signos de interrogación a una pregunta la convertía automáticamente en retórica o irónica. Ruhl cita otra publicación de Tumblr, también autorreferencial y tremendamente viral, esta vez de 2016. A primera vista, parece que simplemente reúne distintas maneras de enfatizar, pero lo hace intercalando esos ejemplos en una frase totalmente neutral y minimalista en sus formas:

i think it's really Cool how there are so many ways to express emphasis™ on tumblr and they're all C o m p l e t e l y different it's #wild

#E m p h a s i s™

[13] cuando nos hemos puesto de acuerdo para no usar puntuacion o sea cuando ha pasado por que esta pasando

es que todo queda tan bien quiero decir fijate en esta frase como fluye si es que parece el amazonas

WHAT HAVE YOU DONE[14]

Escribir *#E m p h a s i s*™ con almohadilla, mayúscula inicial, espacio entre caracteres mayor del habitual y el símbolo de marca comercial invalida las reglas del sistema: tantos indicadores a la vez solo pueden interpretarse como una broma. Si embargo, ese *WHAT HAVE YOU DONE* de la respuesta, escrito en mayúsculas, busca el minimalismo en la puntuación, pero a la vez mantiene el doble sentido: las mayúsculas, así como la estructura de pregunta retórica carente de signo de interrogación, indican que quien lo haya escrito se toma muy en serio el mensaje en cuestión.

Los usuarios de Tumblr reflexionaron bastante sobre su manera minimalista de usar la puntuación, pero no fueron los únicos. Por esa época también empezó a darse el mismo fenómeno en Twitter. Esa tendencia a reducir la puntuación al mínimo convierte en poético este tuit surrealista escrito en 2014 por Jonny Sun, de quien ya hablamos en el capítulo 2 a propósito de la permisividad de las erratas:

> *«i just want to go home» said the astronaut*
> *«so come home» said ground control*
> *«s o c o m e h o m e» said the voice from the stars.*[15]

Si la puntuación decorativa de la que ya hemos habado tiene un carácter claramente ornamental, la minimalista se asemeja

---

[14] me parece muy Guay que haya tantas formas
De expresar énfasis™ en tumblr y que todas sean
T o t a l m e n t e distintas es una #pasada
#É n f a s i s™
PERO QUÉ HABÉIS HECHO

[15] «Quiero volver a casa», dijo el astronauta.
«Pues ven a casa», respondieron desde la torre de control.
«P u e s v e n a c a s a», se oyó entre las estrellas.

más a un lienzo en blanco esperando a ser pintado. En menos de 140 caracteres, el tuit de Sun cuenta una historia de nostalgia por lo familiar y de anhelo por lo desconocido, de nuestra naturaleza dual, mitad terrícolas mitad materia cósmica. También es un ejemplo de cómo ampliar el espacio entre caracteres puede representar un tono de voz, generando un efecto óptico que los hace parecer más anchos y espaciados, como si estuvieran reverberando en el espacio exterior. Esta narrativa tan melódica, emotiva y hasta un poco inquietante inspiró la creación de más de cincuenta dibujos y cuadros entre los seguidores de Sun.

Cuando le pregunté por el momento en el que empezó a tuitear de este modo me dijo que fue en 2012, el mismo año en que el tema empezó a protagonizar conversaciones en Tumblr, con la salvedad de que él nunca llegó a estar en esa red social. En lugar de eso, Sun se refirió a un tipo de estética un tanto particular que, por aquellas fechas, empezaba a ser popular en Twitter, así como a la recuperación de la tendencia, tan común en los noventa, de escribir los mensajes obviando las mayúsculas. Del mismo modo que el sarcasmo que se expresa con la puntuación decorativa deriva del entusiasmo al que damos forma mediante esa misma estrategia, los efectos estéticos e irónicos de la puntuación minimalista nacen de la consciencia de unas connotaciones previas (pereza, cuestionamiento de la autoridad) y de elegir esa manera de ser sarcástico en unos tiempos en los que prima la generalización de las mayúsculas. Los diseños chillones, pixelados y de baja calidad volvieron a estar de moda en la era de las cámaras de alta definición y los filtros de Instagram, y eso ha acabado por tener su eco en la escritura: en definitiva, se sofisticó la incoherencia al escribir para que fuera un reflejo de la incoherencia al sentir.

En mi búsqueda de artículos sobre lingüística en internet que trataran la cuestión de la puntuación minimalista, yo misma generé un ejemplo que me fue muy práctico, sin pretenderlo. En 2018 pregunté si alguien tenía material sobre el tema en un grupo de Facebook en el que se compartían memes lingüísticos porque me di cuenta de que la moda de los memes estaba migrando de Tumblr a Facebook (hablaré con más detalle sobre los memes en el capítulo 7). Alguien me dijo que había estado a punto de mandarme algo escrito por mí misma antes de atar cabos y darse cuenta de que en realidad lo había escrito yo. Contesté, sin pensarlo mucho, «mi Marca Personal es muy Conocida». Hubo quien pilló la ironía de las mayúsculas, y ahí quedó todo.

Pero después me quedé pensando en ello. Me di cuenta de que había respondido desde mi móvil y que no había sido algo intuitivo, sino que había tenido que esforzarme para incluir esas mayúsculas. Si no hubiera sido capaz de desactivar el formato automático del teclado (es decir, si hubiera escrito «Mi marca personal es muy conocida») la ironía que pretendía transmitir podría haberse interpretado como una señal de arrogancia por mi parte. Soy incapaz de escribir una frase con las mayúsculas normativas y no querer borrar la sonrisa de adulación de cualquiera que la lea: jamás podría escribir un mensaje así. Es obvio que podría haber escrito otra cosa, más honesta y menos socarrona, con una puntuación más formal. Sin embargo, de algún modo, la ironía me puede en este tipo de contextos. Al poner «marca» con mayúscula inicial me pongo, en cierta manera, a la altura de cualquier otra persona que use internet con asiduidad y tenga que enfrentarse con las mismas presiones absurdas que yo al proyectarme en las redes sociales. Con la minúscula inicial me hago accesible; el efecto es similar al que consigo cuando me río de mí misma al inicio de un discurso: abandono una posición que me permitiría explicar a los demás cómo escribir, y lo hago haciendo míos elementos sobre los que es probable que otros tuvieran que explicarme alguna que otra cosa. De ese modo manifiesto que me doy por enterada de que alguien me ha reconocido, pero al mismo tiempo me deshago de la incomodidad que me genera ese momento, dejando claro que no me tomo demasiado en serio, y no pasa nada, tan solo dejo patente la ambigüedad y la ironía que me produce la idea de tener una marca personal, algo que les pasa a muchos otros internautas.

Paradójicamente, la ironía abre la puerta a la sinceridad: si podemos tener la misma maraña de actitudes complejas con respecto a algo, entonces es probable que tanto tú como yo seamos capaces de compartir opiniones mucho más definidas sobre otras cuestiones. En el caso de mi referencia a mi marca personal, la ironía permitió justamente eso: la persona que me habló en primer lugar me contestó dándome las gracias por tomarme tan en serio el lenguaje de los jóvenes. A simple vista podría dar la impresión de que mi mensaje reflejaba justamente lo contrario (a fin de cuentas, ¿no es esa la gracia de la ironía?), pero, si miramos dos veces mi frase, comprobaremos que lo que realmente estaba haciendo era sumergirme en el lenguaje de internet, demostrar que yo también lo dominaba, y haciendo constar que entendía lo tremendamente importante que es ser capaz de transmitir un tono de voz determinado mediante el uso de los signos de puntuación.

En aquel momento esa conversación fue la materialización de un sueño acariciado durante siglos por multitud de autores, desde Rousseau hasta los periodistas de *The Onion*: el de la transmisión exitosa de ironía entre dos perfectos desconocidos. La persona que me respondió y yo no somos una excepción, ahora la gente se comunica mediante estos requiebros irónicos constantemente. Y, de hecho, si nos pudimos entender fue porque no estábamos solos, porque no éramos un par de intelectuales solitarios escribiendo sesudos textos sobre puntuación e ironía, sino gente en sociedad, devanándonos los sesos para prever el modo en que se iban a interpretar nuestras interlocuciones y confiando ciegamente en que quien teníamos enfrente también estaba usando los signos de puntuación con una intención determinada. Nos pudimos entender porque nuestras normas lingüísticas propias estaban orientadas al uso social de internet en lugar de a la prescripción y a la dictadura de los errores.

La ironía es un acto de confianza lingüística. Cuando hablo o escribo persiguiendo un doble sentido es como si me lanzara al vacío y esperara que mi interlocutor me recogiera antes de llegar al suelo. Es algo muy arriesgado. La ironía no buscada puede dejar una conversación herida de muerte, pero la recompensa que se puede obtener si la cosa sale bien es muy tentadora: la alegría desbordante de saberse comprendido, el consuelo que supone constatar que alguien está de nuestra parte. No me extraña que la gente haya intentado con tanto ahínco encontrar la mejor manera de escribirla, generación tras generación.

Si la puntuación de cortesía, como ya hemos visto, tiene que ver con hacer esfuerzos específicos para usar mayúsculas iniciales y signos de exclamación que expresan una cordialidad comedida o un entusiasmo sincero, la puntuación irónica persigue justamente lo contrario: introduce una nota disonante que hace que quien la lea tenga que pararse a intentar descifrar el doble sentido. Cualquier variación sobre lo esperable provocará esa reacción, ya sea la ausencia de mayúsculas iniciales, la puntuación decorativa, las preguntas retóricas sin signos de interrogación o el uso irónico de jerga pasada de moda (un *post* viral de Tumblr explicaba cómo describir algo como *great* ('genial', 'estupendo') no dejaba lugar a dudas sobre su calidad, mientras que si algo se calificaba como *gr8,* que, leído en voz alta en inglés suena exactamente igual que *great*, se percibía automáticamente como algo apreciado desde el sarcasmo y la sorna). Sin embargo, la ironía no podría funcionar sin ese punto de partida neutral. Necesitamos de ese conjunto de normas tipográficas primigenias que nos sirven para expresar tonos de voz o sentimientos carentes de dobleces para poder después echarle imaginación al asunto y subvertir sus significados.

No es complicado analizar diferentes tipos de comunicación por internet en función de la plataforma en la que tengan lugar, dividiendo los textos largos de los blogs en pequeños fragmentos más analizables. Si ya es común pasar por alto la importancia del factor temporal en este tipo de análisis, aún lo es más caer en la cuenta de que *xfa* y *#E m p h a s i s*™ pertenecen a jergas de épocas muy distintas. La puntuación minimalista es un ejemplo inmejorable del modo en que las modas lingüísticas de internet evolucionan a lo largo del tiempo: sus comienzos se pueden rastrear en Tumblr, en Twitter y en los mensajes de texto en el mismo periodo (2012-2013). En comparación, un estudio llevado a cabo diez años antes por el psicólogo Jeffrey Hancock pedía a un grupo de estudiantes de grado que compararan contextos en los que era fácil que surgiera la ironía, tanto cuando se generaban en el mundo físico como cuando tenían lugar en el virtual. Para su sorpresa, Hancock descubrió que los jóvenes tendían a valerse de la ironía del mismo modo en ambos escenarios, aunque también se dio cuenta de que, en el plano virtual, los recursos tipográficos utilizados para hacerla patente eran escasos (el único utilizado fueron los puntos suspensivos). Me encantaría repetir ese mismo estudio ahora, en plena era de la puntuación irónica, pero, en cualquier caso, nos viene genial para que no olvidemos que la jerga que usamos en internet, como cualquier otra variedad lingüística, cambia a lo largo del tiempo. Puede que en los tiempos venideros se creen nuevas formas de expresión aún más sofisticadas, que hagan que las actuales parezcan tan básicas como tener que recurrir a unos simples puntos suspensivos.

Al volver la vista atrás y recordar los intentos de usar los signos de interrogación y exclamación como formas de plasmar por escrito la ironía, no es complicado ver que no lograban transmitir dobles sentidos del todo. Puede que el problema no tuviera que ver con la introducción de un nuevo símbolo y la necesidad de explicar su significado, sino en que quizá eso no bastara: un solo signo de puntuación no es suficiente para transmitir la ironía en toda su complejidad. Representar dobles sentidos con signos de puntuación es complicado porque, de entrada, la ironía también lo es; las estrategias de las que nos valemos para comunicarla no son tan evidentes como las que usamos para indicar QUE ESTAMOS GRITANDO o que nuestra frase tiene una entonación ascendente? Los estudios sobre el tema nos cuentan que a veces el doble sentido se deriva del propio contexto, como las ocasiones en las que decimos «qué bueno hace» cuando la realidad es que está diluviando. Otras veces la ironía nace de la exageración de información: «Muchísimas gracias, eh» es mucho más proclive a transmitir ironía que un mero «muchas gracias». Sin embargo, en muchos casos, la ironía se hace patente a través de toda una constelación de factores que tienen que ver con el tono de voz, la expresión facial (sonrisas, cejas arqueadas…), o con la velocidad e intensidad al hablar. Estos últimos son los que podemos trasladar al canal escrito con mayor facilidad, gracias a los signos de puntuación. En cualquier caso, incluso en las conversaciones cara a cara, la ironía no siempre se ha comunicado con éxito, y no importa de qué generación hablemos; las personas irónicas siempre dependerán de las sonrisas cómplices, las risas o la continuación de sus bromas por parte de sus interlocutores para confirmar que el doble sentido que pretenden transmitir ha llegado a buen puerto.

Las estrategias de puntuación poco convencionales se limitan a dar a la ironía escrita el soporte que necesita para ser operativa, pero eso nunca servirá de gran cosa si no existe una complicidad entre los interlocutores. Cuando no plasmamos todos nuestros sentimientos en los signos de puntuación que utilizamos al escribir estamos confiando en que la persona que vaya a recibir nuestro mensaje no nos va a malinterpretar, ya sea porque nos une una amistad o porque pertenecemos a la misma comunidad de habla. O, a la inversa, también puede servirnos como estrategia para alejarnos de extraños, como si dijéramos «me da igual que no me entiendas». Es similar a lo que sucede con los nombres de las mascotas: por un lado, son un signo de intimidad, pero también pueden interpretarse como una manera de marcar distancias cuando esa supuesta intimidad no existe. Si omitiéramos los signos de exclamación de un correo electrónico formal que pretende ser cordial y educado es probable que proyectáramos una imagen absolutamente glacial, pero eso nunca nos pasaría con alguien cercano, porque, para empezar, nunca le enviaríamos un correo electrónico formal.

Sin embargo, incluso esta forma de plasmar el tono de voz en la puntuación, que está floreciendo de un modo tan genial, no está libre de amenazas. Cuando nos planteamos el futuro de las herramientas tecnológicas que se pueden aplicar al lenguaje, como las que permiten dictar texto o los teclados predictivos, no debemos preguntarnos únicamente cómo se van a usar, sino también el modo en que los usuarios van a poder subvertir sus funciones: la clave no está solo en la forma en que quienes diseñan esas aplicaciones ayudan a quienes las utilizan a comunicar sus intenciones, sino en que esos mismos usuarios puedan comunicar más intenciones de las previstas en un principio. No hay duda de que, si preguntamos a un asistente de voz si va a llover, nuestra petición no tendrá segundas intenciones, pero, si hablamos de tecnología que nos ayude a escribir mensajes a otras personas, el desafío que tenemos por delante es plasmar no solo las palabras, sino el modo en que las decimos. No hay que olvidar que reducir la puntuación al mínimo para expresar ironía es consecuencia del uso heterodoxo de las mayúsculas al que ya nos hemos referido, y creaciones como *#E m p h a s i s*™ también son consecuencia, a su vez, de nuestros intentos por alterar la escritura manuscrita para llamar la atención de nuestros interlocutores. Para expresar el tono de voz con signos de puntuación no va a bastar con entrenar a las herramientas con grandes corpus de textos extraídos de libros y periódicos. Se trata de una función, muy sutil, que cualquier asistente de escritura del futuro debería tener, pero que aún no está muy claro cómo lograr. IBM probó a añadir datos de *Urban Dictionary* a Watson, su sistema de inteligencia artificial, pero tuvo que volver sobre sus pasos cuando los ordenadores empezaron a soltar tacos y maldiciones a los usuarios.

Hasta que se consiga, es importante no sobreestimar los cambios que ya se han producido. Muchas de las estrategias empleadas para plasmar el tono de voz en internet llevan usándose más de treinta años (recordemos esos *posts* de Usenet a los que ya nos hemos referido, escritos en 1984) y, sin embargo, si cualquier poeta de principios de siglo leyera un libro o un periódico publicado en la actualidad, se encontraría con una prosa bastante similar a la publicada en su época: en la escritura formal los puntos seguidos siguen siendo neutrales a la hora de transmitir emociones[16], no se concibe escribir una pregunta directa sin signos de interrogación, las mayúsculas continúan marcando el inicio de las frases o la presencia de nombres propios, y todavía tenemos que recurrir a ingeniosos requiebros y circunloquios para transmitir sarcasmo (aprovecho para pedir un minuto de silencio por el uso sarcástico de ?).

En lugar de mutar la forma en que expresa emociones, la escritura se ha desdoblado en dos variantes: la formal y la in-

[16] O, al menos, espero que lo sean, porque de lo contrario estarás a la mitad de un libro en el que me he dirigido a ti de forma pasivoagresiva todo el rato. LO SIENTO.

formal. Sin embargo, ese desdoble no coincidió con la invención de internet, ni siquiera con la del ordenador. El Uso Indiscriminado de Mayúsculas, el alargamieeeeeeeento con fines expresivos, la ~puntuación irónica~, la minimalista, y la combinación del uso de mayúsculas con los saltos de líneas tienen antepasados directos en los inicios del siglo XX, no del XXI. Pensemos, por ejemplo, en el monólogo interior que despliega James Joyce en su *Ulises*: 4391 palabras en las que solo encontramos dos puntos seguidos. Escribir de ese modo le permitió representar el flujo de sus pensamientos mucho mejor que si lo hubiera intentado encorsetar en las normas de puntuación, así que si pretendemos que nuestra escritura se asemeje a nuestros pensamientos, no debería sorprendernos que nuestros textos acabaran pareciendo fragmentos modernistas escritos hace más de un siglo.

Podríamos, incluso, rastrear ese desdoble formal/informal hasta los inicios de la puntuación. Cuando los gramáticos decidieron que había que reformar la puntuación escribana, centrada en representar las pausas del texto, para que se ajustara al modelo de la gramática latina, puede que consiguieran cambiar el modo de escribir de maestros y editores, pero nunca llegaron a influir de forma determinante en el modo en que se escribían las cartas privadas, los avisos manuscritos o las notas que dejamos en la mesa de la cocina. En el futuro, el lapso que se extiende entre la invención de la prensa escrita y la de internet se verá como una anomalía en lo que respecta al modo de escribir: será la época en la que se abrió una importante brecha entre lo fácil que resultaba escribir... y lo complicado que podía llegar a ser interpretar lo escrito. Una época en la que, de forma colectiva, dejamos de prestar atención a la faceta más informal y espontánea de la escritura y permitimos que la puntuación se convirtiera en algo estático y abstracto.

Internet no inventó la escritura informal, pero sí que la popularizó, al convertir algunas de las interacciones que hasta ese momento habían sido orales en intercambios de textos que se dan prácticamente en tiempo real. Al mismo tiempo, los teclados nos dejaron sin parte del repertorio de recursos expresivos con el que contábamos para trasmitir emociones al escribir, como subrayar con varias líneas, usar tintas de diferentes colores, adornar los márgenes, hacer dibujitos o incluso variar sutilmente la letra al escribir a mano para dar a entender un cambio de humor o de tono. Por el contrario, el sistema que hemos adoptado para transmitir sutilezas emocionales cuando no escribimos a mano está tan lleno de matices personales que si me pongo a escribir un mensaje en nombre de alguien (por ejemplo, si voy en el asiento del copiloto y el conductor me pide que conteste un mensaje que le han mandado) me veo en la necesidad de preguntar a esa persona cómo quiere que escriba hasta el más mínimo detalle: ¿pongo puntos, signos de exclamación o simplemente cambio de línea al final de cada frase que escriba? ¿Cuántas mayúsculas están bien? ¿Tengo que repetir alguna letra en concreto? Del mismo modo, cuando me llega un mensaje escrito por alguien que no es el dueño del móvil desde el que lo recibo, suelo notarlo. La puntuación con fines expresivos hace que la comunicación por escrito a través de dispositivos electrónicos sea de todo menos impersonal.

Por una vez, es un cambio que me parece genial. Incluso si esta creciente atención a expresar el tono de voz por escrito mediante signos de puntuación implicara el declive de las normas de expresión escrita, aceptaría gustosa que poco a poco se dejaran de aplicar unos estándares que, para empezar, son elitistas y arbitrarios, si eso me permitiera ser más fluida en mis comunicaciones con mis semejantes. A fin de cuentas, un bolígrafo rojo nunca va a responderme «yo también» si le digo que le quiero. Ceñirme a una lista de reglas de puntuación me puede garantizar cierto poder, pero nunca amor. El amor no nace de los reglamentos, sino de los huecos que se dibujan entre las personas, de la atención y los cuidados que se prestan, de la importancia que dan al afecto que se profesan. Cuando aprendemos a escribir de maneras que nos permiten transmitir un tono de voz determinado, y no solo nuestro dominio de las reglas de puntuación, también aprendemos a ver que la escritura no es un modo de dejar constancia de nuestra superioridad intelectual, sino de escuchar mejor a nuestro prójimo. En consecuencia, aprendemos a escribir por amor, no por poder. Sin embargo, a pesar de todo ese montón de sutiles modulaciones vocales que la puntuación nos permite expresar, somos mucho más que meras voces, así que necesitamos un modo de plasmar los mensajes que mandamos con el resto del cuerpo.

Capítulo 5

Emojis y otros gestos

Nuestros cuerpos son una parte muy importante del modo en que nos comunicamos.

Si alguien irrumpe en una habitación con el ceño fruncido, da un portazo y dice con mucha seriedad «NO ESTOY ENFADADA», creeremos más a su cuerpo que a sus palabras.

Si alguien está llorando a lágrima viva mientras dice «No, no, no pasa nada» no le decimos «Genial, me alegro, qué alivio, ¡vamos a bailar!», sino algo como «Pues yo creo que sí que pasa algo, pero si no quieres hablar de ello lo entiendo».

Si un amigo cercano nos mira a los ojos y, con una sonrisa cómplice nos dice «Eres la peor persona que he conocido en mi vida» no pensamos «Uy, pues al final no va a ser tan amigo como yo pensaba...», sino «Genial, somos tan buenos amigos que puede meterse conmigo y no hace falta que me aclare que es broma».

Del mismo modo, buena parte de nuestro lenguaje sobre emociones tiene que ver con el cuerpo: decimos que se nos acelera el pulso, arqueamos las cejas, nos sonrojamos, nos vuelan mariposas en el estómago... o tragamos saliva. La escritura es una tecnología que aparta al cuerpo del lenguaje. Se trata de su mayor ventaja, porque siempre es más fácil transportar y almacenar palabras escritas en papel o en archivos de ordenador que transmitidas por un ser humano al completo o por un holograma que se le parezca mucho. A veces, obviar la corporalidad puede venirnos bien; por ejemplo, solo porque haya decidido, en un arranque de ambición filosófica, guardar un ejemplar de la *República* de Platón en el baño, no quiere decir que me encantaría que la versión zombi de Sócrates se materializara junto a mi váter cada vez que lo leo, la verdad.

Sin embargo, la ausencia de cuerpos es también el mayor inconveniente de la escritura, especialmente cuando se trata de representar emociones y estados de ánimo. En los inicios de internet, parecía evidente que acabaríamos por dar con una solución virtual a esta cuestión. En 1992, Neal Stephenson publicó la novela *Snow Crash*, en la que imaginó un futuro lleno de avatares, en 3D, similares a los que poblaban Second Life, que nació en 2003, cada uno de ellos con nuestras manos, nuestros pies y hasta nuestros peinados, que podrían interactuar virtualmente entre sí sin problema. La idea era que esos avatares proyectaran en el ciberespacio todo lo que hiciéramos en el mundo físico, ya fuera material o emocional, por lo tanto, serían capaces de abrir y cerrar puertas, estrechar manos al saludar a alguien o, simplemente, partirse de risa.

Técnicamente, hemos alcanzado un nivel más que notable en la proyección y manipulación de cuerpos virtuales y se trata de una tecnología clave en el diseño de cualquier videojuego, desde los de dar tiros a diestro y siniestro hasta Los Sims. Sin embargo, los avatares nunca llegaron a cuajar como auténticos medios de socialización. Second Life ocupó muchas portadas y titulares, pero solo alcanzó la popularidad para una comunidad de internautas muy reducida, y algunos proyectos similares han sido aún más minoritarios. Lo más cerca que estamos la mayoría de tener un avatar es la imagen de perfil que usamos en las redes sociales, que tiene muy poco que ver con esos gráficos tridimensionales imaginados por Second Life o Snow Crash. Es cierto que esas imágenes dan cierta información sobre la persona con la que estamos hablando (o sobre su perro), pero son estáticas. Mi foto de perfil muestra la misma sonrisa, fija, fotográfica, independientemente del mensaje que yo teclee. Lo que me hace falta es un sistema dinámico. La puntuación nos puede servir para representar el tono de voz, pero aun así nos falta algo que sea más corporal. Ese es el hueco por el que se colaron los emoticonos (las caritas sonrientes creadas a partir de signos de puntuación) y los emojis (pequeñas imágenes de caras, animales, corazones y prácticamente cualquier objeto que podamos imaginar).

No empecé a trabajar con emojis hasta 2014. Para entonces ya había escrito varios artículos sobre la lingüística de los memes y el lenguaje en internet y, al ver que los emojis estaban empezando a cobrar popularidad (solo en ese año protagonizaron más de seis mil artículos), me convertí en una de esas personas a las que periodistas y empresas consultaban para entender en qué consistían esas pequeñas imágenes. Di una charla en South by Southwest, un congreso sobre cultura y tecnología, en colaboración con SwiftKey, una aplicación que diseña teclados inteligentes para móviles. Gracias a los miles de millones de datos almacenados por esta aplicación, pude analizar las tendencias generales de uso de los emojis de un número considerable de usuarios. Cuando mandamos la propuesta para participar en el congreso, temía que, para cuando llegara el momento, la moda de los emojis se hubiera desinflado, porque quedaban lo que a mí me parecían ocho largos meses hasta la cita. Sin embargo, lo que pasó es que no dejaron de ganar popularidad, tal y como demostró la sala absolutamente abarrotada de gente frente a la que di la charla, así como los medios de media docena de países que dieron cuenta de ella.

Lo que todo el mundo se preguntaba era ¿por qué? ¿Cómo era posible que los emojis se hubieran hecho tan populares en tan poco tiempo? Para cuando alguien decidía llamar a un lingüista con el fin de dar con una respuesta, solía hacerlo habiendo llegado ya a la conclusión de que el motivo es que constituían una nueva lengua. Sin embargo, yo, la lingüista que solía estar al otro lado del teléfono, no estaba tan segura. El fenómeno emoji me tenía tan fascinada como a cualquier otra persona, pero los lingüistas tenemos bastante claro lo que es una lengua, y los emojis nos encajan en esa definición.

Para muestra, un botón: mientras pensábamos ideas para la charla de South by Southwest, dedicamos medio minuto a decidir si era posible darla exclusivamente en emoji; fue el tiempo que tardamos en darnos cuenta de que, de ese modo, nos sería imposible expresar algo mínimamente funcional o interesante. Poner el contenido de las diapositivas en emoji también nos pareció demasiado arriesgado, necesitábamos añadir información a los gráficos que presentábamos y formular preguntas concretas al público. Por el contrario, yo, que también hablo francés, podría haber dado la charla entera en ese idioma, aunque hubiera tenido que buscar el significado de algunas palabras. Del mismo modo, me podría haber lanzado a darla en alemán o español, y si me era imposible darla en alguna de las otras siete mil lenguas que se hablan en el mundo no se debía a que esos idiomas no fueran capaces de expresar lo que quería decir, sino a que no los hablo con fluidez (ser lingüista no me ha dado el don de hablar todas las lenguas del mundo. Una pena). Independientemente de lo bien que nos manejáramos con los emojis, tanto el público como nosotros, no había modo de dar toda la presentación únicamente con ellos; pasar una hora entera recitando emojis podría haber dado como resultado una interesante *performance* artística, pero era imposible que aquello fuera la charla informativa y amena que pretendíamos dar. Ni siquiera hay una manera clara de decir «emoji» usando emojis, por no hablar de traducir a ese «idioma», por ejemplo, este párrafo. Las verdaderas lenguas tienen la capacidad de asimilar vocabulario meta y de incorporar nuevo léxico con facilidad: buena prueba de ello es que cualquier lengua tiene un nombre para sí misma, y muchas han incorporado en los últimos tiempos una palabra para designar a los emojis, pero lo cierto es que con ellos no se puede hace ni una cosa ni la otra.

¿Para qué sirven los emojis?

Un emoji no es una palabra, pero no hay duda de que tiene un no sé qué muy importante desde un punto de vista comunicativo, y sentí la necesidad de descifrar de qué se trataba. Inspirada por el hecho de que los emojis de caras y manos eran los más populares, empecé por concebir el emoji como un tipo de gesto. Hice una lista de los más comunes y de los emojis que les correspondían, y me quedó bastante larga: encogerse de hombros, señalar con el dedo, poner los ojos en blanco, hacer la peineta, guiñar un ojo, dar palmas… y muchos más. Establecí correspondencias para todos estos, pero hubo otros casos en los que no pude: por ejemplo, el emoji de la berenjena y el del fueguito no remiten a gestos concretos, y asentir o negar con la cabeza no podían expresarse con emojis. En ese momento, sentí que había llegado a un punto muerto, así que envié una primera versión de mi análisis a Lauren Gawne, una lingüista australiana, además de buena amiga y la persona con la que presento el pódcast *Lingthusiasm*. Al leer mi lista con atención me dijo: «Sabes que ya existe un nombre para este tipo de gestos, ¿no? Se llaman emblemas».

Pues no. No lo sabía.

A ver, sí que sabía que Gawne investigaba sobre gestualidad, pero nunca habíamos hablado mucho del tema, y, a fin de cuentas, un pódcast no es el lugar ideal para gesticular. Yo asumí que a ella no le importaba no hablar de sus investigaciones sobre este tema y ella asumió que a mí no me interesaban, pero lo cierto es que, de pronto, sí que me interesaban.

¿Conocéis esa sensación cuando aprendemos la palabra *schadenfreude,* ese vocablo alemán que describe el placer que sentimos frente a la desgracia ajena, y sentimos que algo nos hace clic en la cabeza? De repente nos damos cuenta de que no somos los únicos seres malignos en el mundo que se alegran de la mala suerte de los demás y de que muchas otras personas ya lo han experimentado antes. Pues bien, después de muchos meses y años entre emojis, categorizándolos y analizándolos, de pronto una sola palabra me permitía comprenderlos de un modo totalmente nuevo para mí. Otras personas se habían visto en esa misma tesitura antes que yo (de hecho, toda una corriente académica) y habían dado con claves muy interesantes sobre el tema. Me zambullí inmediatamente a la literatura existente sobre gestualidad. Para cuando Gawne se levantó en Melbourne ese mismo día, yo ya había peinado la Wikipedia buscando información relevante y le había mandado una docena de preguntas. Ella, encantada, me contestó con la lista de lecturas sobre el tema que daba a su alumnado al inicio del curso.

Me pasé la semana siguiente absolutamente abducida. Era como tener trece años de nuevo y descubrir la lingüística por primera vez: me sorprendí prestando atención a la manera de hablar de los desconocidos en lugares públicos y examinando a conciencia las posiciones de mis manos y dedos mientras quedaba a tomar café con mis amistades, del mismo modo que, años atrás, había experimentado con sonidos y frases en voz baja en la biblioteca. De hecho, me convertí en alguien absolutamente incapaz de tener conversaciones normales porque la atención se me iba todo el rato a analizar los gestos… ¡Como si no tuviera suficiente con que me pasara con las palabras! Cuando descubrí la lingüística, aprendí que el lenguaje es más que una maraña escurridiza de opiniones y percepciones; ¡resulta que hay patrones y pautas que yo, inconscientemente, ya llevaba siguiendo toda mi vida! Incluso teniendo en cuenta que nos faltan muchos por conocer, es posible que lleguemos a desentrañarlos en el futuro y existe toda una comunidad de personas que dedica su tiempo a intentar comprenderlos. Lo que nunca había pensado hasta entonces es que con los gestos pasa lo mismo. Al igual que, gracias a mi formación como lingüista, puedo fijarme en el modo en que alguien pronuncia las vocales, averiguar las partes de la boca que utiliza para materializarlas y deducir gracias a esa información el lugar de procedencia de ese individuo, me di cuenta de que también podía aprender a reparar en los diferentes tipos de gestos de esos mismos individuos, y en las funciones que desempeñan.

Quizá os estéis preguntando, como me pregunté yo en ese momento, cómo era posible que hubiera terminado dos grados en lingüística e ido a docenas de congresos, pero no tuviera ni idea de gestualidad. No soy la única a la que le pasa; aunque los estudios sobre gestos han ido ganando terreno, todavía son bastante minoritarios. Ya hay universidades, con lingüistas especializados, que ofrecen asignaturas o módulos específicos sobre el tema, pero lo cierto es que aún escasean. Gawne tuvo la suerte de ir a una de esas universidades, y yo no. Cuando había charlas sobre gestualidad en los congresos a los que asistía, me faltaba contexto para saber hasta qué punto podía interesarme escucharlas. Gawne y yo sospechábamos que muchos otros lingüistas se habían visto en una tesitura similar, porque no conocíamos a nadie que hubiera establecido paralelismos entre emojis y gestos, así que ella empezó a escribir un artículo basándose en los ejemplos que yo había recopilado y yo reescribí este capítulo basándome en las lecturas que ella me recomendó.

Clasificar y organizar elementos de la vida cotidiana es una cosa que siempre me ha vuelto loca, y los gestos me dieron la oportunidad de dar rienda suelta a esa afición. Lo mejor de todo fue constatar que la misma clasificación me funcionaba igual de bien para gestos y para el modo en que la gente usaba los emojis. Ahí estaba el eslabón perdido que tanto tiempo llevaba buscando: mis intentos por establecer una gran teoría general de los emojis eran cada vez eran más infructuosos porque esas pequeñas imágenes no se usan con un único propósito, sino que despliegan toda una gama de funciones, y lo crucial del asunto es que esa gama coincide con la que ofrecen los gestos. Fue precisamente eso lo que hizo que los emojis se pusieran de moda a tanta velocidad y de un modo tan incontestable: que permitieran representar con fluidez las funciones que hay tras los gestos que hacemos y que tan importantes son en la comunicación informal. Dos mil millones de internautas habían asimilado, de forma tan inconsciente como colectiva, que tanto los gestos como los emojis podían organizarse de forma sistemática y, espontáneamente, adaptaron la capacidad expresiva de los primeros a las funciones de los segundos.

Pero volvamos a los emblemas, la palabra que lo cambió todo para mí. Cuando la oí por primera vez, yo ya llevaba un tiempo recopilando gestos tan variados como levantar el pulgar, saludar con la mano, guiñar el ojo, encogerse de hombros, chasquear los dedos, poner los ojos en blanco, hacerle a alguien la peineta, tirar de una soga imaginaria al cuello para expresar incomodidad, fingir que se toca un violín diminuto para indicar falsa empatía, sacudirse el polvo imaginario de los hombros, dibujar un corazón con los dedos y muchos más. La mayoría tenía equivalentes directos en emoji: el signo de la paz ✌ el pulgar para arriba 👍, los dedos cruzados 🤞, los ojos en blanco 🙄, o los guiños 😉, por ejemplo.

Sin embargo, también estaba haciendo otra cosa, sin darme cuenta, y era recopilar gestos que ya tenían una denominación clara. No hace falta explicar que guiñar un ojo implica cerrarlo momentáneamente mientras el otro permanece abierto, o que para mostrar un pulgar hacia arriba es preciso recoger los otros cuatro dedos dentro de la palma de la mano y hacer que el pulgar sobresalga hacia el cielo. Como hablantes que somos, son cosas que ya sabemos. Yo me centraba en los que tenían nombres ya establecidos por razones meramente prácticas, ya que describirlos al detalle es bastante farragoso, pero la cosa es que lo gestos con denominaciones comparten unas cuantas características. Muchos estudiosos los llaman emblemas, del mismo modo que entienden que una calavera con dos tibias debajo es el emblema de los piratas. Los gestos emblemáticos pueden encajar sin problema en un contexto lingüístico (prueba a hacer alguno de los mencionados mientras pronuncias la frase «si llegamos tarde, entonces ____»), pero también conservan su significado sin necesidad de verse arropados por ningún tipo de discurso. Y pasa lo mismo con muchos emojis (podemos decir «si llegamos tarde, entonces ☺», o «si llegamos tarde, entonces 👍»); muchas veces basta con contestar con un simple emoji para expresar lo que queremos decir.

Los gestos emblemáticos tienen formas precisas y significados estables. Pueden incluso ser universales porque con frecuencia se utilizan en territorios diversos, aunque estos no compartan la misma lengua: la famosa peineta, o *digitus impudicus,* también se consideraba un gesto grosero en las antiguas Grecia y Roma y, sin embargo, hacer la uve con los dedos, pero sin mostrar la palma al interlocutor, significa «¡que te den!» en varios países de habla inglesa, aunque no en todos. En última instancia, los emblemas son arbitrarios y están ligados a cuestiones culturales. El repertorio de gestos emblemáticos obscenos usados en el mundo incluye el pulgar hacia arriba, que en muchos países árabes también significa «que te den», en buena parte de Latinoamérica el signo de «OK» quiere decir «imbécil», cerrar el puño colocando el pulgar entre el índice y el corazón es equivalente a decir «higo» en Rusia y en Turquía, mostrar la palma abierta con los dedos extendidos a nuestro interlocutor es una obscenidad en Grecia, y en muchos países donde se hablan lenguas romances manejan con soltura el corte de mangas y no tienen problema en identificar lo que significa. Cualquiera de estos gestos, usados en las regiones donde tienen estos significados, pueden acarrearnos desde otro gesto igual de grosero de vuelta a una denuncia por injurias; sin embargo, fuera de estos países no tendrán la menor trascendencia. (Hace poco, una persona estadounidense me dijo lo mucho que le sorprendió, en un viaje a Japón, ver que la gente usaba el dedo corazón para llamar al ascensor o encender el microondas). Hacerlos, pero equivocarnos en alguno de sus movimientos (por ejemplo, dedicar una peineta a alguien en la que cerremos la mano orientándola a nuestro interlocutor en lugar de a nosotros mismos), nos convertirá en motivo de chanza y cachondeo.

A veces, el tipo de emojis que terminan protagonizando artículos y *posts* («Estos son los 10 emojis imprescindibles para chatear») tienen significados tabú. El emoji de la berenjena 🍆 es un buen ejemplo de esto: ampliamente usado como símbolo fálico, es un digno sucesor de la lista de gestos obscenos enumerada en el párrafo anterior. Otro ejemplo bastante evidente es el del emoji de la caca sonriente: cuando los ingenieros japoneses tuvieron que decidir si incluirlo en Gmail, se vieron en la necesidad de explicar a sus superiores la relevancia que tenía. Explicaron que quería decir «esto no me gusta», pero dicho con delicadeza, y «qué desafortunado, me gustaría dejar constancia con este comentario de que lo que acabas de decir me desagrada». Lo describieron como el *antilike* (en mi caso, lo que hizo que lo entendiera sin problema fue asociarlo con la expresión «menuda mierda»). Pero lo que realmente marca la diferencia con los emojis es el hecho de que su forma nunca varía. Hubo diseñadores que, en un principio, pretendieron hacer triunfar el diseño de la caca desprovisto de la sonrisa, pero eso suponía pasar por alto un elemento esencial de su significado. A medida que los emojis se extendían por todo el mundo, surgió un problema sorprendentemente complejo: la diversificación de sus diseños; cada aplicación, cada fabricante de dispositivos, contaba con su propia versión de estos pequeños iconos. Vamos, que las plataformas no supieron adelantarse al tremendo fastidio que supondría para sus usuarios enviar el emoji de la mujer vestida de rojo y que sus destinatarios recibieran, en su lugar, el hombre bailando música disco o una carita rechoncha con un clavel en la boca. Los equipos de diseño pensaron que, bajo la etiqueta de «bailar», podían poner el diseño que ellos quisieran, y el resultado es que la gente se sentía tan tonta como si desearan suerte a alguien cruzando los dedos equivocados, o alguien les hiciera la peineta con el dedo anular en lugar de con el corazón, así que las marcas acabaron reculando y, en consecuencia, el blog *Emojipedia* nombró 2018 como el Año de la Convergencia Emoji. Si pensamos en los emojis como emblemas, la consecuencia es que apenas tendrán margen de variación.

Pensar en algunos de ellos como emblemas también puede ayudar a entender el rol que están empezando a tener en las lenguas. La característica distintiva de los emblemas es que tienen un nombre definido, lo que hace posible buscar «guiñar» o «peineta» en el diccionario, como palabras del español que son. Del mismo modo los nombres de algunos emojis (que ya forman parte del léxico de la lengua) están adquiriendo nuevas connotaciones derivadas de los emojis en sí, pero que no necesitan de la presencia del emoji para ser operativas. Ya he visto a algunas personas hacer un uso de «berenjena» no especialmente culinario, incluso en titulares como el que decía que un famoso cantante «compartía por error una foto de su berenjena en Instagram». Si este uso persiste, habrá que añadir una nueva acepción en la entrada de «berenjena» de los diccionarios. Sin embargo, esto no implica que los diccionarios tengan que incorporar un inventario de los nombres de todos los emojis, incluidos los que no sean emblemas, del mismo modo que no incluyen definiciones de los gestos no emblemáticos.

Los emojis no son el único recurso para expresar emblemas que existe en la comunicación por internet. Uno de los primeros aficionados a Snapchat describió el atractivo de enviar mensajes superpuestos en fotos recién sacadas como «mandar un mensaje, pero usando tu propia cara como emoticono, en lugar de uno normal». En otras palabras: enviar un mensaje con gestos emblemáticos. Los *gifs*, archivos compuestos de varias imágenes que se repiten en bucle sin sonido, se usan con frecuencia para mostrar emblemas. Resulta que los más exitosos son los que contienen caras, lo que ha influido directamente en el modo en que se presentan a los usuarios en las redes sociales. Por ejemplo, para insertar un *gif* en Twitter, las categorías que ofrece el buscador son gestos presentados de manera prototípica por personas, dibujos animados y en ocasiones, animales, gracias a los que reconocemos aplausos, saludos, despedidas, besos, muestras de amor, asco, aburrimiento, desacuerdo o ilusión. Algunos *gifs* son tan emblemáticos que tienen nombre propio: por ejemplo, si queremos expresar nuestro interés por el drama ajeno, podemos usar el *gif* de Michael Jackson comiendo palomitas sentado en la butaca de un cine, con los ojos fijos en la pantalla y una sonrisa burlona, y, para encontrarlo, basta con que escribamos «palomitas».

Que el *gif* de palomitas más icónico sea el de Michael Jackson no es casualidad. Buena parte de los emblemas gestuales y digitales derivan de la apropiación de ciertos elementos de ese tipo propios de la cultura afroamericana: cuando «chocamos los cinco» estamos emulando un gesto típico del *jazz*, que primero llegó a los deportes en equipo y luego al resto de contextos, y los primeros que se saludaron chocando puños cerrados fueron los soldados negros reclutados para la guerra de Vietnam. Del mismo modo, el emoji de las uñas pintadas se popularizó vinculado a la expresión *throw shade* (que viene a ser, más o menos, 'extender una sombra' y juega con el doble sentido de sombra, que pude significar 'aspecto negativo', pero también 'tonalidad', como cualquiera de las que se usan para pintar las uñas), típica del colectivo *drag* negro, para quienes es sinónimo de insultar de forma tan sutil como hiriente. En su artículo «Tenemos que hablar sobre el *blackface* digital de los *gifs*», Lauren Michele Jackson señalaba la sobrerrepresentación de personas negras en los *gifs* usados por personas de otras razas, especialmente los que expresan emociones extremas. Lo relacionó con el estereotipo del bufón exagerado y con el concepto de *animatedness* acuñado por la profesora Sianne Ngai para referirse a la vieja costumbre de considerar que las reacciones de las personas negras son siempre exageradas.

Existen otros gestos que carecen de nombres fijos y que he ignorado por completo en estas páginas porque son muy difíciles de describir con palabras. Sin embargo, los usamos incluso más que los emblemáticos porque acompañan prácticamente a cualquier cosa que decimos. Seguro que haces unos gestos muy determinados al decir «sigue todo recto y gira donde aquellas luces de allí», o «el pez era ASÍ de grande», o «la persona que estaba sentada a mi lado se puso a hablar, y a hablar, y a hablar…», pero que no tienes nombres específicos para esos gestos, solo descripciones. Para dar direcciones, señalarás adónde ha de ir la persona si quieres que vaya «todo recto» y señalarás el lado al que tiene que girar cuando llegue a las luces; para describir el tamaño del pez, separarás las manos, la una enfrente de la otra, y para complementar ese «se puso a hablar, y a hablar, y a hablar…» harás una especie de movimiento circular con la mano, que repetirás varias veces.

Intenta hablar con las manos atadas (si lo haces, mejor que quien te ate sea un amigo, para asegurarte de que luego te desata), es probable que te cueste. Un equipo de investigadores probó lo siguiente: mostró a unas cuantas personas imágenes del Coyote persiguiendo al Correcaminos y les pidió que describieran lo que veían a otros individuos. La mitad tenía las manos atadas a las sillas, y se les dijo que era para analizar otras cuestiones durante el experimento, pero lo cierto es que los investigadores querían observar qué pasaba cuando no podían gesticular. Descubrieron que, en esos casos, es más difícil relatar los aspectos espaciales y visuales de la historia: las personas inmovilizadas hablaron más despacio, con más pausas, e introduciendo más «eeeeeh» y «mmmm» en su discurso.

Todas las culturas que se han estudiado tienen sus propios gestos, que fluyen junto con el discurso incluso cuando no son relevantes desde un punto de vista comunicativo, como sucede, por ejemplo, cuando hablamos por teléfono. Incluso las personas ciegas de nacimiento gesticulan, hasta cuando hablan con otras personas ciegas. Pero no es que todos caigamos en una especie de tentación irresistible de guiñar el ojo o de hacer una peineta a alguien: son los gestos que no tienen nombre específico los que no podemos evitar incluir en nuestras conversaciones, por lo que los lingüistas creen que estos, llamados ilustrativos, tienen más que ver con el pensamiento de quien los hace que con la comprensión de quien los recibe. De hecho, las personas a las que no se les coarta la gestualidad resuelven mejor los problemas matemáticos y tienen una mayor capacidad de orientación y proyección espacial.

La próxima vez que vayas a un restaurante, echa un vistazo a la gente de las demás mesas, quizá no veas muchos gestos emblemáticos, pero seguro que te topas con más de uno ilustrativo. Fíjate en gente que esté sentada a una mesa tan lejana que no puedas oír lo que dicen, podrás saber quién habla en cada momento por cómo gesticulen. No te será difícil averiguar si se llevan bien, si están riéndose alegremente o si estás a punto de presenciar una pelea embarazosa y, en cualquier caso, el contenido de la conversación te será desconocido, porque el significado concreto de los gestos ilustrativos depende del discurso al que acompañan. Por ejemplo, levantar un pulgar podría ser un gesto ilustrativo que signifique «ahí arriba», pero ese mensaje también se podría ilustrar sin problema con el dedo índice o con la mano entera señalando hacia el techo, elevando los ojos o las cejas, o con la combinación de cualquiera de estos gestos, sin que ninguno de ellos pueda sustituir al emblema que constituye mostrar un pulgar hacia arriba.

Podemos ver esta misma flexibilidad en los emojis que usamos para desear un feliz cumpleaños a alguien. La gente felicita con emojis de velas 🎂, trozos de tarta 🍰, globos 🎈, regalos 🎁, ramos de flores 💐 o alguno de los que tiene un significado positivo más genérico, como los corazones, las estrellitas, las caras felices, el confeti o gestos como el de los pulgares hacia arriba. Todos estos emojis aparecieron en una amplia variedad de combinaciones en los datos de SwiftKey con los que trabajé. Al ilustrar nuestro discurso, tenemos mayor predisposición para aceptar distintas opciones como válidas para complementar las nociones de «cumpleaños», «playa», «divertido» o «peligro». Los emojis de tarta pueden ser de chocolate, vainilla o fresa, y el número de velas sobre ellas también varía considerablemente, pero el Año de la Convergencia Emoji no impulsó ningún esfuerzo por uniformarlas.

A la gente le molestaba la variación en la forma del bailarín porque usaban ese emoji como emblema, y los emblemas añaden su propio significado independiente a las palabras a las que acompañan, pero a todo el mundo le parecía estupenda la variación en la representación de las tartas porque se trata de una ilustración, y los emojis ilustrativos se limitan a resaltar y reforzar un concepto ya expresado. No pasa nada si no dan en el clavo con su representación porque las palabras a las que acompañan dan contexto suficiente como para interpretarlos correctamente. Cuando queremos incluir un emoji emblemático en nuestros mensajes, solemos buscar algo muy concreto que ya hemos visto en otros mensajes, mientras que, en el caso de los ilustrativos, preferimos dar una vuelta por todos los que tenemos y escogemos de forma más libre.

Sin embargo, a veces sucede que, al buscar un emoji ilustrativo, nos damos cuenta de que no hay ninguno que nos encaje. Piensa en las veces que te has preguntado «¿Cómo es posible que no haya un emoji de ____?». El problema en estos casos es que el conjunto de emojis disponibles en los teclados actuales son un batiburrillo de compatibilidades e intereses personales, lejos de cualquier intento sistemático por cubrir todas áreas del espectro semántico (hablaremos de esto en detalle dentro de poco, cuando nos centremos en la historia de los emojis). Los cumpleaños son un dominio temático bastante bien surtido de emojis, pero otros no lo son tanto, especialmente los que son ajenos a la cultura japonesa (país en el que nacieron) o a la estadounidense (primer país que los adoptó).

Los emojis ilustrativos se pueden interpretar de manera literal: es necesario tener cierto conocimiento cultural de las tradiciones de los cumpleaños para comprender qué hay detrás de la tarta y el globo, claro, pero no hace falta ningún tipo de conocimiento previo específico para saber que enviar esos elementos como emojis suele hacerse para felicitar cumpleaños. Los emojis ilustrativos se usan sin problema incluso por los usuarios menos familiarizados con las normas sociales de internet; es fácil añadir el emoji del gato tras la pregunta «¿has dado de comer al gato?», pero quien piense que la berenjena no es más que un inocente emoji ilustrativo en lugar de un sugerente recurso fálico habrá mandado sin querer unas cuantas listas de la compra bastante… insinuantes.

La última cuestión sobre la que hay que reflexionar del rompecabezas que plantean los emojis es la de su combinatoria. Un tipo de secuencia, que suscita mucho interés, es la que relata historias conocidas en emoji: *Emoji Dick* es una adaptación de *Moby Dick* al lenguaje emoji, y el *hashtag* #EmojiReads agrupa versiones de obras como *El señor de las moscas* o *Los miserables*. La versión emoji del karaoke consiste en dar con la mejor traducción emoji posible de una canción antes de que esta se acabe. Es fácil comprobar cómo estas iniciativas casan con la idea que tenemos de los emojis como gestos: nos sirven para hacer juegos de mímica, en versión digital, o para hacer gestos graciosos a un amigo cuando estamos en un bar con la música demasiado alta. Este tipo de bromas son muy divertidas, pero mi verdadera duda era ¿hasta qué punto reflejan el uso genérico, cotidiano, de los emojis? ¿De qué modo interactúan estos pequeños iconos con nuestra escritura informal?

Para responder a estas preguntas, encargué dos tareas a los ingenieros de SwiftKey: la primera consistía en averiguar qué porcentaje de lo escrito por los usuarios de la *app* se podía describir como texto emoji; ¿hablamos de intervenciones redactadas íntegramente en emoji, compuestas de entre cinco y diez emojis como mínimo? Si contar historias en emoji fuera tan común como algunos medios aseguran que es, los emojis estarían suplantando al resto de lenguas y sería sencillo encontrarnos con multitud de mensajes escritos exclusivamente con emojis. No fue así. La inmensa mayoría de mensajes almacenados por SwiftKey estaba compuesta exclusivamente por texto y los que incluían algún emoji siempre lo hacían usándolo como complemento a texto escrito con palabras. Los mensajes escritos exclusivamente con emojis solo usaban uno o dos y solían ser respuestas a otros enunciados. La proporción de mensajes escritos solo con estas pequeñas imágenes que fueran lo suficientemente largos como para poder considerarse como relatos escritos en emoji no llegaba a uno de cada mil. De hecho, las únicas personas que he sido capaz de encontrar capaces de comunicarse con secuencias largas de emojis han sido niños y niñas que todavía no sabían leer ni escribir. Son muchos los padres y madres que me han contado cómo sus criaturas de entre dos y cinco años se lo pasaban pipa mandando mensajes llenos de emojis de dinosaurios o animales... hasta que aprendieron a leer y se pasaron a las palabras.

La cosa es que las secuencias largas de emojis no fueron demasiadas, pero, aun así, recopilamos una cantidad considerable de ejemplos. ¿Cómo eran esas extrañas concatenaciones de emojis que, supuestamente, contaban historias?

Esa fue mi segunda pregunta para los ingenieros de SwiftKey. Para responderla, les pedí que extrajeran las secuencias más comunes de dos, tres y cuatro emojis, porque es el modo más común de analizar la combinatoria que se da en textos muy extensos. La diferencia entre una mera lista de palabras y una historia es que la segunda contiene palabras ordenadas en oraciones y párrafos. Si comparamos varios relatos similares podremos detectar patrones, así como las palabras más comunes, y esos datos nos darán información sobre la propia estructura del lenguaje que se ha utilizado para redactarlas. Cuando se buscan las combinaciones más comunes de dos, tres o cuatro palabras en los grandes corpus textuales que existen en idiomas como el inglés o el español, las secuencias más frecuentes suelen ser cosas como «en el», «de los», «al final de», «al mismo tiempo» o «uno de los más». No son las partes centrales de los textos en los que se ubican, pero es fácil ver cómo hacen las veces de argamasa que permite unir las partes de un relato y que fluya en condiciones. Si la gente cuenta cosas utilizando solo emojis, al rastrear los patrones de uso de ese recurso gráfico daremos con información relevante. Podríamos esperar, por ejemplo, que una abundancia de señales de prohibición 🚫 indicaran negación, o que los emojis que representan personas, como 👨, 👩 o 👵, aparecieran seguidos de una flecha ➡ que indicara adónde se dirigen.

En lugar de eso, lo que encontramos fueron repeticiones. Las doscientas secuencias más comunes de dos, tres y cuatro emojis fueron meras reiteraciones, como las de dos caras que lloran de la risa😂😂, tres de los que lo hacen, pero de la pena 😭 😭 😭, o cuatro corazones rojos ❤❤❤❤. Las secuencias que no consistían en repetir un único emoji alternaban varios, como la nieve flanqueando al muñeco ❄⛄❄ o los besos y las caras que los lanzan 😘💋😘💋. Incluso las secuencias más heterogéneas siempre incluían emojis con cierta cohesión temática, como los de caras con corazones 😍😍, los monitos que no ven ni oyen ni hablan 🙈🙉🙊, las caras llorando con diferentes niveles de intensidad 😭😂😢😪, las cadenas de elementos relacionados con los cumpleaños 🎂🎊🎈 o con la comida rápida 🍕🍟🍗 y las sucesiones de corazones de diferentes colores y tamaños 💞💖💗💓.

En este sentido, los emojis no se comportan como si fueran palabras: no hay repeticiones similares en las doscientas secuencias más comunes de dos, tres y cuatro palabras en, por ejemplo, el Corpus del Inglés Americano Contemporáneo. Ni siquiera aparecen listas de sustantivos o adjetivos similares a las listas temáticas de emojis que acabamos de mencionar. Seguro que hay palabras que en ocasiones podemos llegar a repetir varias veces, y emojis que se usan de forma no repetitiva, como 🚫❄para indicar que no hay nieve o ❤🍕 para dejar claro que nos encanta la pizza, pero ninguna de estas opciones aparece entre las más frecuentes. Cuando escribimos, podemos usar varios adjetivos para reforzar la noción que queremos transmitir (por ejemplo, para decir «un malvado lobo feroz»), pero jamás se nos ocurriría alternarlos en una secuencia y decir algo como «un malvado lobo malvado feroz». De hecho, el orden de los emojis no parecía ser especialmente relevante (había todo tipo de variaciones en las secuencias de corazones o de elementos relacionados con los cumpleaños), cuando sí que lo es en el caso de las palabras («malvado feroz lobo» suena raro). Si queremos comprender el modo en que los emojis se están integrando en nuestros sistemas de comunicación, es crucial que nos fijemos en sus pautas combinatorias más extendidas. A fin de cuentas, lo que los distingue de cualquier otro grupo de dibujitos es que hay miles de millones de personas que los usan a diario. La verdadera pregunta en torno a los emojis es qué está haciendo ya toda esa gente con ellos, y no lo que opine ningún publicista o filósofo sobre lo que se podría hacer. El elemento comunicativo en el que se dan más repeticiones no son las palabras, sino los gestos.

Volvamos de nuevo a los comensales del restaurante imaginario. Uno de ellos tiene la palma de la mano hacia arriba y la mueve vagamente, haciendo espirales en el aire para recalcar algo. Otro asiente vigorosamente. Una tercera persona hace varios círculos enérgicos en el aire con el índice extendido. Otra tamborilea sobre la mesa, ligeramente aburrida. En la televisión se ve cómo un político mueve las manos con gravedad, reforzando sus palabras. Son los llamados gestos rítmicos. Todos lo pueden ser, desde tocar ligeramente a alguien mientras le hablamos hasta señalar con énfasis un punto indeterminado, pasando por mostrar la palma de la mano en señal de franqueza mientras hablamos. La clave de este tipo de gestos es, como su nombre indica, el ritmo con el que los hacemos: cuando tartamudeamos, nuestros gestos rítmicos también tartamudean. Cuando prolongamos una vocal durante muuuuucho tiempo, nuestros gestos rítmicos se quedan suspendidos hasta que retomamos lo que estemos diciendo.

Los emojis siguen la misma tendencia rítmica que este tipo de gestos. Eso es lo que esconde su repetición. Si escribimos 😚

😚😚 es porque realmente queremos mandar varios besos; ponemos 👍👍👍 varias veces porque cuando hacemos ese gesto con las manos solemos hacerlo rítmicamente o prolongarlo durante varios segundos para intensificar su significado. Del mismo modo que podemos repetir las letras de una palabra al escribirla para enfatizar su significado de algún modo, incluso cuando el resultado nos es difícil de pronunciar («pppppero...»), también podemos repetir hasta los emojis que no tienen correspondencias gestuales directas, como la calavera 💀, la caca sonriente 💩 o el corazón chispeante 💖, porque hemos generalizado esta práctica y ahora la podemos aplicar a cualquier emoji indistintamente.

Existe un caso de uso de emoji innegablemente rítmico: el que consiste en intercalar el de dar palmas entre las palabras de una frase como en PERO 👏 QUÉ 👏 HACES 👏. En su origen, remitía a un gesto rítmico muy común entre las mujeres afroamericanas. La cómica estadounidense Robin Thede describió esa «doble palmada rítmica» en un monólogo sobre «la lengua de signos de las señoras negras». Sin embargo, y tal y como la escritora Kara Brown explicó cuando el gesto empezó a popularizarse: «Esto de dar palmas con cada palabra que digo para ponerles énfasis es algo que llevo haciendo desde mis tiempos de adolescente repelente». En 2016, multitud de tuiteros y tuiteras empezaron a usarlo de forma masiva, sin ser conscientes de sus orígenes afroamericanos, totalmente ajenos a las redes sociales. En cualquier caso, hablemos del original o de la versión emoji, no hay duda de que estamos frente a un gesto rítmico.

Comprender cómo y por qué se combinan los emojis también nos permite explicar un pequeño lío que me encontré al analizar los datos de SwiftKey: el misterio de la berenjena perdida. Ya hemos visto que a la gente le gusta usar el emoji de esa hortaliza como símbolo fálico, hasta tal punto que, si queremos, podemos comprarnos hasta peluches, o llaveros, con la forma de la berenjena emoji. Sin embargo, no encontramos berenjenas en las doscientas combinaciones más comunes de dos, tres y cuatro emojis. Sí que dimos con otras secuencias con significados sexuales, menos famosas, como el doblete de la lengua y las gotitas de agua 👅💦, o el del dedo índice apuntando al símbolo de OK 👉👌. Pero solo dimos con la berenjena en una repetición triple 🍆🍆🍆, y algo similar nos pasó con la caca sonriente, otro emoji clásico que podemos encontrar estampado en infinidad de productos: la gente no tenía problema en repetirlo, pero no había ni rastro de combinaciones con otros. Curioso, ¿verdad?

Esta misteriosa ausencia cobra sentido en cuanto caemos en la diferencia entre el modo en que emblemas y gestos ilustrativos se comportan en las secuencias. Los segundos fluyen, y podemos pasar de uno a otro sin problema, creando infinidad de variaciones que, en esencia, significan lo mismo. Si tuvieras que describir el recorrido que has seguido a lo largo de un día de tu vida, usarías muchos gestos seguidos y es probable que esos gestos variaran ligeramente si tuvieras que contarlo varias veces. Algo similar sucede con los emojis ilustrativos: podemos expresar «Feliz cumpleaños», o el tiempo que hace, con diferentes secuencias, dependiendo de cada ocasión, y no pasa nada. Por el contrario, los emblemas son gestos perfectamente delimitados y definidos: se pueden repetir, pero no combinarse con otros. Es posible aplaudir mucho tiempo, o hacer la peineta a alguien varias veces seguidas, pero no puedes «desaplaudir» a alguien, o «deshacer la peineta», ni siquiera haciendo esos gestos a la vez que negamos con la cabeza, que es un gesto extremadamente común y conocido. Del mismo modo, tanto la berenjena como la caca sonriente son emojis emblemáticos: poseen un significado fruto del acuerdo tácito entre los usuarios, que no tienen por qué relacionarlo con el significado original, porque la relación no es especialmente obvia, y que tampoco se combina con facilidad con otros significados. Por eso no es muy normal topárselos en secuencias como las que se utilizan para felicitar los cumpleaños. Si mandamos a alguien todos los emojis que tienen que ver con esa celebración es como si estuviéramos felicitándolo con mucho entusiasmo, pero si mandamos a alguien todos los emojis que tienen forma fálica (por ejemplo, la berenjena, junto con el pepino 🥒, la mazorca de maíz 🌽 y el plátano 🍌) no estaremos siendo supersexis: más bien le estaremos proponiendo comer una ensalada un tanto extraña. Reparar en el modo en que los emojis interactúan puede ayudarnos a ver con otros ojos los gestos que hacemos en nuestro día a día.

De dónde han salido los emojis

Cuando pensamos en los emojis como gestos, las razones de su éxito son bastante obvias, pero también hace que nos planteemos una contrapregunta: ¿por qué hemos tardado tanto tiempo en dar con una manera de gesticular por escrito?

A ver, intentar, lo hemos intentado.

Durante siglos, los textos han ido acompañados de ilustraciones. Los copistas medievales iluminaban sus manuscritos con infinidad de motivos, desde las típicas letras mayúsculas adornadas hasta otros diseños mucho más singulares, como caballeros blandiendo sus espadas frente a caracoles gigantes y cosas por el estilo. La imprenta fue la culpable de que los libros se vieran limitados a ser esencialmente bloques de texto: era bastante más sencillo imprimir letras que dibujos. A fin de cuentas, en cuanto se tenía un conjunto de tipos de impresión que representaran a todas las letras era posible imprimir cualquier combinación de palabras que se pasara por la cabeza, mientras que cada vez que lo que se quería plasmar en el papel fuera una nueva imagen era necesario grabarla desde cero en una plancha de impresión. En teoría, los primeros impresores no habrían tenido impedimento en crear tipos que representaran pequeñas imágenes, pero en la práctica solían ser demasiado conservadores como para innovar en los tipos que utilizaban: los primeros impresores ingleses importaron sus imprentas de la Europa continental, donde nadie usaba la letra Þ (que recibía el nombre de *thorn,* es decir, 'espina'), así que la reemplazaron con la secuencia de letras «th», que, en la mayoría de los casos, acabó por imponerse como solución, o con la «y», por su aspecto similar a la Þ, que solo perdura en contextos muy reducidos, como los letreros de las tiendas que quieren parecer antiguas. Si los impresores no quisieron crear un tipo específico para una letra tan importante, imaginaos lo que pensaban de las imágenes, y entenderéis por qué todas desaparecieron de las portadas y los lomos de los libros, e incluso de los cuentos infantiles.

No obstante, el otro factor que nos impidió contar con un delicioso repertorio de emojis renacentistas fue psicológico. La idea que se tenía de la escritura era muy diferente a la actual: los textos impresos se asociaban con la formalidad, mientras que los manuscritos se consideraban poco más que unos cuantos garabatos informales. Todavía no existía una pulsión en quien escribía por querer expresar emociones en textos escritos mediante caracteres estandarizados.

Durante mucho tiempo, la reina de los gestos escritos fue la denominada *manecilla* ☞, que, con su dedo índice extendido, señalaba en los márgenes, primero de los manuscritos y luego de las impresiones, algún extracto concreto que tuviera un interés particular. Su uso fue muy común entre los siglos XII y XVIII, y pasó de los monjes medievales que añadían glosas a sus pergaminos a los impresores, que la usaron para llamar la atención sobre correcciones o añadidos a sus textos, y después a los lectores de la época victoriana, que se servían de ella para resaltar algún pasaje que querían recordar. Su uso no decayó hasta que surgió la mucho más estilizada flecha, en los albores del siglo xix.

Por el contrario, la escritura informal sí que mantuvo un notable abanico de opciones que permitían decorar los textos: los pequeños dibujos garabateados fueron populares entre autores como Lewis Carroll, que dibujó él mismo los bocetos que aparecen en la versión manuscrita original de *Alicia en el País de las Maravillas*, o como Sylvia Plath, que dibujaba tanto en los márgenes de sus diarios personales como en los de los libros que se compraba (y, por cierto, era una enamorada de dibujar vaquitas). Ni siquiera hace falta tener un especial talento al dibujar para expresar cierto sentido de la estética cuando apetezca decorar la correspondencia personal: se pueden usar tintas de diferentes colores, papel monogramado, con márgenes, texturas o incluso aromas. También cabe la posibilidad de tomar prestadas imágenes de otras personas, recortándolas y pegándolas en los textos propios, como se hacía con los libros de bolsillo en los siglos xviii y xix, o con las pegatinas o los álbumes de recortes actuales. Algunas de las postales de los años setenta que hemos visto en los capítulos anteriores tenían caritas y animales dibujados a mano.

Como ya hemos comentado, los primeros ordenadores no eran mucho mejores que las imprentas: de hecho, la diversidad de caracteres y tipografías era incluso aún más limitada. Sin embargo, la gente empezó a diseñar márgenes y rótulos sirviéndose de los signos de puntuación, lo que generó un estilo conocido como ASCII, por los noventa y cinco caracteres imprimibles que ese sistema, que predominaba en los primeros ordenadores, permite codificar. Esta estrategia decorativa ha ido sofisticándose a medida que el código ASCII iba aumentando su repertorio de caracteres de texto. El aprovechamiento de estos caracteres con fines decorativos es más antiguo todavía, ya que se remonta a los tiempos de los impresores y sus tipos móviles. El texto escrito en estilo ASCII que aparece a continuación, por ejemplo, usa guiones, barras inclinadas, barras bajas, y algunos paréntesis y apóstrofos ocasionales que permiten crear letras huecas en las que se puede leer «ASCII art». El repertorio de símbolos empleado para dar forma al conejito es un poco mayor, ya que incluye comillas dobles y signos de igual. Existen ejemplos más ambiciosos, compuestos con miles de símbolos que permiten dar forma a complejos sombreados o a escenas completas.

```
    _    ____   ____ ___ ___                _   
   / \  / ___| / ___|_ _|_ _|   __ _ _ __| |_ 
  / _ \ \___ \| |    | | | |   / _` | '__| __|
 / ___ \ ___) | |___ | | | |  | (_| | |  | |_ 
/_/   \_\____/ \____|___|___|  \__,_|_|   \__|

 (\_/)
(='.'=)
(")_(")
```

La representación de la gestualidad en internet dio un gran salto hacia adelante gracias a un importante fallo de comunicación que se produjo en la intranet de la universidad de Carnegie Mellon, en Estados Unidos. El tono empleado en los mensajes que se enviaban en esa red era por lo general bastante serio: se anunciaban conferencias del Departamento de Informática, se daban avisos de objetos perdidos y se mantenían encarnizados debates sobre política o tipos de teclado. Pero un día de septiembre de 1982, los miembros de esta red de mensajería empezaron a desvariar, enviando preguntas absurdas sobre física aplicada a ascensores en caída libre. Alguien preguntó que qué pasaría si se ataba un globo de helio a un ascensor y se cortaba su cable de sujeción, o, se planteó otra persona, si metiéramos un montón de palomas en el ascensor en cuestión. ¿y si las palomas estuvieran respirando helio? —aventuró un tercero—, ¿harían sonidos más agudos? Un cuarto lanzó una idea para un experimento similar: ¿y si pusiéramos una gotita de mercurio y una vela encendida dentro del ascensor?

Lamentablemente, como lingüista no puedo dar respuesta a ninguna de estas preguntas, pero sí que me interesa la situación que generaron. Alguien decidió seguir con la broma y enviar el siguiente mensaje: «¡ATENCIÓN! Debido a un reciente experimento de física el ascensor de la izquierda está contaminado de mercurio, y también se ha producido un pequeño incendio que ha generado algunos desperfectos. Se prevé que el proceso de limpieza finalice antes del viernes a las ocho de la mañana». Y llegó el problema. Hubo gente que se conectó en ese momento al sistema de mensajería y solo vio esta última advertencia de broma, sin reparar en todo el contexto previo. Pocas horas después, alguien tuvo que rectificar y aclarar que el aviso era mentira: «Pido disculpas por arruinar la broma, pero hay gente que se está empezando a enfadar y nunca es buena idea gritar "¡fuego!" en un sitio abarrotado…». Tras el percance, hacía falta encontrar una solución. Los miembros de la red de mensajería se pusieron a lanzar ideas que ayudaran a dejar claro si un mensaje era una broma (porque no era la primera vez que la gente se había tomado en serio una broma). Se propusieron diferentes opciones, como añadir un asterisco*, un signo de porcentaje % o una y comercial & en el asunto del mensaje, asignar un «valor humorístico» entre 0 y 10 a cualquier texto que se enviara, crear un sistema de mensajería aparte, solo para bromear, usar la secuencia {#} porque «recordaba a unos labios entreabiertos con los dientes asomando entre ellos», o la secuencia _/, similar a la forma de una sonrisa. Sin embargo, la opción que acabó imponiéndose a las demás fue la que sugirió el profesor

Scott Fahlman. A continuación, incluyo el mensaje original que mandó, rescatado de los polvorientos archivos informáticos de los ochenta, una época en la que todavía se almacenaba información en carretes de bobina abierta:

> *19-Sep-82 11:44 Scott E Fahlman :-)*
> *From: Scott E Fahlman <Fahlman at Cmu-20c>*
> *I propose the following character sequence for joke markers:*
> *:-)*
> *Read it sideways. Actually, it is probably more economical to mark things that are NOT jokes, given current trends For this, use:*
> *:- (*[17]

La idea de la cara sonriente simplificada ya venía de lejos, por lo que la propuesta de Fahlman de inclinar la cabeza para leerla se entendió sin problema. También era fácil de escribir con el teclado, lo que ayudó a que otros miembros de la red no tardaran en adoptarla. Dos meses después el uso de las caras inclinadas en los textos ya había trascendido los límites de Carnegie Mellon, y las variaciones creativas de la idea no tardaron en proliferar, incluyendo ejemplos que ya no eran caras, como el corazón <3 o la rosa @>-->--. Gran parte de las creaciones más elaboradas circularon más en listas de ejemplos in-

[17] Propongo la siguiente secuencia de caracteres como marcadores de bromas: :-)
Inclinad la cabeza a la izquierda y leedlo. De hecho, quizá sea más conveniente marcar los mensajes que NO sean bromas, en vista de cómo están las cosas. En ese caso, usad :- (

geniosos que en el uso real (no está muy claro cuándo alguien va a necesitar invocar la presencia de Abraham Lincoln como emoticono, pero en cualquier caso, aquí lo tenemos ==(:-)=, con su sombrero y su barba sin bigote). Unos cuantos imprescindibles, como :-) :-(;-) :'-(:-P, así como sus variantes sin nariz :) :(;) :'(:P, se consolidaron como los más populares.

Este tipo de símbolos recibieron el nombre de «emoticonos», del inglés *emoticon* y, a su vez, una combinación de las palabras «emoción» e «icono». Usar emoticonos es muy práctico porque permite incorporar el elemento facial al flujo de texto, al mismo nivel que las palabras, sin tener que recurrir a una imagen grande y difícil de manipular, que obligue a hacer un salto de línea, incluso cuando está creada a partir de los mismos caracteres ASCII que se hayan empleado en el resto del texto. Del mismo modo que los gestos y las expresiones faciales encajan como un guante en el discurso oral, los emoticonos compuestos a base de signos de puntuación pueden acompañar directamente a los textos que escribamos en nuestros dispositivos.

Este nuevo recurso gráfico pasó a rellenar un importante hueco expresivo, por lo que no tardó en crecer y evolucionar. El significado de una sonrisa simple mutó tras la propuesta de Scott Fahlman, y pasó de reflejar cierta ironía a remitir a un sentimiento netamente positivo, sin dobleces, un marcador de sinceridad. «Qué bien :)» es un enunciado honesto, carente de sarcasmo. Por otra parte, la nariz cayó en desuso para los usuarios más jóvenes: en 2011, el lingüista Tyler Schnoebelen llevó a cabo un estudio sobre el uso de emoticonos en Twitter, gracias al que descubrió que quienes usaban emoticonos con nariz eran usuarios que solían mencionar en sus tuits a famosos como Ashton Kutcher y Jennifer Lopez, mientras que las variantes sin apéndice nasal eran las preferidas de los usuarios que mencionaban a Justin Bieber, Miley Cyrus, los Jonas Brothers y Selena Gomez (para quien me lea en el futuro y no tenga un máster en Cultura Pop Estadounidense de Principios del Siglo XXI, aclaro que Justin Bieber y quienes he mencionado con él eran muy populares entre los adolescentes de 2011, pero que Kutcher, Lopez y compañía pertenecían a una generación anterior de *celebrities*. Esta división parece confirmar con claridad que las personas más jóvenes estaban empezando, en ese momento, a suprimir las narices de los emoticonos).

Más o menos al mismo tiempo que los emoticonos empezaban a despegar en Estados Unidos y en las redes de contactos en las que el inglés era la lengua más corriente, otro tipo de caras digitales se estaba desarrollando en el seno de una de las primeras redes de ordenadores que se creó en Japón, llamada ASCII Net. Recibieron el nombre de kaomoji, del japonés *kao* (顔 'cara') y *moji* (文字 'carácter o símbolo'). Los kaomojis son similares a los emoticonos, pero no es necesario inclinar la cabeza para leerlos, lo que permite que en teoría cualquier símbolo repetido puede hacer las veces de ojos, y no solo los dos puntos :) o el símbolo de igual =). Los kaomojis más emblemáticos, como el que expresa alegría ^_^, el del llanto T_T o del asombro o.O son casi tan antiguos como los emoticonos; hay quien dice que empezaron a usarse en 1985 o 1986.

El énfasis que los kaomojis ponen en los ojos era muy importante, porque hablaba de una diferencia cultural en la representación de las emociones mucho más profunda. Cuando los investigadores enseñaban a personas de Asia Oriental y de países occidentales imágenes de caras representando diferentes emociones, las personas asiáticas tendían a identificarlas basándose en los ojos, mientras que las occidentales se fijaban mucho más en la boca. Se trata de una diferencia que podemos apreciar fácilmente si comparamos el manga y el anime con los dibujos animados occidentales, y que las caras que configuran los emoticonos y los kaomojis confirman: tanto :) como :(tienen los mismos ojos, pero sus bocas varían, mientras que en ^_^

y T_T lo que cambian son los ojos, mientras que las bocas son secundarias, y en ambos casos hablamos de representar alegría y tristeza. Algunos kaomoji han tenido más recorrido en el contexto anglosajón, especialmente los que narran acciones que implican a más partes del cuerpo, y no solo los ojos, como el kaomoji que se encoge de hombros ¯_(ツ)_/¯, desde 2014, el que lleva una flor en el pelo (◕‿◕✿), desde 2013, o el que vuelca una mesa (╯°□°)╯︵ ┻┻, desde 2011. Sin embargo, los kaomojis que concentran toda la emoción en los ojos parecen requerir de un cierto nivel de familiaridad con un conjunto de convenciones culturales que la mayoría de hablantes de inglés simplemente no tiene (a no ser que sean fanes del manga o del anime).

A finales de los años noventa ya era posible incluir imágenes en cualquier página web; bastaba con dar con el cable correcto para conectar nuestras flamantes cámaras digitales al ordenador o darse una vuelta por las páginas de GeoCities de nuestros conocidos para dar con el *gif* de «estamos en obras» que más nos gustara. Sin embargo, en Japón ya estaba surgiendo una nueva moda que iba un paso más allá que los kaomojis: el envío de imágenes a través de los teléfonos móviles. Por desgracia, era una moda muy poco práctica, porque se trataba de archivos muy pesados que aún era costoso enviar. En 1997, la operadora de telefonía móvil japonesa SoftBank dio con una solución; ¿y si codificaba las imágenes más típicas del mismo modo que codificaba los caracteres de texto? Después de todo, cuando mandamos a alguien una letra A el móvil no envía cada puntito, píxel a píxel, para que se pueda crear la *imagen* de la letra A. Lo que el móvil manda es un código numérico del tipo 0041, que el móvil que lo recibe identifica y, en consecuencia, proyecta la A. Si bastara con mandar un número (el 2764, por ejemplo) para hacer llegar un corazón ❤, el proceso sería bastante más rápido que teniendo que enviar la imagen, así que el departamento de diseño de SoftBank creó breves códigos numéricos para noventa pequeñas imágenes, entre las que se incluían iconos para aplicaciones meteorológicas, de transporte y deportivas, así como corazones, manos y unas pocas caras que se parecían mucho a los kaomoji. Y así nacieron los emojis, de los que ya hemos hablado.

Aunque la palabra «emoji» se parezca a «emoticono» («emoción» + «icono»), en realidad procede del japonés *e* (絵, 'imagen') y *moji* (文字, 'carácter o símbolo'), el mismo *moji* que ya vimos en kaomoji. Esa coincidencia probablemente ayudó a que la palabra calara entre los hablantes de inglés o de español, pero acostumbrarse a teclear los códigos para cada símbolo no era tan sencillo. Estas pequeñas imágenes, que se enviaban con tanta facilidad, se popularizaron rápidamente en Japón, y otros operadores de telefonía se apresuraron a añadir sus propios grupos de emojis. Por desgracia, acabaron topándose con un problema, y es que la razón de ser de los emojis era el ahorro de espacio que propiciaban los códigos numéricos, pero cada fabricante de teléfonos ofrecía unos emojis distintos, que se correspondían con códigos numéricos también distintos. La consecuencia de esto es que si, por ejemplo, alguien era de la compañía DoCoMo y mandaba un emoji de un corazón a alguien de SoftBank, esa persona podría recibir un cuadradito negro indescifrable, nada en absoluto o, peor todavía, un símbolo totalmente diferente, como un paraguas o una nota musical (una confusión muy recurrente era que los usuarios de DoCoMo se pensaban que estaban enviando el símbolo de Tauro, el signo del Zodiaco, pero los terminales de la compañía KDDI recibían una vaca normal y corriente, lo que generaba situaciones… curiosas).

El organismo encargado de estandarizar los códigos numéricos que corresponden a las letras, las cifras y los signos de puntuación es el Consorcio Unicode, un pequeño comité de personas, mitad obsesos de la tecnología mitad frikis de la tipografía, que en su mayoría son miembros de las principales empresas tecnológicas y que intentan garantizar que, cuando copiamos y pegamos unas comillas de un programa a otro, o las escribimos en un dispositivo y las visualizamos en otro, no se transformen misteriosamente en algo como â€™. Se trata de un problema que apenas se da en lenguas como el inglés (tuvo el privilegio de que sus letras fueran de las primeras en codificarse), pero en otras lenguas puede llegar a ser algo muy frustrante, y así lo reflejan los nombres que recibe este problema: en japonés hablan de *mojibake*, 'transformación de caracteres' (ese *moji* es el mismo que el de «emoji»); en ruso se llama *krakozyabry*, 'caracteres basura'; en alemán, *Zeichensalat* 'ensalada de caracteres' y en búlgaro, *majmunica* '(alfabeto) de monos'. Multipliquemos esto por todos los símbolos de todos los alfabetos de todas las lenguas del mundo, añadamos los signos de notación matemática, las notas musicales y más de seiscientos tipos de flechas (sí, seiscientos, va en serio), y *voilà*, ahí tenemos el poco vistoso pero crucial trabajo de monos-ensalada-basura-transformación que Unicodâ€™ lleva haciendo desde 1987.

Los miembros del Consorcio Unicode no estaban ahí para convertirse en la Patrulla Emoticonos, y siempre se esforzaron por dejarlo bien claro. En el año 2000, cuando los emojis empezaron a popularizarse en Japón, excusaron su implicación en el asunto, dejando que DoCoMo, SoftBank y KDDI debatieran entre ellos cómo armonizar la compatibilidad de sus caracteres (o, en algunos casos, cómo configurarla, directamente), porque, si mandar imágenes pequeñas codificadas como si fueran texto no iba a pasar de ser una moda pasajera de un país concreto, su gestión no le correspondía a una organización internacional de estandarización. Pero los emojis se hicieron fuertes en Japón y las multinacionales tecnológicas empezaron a no poder fingir que no existían: a Gmail empezó a hacerle falta que sus usuarios japoneses pudieran enviar y recibir correos electrónicos con emojis. Apple quería vender sus iPhones en Japón, pero la población japonesa no quería comprar teléfonos que no le permitieran usar emojis. Bastaron diez años para que nadie tomara a los emojis como una moda pasajera: en 2010 Unicode empezó a gestionarlos.

Pero ¿qué emojis? Para cuando llegó ese momento, el repertorio inicial de noventa emojis codificado por SoftBank se había ampliado con las aportaciones de otros operadores de telefonía, por lo que la primera lista de emojis que se integró en Unicode contaba con 608 símbolos que ya eran de uso común en Japón. Una vez codificados, los emojis llegaron a los dispositivos de Apple en 2011 y a los de Android en 2013. El respaldo internacional y la compatibilidad entre dispositivos de diferentes tipos resolvió el problema inicial de los usuarios japoneses y, de paso, ayudó a que los emojis cobraran popularidad fuera del país nipón. Y vaya que si se hicieron populares: solo cinco años después de su salto a la escena internacional, el emoji más popular, el de la cara que llora de la risa 😂, superó en uso al emoticono más utilizado, el de la sonrisa :).

Sin embargo, a medida que la cantidad de gente que usaba emojis empezó a aumentar exponencialmente, comenzó a ser evidente que ni siquiera 608 símbolos eran suficientes. La gente empezó a preguntarse «Si tenemos un unicornio y un dragón, ¿por qué no un dinosaurio? Si hay un hombre con turbante, ¿por qué no una mujer con hiyab? Si hay sushi y hamburguesas, ¿por qué no tacos y empanadillas?». Se añadieron todas estas propuestas, muchas de ellas gracias a peticiones de personas anónimas que fueron capaces de entender el formulario de solicitud de la web de Unicode, o que contaron con la ayuda de una organización crucial en los procesos de propuesta de incorporación de emojis: Emojination. En cualquier caso, el repertorio de emojis sigue en expansión; el Consorcio

Emoji continúa aceptando propuestas y codificando en torno a un centenar de emojis al año.

Pero incluso con ese ritmo de expansión, el proceso de ampliación de Unicode no deja de ser lento y concienzudo. En su esencia, Unicode sigue siendo un sistema de codificación único, uniforme y universal. Su objetivo es crear símbolos que funcionen en cualquier dispositivo que se use en el mundo o que se vaya a inventar en las próximas décadas. Se acabaron los cuadraditos negros cuando el móvil no reconoce un emoji. Esto implica que, en el momento en que Unicode añade un símbolo a su repertorio, lo hace para siempre (eliminarlo iría contra el propósito de crear un único estándar unificado). Ese es el motivo por el que Unicode no acepta propuestas de emojis que representen a personas famosas o a referencias de la cultura popular: durante un tiempo tendrían su gracia, pero a nuestros tataranietos no les va a hacer falta tener unos teclados plagados de caras de estrellas del pop de principios del siglo xxi con una canción famosa y poco más. Para dar una respuesta a esta necesidad, existen *apps* específicas que ofrecen imágenes relacionadas con la actualidad como si fueran emojis, pero que permiten enviarlas como archivos normales de imágenes, en lugar de como si fueran caracteres codificados. Son las conocidas como aplicaciones de *stickers* o las que permiten customizar los menús de emojis de los dispositivos. Y por supuesto, también están los *gifs* y las imágenes convencionales que podemos sacar o buscar nosotros mismos.

Mientras la fiebre de los emojis se va calmando y nos vamos adentrando en una etapa de uso normalizado que no llama la atención ni acapara titulares a diario, no podemos olvidar el poso innegable que los primeros emoticonos y emojis han dejado en nuestra comunicación. En apenas unos pocos años, los que abarca una generación de usuarios de internet, nuestras expectativas con respecto a lo que podemos expresar con la escritura informal han cambiado radicalmente. Ya no nos basta con relegar la comunicación más compleja a canales que permiten transmitir nuestra voz y la imagen de nuestras caras mientras hablamos: hemos pasado a exigir que nuestra escritura también sea capaz de expresar sin problema lo que queremos decir y, lo que es más complicado, cómo lo estamos diciendo. Cualquier solución habría tenido que sortear obstáculos similares a los que han superado los emojis, pero ¿a qué se debe su éxito fulgurante?, ¿cuáles son sus puntos fuertes, esos que sus hipotéticos rivales del futuro tendrán que superar?

Por qué los emojis ganaron la partida

Si nos centramos en aspectos meramente técnicos, los emojis cuentan con varias ventajas significativas, que se pueden apreciar al compararlos, por un lado, con los emoticonos que se construyen con signos de puntuación y, por el otro, con los *gifs* animados. Los emoticonos son extremadamente fáciles de teclear, porque se componen de signos de puntuación con los que cualquier teclado ya cuenta de antemano, pero el número de las figuras reconocibles que podemos crear a partir de ese tipo de caracteres es limitado; nos vienen bien para poner un par de caritas sonrientes, pero, a medida que son más elaborados, empiezan a ser menos prácticos: a los usuarios de kaomojis no les queda más remedio que terminar instalando aplicaciones de expansión textual o googleando una y otra vez «hombrecito que se encoge de hombros» y haciendo copiapegas de ¯_(ツ)_/¯. Por su parte, los *gifs* son infinitamente más complejos, con sus caras reales, sus animaciones y sus líneas de diálogo superpuestas como si fueran subtítulos, pero tienen el problema opuesto a los emoticonos: hay tal variedad que es complicado dar con el que queremos, y son tan grandes y llamativos que no se integran en el texto con la armonía que cabría esperar (ocupan ellos solos una línea de texto entera, incluso en aplicaciones con sistemas de búsqueda de *gifs* integrados). Usarlos de vez en cuando tiene su gracia, pero incorporarlos a todas las frases de un texto es de todo menos práctico. Los emojis se sitúan en un cómodo término medio entre emoticonos y *gifs*. Los que más usamos aparecen sin esfuerzo en situación preferente dentro de nuestros menús, aunque siempre podemos explorar para buscar otros nuevos. Se entremezclan sin problema con el resto del texto, sin necesitar una línea para ellos solos, y es fácil copiarlos y pegarlos de una aplicación o dispositivo a otro, siempre que los que queramos usar estén dentro del sistema Unicode.

En cualquier caso, también es verdad que todos los *gifs*, los emoticonos y los emojis conviven en el mismo ecosistema, al que pertenece incluso alguna que otra palabra. El equipo de ingeniería de Instagram decidió averiguar cuál era el emoji más usado en su aplicación y crear una lista de palabras que los usuarios usaban en contextos similares. Resultó que el emoji en cuestión era el de la cara que está llorando de la risa, 😂, y que aparecía en frases donde también se podrían haber utilizado opciones como jajajaja, jaaaaaa, juajuajua, jejejeje, JAJAJA o *LOL*. También observaron que el corazón ❤ se podía sustituir sin problema por mua, muaaaaa, muak, besos, bsos, bss, te quiero, tq o tqm. Por último, también observaron cómo el emoji de la cara que llora desconsoladamente 😭 cumplía la misma función que joooo, ayyyy, pfffff y *OMG*. Cuando uno de los formatos no está disponible, los otros sirven para ofrecer alternativas: en un estudio llevado a cabo por los lingüistas Jacob Eisenstein y Umashanthi Pavalanathan se demostró que la gente que usa más los emojis se apoya menos en otros recursos expresivos, como los emoticonos tradicionales :), las letras repetidas (siiiiii), las abreviaturas (tb) u otras variaciones ortográficas creativas (lo 100to).

En cualquier caso, la cuestión de la representación de la corporalidad en el mundo digital tiene implicaciones más profundas, independientemente de que la hagamos mediante emojis, emoticonos, *gifs* u otras estrategias. Las expresiones faciales son, con diferencia, las más populares, y sin embargo es llamativo observar cómo la mayoría distan mucho de lo que entendemos por expresiones faciales normales. Cuando interactuamos con otras personas, solemos considerar que las expresiones más honestas son aquellas que afloran de forma involuntaria: esa carcajada, o ese sollozo que son casi imposibles de fingir. Y los emojis son de todo menos involuntarios. Todos ellos se mandan de forma deliberada: escogemos el que queremos mandar en concreto y sabemos que el resto de la gente hace exactamente lo mismo. Los emojis, y todos sus parientes, son, por definición, falsos. Si pensamos que son un reflejo fiel de nuestras sensaciones y del modo en que las expresamos es que tenemos un desajuste emocional bastante inquietante. ¿Cómo es posible que nos gusten tanto unos símbolos tan hipócritas? ¿Qué gracia puede tener vivir en un mundo en el que la gente va con una máscara puesta?

Un artículo publicado por las lingüistas Eli Dresner y Susan Herring da una respuesta bastante convincente a estas preguntas: en lugar de pensar en los emoticonos como recursos expresivos de las emociones, debemos considerarlos más bien como refuerzos deliberados a la intencionalidad de lo que estamos diciendo. Puede que esa intencionalidad y la emoción de lo que estemos diciendo se superpongan y que digamos, por ejemplo «He conseguido el trabajo :)» dejando claro que estamos muy contentos, pero a veces las expresiones faciales de los emojis que incluimos en nuestros textos son aspiracionales, del mismo modo que somos capaces de sonreír con educación cuando vamos a una ventanilla de atención al cliente, a pesar de que estemos teniendo un día horrible, simplemente para hacer que las cosas fluyan sin problema. Podríamos usar un emoticono sonriente frente a una frase como «se aceptan sugerencias :)» y estar más nerviosos que contentos ante la idea de recibir comentarios de los demás, pero incluimos la sonrisa para que nuestra petición parezca más educada. Es más, hay gente que usa emoticonos sonrientes en contextos que tienen muy poco de alegres. En su artículo, Dresner and Herring citan a una persona que escribe «Estoy hartísimo de todo :)»: se trata de alguien que no está contento, a quien su hartazgo no le provoca sonrisas precisamente, pero que quiere incluir una en su frase para indicar que no quiere que sus palabras se tomen como una queja. Por otro lado, el mismo enunciado, pero seguido de :(, podría ser un intento de buscar apoyo y comprensión.

El emoticono de sonrisa básica :), o el emoji correspondiente, ☺, son recursos muy versátiles para este tipo de supuestos. Pueden suavizar afirmaciones rotundas y convertir, por ejemplo, una exigencia en una petición más moderada, o un insulto lapidario en una bromilla inofensiva. Tal y como señala la psicóloga Monica Ann Riordan, escribir un insulto seguido de un emoticono sonriente no es lo mismo que insultar sonriendo, ni tampoco equivale a que nos regodeemos en nuestra propia maldad; en lugar de eso, cambia la intención del insulto y la convierte en una tomadura de pelo inofensiva. Un emoticono sonriente puede incluso expresar una negativa rotunda a algo, pero hacerlo de un modo muy cortés. En 2016 la periodista Mary H. K. Choi entrevistó a un grupo heterogéneo de adolescentes estadounidenses a propósito de su uso de las tecnologías y de los emojis, y publicó sus conclusiones en un artículo que apareció en *Wired*. Uno de los adolescentes entrevistados le explicó que, para ligar, el emoji que usaría sería el del corazón, pero que la peor respuesta posible que podría recibir de una chica sería el de la carita sonriente «Eso sería su "gracias, pero no me interesas"».

Dresner y Herring señalan que la lengua oral ya cuenta con una distinción inequívoca, tal y como descubrió el filósofo del lenguaje británico J. L. Austin en los años cincuenta del siglo pasado, para discernir las palabras que decimos del efecto que queremos que tengan en la realidad que nos rodea. Si decimos «viene un coche» puede que nuestra intención sea la de advertir («¡Apártate, que te atropella!»), la de constatar un plan (porque lo hayamos reservado previamente), o la de quejarnos («¡Yo pensaba que no había nadie más en esta isla desierta!»). Si decimos «Qué camiseta más bonita» podemos estar elogiándola, insinuando que la queremos o incluso criticando su uso («... pero ¿por qué la llevas puesta, si estamos en una sauna?»).

Contamos con numerosos recursos para comunicar el efecto que tenemos por objetivo: podemos añadir información explícita que aclare las cosas, como «¡Cuidado!» o «Te prometo que...»; también podemos añadir pausas estratégicas, hacer inflexiones en nuestro tono de voz, confiar en que el contexto compartido con nuestro interlocutor le proporcione las claves que queremos o también gesticular. Resulta que el lingüista Adam Kendon, experto en gestualidad, también ha recurrido a la idea de Austin de la existencia de intenciones tras los enunciados que verbalizamos como vía para explicar el papel de los emblemas en los procesos comunicativos; pensemos en lo que cambia decir «¡Buen trabajo!» dependiendo del gesto con el que lo acompañamos: si es un pulgar hacia arriba, se trata de una felicitación; si es un guiño, la celebración de una complicidad; si nos llevamos la mano a la cara con exasperación, estaremos dejando patente un fracaso, de manera sarcástica; y, si hacemos la peineta mientras lo decimos, será un insulto.

Y así, volvemos a otra de las razones que nos hace pensar que estamos en lo cierto cuando nos tomamos los emoticonos y los emojis más como rasgos gestuales que emocionales: si aceptamos esa premisa desaparece la aparente contradicción que existe entre las expresiones faciales que transmiten emociones y los emoticonos que, supuestamente, las representan. Vale, hablamos de constructos, pero también lo hacemos cuando se trata de pulgares hacia arriba, y eso no hace que su inclusión en los textos sea menos genuina. Si, por el contrario, decimos que la gente usa esos emoticonos y emojis de forma consciente para guiar a sus lectores hacia una interpretación de sus palabras, entonces se convierten en un recurso práctico y deseable, un modo de decir, en definitiva «Quiero aclararte cuáles son mis verdaderas intenciones».

En cualquier caso, ponernos una máscara no es lo peor que podemos hacer al comunicarnos. Si bien es cierto que un emoticono sonriente no siempre indica felicidad (esa que nos dibuja una sonrisa genuina e irreprimible), sí que se identifica con una sonrisa social, deliberada, del mismo modo que los signos de exclamación nos ayudan a no parecer brujas gélidas con corazones de piedra cuando redactamos un correo electrónico. Esa sonrisa puede expresar que estoy preguntando algo cortésmente, que no quiero avasallar con lo que digo, que estoy de broma, que estoy rechazando a mi interlocutor con delicadeza, o que estoy siendo pasivo-agresiva: «No, no, no estoy *para nada* enfadada ☺». No es que cada emoji cuente con su gesto análogo, sino que podemos usar uno u otro para alcanzar objetivos comunicativos similares.

Los gestos no son la única forma de comunicarse que tienen los cuerpos: están necesariamente ubicados en el tiempo y en el espacio, y los emojis pueden ayudarnos a expresar esas nociones en contextos virtuales. A veces no tenemos nada eminentemente informativo que decir a nuestro interlocutor, y lo único que queremos dejar claro es «Vale, lo entiendo», «te estoy escuchando» o «Sigo aquí, y me apetece continuar esta conversación contigo». En un espacio físico solemos transmitir esta información con el cuerpo: es fácil ver si una persona está próxima a nosotros, si nos presta atención o si ambos estamos prestando atención a lo mismo. Incluso estando en silencio, podemos valernos del contacto visual, el tacto o simplemente de comprobar que la otra persona sigue ahí (a no ser que uno de los dos sea muy muy retorcido). En los contextos virtuales, ser retorcido es la norma: solo dejamos constancia clara de que estamos ahí si lo explicitamos (excepto en algunos casos concretos como los videochats, los avatares de Second Life u otros juegos sociales).

Un modo muy sencillo de decirle a alguien que has visto su *post* en una red social es dándole a «me gusta». Puede servirnos para celebrar grandes hitos vitales, como una boda o el nacimiento de un bebé, pero también puede ser la antesala de otras cosas: si marcamos esa opción en el *post* de alguien y esa persona hace lo mismo en los nuestros, podríamos interpretarlo como una señal de que está abierta a establecer un contacto más estrecho. También puede ser una manera de zanjar conversaciones: cuando damos a «me gusta» en el *post* final de todo un intercambio de mensajes damos a entender a la otra persona que hemos visto lo último que ha dicho y que hemos decidido dar por terminada la charla. Los «me gusta» también se nos pueden volver en contra: existen «me gusta» de ultratumba, que damos por accidente en *posts* de hace mucho tiempo y que le revelan a alguien que hemos estado cotilleando su perfil en la sombra, remontándonos a años atrás.

Los emojis y los *gifs* nos dan la posibilidad de explicitar nuestra escucha activa con más intensidad: nos permiten no quedarnos en el mero «visto», sino llegar al «Te estoy escuchando y entiendo lo que me quieres decir». Oralmente solemos dejar claro que comprendemos a nuestro interlocutor repitiendo lo más importante que haya dicho o imitando alguno de sus gestos. Si digo «Perdona que haya llegado tarde, se me ha pinchado una rueda» y me contestan «¡Se te ha pinchado una rueda!», no es un signo de redundancia, sino de empatía. Del mismo modo, los terapeutas y *coaches* recomiendan que indiquemos a la gente con la que hablamos que la estamos escuchando reformulando las emociones que nos hayan transmitido. En consecuencia, si yo digo «Jo, se me ha pinchado una rueda viniendo hacia aquí», me podrían contestar «Pues vaya, menuda faena». Los emojis pueden servir para ambas reacciones: si decimos «Me gustaría ir a la playa este fin de semana», nuestros interlocutores pueden hacer eco del tema que hemos mencionado llenando su respuesta de emojis de caracolas, peces y cangrejos 🦀🐚🐟. Del mismo modo, si decimos «Te echo de menos 😭», nuestros interlocutores nos pueden decir que comparten nuestra tristeza replicando el mismo emoji «😭😭😭» o ir un paso más allá y respondernos con un *gif* que evoque tristeza. Ryan Kelly y Leon Watts son una pareja de investigadores que estudian las interacciones entre humanos y ordenadores, y en una ocasión entrevistaron a un conjunto heterogéneo de jóvenes adultos, principalmente del Reino Unido, para saber cómo usaban los emojis. Uno de los participantes describió a la perfección cómo le servían para reforzar el tema de la conversación y, al mismo tiempo, ponerle punto final a la misma: «Ayer estábamos hablando del día de las tartas, así que mandé varias [como emojis] y eso me sirvió para terminar la conversación. Creo que… sí, bueno, creo que es como decir que no tienes nada más que decir».

Más allá de las meras respuestas, intercambiar mensajes puede ser un modo virtual de pasar un buen rato con otras personas. Incluso cuando lo que escribimos apenas tiene un significado literal, siempre transmite un subtexto muy importante «mi intención es hablar contigo». El mero envío de un mensaje ya es un mensaje en sí, ya sea un emoji, un *sticker*, un selfi o un *gif*. Esta convención está particularmente asumida por la población adolescente, que con frecuencia quiere pasar tiempo con sus amistades de modos que para los adultos de su entorno son absolutamente intrascendentes. En palabras de uno de los participantes en el estudio de Kelly y Watts, «Empiezas a jugar con los emojis... Primero mandas una luna con una carita, te contestan con una vaca, respondes con una tortuga... y no quiere decir nada, pero te lo pasas bien... También puede ser una especie de juego en el que hay que adivinar lo que está diciendo la otra persona mediante imágenes». Una de las bazas que tienen las herramientas sociales para calar en el uso es su capacidad de facilitar la conversación al favorecer la interacción social sin aumentar la presión que supondría, por ejemplo, tener que mandar selfis o fotos del lugar en que nos encontremos. Es imposible ser conversadores ingeniosos y agudos todo el rato, sin descanso, y las herramientas comunicativas que reemplazan a la corporalidad de interacciones físicas, como los emojis, nos ayudan a aligerar esa presión.

A veces ni siquiera basta con la diversión que supone intercambiar emojis o selfis porque sí. Nuestros cuerpos (y los mundos que habitan) son coloridos y animados, y merece la pena echarles un ojo. Las palabras que vemos en un papel también son todo eso, pero menos. Después de todo, en el mundo físico no solemos sentarnos a charlar en habitaciones sin ventanas y con las paredes en blanco. Hacemos cosas juntos: cocinamos y comemos juntos, vemos una serie y luego hablamos sobre ella, vamos a dar una vuelta, intercambiamos cumplidos, comentamos lo monas que son nuestras mascotas... En las conversaciones digitales también incluimos elementos externos como excusas para romper el hielo o para conseguir que la cosa fluya: un *gif* de una tortuguita comiéndose una fresa, un *sticker* que hace referencia a algún aspecto de la cultura pop, un vídeo que nos recuerda a alguien, un vínculo que remite a alguna fuente que refuerza nuestra opinión con respecto a un tema, un filtro que nos pone orejas de animalitos en las fotos... Hay estudios que aseguran que ver vídeos de gatitos adorables mejora nuestro humor, y que, cuando vemos fotos de cachorritos de perro, nuestra reacción es similar a la que tenemos cuando las fotos son de bebés, así que los *gifs* se convierten en poco menos que una especie de moneda de cambio emocional, en un modo de mandarle a alguien pequeñas cápsulas de positividad. Un modo de pasarlo bien en comunidad en un entorno virtual que obliga a una mayor implicación de los participantes es jugar *online* con amigos a juegos inmersivos como Fortnite, League of Legends y World of Warcraft, o a otros más casuales, como Pokémon Go o Words with Friends.

La corporalidad y la proyección de cuerpos en entornos virtuales pueden sonar a utopías espaciales y a hologramas futuristas, pero lo cierto es que pocas cosas son tan antiguas como integrar al cuerpo en la comunicación, anterior a la escritura, tan antiguo como las propias historias, como el lenguaje en sí. Qué hace si no cualquier contador de historias que no sea, precisamente, usar su voz y su cuerpo para recrear personajes y sentimientos y evocarlos en las mentes de los demás. Hay muchas teorías que explican la evolución del lenguaje y su creciente eficiencia en términos de colaboración entre iguales y cotilleo: ser capaces de planear en grupo cómo cazar un mamut, recordar dónde crecen los frutos silvestres más ricos o no olvidar qué miembros de la tribu son más de fiar.

Tal y como sucedía con las propuestas fallidas para marcar el sarcasmo con signos de puntuación a las que ya nos hemos referido en el capítulo anterior, los hablantes de inglés han intentado durante generaciones reformar la ortografía de esa lengua, pero, como también sabemos en español, x mui lejible que sea 1 propuesta, nunk termina d kuajar ning1a. Lo máximo que han conseguido en inglés es la fragmentación, por ejemplo, de la escritura de palabras que acaban en *-our* o en *-ize,* que en algunas zonas del mundo anglohablante han mutado en *-or* y en *-ise,* mientras en otras áreas permanecen inalterables. Sin embargo, la competencia entre varios sistemas paralelos está lejos de suponer ventaja alguna. Y pasa lo mismo con otros ejemplos de reformas lingüísticas deliberadas: el esperanto es una lengua internacional particularmente exitosa entre las creadas de manera artificial, porque más de dos millones de personas han llegado a tener algún nivel de competencia en ella, frente a otras lenguas artificiales mucho mejor diseñadas que han ido languideciendo hasta caer en el olvido. Pero es que dos millones de personas es la cantidad de gente que usa emojis cada hora.

Los emojis no han triunfado por ser parte de una nueva lengua, sino, precisamente, por no serlo. En lugar de intentar competir con las palabras en su terreno de juego, los emojis suponen la incorporación de un sistema complementario que permite representar una nueva capa de significado. Ya teníamos cómo representar los sonidos aislados mediante letras, y también hemos desarrollado un sistema de representación de los tonos de voz usando los signos de puntuación y las mayúsculas, como vimos en el capítulo anterior. Pues bien, los emojis y otros recursos icónicos son el tercer pilar de nuestra comunicación: permiten representar nuestra gestualidad y el espacio físico en el que hablamos.

No sabemos si los emojis, *per se*, serán populares en los siglos venideros o se quedarán en una mera moda pasajera, pero tengo la intuición de que, ahora que hemos dado con una manera de poner por escrito los gestos y la intención de nuestras intervenciones, no vamos a dejar de cuidar y de dar espacio a esa corporalidad digital, aunque las herramientas específicas que usemos para ello vayan cambiando. Es obvio que hay diferencias entre la gestualidad y los emojis: el punto fuerte de los primeros es su movimiento; el de los segundos, su detallismo. No me preguntéis cómo decir «cumpleaños» con un gesto, o como lanzar un *frisbee* en emoji, porque no tengo ni idea, pero sus funciones esenciales, el modo en que se integran en nuestros sistemas comunicativos, son demasiado parecidas como para pensar que se trata de una casualidad.

Concebir los emojis como gestos permite abordar las cosas con cierta perspectiva: cuando se nos pasen por la cabeza preguntas tan peligrosas como «al mismísimo Shakespeare le bastó con tener palabras para escribir su obra, ¿por qué a nosotros no nos basta?», podemos parar por un momento y darnos cuenta de que las palabras no le bastaron ni siquiera al mismísimo Shakespeare. Buena parte de los que el inglés escribió fueron obras de teatro, pensadas no para ser leídas, sino para ser representadas por actores. ¿A cuántos nos ha costado Dios y ayuda leer los textos de Shakespeare totalmente descontextualizados, cuando íbamos al colegio, pero hemos visto cómo cobraban vida y sentido al verlos interpretados encima de un escenario? O, por tomar un ejemplo más actual, cuando el libro *Harry Potter y el legado maldito* salió en papel, generó opiniones encontradas: por regla general, quienes lo vieron en el teatro lo disfrutaron bastante, pero las opiniones de quienes se limitaron a leerlo fueron más dispares. Si ni siquiera Shakespeare y J. K. Rowling son capaces de hacer que un diálogo desprovisto de gestualidad corporal suene natural, ¿qué vamos a esperar de Prosaiko_95, nuestro usuario medio de internet?

Además, la relación de los emojis y los gestos con el concepto de «universalidad» no termina de estar clara. Partamos de la base de que ambos recursos permiten superar barreras a las que las palabras no llegan; vamos, yo tengo claro que si me abandonaran en una isla donde nadie hablase mi lengua, me tranquilizaría bastante saber que puedo echar mano de los gestos o de los emojis para hacerme entender. La mímica y los dibujitos me ayudarían mucho, sí, pero, al mismo tiempo, habría infinidad de cosas particularmente específicas o detalladas para las que no me servirían, recordemos los gestos que podían ser obscenos en según qué lugares, o los emojis que representan objetos de uso eminentemente japonés. Ni siquiera la comunicación a través de imágenes está libre de implicaciones culturales. Las «historias» que la gente cuenta con emojis se organizan de izquierda a derecha o de derecha a izquierda, dependiendo de la dirección del sistema de escritura, y las personas que no están alfabetizadas tienen muchas dificultades para seguir narraciones planteadas linealmente o, simplemente, asimilar dibujos simplificados, como pueden ser los emojis. Por si fuera poco, ni emojis ni gestos son particularmente útiles para emular una de las cualidades más poderosas del lenguaje: su capacidad para evocar ideas difíciles de visualizar. Por ejemplo, los científicos nucleares se las han visto y deseado para comunicar el concepto «Peligro: residuos nucleares», en principio, bastante simple, de un modo que siga siendo funcional dentro de cien años: ¿un círculo partido por una raya inclinada? No, se puede confundir con la señal básica para «prohibido el paso». ¿Una calavera sobre dos tibias? Tampoco, porque recuerda más a piratas que a otra cosa. Ojalá las cosas fueran de otra manera, pero lo cierto es que hoy por hoy no existen demasiadas soluciones comunicativas totalmente universales.

En cualquier caso, esta comparación entre gestos y emojis nos puede ayudar a tomar decisiones rápidas. El catedrático de Derecho Eric Goldman asegura que los jueces y los jurados tienen problemas para interpretar el sentido de los emojis del mismo modo que, durante mucho tiempo, los han tenido para desentrañar el sentido de los gestos y de los signos de puntuación. Los tribunales ya se han visto en la tesitura de tener que decidir si una mano suspendida en el aire era una amenaza, qué gestos tenían connotaciones pandilleras, o qué significaban exactamente ciertas comas. En la misma línea, hay tribunales que han interpretado un emoji sonriente como indicador de que algo era una broma, mientras que otros han tomado el mismo icono como un simple símbolo de alegría. En una lista de ejemplos de emojis que han aparecido en diferentes casos judiciales recopilada por Marshall Project, la organización que cubre noticias judiciales estadounidenses, con frecuencia se consideran pruebas de la intención de quien los haya enviado: el emoji de la pistola de agua puede indicar una amenaza o no, una cara sacando la lengua basta para eximir a un *post* de ser violento o compartir un vídeo con imágenes sensibles junto a un emoji sonriente y un corazón implica cierto «gusto retorcido».

Ampliar la gama de recursos que podemos usar para expresar nuestras intenciones puede incluso llegar a mejorar nuestra capacidad de interpretar el estado de ánimo. Si nos fijamos en la historia de la literatura, los textos clásicos y medievales se limitaban a describir lo que hacían los personajes (darse la mano, tirarse de los pelos), y no tanto lo que les pasaba por la cabeza, algo que no empezó a suceder hasta el inicio de la edad moderna, cuando las historias empezaron a incluir monólogos en los que los personajes reflexionaban en voz alta sobre cuestiones que les daban que pensar (pensemos en Hamlet o en Julieta divagando sobre sus propias muertes, por ejemplo). Con la aparición de la novela, los narradores omniscientes pudieron hablar de los estados de ánimo de los personajes incluso cuando estos no los comprendían completamente, y los autores modernistas de principios del siglo xx se esforzaron por evocar en la mente de sus lectores estados de ánimo concretos a través de sus textos. Como era de esperar, los investigadores no han tenido problema en confirmar que las personas que leen mucha ficción tienen más facilidad para comprender los sentimientos ajenos que quienes apenas leen relatos o novelas o quienes, directamente, no se interesan en absoluto por la ficción. El siglo xxi nos está llevando un paso más allá: los emojis y el resto de recursos de los que hemos hablado nos hacen ser más que meros lectores de estados mentales de otros: nos permiten ponerlos por escrito. Puede que esa generación joven de internautas que se queja de que sus padres no son capaces de captar su tono en los textos que escriben estén apuntando a algunas claves bastante importantes.

Esta idea de los estados de ánimo puede tranquilizar a todas esas personas preocupadas por la creciente invasión de emojis y rasgos de oralidad en los trabajos de los estudiantes. A pesar de que la expresión de las emociones en la escritura informal es cada vez más profunda y sutil, los textos de escolares se han mantenido en nuestro imaginario como ejemplo de formalidad que persigue unos objetivos determinados. Es impensable que alguien escriba «*OMG*, la mitocondria es el centro neurálgico de las células, qué fuerte 😂», del mismo modo que hace cien años también habría sido impensable escribir «Por Dios, qué ven mis ojos: la mitocondria es el centro neurálgico de las células, qué cosa harto increíble». Incluso los científicos que son tan frikis como para alcanzar tal grado de excitación hablando de mitocondrias se ven en la necesidad de fingir ser personas serias si lo que quieren es ver sus trabajos publicados en revistas de prestigio. Entendemos la escritura formal como una forma de expresión carente de emociones y expresividad gestual.

No obstante, la formalidad no tiene por qué ser requisito indispensable en todos los textos que escribamos. Son muchas las facetas de nuestra vida, desde nuestros hábitos alimentarios hasta nuestro estilo al vestir, en las que manejamos todo un espectro de opciones, que van desde lo formal hasta lo informal, con infinidad de posibilidades intermedias. ¿No sería genial que hiciéramos lo mismo con nuestro estilo al escribir? El punto al que nos estamos aproximando, gracias a la tipografía y a los recursos visuales, es el de disponer de un repertorio de estrategias comunicativas que nos permiten transmitir nuestras intenciones y compartir espacios virtuales. No todos explotamos ese repertorio al completo: hay quien prefiere los emojis, o se inclina más por los viejos emoticonos o abreviaturas, o quien opta por escoger las palabras que le resultan más ingeniosas, cambiar de línea o puntuar sus textos de formas muy específicas. Pero lo que está claro es que todos echamos mano de uno u otro elemento, y que, si no lo hacemos, el ciberespacio será para nosotros un medio «alienante e insatisfactorio». Damos tanto por sentado que el discurso informal, que es el primero que aprendemos a manejar, nos permite expresar nuestras emociones, que es necesaria la explosión de un nuevo género, la escritura informal, para que reparemos en ellas. Pero ahora que ya tenemos toda nuestra paleta de colores emocionales, es momento de buscar un lienzo en el que plasmar toda esa riqueza: ampliemos nuestros horizontes y echemos un ojo a las conversaciones.

Capítulo 6

¿Cómo cambian las conversaciones?

Es probable que no recordéis cuándo aprendisteis a andar, lo que quizá os haga pensar que fue algo bastante sencillo, pero ¿habéis visto alguna vez a un robot intentarlo? Circula un vídeo en el que un humanoide repleto de cables logra caminar sobre sus dos piernas… solo si, a la vez, sube y baja el puño cerrado. En otro vídeo, un exoesqueleto metálico se balancea peligrosamente de lado a lado a cada paso que da, haciendo que las personas que lo rodean no dejen de extender las manos y prepararse por si hubiera que rescatar un invento tan costoso de una caída fatal. Los robots de cuatro patas se las apañan bastante bien, pero los de dos no llegan a hacerlo mucho mejor que cualquier persona de tres años… cuando ya han pasado más de dos décadas desde que un ordenador fuera capaz de ganar una partida de ajedrez a un gran maestro internacional, a mediados de los noventa del siglo pasado.

Si pensamos en tipos de lenguaje difíciles, con frecuencia nos vienen a la mente elocuentes discursos públicos perfectamente declamados, o poemas capaces de llegar a lo más profundo de nuestros sentimientos: son «el ajedrez» del lenguaje. Llevamos mucho tiempo siendo capaces de hacer gala de este tipo de manifestaciones lingüísticas, desde antes de que existieran los ordenadores, incluso. Lo difícil, con el lenguaje, es «andar»; esas conversaciones cotidianas que aprendimos a mantener, pero olvidamos que habíamos aprendido prácticamente al mismo tiempo que aprendíamos a andar y también olvidábamos cómo lo habíamos logrado. Es similar a lo que nos pasa con el tono de voz o los gestos, a los que no prestamos atención hasta que tenemos que gestionarlos o reproducirlos electrónicamente: el intercambio de intervenciones que se produce en una conversación se convierte en algo sorprendentemente complejo cuando intentamos reproducirlo de forma artificial.

Y, sin embargo, a pesar de todo, andamos igual que han venido haciendo nuestros ancestros desde hace unas cuantas generaciones. Si queremos aprender a jugar al ajedrez, podemos consultar cualquier manual que contenga las reglas más importantes, pero con las conversaciones la cosa no funciona así: se rigen por normas más fluidas, que surgen de la negociación continua entre los interlocutores y, en concreto, si nos centramos en las conversaciones que se desarrollan a través de dispositivos electrónicos, se trata de normas sujetas a cambios constantes.

El primer punto de inflexión tecnológica de las conversaciones llegó de la mano del teléfono (vale, sí, el telégrafo también tuvo lo suyo, pero su uso no llegó a generalizarse en el ámbito doméstico). Hasta ahora, los análisis de los estilos comunicativos han salido del paso asimilando las conversaciones telefónicas a la oralidad en general o, directamente, ignorándolas, pero lo cierto es que se trata de un aparato absolutamente crucial para comprender el modo en que han cambiado las normas conversacionales en los últimos tiempos. En su momento, fue tan revolucionario como internet unas décadas después: antes de su invención, las conversaciones eran o bien orales y en tiempo real con gente que estuviera físicamente a nuestro lado, o bien escritas (y lentas) con quien nos pillara más lejos. Con la llegada del teléfono, de pronto se hizo posible tener conversaciones orales en tiempo real con gente sin importar la distancia a la que se encontraran, a cualquier hora del día o de la noche. El conjunto de reglas acordadas progresivamente entre los hablantes, durante siglos en el caso de la palabra escrita, y milenios si hablamos de las conversaciones cara a cara, cambiaron drásticamente. Una revolución que generó infinidad de problemas similares a los que afrontamos actualmente en internet. Abundan las evidencias de lo inciertos que fueron esos primeros momentos en los que el teléfono empezó a popularizarse en la sociedad, pero se han ido borrando del imaginario colectivo presente. Incluso quienes viven de espaldas a internet tienen los teléfonos perfectamente integrados en sus rutinas. Por eso es tan útil no perder de vista a ese aparato como referencia, ahora que cada vez es más imposible imaginar la vida sin internet.

Es muy fácil celebrar la explosión de posibilidades de expresión emocional que se está produciendo en la escritura informal, ¡que vivan las mayúsculas y su uso irónico! ¡A tope con los emojis! ¡Un hurra por los *gifs*! Sin embargo, con las conversaciones, la tendencia es la opuesta: mitificamos los años dorados en los que la gente tenía conversaciones «de verdad», deseamos que las llamadas telefónicas, los correos electrónicos y los *posts* de Facebook sigan teniendo esa chispa de emoción y sentimiento, y sean algo más que un flujo incesante de golpes de teclado, bandejas de entrada a rebosar y felicitaciones de cumpleaños de personas cuya existencia habíamos olvidado. Queremos que nuestras amistades se unan a la enésima red social que se crea, que nos deja de gustar en el momento en que comprobamos que también está la gente que nos cae mal, sin darnos cuenta de que esa gente también tiene amigos en esa misma red social...

Quizá sea mejor partir de una premisa diferente: toda conversación surge del deseo de sus participantes de satisfacer una necesidad. Puede que no la recordemos, que no sea nuestra, o que no estemos dispuestos a admitirla, pero con frecuencia es una necesidad que podemos aprender a comprender si prestamos atención. Si intentamos entender las necesidades que la tecnología que ahora nos parece obsoleta nos ayudaba a satisfacer en el pasado, podremos entender lo que está en juego en las comunicaciones actuales. Es muy difícil lanzarnos a desentrañar las batallas actuales sobre cuál es la mejor manera de saludar en un correo electrónico, o hasta qué punto es de mala educación responder un mensaje mientras estamos hablando con otra persona: seguro que ya hemos escogido bando en todas ellas. Sin embargo, si echamos un vistazo a las polémicas del pasado, con el objetivo de comprender qué buscaba la gente, y dándonos cuenta de hasta qué punto lo que una vez protagonizó feroces disputas hoy en día nos parece ridículamente banal, quizá seamos capaces de no tomarnos tan a pecho las polémicas actuales y podamos, simplemente, maravillarnos ante el hecho de que existan varias normas de etiqueta que operan de forma simultánea, en lugar de refunfuñar y quejarnos de que los demás lo hacen todo mal. Las tecnologías que hoy tachamos de nuevas e inferiores serán, en el futuro, motivo de añoranza para alguien; las tecnologías que hoy añoramos fueron, en su momento, las versiones nuevas e inferiores de otras personas.

El correo electrónico y las expresiones fáticas

Cuando estaba en el instituto, solía hacer un experimento lingüístico con mis compañeros y compañeras, al que ellos se prestaban de forma absolutamente inconsciente: en los cambios de clase deambulábamos por los pasillos saludándonos con un «¡Hola!» o un «¿Qué tal estás?»; yo respondía, con total naturalidad, con un saludo que no encajaba con el que me habían hecho: por ejemplo, a «¡Hola!» contestaba con un «Bien, ¿y tú?», y a quien me preguntaba «¿Cómo estás?» le respondía «¡Hola!». Me encantaba comprobar que la gente parecía no darse cuenta; si yo lo decía con naturalidad, la gente se conformaba sin problemas con recibir una respuesta «incorrecta» a sus saludos. Solo se desconcertaban cuando yo vacilaba al contestar (¡haced la prueba!). Yo no entendía lo que pasaba exactamente, más allá del hecho de que había varios saludos que consistían en interacciones compuestas de diferentes palabras pero que significaban lo mismo si se concebían como un todo, y acabé por anotarlo en mi lista de pequeñas excentricidades de la vida en general (y, más concretamente, de la mía).

A medida que iba sabiendo más de lingüística, me fui dando cuenta de dos cosas: la primera, que no tenía que preocuparme por haber desarrollado rutinas lingüísticas desde tan joven y la segunda, que los y las lingüistas sabían por qué mi experimento de saludos de besugos funcionaba así de bien: son lo que se conoce como expresiones fáticas, y su significado tiene más que ver con el contexto en el que los decimos que con la suma del significado de las palabras que los conforman. «¡Hola!» y «¿Qué tal estás?» tienen la misma función: reconocer la presencia de alguien que conocemos de un modo mínimamente cortés y elaborado, pero sin llegar a ser una conversación propiamente dicha. En consecuencia, las respuestas asociadas a ambas interacciones son totalmente intercambiables, siempre y cuando las digamos con la fluidez de quien sigue un guion social ya preestablecido. De hecho, podemos retorcerlas un poquito más sin que pase nada: ¿quién no ha respondido un «Bien, ¿y tú?» a un «¿Cómo estás?» y se ha encontrado con ese mismo «Bien, ¿y tú?» de vuelta, al que responder con otro «Bien, ¿y tú?...» para acabar con un «Uy, espera...»? Basta con que una de las partes titubee para que todo el discurso se desmorone y la literalidad haga acto de presencia, pero, si eso no ocurre, no tenemos ningún problema en quedarnos con el significado que marca la cortesía del momento e ignorar el de las palabras que estemos diciendo.

Sin embargo, las expresiones fáticas se componen de palabras normales y corrientes que, en según qué momentos, pueden limitarse a su significado más literal y nada más. Esto hace que nos preguntemos qué es lo que convierte en fática a una expresión literal y si, una vez convertida en fática, puede desandar el camino y retornar a la literalidad. Las normas que rigen las conversaciones que se desarrollan a través de dispositivos electrónicos son tan cambiantes que nos permiten ver esas transformaciones en el preciso momento en el que tienen lugar.

Uno de esos cambios tuvo lugar con la llegada del teléfono. Los saludos más usuales en el siglo XIX se basaban en la identidad de la persona a la que se saludaba y en el momento del día en el que se hiciera: «Buenos días, niños», «Buenas tardes, doctora». Sin embargo, cuando descolgamos el teléfono no sabemos quién va a estar al otro lado (o, al menos, no lo sabíamos durante las décadas en las que no era posible ver el número desde el que nos llamaban), y ni siquiera podemos estar seguros de si compartimos huso horario con nuestro interlocutor. El nuevo mundo teleconectado necesitaba urgentemente un saludo más neutral: las dos propuestas más relevantes fueron el *hello* ('hola') de Thomas Edison y el *ahoy* (la exclamación tradicionalmente marinera cuando se avistaba algo en la lejanía, similar a nuestro 'a la vista'), sugerido por Alexander Graham Bell. En aquel momento, ambas opciones tenían un significado similar: se usaban más para atraer la atención que para saludar (de hecho, *hello* comparte origen con *holler*, que en inglés significa 'gritar'). ¿Por qué era necesario llamar la atención de quien estuviera al otro lado del teléfono? Algunos de los primeros modelos de este aparato conectaban líneas en las que no sonaba timbre alguno cuando alguien llamaba, por lo que el *hello* al descolgar venía a ser poco menos que llamar a alguien que estuviera en la habitación de al lado. A pesar de que los timbres para avisar de las llamadas no tardaron en generalizarse, las primeras agendas telefónicas incluían muestras de diálogos para ayudar a los usuarios inseguros de aquel nuevo aparato a seguir unas mínimas normas de cortesía y urbanidad. Uno de esos primeros manuales sugería empezar la interacción telefónica «con un sonoro y enérgico "hulloa"», o con un «¿al habla?», y despedirse con un «eso es todo». Igual tiene algo de sentido que ese «¿al habla?» y ese «eso es todo» no triunfaran, y que sí lo hiciera el «hola», que se extendió como un saludo polivalente y no tardó en trascender al contexto telefónico[18].

Todavía se pueden adivinar algunos vestigios de esa función original del hola de captar la atención del interlocutor en los «¿hola?» que decimos cuando sospechamos que hay problemas con la conexión (por el contrario, «adiós» ya se usaba para despedirse desde hacía varios siglos, y además la innovación quizá no fuera tan necesaria para acabar conversaciones, dado que, llegados a ese punto, ya sabemos con quién estamos hablando y no hace falta identificarse ni comprobar nada).

No obstante, hubo un periodo de fricción, durante el que «hola» empezó a trascender a su uso primigenio como captador de atención y a convertirse en la fórmula polivalente que es hoy, en el que, como saludo, no convencía a todo el mundo. La serie *¡Llama a la comadrona!*, emitida por la BBC y ambientada en las décadas de los 50 y 60, me hizo recordar aquella controversia: hay un capítulo en el que una comadrona joven saluda a otra de mayor edad con un alegre «¡Hola!», a lo que la comadrona más madura responde con desdén «Cuando yo estudiaba nos enseñaban que siempre había que decir "buenos días" o

[18] El saludo telefónico también fue problemático en otras lenguas. El *allô* francés y el *Hallo* alemán recordaban al *hello* inglés, pero otras lenguas se inclinaron por soluciones como «bien», «sí», «listo», «por favor», «quién» o el nombre de quien descolgaba.

"buenas tardes", pero que "hola" no estaba bien visto». Para el personaje más joven, el «hola» ha cruzado la línea que separa las interacciones literales de las fáticas, pero para el personaje más anciano, o, mejor dicho, para quienes la formaron como enfermera en su juventud, «hola» todavía conservaba cierto tufillo a verificación del canal de comunicación. Los manuales de etiqueta continuaron censurando el uso del «hola» hasta bien entrada la década de los 40, pero que un personaje que en teoría vive en los 60 se presente como contrario a esa palabra solo puede responder a la intención de retratarla como una cascarrabias, especialmente en una serie para un público que ya no recuerda que hubo un tiempo en el que decir «hola» no estaba bien visto por todo el mundo.

La polémica en torno al «hola» puede parecernos absurda en la actualidad, pero se parece mucho a lo que pasó en la década de los 2010 en inglés con el *hey*. Como captador de atención, *hey* es una palabra que ha estado presente en esa lengua desde, como mínimo, el siglo XIII. De hecho, el saludo informal *hi* no es más que una variante de la fórmula original, fruto de una variación vocálica cuyo uso se remonta hasta el siglo XV. Si atendemos a su etimología, las trayectorias de *hey* y *hi* son muy similares a la de *hello*, exceptuando la cuestión telefónica: las tres palabras empezaron siendo estrategias para llamar la atención de los interlocutores y terminaron convirtiéndose en saludos. Sin embargo, en fechas tan recientes como los años 60 del siglo pasado, el *Dictionary of American Regional English* tan solo dio con 70 personas que afirmaran saludar a conocidos con un *hey*, frente a los 683 que se declararon preferir *hi*, o los 169 que optaron por *howdy*. Además, la mayor parte de esas 70 personas procedían de la misma zona: los valles cercanos a la desembocadura del Misisipi. La misma encuesta, pero replicada en 2014, mostró cómo *hey* había superado ligeramente a *hi* en popularidad. El lingüista Allan Metcalf contaba no hace mucho cómo un universitario le había explicado que casi siempre decía *hey* al hablar, pero que cuando escribía usaba *hey* y *hi* indistintamente: «Tengo una especie de escala de formalidad para saludar, de tres niveles: *hey* para amistades de mi edad o más jóvenes; *hi* para adultos que conozco o para gente de mi edad que acabo de conocer, y *hello* para adultos que no conozco». Una persona nacida en el año 2000 podría decir, y no le faltaría razón, que lleva toda su vida escuchando *hey* como saludo, mientras que alguien que haya nacido en 1950 podría decir, también con toda la razón del mundo, que no siente que le saluden cuando le dicen *hey*, sino más bien que están intentando comprobar si escucha bien y está en condiciones de mantener una conversación.

Los cambios en los saludos se aprecian especialmente en los correos electrónicos. Cuando mandamos uno, no tenemos que enfrentarnos al desconocimiento total de la identidad de la persona con la que nos estamos comunicando, como sucedía cuando descolgábamos el teléfono. En lugar de eso, la primera vez que mandamos un correo a una persona solemos saber algo más de nuestro destinatario, aunque no lo suficiente como para no correr ciertos riesgos: es muy probable que tengamos un nombre, pero muy poca información adicional en la que apoyarnos para saber cómo saludar. En el plano oral resulta más sencillo sortear estos escollos gracias al tono de voz que podemos imprimir a nuestros mensajes, pero cuando escribimos no nos basta con responder «Bien, ¿y tú?» a un «¿Qué tal estás?». Además, las interacciones que tienen lugar en tiempo real nos brindan pistas adicionales que nos permiten afinar más con nuestro saludo: podemos deducir la edad de nuestro interlocutor y, en consecuencia, evaluar rápidamente la actitud que vaya a tener si oye un *hey*, o ajustar sobre la marcha nuestra forma de saludarnos con él para que sea coherente con su forma de tratarnos.

En lugar de lidiar con esta falta de información, los primeros *emails* se conformaron con ignorarla. A este respecto, los informáticos Albert Vezza y J. C. R. Licklider opinaban en 1978 que «se podía escribir ahorrando palabras y con alguna que otra errata sin que el destinatario se ofendiera, incluso cuando se trataba de una persona mayor de un rango superior, o alguien a quien no se conociera demasiado bien». Del mismo modo la lingüista Naomi Baron escribía en 1998 que «la mayor parte de los usuarios revisan muy por encima (y eso, cuando lo hacen) los correos electrónicos antes de enviarlos. Muchos nos reímos de los correos electrónicos plagados de errores que recibimos de colegas de quienes, sin embargo, nos consta que redactan otros textos con una gran precisión». En medio de toda esta anarquía, ¿quién iba pararse a prestar atención a los saludos y demás sutilezas? Sin embargo, en 2001 los servidores de correo electrónico ya tenían correctores ortográficos incorporados y el lingüista David Crystal declaraba que «la mayor parte de *emails* que recibía, de fragmentarios y telegráficos tenían lo justo».

Al mismo tiempo, Crystal también observaba que los encabezamientos más frecuentes en los correos que recibía eran «Querido David:» en primer lugar, seguido de «David» y de «Hola, David». Recuerdo releer ese texto en 2010 y sorprenderme al hacerlo: rara es la vez que he visto un «Querida Gretchen» en mi bandeja de entrada, y yo jamás me habría dirigido a nadie usando ese tratamiento. «Querido» o «Querida» me sonaba excesivamente formal y extrañamente íntimo, el tipo de cosa que habría escrito con mi mejor caligrafía de niña buena en una tarjeta de agradecimiento para mi abuela por haberme regalado un jersey precioso por mi cumple. Vamos, nada que ver con el tipo de tratamiento que asocio con el entorno académico y laboral. «Hola» sonaba mucho más profesional, sin implicaciones emocionales, como una sonrisa cordial de cortesía. Sin embargo, unos años después, a medida que me fui acostumbrando a escribir *emails* profesionales, me sorprendí utilizando el «querido» y el «querida», al menos lo suficiente como para usarlos sin problema cuando alguien se dirigía a mí con ellos. Y, si hacemos caso a las investigaciones de la lingüista Gillian Sankoff, no soy la única: a pesar de la cantidad de trabajos sociolingüísticos que afirman que nuestra manera de hablar queda prácticamente fijada en los últimos años de la adolescencia, Sankoff defiende que algunos hablantes pueden seguir acomodándola durante la edad adulta, especialmente en su faceta más formal y prestigiada.

En cualquier caso, si prestamos atención al devenir de la historia, mi primera intuición no iba desencaminada: llevamos siglos saludando de formas cada vez más escuetas y menos descriptivas. Ese «querido» o «querida» es el último vestigio que nos queda de lo que antaño fue un elaborado sistema de saludos que describía a la gente de manera más que benévola, y que fue la tónica general durante más de un milenio. Lo podemos ver con claridad en la carta del siglo XVI que el poeta inglés Edmund Spenser envió al también literato Walter Raleigh para felicitarle por la publicación de su obra *La reina hada:*

> *Al muy noble y valeroso Sir Walter Raleigh, caballero, guardián de los estandartes de su Majestad y lugarteniente suyo en el condado de Cornualles.*
>
> *[texto de la carta]*
>
> *Suplicándole humildemente la continuación de su honroso favor, así como la más duradera de las venturas, se despide, humildemente, Edmund Spenser, su más fiel servidor.*
> *23 de enero de 1589.*

Sin embargo, algunos de esos saludos tenían muy poco de honestos y mucho de frases manidas. Por ejemplo, Alexander Hamilton y Aaron Burr, dos de los Padres Fundadores de los Estados Unidos, mantuvieron cierta correspondencia durante 1804 y todas las cartas acababan con un «Es un honor ser vuestro más fiel servidor», cuando lo cierto es que el intercambio de misivas terminó desembocando en que ambos se batieran en duelo. En aquel momento, ese tipo de expresiones eran tan fáticas y corteses como lo es en la actualidad escribir «Atentamente», que no tiene por qué expresar realmente que estamos prestando una atención especial, sino que tan solo responde a una mera convención social. Y claro, a medida que el uso de «Vuestro más fiel servidor» decaía, su significado literal volvía a aflorar. En el musical *Hamilton*, estrenado en 2015, que narraba varios acontecimientos históricos vividos por Hamilton y Burr, esa despedida tan cortés se convertía en un recurso irónico, que se repetía una y otra vez en el estribillo del número que contaba cómo fue el duelo. Una ironía que, no obstante, es completamente actual. Si un Padre Fundador hubiera viajado en el tiempo a Broadway la noche del estreno no habría detectado nada extraño en la canción.

«El muy noble y valeroso» y «Vuestro más fiel servidor» ya no nos sirven como recursos fáticos, porque nadie los usaría en pleno siglo XXI para encabezar o terminar un correo electrónico laboral, pero es que a «querido» y «querida» les está empezando a pasar lo mismo. Quien no se haya topado con ellos lo suficiente como para que su significado literal se haya difuminado, algo que es muy probable que no le haya pasado a ningún miembro de la generación pos correo postal, se sentirá bastante incómodo explicitando al inicio de un correo electrónico destinado a un profesor o a un superior que lo «quiere». Incluso en los casos como el mío, que, a título personal decidí usar el «querido» y el «querida» para dirigirme a personas de edad avanzada, la fórmula ya está sentenciada, porque no tengo la menor intención de usarla jamás con gente de mi generación. Al leer los comentarios de los blogs que publican contenido sobre las normas de cortesía detecto que las reticencias de las generaciones más jóvenes a usar «querido» y «querida» no responden a sus ganas de ser maleducados o descorteses, sino a que les resulta imposible no ver ese saludo como un tratamiento solo apto para personas muy cercanas. Solo nos queda esperar que en 2200 se estrene un musical en el que haya un número basado en un intercambio poco amigable de correos electrónicos y que los «querido» y «querida» que los encabecen sean, a oídos del público, absolutamente irónicos.

Sería sencillo pensar que la evolución en la manera de saludar responde a una evolución de la propia sociedad: que los saludos con adjetivos benevolentes esconden una declaración de cariño, o que los que parecen comprobar que el canal de transmisión funciona correctamente son en realidad un reclamo de atención; pero esta asociación de saludos y funciones sociales sería demasiado evidente, así que creo que no es correcta. Es mejor aceptar que los saludos son, por regla general, fáticos: escogemos un saludo en concreto y no otro porque es al que estamos acostumbrados, y quizá no sea desencaminado admitir que siempre hemos buscado el cariño y la atención de nuestros semejantes (además, si internet es un medio tan frío como dicen, ¿por qué es tan común que el botón de «me gusta» tenga forma de corazón?). Si tomamos un poco de distancia y abordamos esta cuestión desde una perspectiva histórica, la evolución de esos saludos no es más que un cambio; en concreto, uno que nos recuerda que el lenguaje habita en la mente de cada individuo en momentos concretos, y que es imposible de encorsetar en reglamentos inamovibles al estilo de los manuales que ayudan a aprender a jugar al ajedrez.

Como persona que recibe algún que otro correo electrónico de personas que no conoce, disfruto mucho de la oportunidad que esto me brinda para tomarme sus maneras de saludar como adivinanzas que me retan a descubrir a qué generación pertenecen y qué intentan demostrar con el modo en que se dirigen a mí en los encabezados de sus textos. Hay algo que todos los desconocidos que llegan a mi bandeja de entrada tienen en común: la esperanza. Esperanza de que visite la página que me recomiendan, de que les escriba la respuesta que quieren oír, incluso esperanza, por desgracia, de que me compre lo que me están intentando vender con su campaña de márquetin. La solución no pasa tanto por erradicar cualquier rastro de variación en su manera de dirigirse a mí, como por hacer el mismo ejercicio de generosidad que, sin saberlo, hacían mis compañeros y compañeras de instituto conmigo cada vez que les respondía «No mucho» cuando me preguntaban «¿Cómo estás?». Ya tenemos bastante maldad en el mundo como para andar buscando más en cosas tan inocuas como las diferentes formas que tenemos de saludarnos.

Chats e interrupciones

Los bebés asimilan el ritmo de las conversaciones antes de ser capaces de verbalizar las palabras que las constituyen. Cuando les hablamos, solemos hacerles preguntas, dejándoles un tiempo para que respondan, y reaccionando a sus balbuceos como si fueran respuestas al uso. «¿Tienes sueño?» *el bebé bosteza sonoramente y se frota los ojos* «Sííííí, ¡pues claro que tienes sueño!»[19]. Lo que aprendemos, mucho antes de ser capaces de verbalizar cualquier palabra, es que las conversaciones se com-

[19] Por favor, léase con la entonación infantil apropiada. Cuanto más exagerada, mejor.

ponen de turnos, que no son una algarabía de voces superpuestas, sino un intercambio perfectamente sincronizado.

¿Cómo sabemos que nos toca hablar? Sería sencillo asumir que nuestro deber es hacer una pausa una vez hayamos acabado de decir algo, y que nuestros interlocutores se percatarán sin problema de ese parón y lo interpretarán como una invitación a tomar el testigo, pero los análisis conversacionales han confirmado que la realidad es que no hacemos demasiadas pausas, y que estas no son mucho más evidentes que las que introducimos entre palabra y palabra. Si yo hago una pregunta directa a alguien y no recibo una respuesta inmediata, probablemente me lo tomaré como una disrupción de la comunicación. Basta con que pase una fracción de segundo sin obtener contestación para que me disponga a repetir la pregunta, reformularla o pasarme a otro idioma (que es la pesadilla de quienes aspiramos a ser políglotas pero no lo somos). Este sistema de intercambio de información tan bien engrasado es lo que nuestros progenitores nos enseñaron cuando éramos bebés e interpretaban nuestros gorjeos y grititos como turnos de palabra (la lingüista Deborah Tannen sugiere que, si alguna vez os habéis visto en una conversación en la que os era imposible meter baza, o en la que no parabais de parlotear frente a alguien particularmente lacónico, probablemente se haya debido a que la concepción cultural de los tiempos conversacionales esté ligeramente desajustada entre vosotros y vuestros interlocutores). Cuando actuamos en una obra de teatro, tan importante es sabernos nuestro papel como tener claro en qué momento nos toca hablar: si esperáramos a que se produjera una pausa prolongada cada vez que nos correspondiera tomar la palabra, sonaríamos muy poco naturales. Mientras nuestro interlocutor habla, no nos limitamos a pensar en lo que le vamos a responder, sino que también vamos calculando el momento en el que vaya a terminar para que la transición entre su intervención y la nuestra sea lo más fluida posible.

¿Cómo logramos coordinarnos con tanta soltura? La clave no puede estar en la extensión de las intervenciones: pueden ser tan cortas como un mero «sí» o tan largas como una historia completa. En lugar de eso, lo que hacemos es prestar atención a los indicios que puedan darnos a entender que alguien está llegando al final de su intervención y, si la conversación es grupal, quién se espera que tome el relevo. Algunos de esos indicios son lingüísticos, como las preguntas directas, con vocativos explícitos, y otros son gestuales: una mano levantada suele indicar la intención de aportar algo a la conversación, y la gente suele apartar la mirada mientras habla, hasta que, a medida que se acerca el final de su turno de palabra, empieza a dirigirla a quien se supone que le toca a continuación. Muchos de estos indicios tienen que ver con el ritmo y la entonación; aceleraremos cuando veamos que se acerca el final de nuestro turno, pero no queremos dejar de hablar, o subiremos el tono si lo que queremos es dar pie a una respuesta.

Sin embargo, ninguna de estas señales es totalmente infalible, así que a veces simplemente nos guiamos por nuestra intuición. Hay estudios que confirman que las «interrupciones» no son aleatorias, sino que se producen en momentos en los que quien está hablando debería haber terminado y no ha sido así. En las conversaciones cara a cara no pasa nada si una o dos sílabas se solapan entre intervención e intervención (a los humanos se nos da bastante bien asociar las palabras con quien las está diciendo), y solemos resolver ese tipo de situaciones sin darles demasiada importancia. Pero en las conversaciones mediadas por la tecnología, esos solapamientos pueden generar problemas mayores: hablando por *walkie-talkies* es imposible solaparse, así que esa intuición de saber cuándo nos toca hablar es mucho menos automática y la gente tiene que decir «cambio» cuando termina su intervención. Con el mismo objetivo, los telegrafistas ingleses incluían GA (iniciales de *Go Ahead*, es decir «continúe») al final de sus mensajes. Algunos de los primeros chats que existieron tenían un problema similar: el sistema operativo TENEX, de principios de los setenta, tenía una aplicación para hablar con otros usos que consistía en un archivo de texto en el que ambas partes iban tecleando lo que querían decir, sin turnos establecidos, de tal forma que si decían algo al mismo tiempo, las letras de uno y otro podían acabar intercalándose, lo que obligaba a uno de los participantes en la conversación a parar y ceder el turno al otro, o, de lo contrario, acabar componiendo un galimatías a cuatro manos.

> Hola, ¿qué tal esthoásla cómo estás?

Algunos sistemas intentaron evitar este lío con convenciones propias: los usuarios de un servicio de chat que se basaba en texto desarrollaron la costumbre de añadir dos saltos de línea después de cada intervención. Otros programas, como Unix, dividían la pantalla en diferentes cajones en los que escribir, para que cada participante escribiera en uno diferente y, en consecuencia, las intervenciones no pudieran entremezclarse. Otros sistemas permitían añadir más ventanas, como el chat Talkomatic, lanzado en 1973 dentro del sistema operativo PLATO, desarrollado por la Universidad de Illinois, que daba la posibilidad de usar hasta cinco ventanas. Eso permitía, por tanto, la presencia en la conversación de un máximo de cinco participantes. Cada uno escribía en una ventana diferente, y luego había que ir leyendo las cajas de los demás, para ver lo que iban diciendo. Incluyo un ejemplo, porque se trata de un modelo que no tiene nada que ver con cualquier chat al que estemos acostumbrados hoy en día:

Parlante Primérez
¿Hola?
Aquí, probando estas ventanas

Segundo Alhabla
¡Buenas!
Soy el segundo participante

Cabeza de Charlita
Y yo la tercera
Puede que dé la impresión de que las respuestas están desordenadas, porque cada uno estamos escribiendo en nuestra ventana

♥*✿ Porloscuatrocodos ✿*♥
Yo soy la cuarta
¡Todo bien! ¿Cómo vas tú, quinto participante?

NoHaYQuInTaPaLaBrAmaAlAh_
Al habla el quinto
¿Qué tal estáis?

¿Leer de ventana en ventana, saltando entre intervenciones desordenadas? Pues nada, ya sabemos por qué no triunfó este sistema. Pero... ¿letras que aparecen en tiempo real, conforme las vas tecleando? ¡Eso suena bien! ¿Por qué los chats dejaron de mostrarlas, a finales de los ochenta? De hecho, Google intentó recuperarlas en su efímero Google Wave, en 2009, pero la cosa no cuajó. El problema de los chats en los que las letras van apareciendo a medida que las tecleamos es que convierten la conversación más en una sucesión de caracteres, y no tanto de turnos de palabra. No solo es que observar cómo otra persona va escribiendo un mensaje letra a letra sea algo lento hasta la exasperación, porque leemos más rápido de lo que el otro teclea, y no solo es que quien escribe sienta cómo sus titubeos y vacilaciones están siendo observadas al detalle, sino que es que esta manera de chatear deriva en el problema que tenían los radioaficionados y telegrafistas para establecer con claridad los turnos de palabra en sus comunicaciones. ¿Ha dejado de teclear porque ya ha terminado de escribir o porque se está tomando una pausa para pensar cómo continuar? No hay manera de saberlo. Podríamos intentar imponer alguna regla, del estilo al «cambio» de los *walkie-talkies*, o echar mano de algún signo de puntuación poco común, pero si algo hemos aprendido de la historia del correo electrónico es que, cuando las normas de cortesía son simples sugerencias, la gente es bastante inconstante al aplicarlas. Es mucho más práctico que los turnos de palabra estén supeditados directamente a la propia interfaz del chat para, de ese modo, poder mandar los mensajes en bloque, en lugar de letra a letra.

Entonces..., ¿cuál es el origen del modelo de chat que va bajando en la pantalla a medida que vamos hablando, y que tanto nos encanta usar en la actualidad? El ejemplo más antiguo que he encontrado se remonta a la década de los ochenta del siglo pasado, y era un programa llamado CB Simulator, que fue el primer servicio de chat *online* disponible para el gran público. En su día ni siquiera se llamaba chat: en lugar de eso, el concepto estaba inspirado en las frecuencias radiofónicas compartidas (en inglés, Citizens Band, CB), un tipo de frecuencia que no solo emite, sino que permite que cualquier persona que capte la señal en la zona pueda conectarse también a ella e interactuar con quien ya esté conectado, algo parecido a lo que hacen los radioaficionados, pero más descentralizado todavía. Alguien que trabajaba en CompuServe, uno de los primeros servidores *online*, pensó que esas frecuencias compartidas serían el mejor concepto en el que inspirarse para ese nuevo sistema de comunicación por escrito, y así nació el CB Simulator. Sin embargo, las conversaciones radiofónicas se basan en un paradigma completamente distinto al que seguían las ventanas de conversación de los primeros chats: en lugar de disponer de espacios cerrados para que un número definido de interlocutores hablen entre sí, la radio entiende la conversación como una única secuencia de turnos de palabra a la que cualquiera puede unirse en cualquier momento. El sistema multiventana limitaba enormemente el número de participantes que podían tomar parte en la conversación (por ejemplo, con el Talkomatic no podía haber más de cinco a la vez, y tener que revisar constantemente los cajones de texto en los que escribían cada uno de ellos hacía francamente difícil que la charla fuera dinámica y espontánea). Por el contrario, el número de participantes en una conversación entendida como una concatenación de intervenciones ilimitadas era mucho más flexible. Los entusiastas de las frecuencias de radio compartidas estaban acostumbrados a que en sus conversaciones a través de las ondas siempre hubiera un poco de caos: voces que de pronto se dejaban de oír, señales que se perdían o se solapaban... El formato textual aligeró bastante ese caos, porque, si varios participantes enviaban sus mensajes a la vez, el sistema podía gestionarlo con soltura, simplemente, los colocaba uno detrás de otro, en lugar de superponerlos.

El solapamiento de letras había resultado ser una experiencia terrible, pero esas cadenas de frases enviadas a la vez y dispuestas en orden acabó convirtiéndose en el mayor activo de los chats. Los que tenían un sistema multiventana todavía aguantaron parte de la década de los ochenta, pero en 1988 el sistema que permitía encadenar intervenciones de diferentes participantes en una única secuencia ya era el preferido por los usuarios, y todo apuntaba a que lo iba a ser por mucho tiempo: en ese año se creó el internet Relay Chat (IRC), el sistema que permitió lanzar los chats tal y como los conocemos hoy en día, y se basaba en esa concepción de las conversaciones como secuencias de intervenciones. Los chats tradicionales fueron objeto de numerosas investigaciones durante la década de los noventa, y si había algo en lo que todos los investigadores coincidían era en lo caóticas que eran las conversaciones: podían darse diferentes conversaciones en la misma concatenación de intervenciones, con mensajes constantemente intercalados, y a los usuarios no parecía importarles demasiado. Un ejemplo noventero de ese tipo de solapamientos podría ser el siguiente:

<ashna> Hola Jatt
EOF ha abandonado el chat
<Dave-G> Kally, que era broma
<Jatt> ashna: ¿hola?
<kally> dave-g me ha hecho mucha gracia
<ashna> qué tal estás Jatt
<LUCKMAN> hola a todosssssss
<Dave-G> Kally cómo molas!
<Jatt> ashna: ¿nos conocemos? Estoy bien, tú cómo estás
Luckman ha abandonado el canal #PUNJAB
Luckman se ha unido al canal #punjab
<kally> Ya ves ☺
<Jatt> kally: qué tal te van las clases, los amores, la familia?
<ashna> Jatt no nos conocemos, bien y tú
<Jatt> ashna: de dnd eres?

La conversación que está teniendo lugar en este chat es en realidad la mezcla de dos distintas, una entre ashna y Jatt («¿nos conocemos? ¿qué tal estás?» «no, no nos conocemos bien y tú») y otra entre kally y Dave-G («era broma» «me ha hecho mucha gracia» «cómo molas»). Los chats públicos como este tenían una audiencia que no se correspondía con el internauta medio, quien solía tardar un poco más en usarlos y solía hacerlo con gente que ya conocía de otras aplicaciones de mensajería instantánea, como las primeras versiones de Messenger o de Gchat (antepasado del actual Google Hangout), el Messenger del Facebook o WhatsApp. Pero incluso en una conversación entre dos personas son frecuentes los solapamientos, porque puede suceder que ambas saquen un tema nuevo al mismo tiempo y, al pulsar el botón de «enviar» a la vez, respondan a lo planteado por el otro y desarrollen dos líneas temáticas paralelas en la charla.

Lo curioso de todo esto es que hemos mantenido la misma idea de lo que es un chat durante casi cuarenta años, a pesar de la cantidad de plataformas que han existido a lo largo de todo este tiempo. Hemos añadido nuevas prestaciones, como gráficos de mejor calidad o el cartelito de «escribiendo...», pero en esencia las conversaciones de chat siguen desarrollándose en forma de secuencia de intervenciones que además continúan permitiendo la existencia de conversaciones paralelas entrecruzadas. Incluso el «escribiendo...» ya tiene sus buenos veinte años, que, en el mundo de la informática, es el equivalente a un milenio: pensemos que en los ochenta el ratón era un accesorio bastante poco común, y eso por no hablar de los portátiles o las pantallas táctiles... y, sin embargo, sabemos, por lo que tardaron e adoptarse las ventanas compartidas por varios participantes como interfaz predominante, que en sus inicios el formato del chat era de todo menos intuitivo. En comparación, el correo electrónico tiene un formato mucho más estable, pero su analogía con el correo postal también ha sido evidente desde el primer momento. El chat es un medio completamente pensado para dispositivos en red, basado en la idea de tener conversaciones en tiempo real entre pantallas conectadas. Cuesta concebir un equivalente analógico a ese concepto, porque las circunstancias en las que podríamos mantener conversaciones en tiempo real con alguien escribiendo nuestras intervenciones en un papel, pero sin poder hablar con nuestros interlocutores ni verlos, son prácticamente inexistentes (las notitas que nos pasábamos en clase podrían ser la excepción, pero incluso en esos casos podíamos ver a la otra persona arquear una ceja o soltar una risilla al leer nuestro mensaje).

La asombrosa longevidad del formato de los chats es señal inequívoca de que estamos ante el nacimiento de una nueva forma de comunicación. El chat se ubica en la intersección perfecta entre escritura e informalidad. Parémonos un momento a pensar lo que conocemos de ambos conceptos: podemos leer más rápido de lo que escribimos, y esa lectura también nos permite repasar lo que acabamos de escribir, lo que implica que la escritura es el medio natural para expresar enunciados más largos y complejos. Si comparamos un ensayo con la transcripción del más famoso de los discursos, veremos cómo el primero consta de más oraciones subordinadas, mientras en el segundo priman las repeticiones. Y ese es el motivo por el que, si alguna vez habéis tenido que escuchar a un orador novato dar un discurso leyendo en voz alta, seguramente os haya costado mantener la atención. Si hablamos de oralidad, a mayor formalidad, menos interrupciones habrá. Un orador puede estar bastante seguro de que, si tiene un tiempo asignado frente a su audiencia, podrá ocuparlo con su discurso sin problema, y que si alguien quiere intervenir deberá pedir permiso previamente, o asumir que va a ser el espectador pesado del día. Sin embargo, nuestras intervenciones siempre serán bienvenidas en una conversación en la que estemos participando; tiene sentido porque se espera, precisamente, que haya un intercambio constante de intervenciones. Es más, si hay algo que nos molesta en una conversación es, precisamente, la gente que se toma sus intervenciones como si fueran discursos y que llenan la charla de pura palabrería. Por lo tanto, cuando pensamos en cómo debería ser la escritura informal, las dos principales características que nos vienen a la cabeza son la alta densidad de información y la abundancia de interrupciones; exactamente lo que nos da un chat. En los chats hay más interrupciones que en el discurso informal porque el canal escrito nos permite gestionar mucho mejor esa sobrecarga de palabras. El gran descubrimiento de los chats es que, lejos de ser un lastre, que dos personas se solapen al intervenir puede ser un valor añadido.

Podríamos pensar que los correos electrónicos y las publicaciones en redes sociales son el mejor ejemplo de escritura informal porque se publican sin revisar, pero la realidad es que el verdadero epítome de coloquialidad en el canal escrito se encuentra en los chats. Un *post* de una red social no pasa por el filtro de un revisor, pero cuesta creer que no pongamos cuidado en lo que escribimos cuando lo hacemos en unas líneas que van a estar expuestas a los ojos de cientos, cuando no miles, de personas. Un *email* llega a un número definido de personas, pero los ríos de tinta que han corrido sobre las normas de cortesía al escribirlos nos hacen pensar, de nuevo, que quizá los escribamos escogiendo las palabras con cuidado (a veces, excesivo). Sin embargo, en los chats conocemos a quien nos lee y la inmediatez prima sobre todo lo demás. Nuestro interlocutor puede, literalmente, vernos escribir, así que es preferible soltar algo cuanto antes que preocuparnos por redactar un mensaje impecable. Los chats no se han estudiado tan en detalle como los tuits, deliberadamente públicos, pero lo que sabemos nos permite afirmar que la gente usa un lenguaje más informal en privado, dando rienda suelta a la imaginación ortográfica, a la creatividad con los signos de puntuación, con las abreviaturas, los emojis... Es el entorno más amigable para probar nuevas fórmulas, y el clima que propicia favorece incluso la gestión de las erratas: si cambiamos el orden de algunas letras, o el autocorrector no está muy fino, siempre podemos desdecirnos en el siguiente mensaje antes de que haya dado tiempo a generar confusión.

El chat es tan popular que ha terminado conquistando los dominios tradicionalmente asociados con el correo electrónico o el teléfono. Antes de que hubiera *smartphones*, los mensajes de texto se concebían como correos electrónicos en miniatura: se podía leer cada mensaje por separado, había una bandeja para los recibidos, otra para los enviados, otra para los borradores... Cuando las pantallas se hicieron más grandes y táctiles, el modelo que empezó a predominar fue el de los chats, y no tanto el de los *emails*. Las reseñas de la primera generación de iPhones consideraban relevante dejar claro que «tal y como pasa con muchos otros teléfonos inteligentes, los hilos de mensajes de texto se presentan al usuario como si fueran una conversación, una disposición muy útil porque permite escoger a qué mensaje queremos responder». Cuando los mensajes de texto adoptaron esa nueva interfaz, los chats se hicieron omnipresentes: podríamos dejar de lado todas las redes sociales y configurar el correo electrónico para que respondiera de manera automática, pero, si nos comunicamos en entornos digitales, será inevitable que, tarde o temprano, nos encontremos con un chat. Este cambio de paradigma está tan consumado que después de diez años sin oír hablar de «mensajes» y de «escribir a alguien», he empezado a oír a gente que usa esas palabras para referirse a los chats en general, en frases como «escríbeme por Twitter».

Muchas de las aplicaciones sociales más populares son en realidad diferentes chats que han acabado haciéndose fuertes en diferentes zonas del planeta, como WhatsApp en buena parte del mundo exceptuando Norteamérica, WeChat en China o Line en Japón y Corea. El mayor cambio que han experimentado los chats con el auge de los *smartphones* ha sido la incorporación de elementos multimedia. Snapchat y otras aplicaciones similares permiten enviar fotos, con texto incorporado, que desaparecen a los pocos segundos. WeChat, WhatsApp y demás plataformas del estilo ofrecen la posibilidad de intercambiar clips de audio como parte de la conversación. Ambos extras pueden favorecer la expresividad, pero su uso también puede ser más complicado en entornos sin luz o con mucho ruido.

Además, el chat también está empezando a competir con el correo electrónico en entornos profesionales. Por ejemplo, Slack es una plataforma de chats para equipos de trabajo. La primera vez que pude hablar por chat con el servicio técnico de la compañía con la que tengo internet contratado me pareció una maravilla poder escribir mi nombre correctamente sin tener que aclararlo varias veces. Incluso en el caso de los asistentes digitales que nos ponen alarmas para recordarnos lo que tenemos que hacer, o nos dicen el tiempo que va a hacer mañana, el chat también se está convirtiendo en la interfaz de comunicación predominante.

La característica clave de los chats es su funcionamiento en tiempo real, pero lo que se entiende por «tiempo real» ha ido cambiando a medida que las normas que regían internet también lo hacían. Cuando la red no era más que un lugar para entusiastas de las nuevas tecnologías que, intrépidamente, se lanzaban a conocer extraños, las salas de chat anunciaban la llegada de un nuevo participante a quienes estuvieran ya charlando («__________ se ha unido al chat») y su salida a quienes se quedaran («________ ha abandonado el chat»). Más adelante, el chat se convirtió en un medio para hablar con personas que ya conocíamos de antemano; seguía usándose en ordenadores, pero las plataformas de mensajería instantánea empezaron a ofrecer la posibilidad de tener una «lista de amigos» en la que comprobar si los contactos con los que más hablábamos estaban conectados o no. De hecho, hubo versiones de Messenger que hacían sonar un ruido similar al de una puerta abriéndose o cerrándose cada vez que alguien entraba o salía del programa, y recursos posteriores, como Gchat, añadieron un discreto punto verde junto a los nombres de los contactos si estaban conectados. Cuando los chats llegaron a los móviles, la información que se consideraba relevante volvió a cambiar: en la actualidad estamos casi siempre con algún dispositivo a mano, pero no siempre tenemos disponibilidad para leer los mensajes que nos llegan, por lo que los chats dejaron de indicar quién estaba «presente» y, en su lugar, empezaron a informar del momento en el que un contacto había leído el último mensaje que le hubiéramos enviado. Los marcadores de «lectura» llevan funcionando prácticamente del mismo modo desde su aparición en 2005 de la mano de las Blackberrys, aunque no fue hasta 2011, con su incorporación al sistema iMessage de Apple, cuando su uso se extendió de forma considerable.

Sin embargo, funcionar en tiempo real también es uno de los principales talones de Aquiles de los chats: siempre podemos reservar un tiempo específico para contestar correos electrónicos o revisar nuestras redes sociales, pero para que un chat cumpla con su función debemos estar mínimamente disponibles las veinticuatro horas del día. Tanto los chats como los mensajes de texto, que han terminado siendo prácticamente lo mismo, tienen el poder de interferir cualquier actividad que estemos llevando a cabo, especialmente si los recibimos en un teléfono móvil. Sin embargo, no es la primera vez que nos topamos con este tipo de interrupciones tecnológicas: de nuevo, tenemos mucho que aprender de los inicios del teléfono fijo; antes de él, las cartas solo llegaban a determinadas horas del día, y nadie podía saber cuándo se leían, ni siquiera si se llegaban a leer. Solo algunas personas vivían lo suficientemente cerca como para aparecer por casa de manera inesperada. Frente a eso, las llamadas telefónicas podían llegar en cualquier momento, desde cualquier lugar, con cualquier persona al otro lado del auricular, y lo único que sabíamos de ese interlocutor era que quería algo de nosotros (y rápido); quizá por eso no debería sorprendernos que en 1992 un estudio concluyera que una aplastante mayoría de personas respondería sin dudar al teléfono en medio de una discusión seria con su pareja. Cuando probé a repetir la consulta veinticinco años después me topé con resultados radicalmente opuestos: las personas encuestadas se opusieron de forma abrumadora a responder una llamada mientras discutían con un ser querido. Incluso aunque no estuviera pasando nada concreto, la gente tendió a responderme que comprobaban la identidad de quien llamaba antes de decidir si contestar o no. No detecté la brecha generacional que me figuraba que existía entre las personas que empezaron a usar teléfonos antes de que fueran móviles y quienes apenas han usado ya los fijos; en lugar de eso, la gente que declaró responder siempre a las llamadas que recibía rondaba los ochenta y noventa años, frente a los de cuarenta y cincuenta, que se mostraron contrarios a hacerlo. Evidentemente, mucha gente modificó su manera de usar el teléfono después de 1992, a medida que se fue generalizando la presencia de aparatos que permitían saber quién llamaba antes de descolgar.

Las llamadas telefónicas han terminado convirtiéndose en eso que evocamos cada vez que queremos justificar que hubo un tiempo feliz en el que nos pasábamos la vida charlando, pero lo cierto es que también tuvieron sus problemas. En las décadas de los setenta, ochenta y noventa, uno de los principales engorros con los que se tuvo que lidiar en el ámbito empresarial fue el hecho de que solo una de cada cuatro llamadas que se hacían terminaban dando paso a la conversación deseada: era muy frecuente que la persona con la que se quisiera hablar no estuviera todavía en la oficina, o que, simplemente, el teléfono «estuviera comunicando». Al principio, la única solución consistía en esperar y volver a intentarlo, o, en el mejor de los casos, dejar un mensaje en el contestador, con la esperanza de estar cerca del teléfono cuando nos devolvieran la llamada, porque, si te pillaba lejos, era necesario empezar el proceso de nuevo. Visto lo visto, no es de extrañar que la gente descolgara cada vez que sonaba el teléfono, aunque solo fuera para decir «Lo siento, pero me pillas en un mal momento; ¿te puedo llamar en un rato?». La única forma de concertar una cita telefónica era, precisamente, por teléfono.

Pero ese sistema duró poco menos de un siglo, hasta la llegada de los dispositivos móviles conectados a internet. Si existen maneras menos intrusivas de averiguar si alguien está disponible que obligarle a responder al teléfono, ¿cómo no aprovecharlas? Además, el chat se ha convertido en el modo más probable de contactar con alguien, ocupando el lugar que una vez fue de las llamadas telefónicas, y este cambio nos lleva a tener que estar accesibles por ese medio... aunque a veces no nos apetezca. Es ahí cuando surgen las mentiras piadosas que nos sirven para regular y, de paso excusar, nuestra presencia en los chats, con frases como «Perdona, acabo de leer esto» o «Te tengo que dejar, que tengo mucho trabajo». Al leer artículos de opinión sobre este fenómeno en la prensa de la última década no es complicado detectar una brecha generacional en lo que respecta a las interrupciones tecnológicas: por un lado, la juventud opina que es razonable contestar a un mensaje mientras se está con otras personas porque ese momento se puede integrar sin problema en las pausas de la conversación presencial que se esté teniendo, pero una llamada inesperada supone una disrupción de lo más burdo y requiere nuestra atención de forma instantánea, total e improvisada. Las personas de más edad, en cambio, no tienen problema en que una llamada les interrumpa porque entienden que nadie llamaría sin avisar si no se tratara de algo urgente, pero consideran innecesario que alguien responda a un mensaje en plena conversación, ya que esa contestación siempre se puede dejar para más tarde, cuando estemos en soledad.

Este cambio en las convenciones sociales es el responsable de que las videollamadas hayan terminado popularizándose. La tecnología que permite hacerlas existe desde los años sesenta del siglo pasado (básicamente, consiste en empalmar el cable de la televisión al teléfono) y, desde entonces los expertos no han parado de anunciar su advenimiento, aunque nunca terminaba de llegar. El problema de las videollamadas es que implicaba sortear un obstáculo social absolutamente infranqueable: la norma no escrita que decía que siempre había que responder al teléfono, unida al hecho de que el único modo de concertar una llamada con antelación era, justamente, llamando, estaba tan instalada en los hablantes que el riesgo de que quien descolgara estuviera sin vestir o con la casa hecha un desastre era demasiado alto. Responder a una videollamada inesperada se antojaba tan incómodo que costaba siquiera concebirla. Sin embargo, como en la actualidad las plataformas de videochat siempre permiten comunicarse por escrito, ahora podemos fijar con antelación el momento de hacer la videollamada («Oye, ¿hacemos un Skype?», «Vale, dame dos minutos») y, de ese modo, vencer esa incomodidad incipiente: tenemos la posibilidad de excusarnos por escrito sin que nuestro interlocutor haya llegado a vernos, o, si lo preferimos, de tomarnos un minuto para ponernos una camiseta decente antes de descolgarle. Paradójicamente, el hecho de que hablar con alguien por chat sea cada vez menos intrusivo ha terminado por popularizar conversaciones por vídeo que ocupan un mayor ancho de banda.

Las publicaciones y el tercer espacio

En sus orígenes, lo que convertía al ciberespacio en algo atractivo y tentador no era que ayudara a pasarse notitas más fácilmente, que evitara la incomodidad de tener que responder al teléfono o que permitiera enviar informes a nuestros compañeros de trabajo; su valor residía en la promesa de que, en algún lugar del mundo, había alguien con quien compartir nuestras más recónditas aficiones, o que al menos iba a estar en disposición de comprenderlas. Pero, para poder escribir a esa persona, primero había que encontrarla y, para ello, hace falta algún tipo de espacio compartido del que gente variada pueda formar parte.

La idea del tercer espacio suele usarse para explicar el atractivo que tienen lugares como Starbucks: el primer espacio es el hogar, el segundo es el puesto de trabajo, pero también necesitamos un tercer espacio donde socializar que no sea ninguno de esos dos, como, por ejemplo, una cafetería. Lo que Ray Oldenburg, el sociólogo que acuñó el término y lo incluyó en su libro *The Great Good Place* (1989), tenía en mente era algo más específico que un mero lugar en el que tomar un café. Para Oldenburg los terceros espacios son, para empezar, centros de socialización, que se distinguen por el peso que tienen en ellos las conversaciones y los elementos lúdicos, por quienes asisten con asiduidad y marcan las pautas que deben seguir las nuevas incorporaciones, por la libertad que dan de ir o no a nuestro antojo, por la ausencia de requisitos formales para poder ser miembro y porque nos hacen sentir, de forma cálida y espontánea, como si estuviéramos en casa, aunque no sea así. Hablamos de lugares y momentos tan dispares como cafeterías, barberías, centros cívicos, mercados, centros comerciales, iglesias, bibliotecas, parques, clubs y sedes de organizaciones varias, calles mayores, plazas públicas o actividades y eventos de barrio, como fiestas, reuniones vecinales o partidas de bingo.

Al pensar en cuáles han sido mis terceros espacios de referencia, siempre me vienen a la cabeza *halls* y pasillos. Cuando estaba en el instituto solía pasarme los recreos y las horas de las comidas con mis amigos y amigas sentada en el suelo de los grandes corredores, apoyada en las taquillas, y cada pandilla solía tener un espacio más o menos fijo en el que pasaba el rato de forma similar. En los colegios mayores dejábamos la puerta de la habitación abierta para que quien pasara por el pasillo entendiera que estábamos disponibles para cualquier plan que pudiera surgir. En los congresos, las charlas son una mera excusa para congregar a gente con intereses comunes en un mismo espacio, de tal forma que se puedan cruzar por los pasillos. En los mejores casos he llegado a tardar media hora en recorrer un pasillo porque me he encontrado con más de quince personas con las que me era imposible no pararme a charlar un rato, e incluso ha habido congresos en los que he empezado a andar por un pasillo sin ningún destino en concreto, solo por el placer de ir saludando a gente interesante.

Cuando he intentado explicar el atractivo que Twitter tiene para los lingüistas a colegas que no están en esa red social, he usado el símil de los pasillos de los congresos: lo mejor de los congresos sucede en los descansos, ¿verdad? ¡Pues imagínate un lugar donde siempre se está en esos descansos, día y noche, y es posible cruzarse con otros lingüistas! Sin embargo, quizá debería haber hablado de terceros espacios. Se trata de un paralelismo bastante acertado, y no solo para hablar de mi rinconcito en internet: el protagonismo de las conversaciones ingeniosas también se puede ver con facilidad en los *hashtags* y juegos de palabras, del tipo «Arruina el título de un libro cambiando solo una letra», que con frecuencia copan las listas de *trending topics*. Al contrario de lo que pasa con el correo electrónico o con los chats privados, las redes sociales nos permiten publicar contenido siempre que queramos con la certeza de que va a llegar a alguien, lo conozcamos o no.

Sin embargo, intentar trabajar con las redes sociales abiertas es como plantearse hacerlo en un pasillo lleno de amigos y conocidos, aunque también es justo reconocer que gracias a esos encuentros casuales podemos enterarnos de ofertas de trabajo o de otras noticias interesantes.

Cuando Facebook y Twitter empezaron a dejarnos ver las actualizaciones de los estados del resto de usuarios, lo justificaron diciendo que, de ese modo, podíamos saber lo que nuestros contactos estaban haciendo y, así, propiciar encuentros espontáneos con ellos o evitar que, al retomar conversaciones después de un tiempo, tuviéramos que perder demasiado tiempo poniéndonos al día. Las actualizaciones de estados se incorporaron a Facebook en 2006 y ofrecían algunas opciones predeterminadas que hacían referencia a actividades cotidianas de la vida universitaria, como «está durmiendo», «está estudiando», «está en clase» o «está de fiesta». Incluso cuando los usuarios escribían ellos mismos los estados, el «está» inicial era obligatorio, y la propia plataforma añadía un punto al final, en un claro intento de hacer que la gente actualizara sus estados siguiendo una estructura muy específica. Los primeros tuits no estaban sujetos a esas directrices; sin embargo, los tuiteros tendían a informar del presente inmediato, por lo que usaban estructuras muy similares, como «viendo el lado bueno de las cosas», «haciendo la digestión de un burrito» o «configurando mi tuiter».

Si bien es cierto que la gente usaba los estados para informar sobre cuestiones cotidianas absolutamente intrascendentes, que contara lo que había tenido para comer no explica cómo es posible que Twitter se convirtiera en una herramienta de coordinación tan útil en lugares donde se producían desastres naturales o situaciones de inestabilidad política. Del mismo modo, tener la posibilidad de saber si un contacto de Facebook estaba en la biblioteca o viendo una peli tampoco explica por qué el tiempo medio de uso de esa red social pasó de cuarenta minutos diarios en 2014 a cincuenta en 2016. Es más, a medida que la conectividad era cada vez más móvil, empezó a dejar de hacer falta explicar por qué estábamos lejos de la pantalla, porque casi nunca lo estábamos. Y, sin embargo, los *posts* en las redes sociales fueron ganando popularidad, en lugar de perderla, a lo que se unió la aparición de las primeras plataformas concebidas directamente para teléfonos móviles, como Instagram o Snapchat, que obligaban a adjuntar una foto o un pequeño vídeo a cada actualización. De hecho, Snapchat y más tarde Instagram llegaron a provocar la aparición de nuevos formatos de actualización: las historias que solo se pueden ver durante veinticuatro horas, una especie de ventana a esas cosas divertidas y casuales que nos pasan en el día a día. La apariencia de los perfiles «normales» ha ido mutando gradualmente, y, de ser listas de datos estáticos sobre los usuarios, han pasado a convertirse en enumeraciones de lo que hemos ido publicando últimamente, lo que explica el potencial de los *posts* y las publicaciones, en cualquiera de sus variados formatos, de concebirse como terceros espacios.

¿Tu obsesión con cargar una y otra vez la página principal de tus redes sociales te roba horas de sueño? Ray Oldenburg tiene una explicación para ello: «Las conversaciones que se dan en los terceros espacios suelen ser tan fascinantes que hacen que nos sumerjamos en ellas sin pararnos a pensar en ningún otro elemento de nuestra realidad». ¿Qué sucede cuando una persona anónima se hace viral, o cuando una *celebrity* responde a un fan desprevenido? Los terceros espacios hacen tabla rasa con quienes los habitan, «Lo que cuenta es el carisma y la personalidad, y no tanto el estatus social de los usuarios», ¿por qué hay juegos como *FarmVille* o *Pokemon Go* que, cada cierto tiempo, inundan las redes sociales? Hace unos años, actividades como jugar a las cartas o al billar, que propician momentos de charla, se daban con frecuencia en los terceros espacios. Oldenburg también reflexiona sobre el modo en que los terceros espacios han sido cruciales para la formación de grupos sociales amplios y diversos, responsables del surgimiento de numerosos movimientos sociales, como las ágoras para la democracia de la Grecia clásica, las tabernas para la Revolución de las Trece Colonias o los cafés parisinos para la Ilustración, escenarios todos ellos que tienen cierto eco en el modo en que Twitter aupó las protestas de la Primavera Árabe o del movimiento Black Lives Matter. En una sala de estar no hay hueco para todos los díscolos que hacen falta en una revolución: hace falta una red más amplia y menos restringida, como las que proporcionan los terceros espacios.

Se trata de entornos que se han hecho un hueco en el ciberespacio desde los primeros intentos de comunicarse a través de ordenadores. Podríamos decir que empezar a usar el correo electrónico y mandar un mismo mensaje a varias personas a la vez fue todo uno. Hubo gente que se hizo famosa por gestionar listas de direcciones de correo de contactos con un interés común por un tema concreto, lo que hacía que, si te enterabas de que existía una lista a la que te querías unir, bastaba con escribir a esa persona para que te añadiera. Las listas de *mail* más populares de las que se tiene constancia en ARPANET, aquella primera red auspiciada por el ejército estadounidense, conectaban colectivos tan variados como aficionados a la ciencia ficción, amantes de las catas de vinos o piratas informáticos. Pero añadir contactos a las listas de forma manual empezó a ser tedioso y al ejército, comprensiblemente, no le hacía demasiada gracia la idea de que cualquier civil se uniera a la red que acababa de diseñar simplemente para hablar sobre vino. Tecnologías posteriores, otras plataformas como la de Usenet (1980) o Listserv

(1986), así como los primeros chats de libre acceso, empezaron a permitir a los usuarios que, al conectarse, pudieran desplegar un menú de temas y escoger aquellos que les interesaran, lo que desembocó en grupos tan diversos como alt.folklore.computers, alt.usage.english o alt.X-files en Usenet, LINGUIST List en Listserv (de hecho, yo me uní a esta lista entonces y ahí sigo), o #radioaficionados o #StarTrek en los chats.

La publicación de contenido temático destinado a desconocidos ha sabido perdurar en internet, en distintos formatos. Están, por ejemplo, los blogs, que giran en torno a la vida de sus autores o de un tema concreto, como la cocina, los viajes o el desarrollo profesional, y a veces, en la sección de comentarios, se llegan a forjar comunidades de personas que no se conocen, pero que comparten intereses. Las partidas de los juegos *online* suelen incluir un chat que permite hablar con el resto de jugadores, normalmente desconocidos, e importar contactos de otras redes sociales. Reddit, el foro más importante sobre temas generales de la última década, tiene secciones para hablar de cuestiones tan variadas como las ideas que se nos ocurren en la ducha o preguntas tan singulares que consiguen que gente famosa se pase dos horas contestándolas. Otros foros están dedicados a un tema en particular, ya sea la crianza, la cerveza, los videojuegos, el ganchillo, el anime o las fotos de gatos con frases motivadoras. No es difícil toparse con alguno de estos foros al buscar una receta en la que incluir las tres cosas que nos quedan en la nevera, o al intentar entender lo que significa un mensaje de error que nos ha aparecido de repente en la pantalla del móvil, pero ¿cuánta gente mantiene blogs en activo, o participa en foros con frecuencia? Según las estimaciones, no mucha: entre un cinco y un ocho por ciento de los internautas podrían entrar en la categoría de blogueros, y la proporción de usuarios que frecuentan foros u otras comunidades similares oscilaría entre el uno y el diez por ciento. Llegar a un blog o a un foro de casualidad porque ha aparecido como resultado en una búsqueda cualquiera no nos convierte en visitantes habituales de esas páginas.

Las comunidades de internet basadas en temas funcionan como terceros espacios del mismo modo que lo hacen en el mundo físico una clase de cerámica o un evento de *networking*: las primeras veces que vamos no conocemos a nadie y si estamos allí es, principalmente, por el contenido. Pero si, tras esas primeras visitas, seguimos acudiendo, empezaremos a conocer a otras personas, que, a su vez, también empezarán a conocernos a nosotros, y los temas de conversación irán pasando de la actividad en cuestión a nuestras vidas personales, o a planes que hacer juntos más allá de ese momento de reunión. A las primeras personas que socializaron a través de internet las unía su insatisfacción con las posibilidades que les ofrecía la vida social de su entorno, y estaban dispuestas a dar una oportunidad a quien fuera que pudieran conocer a través de sus ordenadores porque pensaban que sería gente con la que congeniar, bien porque también les interesara el mundo de la informática y la tecnología en general, bien porque compartieran con ellos algún interés más específico (y quizá les pase como a Jess Kimball Leslie, divulgadora y escritora, que siempre cuenta que a mediados de los noventa encontró un auténtico hogar en internet cuando se unió al club de fanes oficial de Bette Midler). Las comunidades que se configuran en torno a un interés o un tema particular, ya sea en la red o fuera de ella, tienden a atraer a gente que quiere ampliar sus círculos sociales: por eso lo primero que se aconseja a alguien que se muda a una ciudad nueva es que se apunte a algún club o actividad. Es complicado describir el atractivo que puede tener una comunidad de este tipo en internet a alguien que nunca haya formado parte de una; al menos cuando vamos a clase de cerámica o a un evento de *networking* podemos decir que estamos allí para hacer un jarrón o para recopilar unas cuantas tarjetas de posibles contactos, es decir, hay resultados tangibles más allá de lo que pueda implicar formar parte de un grupo en el plano emocional. Sin embargo, cuando se trata de comunidades virtuales, los pretextos para unirse no son tan incontestables: ¿por qué pasar tanto tiempo hablando de *Expediente X* o de catas de vinos con extraños cuando, en su lugar, podríamos estar viendo la serie o catando el vino en cuestión? Los beneficios sociales de una actividad son irrelevantes para quien no los necesita.

Por este motivo, los foros temáticos no han sido el lugar en el que más gente se ha dado cuenta de que internet puede ser un buen tercer espacio. En su lugar, la mayoría de usuarios descubrieron la faceta más social de internet en plataformas articuladas en torno a perfiles personales, esas que nos permitían importar nuestras amistades del mundo físico al virtual. El grupo social que descubrió esto fue uno que ya tenía amigos, pero carecía de autonomía para pasar tiempo con ellos: los adolescentes. Este sector de la población no necesitaba temas concretos para encontrarse; ya se conocían y lo único que querían era un lugar en el que pasar el rato. En el capítulo 3 ya explicamos que el aislamiento que se da en las urbanizaciones de las periferias urbanas, unido a que en países como Estados Unidos cada vez hay más leyes que limitan el tránsito de peatones, para acabar con el vagabundeo, había provocado que los adolescentes no se sintieran tan cómodos pasando su tiempo libre en los espacios que tradicionalmente les habían pertenecido. Durante unos años, los adolescentes se relacionaron a través de los teléfonos fijos, y solo los que no terminaban de encajar socialmente se lanzaron a internet en busca de una comunidad a la que pertenecer. Sin embargo, a medida que internet se fue popularizando, a mediados y a finales de los noventa, pasar el rato con los amigos allí si eras adolescente también se fue convirtiendo en algo habitual.

La primera vía de socialización con amistades en internet fueron los ya mencionados programas de mensajería instantánea que proliferaron a finales del siglo pasado, como AIM o MSN Messenger. Además de permitir chatear, contaban con una función que resultó ser trascendental: los estados. En su origen, los estados del Messenger se concibieron como un modo de indicar a los contactos lo que estábamos haciendo cuando no estábamos disponibles (comer, dormir, trabajar, ir a clase…). Actualizar esta información constantemente para que reflejara con precisión a qué dedicábamos nuestro tiempo no tardó en hacerse bastante pesado (por ejemplo, ¿qué pasaba si, por ejemplo, dejabas puesto que te ibas al cine y, al volver a casa e irte a dormir, olvidabas entrar en el Messenger para actualizar la información?). Sin embargo, también eran un valor añadido para la aplicación: nos daban una razón extra para conectarnos, la de ver qué habían puesto en sus estados nuestros contactos, aunque no tuviéramos pensado hablar con ellos de nada en concreto. Los estados del Messenger fueron adquiriendo un valor estético cuando empezaron a incluir letras de canciones, citas célebres, *~signos de puntuación con un valor decorativo ~*, mAyÚsCuLaS aLtErNaS y mensajes pasivo-agresivos (a veces, todos estos elementos estaban concentrados en una misma frase). Tal y como dijo *The New York Times* en el tuit con el que informó del cierre de definitivo de Messenger en 2017, se trataba de «~*eL fIn dE uNa ErAh* ~».

Los estados del Messenger convirtieron a los chats en lugares más casuales, más similares a los terceros espacios: a su manera, eran el equivalente virtual a asomarte a la clase extraescolar de danza del instituto para ver las mallas que llevaba la gente, o a dejar la puerta de tu cuarto en el colegio mayor abierta al pasillo para no perderte a quien pasara por delante. Fueron los antecesores de los *posts* que convirtieron a las redes sociales en lugares que había que consultar a cada rato. Tanto los tuits como las publicaciones de Facebook se concibieron en su origen como estados que actualizar, pero la línea que separa los terceros espacios virtuales de los físicos es cada vez más difusa, por lo que incluso quienes estaban contentos con su vida social fuera de internet acabaron cayendo en las redes sociales, generando aquella ola de «mis padres ya están en Facebook» de la que hablamos en el capítulo 3.

Oldenburg, que escribió su obra en los años ochenta y noventa del siglo pasado, no habría estado de acuerdo conmigo en considerar internet como un medio donde encontrar terceros espacios, aunque en aquella época casi todas las comunidades que se generaban en la red ya congregaban desconocidos bajo las premisas que él describió en sus libros. No era particularmente aficionado a las tecnologías, y criticaba el peso que la televisión iba ganando en el tiempo libre de la gente, en detrimento de los momentos de charla y esparcimiento con amigos y conocidos. Era especialmente crítico con el modo en que las periferias de las ciudades se planificaban sin calles principales, plazas ni fuentes públicas que sirvieran como terceros espacios. Cada vez es más evidente que las redes sociales están asumiendo las funciones que los lugares de ocio siempre han tenido para los adolescentes. De hecho, hay estudios que señalan cómo los jóvenes de la generación posinternet no beben ni mantienen relaciones sexuales con tanta frecuencia como las generaciones previas porque tienden a encontrarse virtualmente, y no tanto en la calle o en el asiento de atrás de un coche. Pero quizá lo único que esté pasando es que los adolescentes siempre priorizan el tiempo con sus amistades porque las ganas de confraternizar en terceros espacios no entienden de generaciones.

Hay una cosa, no obstante, que a Oldenburg le habría encantado: las horas que la gente pasa ahora en redes sociales son horas que, de otro modo, se estarían consumiendo frente a la televisión, un pasatiempo que el sociólogo consideraba como un burdo sustituto de los terceros espacios. Y las conexiones que se fraguan *online* podrían compensar todo ese aislamiento de las periferias urbanas que él tanto odiaba. Es más, los terceros espacios, incluidas las redes sociales, nutren a los niños de interacciones no planificadas que los sociólogos han identificado como cruciales para la configuración de relaciones más trascendentales en el futuro. La gente a la que conocemos de manera casual en lugares de ocio y esparcimiento puede llegar a convertirse en miembros de nuestros primeros espacios y acabar invitada a nuestras casas, o terminar en nuestros segundos espacios, en calidad de compañeros de trabajo. De hecho, es posible organizar las conversaciones de chat y las cadenas de correos según los espacios con los que se correspondan. Los chats de los noventa, por ejemplo, eran terceros espacios, pero las conversaciones privadas o en grupos muy reducidos que se dan en la actualidad tienen mucho más de primer espacio. Las listas de correos de Listserv también pertenecían al tercer grupo de espacios, pero los correos profesionales y oficiales son, sin duda, del segundo. Ya no pasamos tiempo porque sí en salas de chat o en listas de correo electrónico: las páginas de internet que abrimos sin motivos específicos, simplemente esperando que haya alguien más conectado con quien pasar el rato, son las que contienen *posts* y publicaciones. Publicar contenido en el vacío es como asomar la cabeza por el quicio de la puerta a ver quién está pasando en ese momento por el pasillo. La mayoría de nuestras amistades en Facebook, en Twitter o contactos en Instagram no pasan de meros conocidos, pero añadirlos a nuestras redes sociales es una manera de incorporarlos a los pasillos que frecuentamos, como si les dijéramos «Oye, que igual me apetece coincidir contigo más veces, y ya iremos viendo cómo va la cosa».

En cualquier caso, existe una diferencia importante entre los terceros espacios físicos y los virtuales. Los bares de mi barrio, la barbería de mi calle o el parque que me pilla al lado de casa son lugares, en teoría, abiertos a todo el mundo, pero en la práctica limitados por el elemento geográfico y por los hábitos de la población: hay un número determinado de personas que viven cerca o encajan en estos entornos. Es obvio que, por ejemplo, yo no voy a ser nunca parte de la clientela de la barbería de mi calle, y que (ya) no soy una adolescente que pase las horas muertas sentada en un banco del parque. Lo único que limita la pertenencia a terceros espacios virtuales son los hábitos, y se encuentran en pleno proceso de evolución. A veces, la ausencia de restricciones geográficas de internet es asombrosa: puedo meterme a mis amigos en el bolsillo y llevármelos conmigo a cualquier sitio, y siempre habrá alguno disponible a cualquier hora del día o de la noche. Los aeropuertos ya no son espacios impersonales, el insomnio ya no implica soledad y una visita absolutamente anodina al supermercado puede convertirse en una experiencia de lo más trepidante gracias a una conversación fortuita con alguna amiga que esté conectada en ese momento.

Otras veces, la falta de referencias físicas complica las cosas: mientras que, si estoy sentada a una mesa con otras doce personas, o comparto estancia con ellas, sé a ciencia cierta que están ahí, cuando publico algo en una red social, el público potencial que lo puede leer va desde «cero» a «miles de millones de internautas», y es imposible que pueda saber la cifra exacta de lectores de antemano. Si cuento un chiste en un bar, puede que no haga gracia, pero al menos lo sabré inmediatamente. Sin embargo, si publico una ocurrencia ingeniosa en una red social, o un vídeo de cachorrillos retozando sobre la hierba, nunca sabré si ha conmovido a cientos de personas o si ha pasado totalmente desapercibido, a no ser que consiga recabar un par de «me gusta» o de comentarios. No siempre lo hacemos de forma consciente, pero tendemos a pulir nuestras publicaciones en redes sociales para hacer que, de algún modo, generen algún tipo de interacción en quien las vea: nos devanamos los sesos para sonar graciosos con el número justo de palabras, revisamos a conciencia los comentarios que dejamos a nuestras amistades antes de dar a la tecla de «enviar», mencionamos a gente concreta para hacer que comenten en nuestros *posts*, o simplemente, damos a «me gusta» en las publicaciones de los demás como muestra de apoyo, de tal modo que nuestros amigos no piensen que están predicando en el desierto.

En 2009 hice un análisis muy modesto de los estados de Facebook, basándome en las diez actualizaciones más recientes de los contactos de mi lista que se prestaron a ayudarme. Mi objetivo era demostrar el declive de la costumbre de empezarlos con un «está...» pero, en lugar de eso, di con una serie de patrones que, con toda claridad, hacían que un *post* tuviera éxito en la red. Descubrí que los estados que cosechaban más «me gusta» y comentarios no eran necesariamente aquellos con una vocación más universal, o más comprensibles sin un contexto previo como, por ejemplo, anunciar a todos los contactos un cambio de número de teléfono. En lugar de eso, los estados populares lograban ser misteriosos pero sin pasarse de crípticos, gracias a la inclusión de bromas y referencias que, si bien apelaban solo a parte de los potenciales lectores, lo hacían con especial intensidad. En aquella época, uno de mis estados más populares estaba escrito en una lengua que solo entendían un puñado de mis contactos, quienes venían conmigo a clase de, precisamente, esa lengua. Pero todos y cada uno de ellos comentaron en el *post*, muchos de ellos varias veces. Unos años después, *Buzzfeed* logró ese mismo efecto, pero a gran escala, al publicar artículos que se volvían virales a pesar de que tratasen sobre temas que solo interesaban a gente nacida en un momento determinado, o que fueran de un lugar concreto. Los memes, que analizaremos en detalle en el próximo capítulo, capitalizaron esta tendencia, porque entender uno nos convierte automáticamente en miembros de un grupo determinado.

Intentar evitar que ciertas personas vean o comprendan lo que queremos decir en nuestras publicaciones es más complicado. Obviamente, siempre podemos hacer nuestras cuentas totalmente privadas o, directamente, no publicar nunca nada, pero eso sería como decir que para evitar el contagio de una enfermedad basta con que no toquemos jamás a ningún otro ser humano, o que para que no nos caiga nunca un piano encima mientras vamos por la calle lo mejor es no salir jamás de casa. La mayoría aceptamos que merece la pena perder un poco de intimidad a cambio de tener una vida: en lugar de hacernos ermitaños, intentamos buscar un equilibrio. Un estudio descubrió que la gente distinguía entra la información que compartiría en un *post* y la que contaría en un chat privado; las personas encuestadas marcaron el contenido sobre aficiones y series de televisión como menos íntima y, en consecuencia, más susceptible de aparecer en un *post*, que sus miedos, sus preocupaciones o sus sentimientos, que, en el caso de tener que compartirlos, preferían que fuera mediante mensajes privados. Hubo otros temas que no generaron tanto consenso, como las creencias religiosas, la ideología política o los grandes hitos vitales, como nacimientos o bodas, lo que probablemente explique por qué a veces da la sensación de que hay gente que se excede contando cosas, o que peca de lo contrario.

Un artículo jurídico escrito por Woodrow Hartzog y Frederick D. Stutzman señala que buena parte de la información que se comparte en la red no es totalmente privada, pero sí bastante críptica, lo suficiente como para que a la gente no le merezca la pena intentar desentrañarla en su totalidad. Estos autores describen cuatro factores que están detrás de esa dificultad informativa: en primer lugar, que el *post* en cuestión pueda encontrarse en una búsqueda simple o que, por el contrario, sea necesario ir saltando de enlace en enlace sin demasiada lógica para poder llegar a él; en segundo lugar, que el *post* tenga alguna opción de privacidad activa que haga que solo lo puedan ver los contactos de quien lo publica, o que sea accesible mediante contraseña; en tercer lugar, que el autor se pueda identificar fácilmente por el nombre o pseudónimo que utilice en las redes o no; y, por último, que el *post* en cuestión sea comprensible, incluso para quien no debe leerlo pero termina encontrándoselo. Después de todo, que una publicación sea, desde un punto de vista técnico, totalmente pública no es tan importante: si nadie sabe que existe, quién la ha escrito o lo que significa, será, de facto, privada.

En el mundo físico hay mucha información técnicamente pública pero que en la práctica no es accesible para todo el mundo, como los mensajes que dejamos en lugares por los que pasa mucha gente (grafitis, carteles en corchos, anuncios pegados en cabinas telefónicas que avisan de gatos perdidos…). En Montreal, la ciudad de tradición francófona pero enormemente bilingüe en la que vivo, siempre he querido hacer un mapa lingüístico de los carteles de gatos desaparecidos. Al contrario de lo que pasa con los pósteres que anuncian conciertos o en los que la gente se ofrece para dar clases particulares, que tendría sentido que se dirigieran a un grupo lingüístico en particular, si tu gato anda perdido por las calles, es posible que quieras maximizar las posibilidades de que alguien lo encuentre y sepa dónde vives para que te lo devuelva. Aunque no seas bilingüe, podría darse el caso de que pensaras que merece la pena pedir a un amigo que te traduzca el cartel a la otra lengua. Me pregunto qué idioma ponen primero en este tipo de anuncios en los barrios bilingües. Etiquetando en un mapa las cabinas telefónicas en función de la lengua que aparezca en los anuncios de gatos desaparecidos que la gente pegue sobre ellas podríamos dar con la representación cartográfica de las lenguas que la gente piensa que más se hablan en su vecindario: estaríamos dando forma a un mapeo lingüístico-popular de la ciudad en toda regla.

En mi cabeza, un anuncio de un gato perdido es, de algún modo, público, aunque lo cierto es que también puede presentar rasgos de privacidad, como, por ejemplo, el acceso que los lectores potenciales van a tener a él: si pongo uno en mi portal, tiene sentido esperar que lo vea toda la gente que vive en mi manzana, pero no que acabe protagonizando una noticia del telediario, que derivaría en hordas de trols contactándome para hacerme creer que han encontrado a mi gato, o que mi nombre y mi teléfono terminaran formando parte de una base de datos de gatos perdidos que hiciera que, décadas después de la desaparición de mi mascota, yo siguiera recibiendo publicidad de multinacionales dedicadas a encontrar gatos desaparecidos[20]. Sin embargo, a pesar de lo deseable que es esa restricción de acceso al cartel, su contenido también tiene que ser lo más claro posible: debe describir al gato de un modo que ayude a cualquier extraño a reconocerlo, así que no debo limitarme a decir que es una bolita de pelo adorable, también tiene que incluir información de contacto detallada, para que cualquiera que lo encuentre sepa cómo hacérmelo llegar y debe estar escrito en la lengua o lenguas que hablen mis vecinos.

Con muchas publicaciones de las redes sociales sucede justo lo contrario: la ubicación no limita su alcance, así que sus autores intentan que el contenido solo sea comprensible para un puñado de elegidos. Aumentar la privacidad de un *post* seleccionando la información que se comparte es una herramienta muy versátil en infinidad de situaciones sociales. Un estudio desarrollado en Estonia analizó el modo en que los adolescentes de ese país publicaban en sus redes letras de canciones, citas célebres o bromas privadas que solo tenían sentido para

[20] Durante la elaboración de este ejemplo ningún gato ha resultado herido.

las personas que les gustaban: la mayoría de los encuestados afirmaban que les daba resultado. Otro estudio, esta vez con usuarios jóvenes *queer* de Facebook, descubrió que un modo de tantear cómo de fuera del armario podían mostrarse en una comunidad en la que estaban sus familias, pero también otros posibles miembros del colectivo, era publicar referencias pop *queer* en las que sus semejantes repararían con facilidad, pero que pasarían totalmente desapercibidas para el resto de personas. La investigadora danah boyd observó que los mensajes en clave también se daban en contextos negativos: por ejemplo, una adolescente que quería contar un desengaño amoroso a sus amistades sin preocupar a su madre, publicó unos versos de *Always look on the bright side of life* («Quédate siempre con el lado bueno de las cosas»), la canción con la que los Monty Python cierran su película *La vida de Brian,* una parodia de la vida de Jesucristo en la que el tema suena, precisamente, cuando acaban de crucificar al protagonista. A simple vista, es una canción alegre, pero cuando se conoce el contexto que la hizo conocida, se convierte en una profunda expresión de ironía. Hacía poco tiempo que la adolescente en cuestión había visto la película con sus amigos, pero sabía que a su madre no le iba a sonar de nada.

Una manera menos sutil de sondear el modo en que se articula esa relación entre lo público y lo privado se encuentra en esos tuits subliminales, o esos *posts* de Facebook en clave que informan de alguna situación sin dar nombres ni datos concretos (y que, si se redactan bien, constituyen un auténtico arte). Si alguien publica la letra de una canción, siempre podremos pensar que lo único que nos está diciendo es que esa canción le gusta y no se la puede sacar de la cabeza, pero, si esa misma persona publica un «No tengo tiempo para tonterías», el drama será obvio hasta para los usuarios más novatos de la red, pero solo unos pocos conocerán el contexto adecuado para interpretarlo como es debido. Comentar en una publicación así preguntando qué está pasando es como interrumpir a una pareja que esté discutiendo en un restaurante para preguntarles que cómo se conocieron: sobra. Deberemos averiguarlo por nuestra cuenta o aceptar que no nos estamos enterando de lo que sucede porque no nos atañe. Un estudio de tuits de este tipo llegó a la conclusión de que, para los estudiantes universitarios, estos mensajes indirectos eran un modo más aceptable socialmente de expresar información negativa que mencionar directamente al responsable del conflicto (por ejemplo, diciendo «Gracias a esa persona que hoy me ha dado una puñalada por la espalda y me ha arruinado el día. Patético». La gente reconoce que es un mensaje pasivo-agresivo, sí, pero lo prefieren a señalar directamente al responsable y abochornarlo públicamente). En el caso de los *posts* positivos, la percepción era la opuesta: se consideraba que era mejor etiquetar a los protagonistas del mensaje, como en «Gracias, @RyanS por alegrarme el día, eres genial».

Los cotilleos, las bromitas y los mensajes en clave no son solo cosas de adolescentes o de internet. Los columnistas usan pseudónimos, usamos nuestra lengua delante de los turistas extranjeros para que no nos entiendan, suavizamos las palabrotas (mecagüenlaleche, esto lo hacemos todo el rato, jobar), deletreamos palabras para que los niños pequeños no las entiendan («Oye, ¿tus hijos pueden comer T-A-R-T-A?»), o damos rienda suelta a nuestra creatividad para expresar oposición al poder establecido: la disidencia política china que está en internet es famosa por sus juegos de palabras. Por ejemplo, pueden escribir 河蟹 *héxiè,* 'cangrejo de río', que suena muy similar a 和諧 *hexié,* que significa 'armonía'. «Armonía» es un eufemismo chino para hablar de censura muy común desde que en 2004 se aprobara una ley que limitaba el acceso a internet con el supuesto fin de crear una «sociedad más armoniosa».

Las letras de canciones que inundaban los estados del Messenger de los adolescentes noventeros eran descendientes directas de prácticas culturales de la juventud que ya existían previamente: antes de internet, los jóvenes ya se mandaban mensajes en clave a través de las frases que incluían en los anuarios de su promoción, garabateaban versos en tapas de cuadernos o en pupitres en los que quizá iban a reparar ciertas personas, o dejaban dramáticos mensajes pasivo-agresivos en las puertas de los baños del instituto. Los progenitores de niños pequeños con frecuencia usan apodos, o las iniciales de sus hijos e hijas, para compartir experiencias con otros padres, pero sin dejar rastro de la identidad de un menor que aún no es capaz de decidir si quiere que sus monerías y travesuras sean de dominio público. La gente que conoce a los padres y a la criatura en cuestión puede descodificar los mensajes sin problema, pero unos hipotéticos empleadores nunca podrán encontrarse con una foto de hace veinte años en la que el señorito Buscoempleo aparezca con la cara cubierta de helado de chocolate.

Los terceros espacios de internet, que tan bien vienen para que los amantes del ganchillo o de los videojuegos se conozcan, o para movilizar protestas sociales contra leyes injustas o la cancelación de nuestra serie favorita, también son, por desgracia, muy eficaces a la hora de concitar actitudes de odio. En 2015, Reddit cerró varios de sus foros porque cada vez estaban más escorados hacia ese tipo de discursos. En aquel momento no estaba nada claro si esa podía ser la solución al problema, porque todos esos trols podían perfectamente mudarse a otros foros para seguir sembrando el mismo tipo de hostilidad. Sin embargo, un estudio publicado en 2017 aventuró que era poco probable que eso sucediera; al menos en el caso de Reddit, los usuarios que fueron a otros chats redujeron sus discursos de odio al menos en un 80 %. No obstante, hubo otros que, simplemente, cesaron su actividad en esa plataforma, lo que podría implicar que emigraron a otras más tolerantes con sus conductas.

Una investigación alemana centrada en los comentarios hostiles que se publican en blogs de fútbol nos da una posible razón por la que la prohibición de Reddit funcionó tan bien: en el estudio, se pidió a varios aficionados que respondieran a *posts* sobre cuestiones polémicas que ya tuvieran, como mínimo, otros seis comentarios más: si los comentarios previos eran agresivos, el séptimo seguía la tendencia, pero, si mostraban respeto, la nueva respuesta, de nuevo, se sumaba al tono imperante. Y el hecho de que los comentarios fueran anónimos o estuvieran vinculados con perfiles reales de Facebook apenas influyó en los resultados. Pensar en las publicaciones que hacemos en las redes sociales sin restricciones de privacidad como terceros espacios puede ayudarnos a reflexionar sobre la responsabilidad de la propia red para con sus usuarios: cuando vamos a un bar, los camareros no suelen interferir en nuestras conversaciones, pero sí que se reservan el derecho de echar a quienes molesten a otros clientes, y esa premisa hace que el espacio sea más acogedor y seguro. Cualquier grupo social tiene su propio código de conducta, al que están sujetos sus miembros la mayor parte del tiempo, y las comunidades que se crean en internet no son una excepción.

Estamos acostumbrados a que la lengua, de un modo u otro, sea algo que cambia. Lo que para una generación es jerga de rabiosa actualidad, se convierte para la siguiente en una sarta de clichés manidos. Es evidente que no hablamos como Cervantes, pero lo que quizá no resulta tan obvio es que las normas que rigen la manera de conversar también están en constante evolución; a veces por el advenimiento de una nueva tecnología, otras porque, aunque el soporte no cambie, sí lo hace el contexto social. Los teléfonos transformaron la forma en que nos saludamos, y los *smartphones* volvieron a hacerlo. La comunicación profesional se ha pasado un siglo despojándose de ornamentos y pasando del informe al correo electrónico y de este al chat. Las publicaciones en las redes sociales no terminan de entenderse con el concepto de privacidad, pero los chats son un canal de comunicación más personal y fluido cada vez para más personas. Por el contrario, los videochats puede que estén virando en la dirección opuesta y convirtiéndose más en un tercer espacio en el que pasar el rato, como sucede con aplicaciones «distendidas» como Houseparty, que permite sumarse sin más a conversaciones que ya esté teniendo alguno de nuestros contactos. La configuración actual del concepto de lugar, que es la que articula lo que entendemos por primeros, segundos y terceros espacios, ha cambiado y seguirá haciéndolo, pero no parece descabellado pensar que la posibilidad que supone poder llevar a nuestros amigos en el bolsillo ha venido para quedarse.

Este capítulo, más que ningún otro, es una foto fija de un momento específico y un relato de cómo hemos llegado a ese punto, pero en ningún caso lo reivindica como la única opción correcta, ni como una fase inmutable. En lugar de eso, es un llamamiento a la humildad, a decir que, si las normas conversacionales están en constante transformación y pueden variar entre personas que coexistan en el mismo tiempo y espacio, quizá debamos pensárnoslo dos veces antes de juzgarlas. Pidamos a nuestros interlocutores que nos expliquen lo que quieren decir, en lugar de adelantar conclusiones, y asumamos que las prácticas comunicativas que nos resultan desconcertantes para otros son genuinas y en absoluto banales. La comunicación no se da de forma satisfactoria cuando nuestras reglan «ganan» a las de los demás, ya sea porque los convencemos de que no pongan puntos finales en los mensajes si no quieren sonar bordes, o de que tienen que responder a las llamadas cuando el teléfono haya sonado no una vez, ni tres, sino dos: la comunicación es satisfactoria cuando todas las partes implicadas se esfuerzan porque el resto salga ganando con el intercambio de información.

Capítulo 7

Los memes y la cultura de internet

Cuando un hablante de inglés dice *the City* ('la Ciudad'), ¿a qué ciudad se refiere?

Esta pregunta es una manera infalible de empezar una discusión. Mucha gente dirá que se trata de alguna de las típicas metrópolis que todos conocemos: Londres, Nueva York, San Francisco..., aunque quienes vivan en alguna de esas áreas metropolitanas explicarán que, en realidad, la auténtica *City* es un distrito en particular, como Manhattan o, valga la redundancia, la City londinense. Habrá otro grupo de personas, menos nutrido que el anterior, que apostará por algún centro neurálgico de una lista mucho más amplia de lugares, como Chicago, Toronto, Winnipeg, Norwich, Detroit, Nueva Orleans, Bristol, Seattle, Vancouver, Los Ángeles, Melbourne, Sydney, Washington... Cuando era pequeña y vivía en Nueva Escocia, una provincia el este de Canadá, todo el mundo sabía que la City por excelencia era Halifax, es decir, la capital de la provincia. En definitiva: la discusión no tendría acuerdo posible, porque nadie dudaría de que su City es «la City».

Y no hablamos solo del urbanita narcisista del mundo actual: en la Constantinopla medieval estaban tan seguros de que su ciudad era La Ciudad que terminaron llamándola así: «Estambul» es una variante del griego bizantino *stámboli,* que procede, a su vez, de la forma coloquial *stin Póli*, 'en la ciudad' (de hecho, ese *poli* es el mismo que vemos en «acrópolis» o al final de «Constantinopla»). «Medina», en Arabia Saudí, significa 'ciudad', que también es lo que quiere decir *Nagaram* en telugu, la lengua que se habla en el estado indio de Andhra Pradesh, donde hay nada menos que tres ciudades con ese nombre.

Incluso aunque no tengamos una *City* a mano o que, cuando alguien nos pregunte por ella, respondamos «Ni idea, ¿la que esté más cerca?», nos daremos cuenta enseguida si un forastero no maneja con soltura los nombres de las calles o de los principales enclaves del lugar en el que vivimos: después de todo, es muy probable que tampoco nos pusiéramos de acuerdo con demasiadas personas para determinar qué significa la palabra «hogar», y no es algo por lo que vayamos a discutir con nadie. Pero el concepto de hogar es personal (defender lo contrario sería como decir que nuestro «aquí» no es el «allí» de nadie) mientras que el de ciudad o región, además de personal, también es cultural. El modo en que hablamos de los lugares delata cuáles consideramos propios y cuáles no.

La cuestión de qué podemos considerar como cultura de internet enciende tantas pasiones en la gente como la de qué ciudad es la Ciudad (y esto es algo que yo, que me lo paso genial cuando estoy de fiesta, he comprobado tras un, ejem, concienzudo trabajo de campo). Cuando escribimos en la red no lo hacemos en el vacío, sino que recombinamos elementos ya existentes, alimentamos referencias compartidas y, de paso, trazamos líneas que separan a quienes entienden esas referencias de quienes no son capaces de captarlas.

Pero una cosa está clara: no llevaremos ni un minuto debatiendo sobre qué es la cultura de internet y alguien ya habrá sacado a colación los memes.

El meme ha muerto

Cuando, en 1976, Richard Dawkins sugirió la existencia de algo llamado «meme», lo hizo estableciendo una analogía bastante evidente con genes: del mismo modo que un gen (por ejemplo, el que nos hace tener ojos marrones) se perpetúa mediante la selección sexual y la adecuación fisiológica, un meme (por ejemplo, la idea de que la Tierra gira alrededor del sol) lo hace mediante la selección social y la adecuación ideológica. Para acuñar el término, Dawkins se basó en la palabra *mimeme*, del griego clásico μίμημα, «aquello que es imitado», y la acortó para que se pareciera a *gene*, ('gen' en inglés). Pero con este nuevo concepto Dawkins no estaba haciendo ningún tipo de referencia a internet; para él, los memes eran unos elementos bastante escurridizos dentro del estudio de las ciencias sociales. La evolución del significado de «meme» hasta la definición que hoy conocemos está estrechamente relacionada con decidir qué debería considerarse cultura de internet. En 1990, un experto en tecnologías llamado Mike Godwin empezó a cansarse de que todos los debates de Usenet acabaran desembocando en analogías con Hitler que, a todas luces, eran absolutamente desmesuradas («¿Cómo? ¿Que han creado una extensión que sustituye la palabra "millennial" por "gente serpiente"? ¡Eso es censura! ¿Y sabes quién censuraba?»). Godwin decidió plantar cara a esa tendencia poniéndole nombre e intentando que la gente empezar a llamarla de ese modo: «Dejé constancia de la ley de Godwin en cualquier artículo o foro donde vi referencias gratuitas al nazismo. Para mi sorpresa, no tardé en ver cómo otra gente empezaba a hablar de ella: ¡había creado un contrameme capaz de reproducirse por sí mismo!». Años después, Godwin contó la historia de su experimento en *Wired* evocando «meme», aquel término acuñado por Dawkins, para describirlo y, en consecuencia, presentándoselo a los lectores de *Wired* en el contexto de internet.

La semilla de los memes se plantó justo en un momento de excepcional disrupción cultural. En los inicios de Usenet, septiembre era el peor momento del año: se trataba de la época en la que la plataforma recibía un aluvión de nuevos usuarios, en su mayoría estudiantes que, gracias a las universidades, contaban con acceso a internet por primera vez en sus vidas, y a quienes los veteranos tenían que instruir en las normas de etiqueta del lugar. Sin embargo, en septiembre de 1993, eso cambió: AOL, una compañía estadounidense que ofrece servicios de conexión a internet, empezó a enviar por correo CD para configurar los ordenadores personales y permitirles conectarse a la red, lo que, según el ensayo *Net.wars*, «en menos de un año conectó a la red a un millón de ordenadores, en lo que fue la incorporación más masiva de usuarios que internet había tenido que afrontar hasta ese momento». Los internautas más experimentados fueron incapaces de asimilar culturalmente esa invasión y el resultado fue de todo menos agradable para ellos, que terminaron bautizando esas semanas como su «septiembre eterno».

Aunque puede que los contramemes no se hayan convertido en los adalides de las causas nobles que Godwin imaginó, la idea del meme en sí caló en la red y empezó a reinventarse. En internet, un meme no es simplemente algo popular, como un vídeo, una foto o una frase que se hacen virales: podríamos explicar la orbitación de la Tierra en torno al sol con nuestras propias palabras y difundir ese concepto del modo en que Dawkins describió, pero para que eso fuera un meme, nuestra explicación tendría que ser una entre una variedad de ellas que reinterpretaran el mismo hecho, a la que diéramos un toque particular: por ejemplo, inventándonos un baile del sistema solar tan sumamente ridículo que gente de todo el mundo sintiera el súbito impulso de grabarse reproduciéndolo, o improvisar un diseño en el que cambiáramos el nombre a los elementos del sistema solar y pasáramos a nombrarlos como si fueran diferentes tipos de canadás («El Canadá rojo», «El Canadá del Alba», «El Canadá Mayor», «Los anillos de Canadá»...)[21]. Después de haber visto varias versiones, nos haríamos una idea de lo que todas esas denominaciones cósmicas tienen en común e intentaríamos hacer nuestra propia versión. Quienes se manejan con soltura en el mundo de los memes van un paso más allá, fusionando varios que hayan alcanzado cierta popularidad para crear uno nuevo.

Las rarezas culturales que se propagan como la pólvora entre una sociedad encantada con la idea de replicarlas ya existían antes de internet. En su libro *Memes in Digital Culture* menciona el *Kilroy was here* ('Kilroy estuvo aquí') (un grafiti apenas esbozado de un hombre con una nariz enorme asomándose por encima de un muro, que se popularizó durante la Segunda Guerra Mundial[22]) como ejemplo de meme previo a internet. La novedad reside en la conexión de la palabra en sí con ese tipo de réplica cultural que se da en la red. Desde los tiempos de la ley de Godwin y del septiembre eterno, hacer y compartir memes ha tenido mucho que ver con el proceso de definición de lo que está dentro del canon cultural de internet y lo que no cabe en él, algo muy difícil de delimitar porque lo que se entiende por cultura en la red no para de cambiar. Buena muestra de ello es la relación que se ha dado históricamente entre manejar con soltura los códigos culturales de internet y tener habilida-

---

[21] Hasta donde yo sé, no existe tal baile, pero el meme de los planetas canadienses sí que existe. Basta con buscar en Google «Canada a bit to the left meme» para ver a lo que me estoy refiriendo.

[22] Generalmente se suele atribuir el origen de este grafiti a James «Jim» Kilroy, un supervisor de unos astilleros durante los años cuarenta que pintaba las planchas de acero que remachaba, para poder cobrar por ellas. Muchas de esas planchas acabaron en buques de la Segunda Guerra Mundial, lo que popularizó su firma. *(N. del T.)*.

des informáticas: del mismo modo que la primera generación de internautas compartió la jerga que usaba para programar o para simplemente navegar por la red, las primeras oleadas de creadores de memes no tardaron en darse cuenta de que había una especie de vínculo entre el manejo de las herramientas que permitían hacer memes y la comprensión de las subculturas en las que estos tenían sentido. Les preocupaba pensar que, si el proceso de hacer memes se simplificaba, la cultura que vehiculaban también acabaría diluyéndose.

Un recurso que facilitaba mucho la creación de memes fueron las macros, esos comandos breves que permiten mandar al ordenador que haga una tarea compleja de forma autónoma. En 2004 alguien compartió en Something Awful (un foro que, a principios de este siglo, era muy popular en Estados Unidos) una macro que permitía añadir imágenes a los comentarios, lo que significaba que, en lugar de tener que subir una imagen cada vez que quisiéramos usarla, bastaba con teclear un comando, por ejemplo [img-alucinavecina] para que apareciera un «alucina, vecina» a todo color en letras gigantescas. Desde el principio, el uso de macros para facilitar la publicación de imágenes alimentó la división entre los iniciados en el arte de los memes y los novatos que intentaban usarlos con soltura: la historia oficial del foro dice que un moderador creó la macro en cuestión para demostrar hasta qué punto eran molestas las imágenes repetidas una y otra vez, pero lo cierto es que a la gente le encantó la idea de poder insertarlas con tanta facilidad. No tardó en surgir una nueva macro que permitía replicar un meme aún más popular: los *lolcats*, imágenes de gatos felices con frases superpuestas que, a partir de un sábado cualquiera de 2005 (al que llamaron *Caturday*, es decir, 'ságato'), la gente empezó a postear en un foro llamado 4chan. Este fenómeno gatuno acabó protagonizando todo tipo de artículos, desde textos académicos hasta reportajes de la revista *Time*. Al igual que había sucedido con los memes en sus inicios, para superponer texto en los primeros *lolcats* era necesario usar programas de edición gráfica, como Photoshop o Microsoft Paint.

1. Yo ser gato serio. Este ser hilo serio.
2. Bici invisible.
3. ¿Me dé una anburgesa grasias?
4. Te ize una gayeta… pero la komí.

A medida que los memes gatunos ganaban en popularidad, también lo hizo un nuevo tipo de macro que permitía ahorrar mucho tiempo, al ubicar el texto automáticamente en la imagen sin necesidad de tener que abrirla con un programa diferente. Empezaron a surgir generadores de memes que promovieron una estética bastante coherente: los textos se escribían MAYÚSCULAS de color blanco con reborde en negro y en un tipo de fuente llamado Impact que, por otra parte, fue todo un avance en la generación automática de memes porque permitía que el mensaje resaltara con facilidad independientemente de los colores o diseños que tuviera la imagen sobre la que se añadía.

Facilitar la creación de memes de gatitos no estuvo exento de polémicas: hasta ese momento, añadir texto a una imagen había requerido de cierta destreza en la edición de imágenes, y ahora, de pronto, era fácil. Demasiado fácil, según algunos «veteranos». Kate Miltner, una especialista en inteligencia artificial y gestión de datos, documentó el cisma de los fanes de los memes de gatos que se vivió a principios de los dos mil: por un lado, los autodenominados *MemeGeeks* ('frikis de los memes') que, si bien habían sucumbido a los memes de gatitos felices cuando surgieron, al ver que prácticamente cualquiera podía crearlos, empezaron a cambiar de animal preferido. Frente a esta facción, que demostraba su pertenencia a la comunidad de creadores de memes haciendo gala de su pericia técnica para diseñarlos, estaban los autodenominados *Cheezfriends* ('amigos del keso'), que solían ubicarse más en la web de *I Can Has Cheezburger* (algo así como 'me dé una anburgesa de keso grasias') y que hacían valer su pertenencia a la comunidad usando con una fluidez pasmosa la jerga específica de los memes de gatos (llamémosla, a partir de ahora, gatete) que, como el nombre de la web demuestra, se basaba en pervertir las reglas gramaticales y ortográficas hasta el extremo. En el punto álgido de la moda de los memes de gatos, esta facción era capaz de escribir textos completos en gatete y sus miembros podían detectar sin problema a quienes no la dominaban.

En lugar de perdernos en viejas publicaciones de la web de *Cheezburger*, para entender mejor en qué consistía el gatete os propongo que nos fijemos en lo más parecido a un texto revisado que tenemos escrito de esa manera: la Biblia Gatuna. Se escribió de forma colaborativa, en una wiki, con diversos autores contribuyendo y votando la pertinencia de las aportaciones de los demás. A continuación, cito unos versículos del Génesis en gatete, que en su momento fueron muy editados por los usuarios[23]

> *Oh hai.In teh beginnin Ceiling Cat maded teh skiez An da Urfs, but he did not eated dem.*
>
> *Da Urfs no had shapez An haded dark face, An Ceiling Cat rode invisible bike over teh waterz.*
>
> *At start, no has lyte.An Ceiling Cat sayz, i can haz lite? An lite wuz.*
>
> *An Ceiling Cat sawed teh lite, to seez stuffs, An splitted teh lite from dark but taht wuz ok cuz kittehs can see in teh dark An not tripz over nethin.*
>
> *An Ceiling Cat sayed light Day An dark no Day.It were FURST!!!1*[24]

Prácticamente todas las palabras de este fragmento hacen referencia a algo: *oh hai* aparece en un meme de gatos, *teh* y

[23] El texto completo está accesible en lolcatbible.com, pero, para que os hagáis una idea, *Ceiling Cat* (GatoTecho) es dios, *Basement Cat* (GatoSótano) es el demonio, *Happy Cat* (GatoMajo) es Jesús y las tiendas del desierto suelen sustituirse por sofás.

[24] En prinzipio GatoTecho izo el zielo y los areneros pero no se los komió
Los areneros no tenían forma y estaban en lo negro, y GatoTecho se kojió una vicicleta invisible y fue por el hagua.
Al empezar, todo negro. Y GatoTecho dice «Me dé lus grasias?» Y tubo lus.
Y GatoTecho bio la lus, para ber cosicas, y la separó de lo negro y todo fue OK xq los gatetes ben en lo negro y no se kaen.
Y GatoTecho yamó día a la lus y no día a lo negro. Y palante.

FURST forman parte de la primera jerga de internet, *Ceiling Cat* es el nombre de un gato que aparece en un meme, *maded* e *eated*, formas gramaticalmente erróneas, también proceden de otro meme…, y eso por no hablar de todas las referencias bíblicas, claro. Pero tener una lista de explicaciones para entender todos los guiños del texto es tan divertido como leer un artículo de la Wikipedia sobre un tema técnico muy complejo del que no tengamos ni idea: para cuando hayamos hecho clic en todos los enlaces de todas las palabras que no entendamos ya ni nos acordaremos de por qué estábamos leyendo el artículo en cuestión. No obstante, también es cierto que toparse con todas esas referencias y entenderlas al primer golpe de vista es una auténtica delicia, similar a cuando coincidimos con alguien de nuestro país en el extranjero y sentimos esa súbita oleada de complicidad patriótica ante el menor detalle que nos resulta familiar a ambos. La chispa que encienden los memes es la misma que prende cuando pertenecemos a un grupo con el que compartimos y disfrutamos referencias comunes.

Pues resulta que, a principios de los dos mil, ese segundo grupo, el de los «amigos del keso», estaba a punto de crecer exponencialmente. Las webs generadoras de memes que habían empezado a florecer en los últimos compases de los memes de gatitos trajeron consigo toda una nueva oleada de memes con animales entre 2008 y 2014. Todos seguían un patrón similar: un personaje central, con cierta vocación arquetípica, ya fuera una persona o un animal, y un texto de dos líneas con letras blancas bordeadas en negro escrito en letra Impact en el que se podía leer o bien algo que hubiera hecho el personaje en cuestión, o bien uno de sus pensamientos. Algunas de las imágenes de los personajes centrales eran meras caras recortadas y pegadas sobre un fondo multicolor, especialmente en los inicios de esta moda, mientras que luego fueron apareciendo memes con la foto completa. Por ejemplo, el filosorraptor era un velocirraptor con un molinillo de viento detrás que se hacía preguntas profundas, o *Scumbag Steve* ('Steve el escoria') era el típico chico de hermandad universitaria que, con su gorra estampada muy característica, no paraba de comportarse con absoluta irresponsabilidad y una ética bastante dudosa, o *Grumpy Cat* ('la gata gruñona'), cuya principal característica era tener una cara de cabreo monumental.

[25]

[26]

[25] Fuente: www.memegenerator.es. *(N. del T.)*.

[26] Fuente: https://rpp.pe/lima/actualidad/los-mejores-memes-de-grumpy-cat-la-gata-grunona-de-las-redes-noticia-632765. *(N. del T.)*.

Lo interesante del filosorraptor o de la gata gruñona es el modo en que democratizaron y fragmentaron el espacio que ocupaban los memes. Si los de gatos se basaban en un conjunto de referencias lingüísticas y una jerga propia, la siguiente generación de memes de animales era mucho más abierta: constituían una red en la que se articulaban diferentes subgrupos a distintos niveles: algunos tenían cierta coherencia lingüística (en inglés hubo toda una corriente de memes que sustituían cualquier vocal por *er,* y todos los memes de Ryan Gosling empezaban con un *hey girl,* es decir, 'oye, nena'), pero lo que los hacía memorables era que el texto estuviera dividido en dos partes. De hecho, algunas de las frases acabaron por eclipsar a los memes a los que pertenecían: no en vano, la gente ya se planteaba la mayoría de las dudas filosóficas del filosorraptor antes de que existieran sus memes.

La democratización de su uso hizo que estos memes fueran mutando y convirtiéndose en referencias cada vez más crípticas para los usuarios. Antes he elegido memes del filosorraptor y la gata gruñona porque tengo la sensación de que son bastante conocidos, pero hubo otros muy populares en grupos de usuarios específicos. Por ejemplo, la llama lingüista solo es famosa entre lingüistas (aunque es justo decir que de forma estratosférica) y, como ella, tantos otros animales que alcanzaron cierta fama en diferentes ámbitos académicos. Otros se hicieron célebres en comunidades mucho más reducidas, como mi grupo de amigos, donde introduje al bacalao lingüista, por el simple hecho de que hay una subespecie de ese tipo de peces que en inglés se llama *lingcod. Cod* en inglés significa 'bacalao', claro, así que nos venía al pelo. Nos hacía mucha gracia, pero no cuajó en el resto de la comunidad lingüística por unas cuantas razones de peso: la primera, porque no es un tipo de bacalao particularmente famoso, la segunda, porque el horror de foto que escogimos para hacer los memes tampoco ayudaba, la tercera, porque las bromas eran demasiado personales y la cuarta, porque tampoco conocíamos a tantos lingüistas como para que nuestro bacalao tuviera más recorrido.

A pesar de que nuestro meme del bacalao no fuera capaz de, ejem, surcar las aguas de internet con éxito, para mí fue todo un hito. Ya me había topado con memes de gatitos y había participado en alguna cadena de comentarios de esos que dicen «responde a estas preguntas y etiqueta a los contactos que quieres que también respondan», pero no conocía a nadie que creara memes, y si los conocía, no me lo habían contado. Para mí, los memes de gatitos eran creaciones de «gente de internet», y lo máximo que yo podía hacer era fingir que me expresaba con fluidez en gatete al escribir; los primeros memes que vi cuyo autor ya conocía de antemano fueron de animales. Ahora que echo la vista atrás, esto no era más que un síntoma más del gran salto que se produjo de los memes como algo de la generación del antiguo internet, que se conectaba para interactuar con extraños, a los memes como algo de la generación conectada a tiempo completo, que se conectaba para interactuar con gente que conocía físicamente. ROFLCon, un congreso sobre aspectos culturales de internet que empezó a celebrarse en 2008, también quiso dar con una solución a la complicada pregunta de qué era y qué no era cultura de internet. La última edición del congreso tuvo lugar en 2012. Tal y como explicaron Tim Hwang y Christina Xu, sus organizadores, «en 2012 hablamos por teléfono con el representante de la gata gruñona, y de pronto pensé "la gata gruñona tiene representante". Creo que con ese dato basta para entender lo mucho que había cambiado el panorama de la cultura en internet en tan solo cuatro años».

Mi siguiente contacto con el mundo de los memes difuminó aún más los límites de la cultura de internet para mí. A principios de 2012 yo llevaba varios años participando en una liga de debate universitaria y de pronto, una noche, decidí que lo que el mundo necesitaba era a Ryan Gosling explicando los puntos más importantes del tema de debate de esa edición, empezando, por supuesto, con su famoso *hey girl.* Diseñé un par de memes, mandé el enlace a varios amigos de la liga y me fui a la cama. La mañana siguiente tenía docenas de mensajes y dos mil reacciones en mi flamante blog de memes. ¡Incluso gente que yo no conocía de nada me había mandado sus propias versiones! La experiencia fue tan emocionante como efímera: ese fin de semana, en la competición de la liga de debate, me sentí la persona más guay del lugar (repleto de frikis, por otro lado), pero apenas diez días después dejé de actualizar el blog en el que había ido subiendo todas mis creaciones con Ryan. Sin embargo, lo cuento porque me parece un ejemplo inmejorable del potencial de una broma interna: lo bastante comprensible para que se extendiera entre mis conocidos y los conocidos de mis conocidos, pero no lo bastante accesible como para que la cosa fuera más allá. He buscado alguno de aquellos memes para añadirlo aquí como ejemplo, pero no he podido encontrar ninguno que no necesitara al menos un párrafo de explicación para poder verle la gracia... y creo que ni aun así la hubiera tenido. Los memes de la liga de debate fueron graciosos para unas cien personas, de las cuales yo solo conocía personalmente a la mitad, pero ese grupito de gente se sintió, gracias a ellos, totalmente comprendida.

Un año después, cada vez pasaba más tiempo en internet, que se había convertido en mi principal distracción mientras redactaba mi trabajo final de máster, y empecé a toparme con un nuevo diseño, que evitaba el texto dividido en dos partes; en su lugar, jugaba con el recurso de rodear la cara redonda de un perro de pequeñas frases que, por otra parte, ya no estaban escritas en Impact con bordes negros, sino en Comic Sans..., y que (albricias) articulaban una nueva y peculiar manera de entender la gramática. No pude evitar empezar a analizar esa jerga y me prometí describirla en condiciones en cuanto entregara el trabajo final de máster. Se trataba de un meme conocido como *doge* (para que nos entendamos, 'perrete'), basado en una foto que la profesora japonesa Atsuko Sato sacó de su perro de raza shiba inu, y que yo acabé analizando en 2014 para un artículo que publiqué en la ecléctica y hoy tristemente desaparecida web de *The Toast*.

Mucho perrete – tope desfase – guau – sin mayúsculas - mucha letra – tope lingüista - guau - segunden generacionen – muy sintaxis – sin gatetes – mucho moderno – guau

Cuidado conmigo – te dejo por los suelos – siseo, siseo – no te metas conmigo – mucho veneno

Doge fue uno de los varios memes que surgieron en aquella época, con esa especie de monólogo interior telegráfico que recordaba a la puntuación minimalista de la que hemos hablado en el Capítulo 4. Otro ejemplo es el de *snek*, un meme basado en fotos de serpientes (del mismo modo que *doge* es una variación de *dog*, 'perro' en inglés, *snek* lo es de *snake*, 'serpiente'), también con su propia gramática.

Mientras escribía el artículo sobre *doge* pude reprimir a duras penas un entusiasmo que, de nuevo, tuve la suerte de compartir con quien lo leyó. Solo que esta vez, resultó que el grupo de «gente que disfruta leyendo análisis académicos sobre aspectos culturales de internet» fue bastante más numeroso que el de «gente que entiende bromas internas de la Liga Canadiense de Debate Interuniversitario»[27]. Pocos días después de publicar el artículo me vi en la BBC hablando del *doge*, y todavía hoy, años después de todo aquello, me encuentro con gente entusiasmada con aquel texto.

¿Cuál fue la diferencia entre crear al bacalao lingüista, al Ryan Gosling de la Liga de Debate y escribir la gramática del *doge*? Lo cierto es que no radicaba tanto en mi enfoque de cada uno de esos productos culturales, porque, vistas desde dentro, la experiencia de crear un meme y la de analizarlo se parecen bastante: es la misma efervescencia que siento cada vez que estoy escribiendo algo y noto que el texto me está quedando muy muy bien (de hecho, la irresistible atracción que siento por analizar memes es un meme en sí misma, que combina las convenciones de la escritura académica con la de la cultura de internet). La diferencia tampoco estaba en las reacciones de la gente: mi fugaz blog de memes de 2012 fue, probablemente, un ejemplo más de los millones de sitios creados por personas anónimas para agradar a una comunidad de internautas reducida en un momento puntual. Lo que verdaderamente definía a los memes que se hicieron famosos no fueron las bromas que contenían, sino la cantidad de gente que las entendía: en un mundo donde surgen bromas todo el rato, y a coste cero, solo unas pocas de ellas alcanzan la fama porque las comunidades que las entienden son tan tan numerosas como la de «gente que

[27] A pesar de que Justin Trudeau, primer ministro de Canadá, fue miembro del segundo grupo, pero no sé si lo también llegó a serlo del primero.

usa internet», «gente que está de acuerdo en que esta gata tiene cara de gruñona» o «gente que conoce la última broma que se ha hecho viral». Lo bonito de los memes es que se basan en elementos que pueden llegar a unir a todo internet en un momento determinado; lo que no es tan bonito es que, a su vez, también definen quiénes forman parte de ese club y quiénes se quedan fuera.

Aunque internet se unió momentáneamente en torno al *doge*, lo cierto es que el panorama de los memes no paraba de fragmentarse. Los de animales habían surgido de páginas que, además de permitir crearlos, también los almacenaban, lo que daba la posibilidad de buscarlos y utilizarlos cada vez que se quisiera. *Doge* y *snek* perdieron su coherencia estética a medida que las herramientas de diseño de esas páginas web se iban sofisticando, y llegó un punto en el que ni siquiera hacía falta acudir a esos sitios para hacerse con ellos. Aquel ritmo tan vertiginoso despertó los temores de dos estudiantes de doctorado que, en aquellos años, estaban haciendo sus tesis sobre, precisamente, los memes. No obstante, continuaron escribiendo libros sobre el tema, pero con el temor de que, antes de que los terminaran, sus investigaciones ya hubieran quedado obsoletas. Uno de ellos era Ryan Milner, que lo explicó así: «En 2014 me di cuenta de lo rápido que iba todo mientras charlaba sobre mi tesis doctoral con un alumno de segundo año de universidad que me dijo "Ah, sí, me acuerdo de los memes, claro, estaban de moda cuando iba al instituto". La idea de que mi tesis, que en aquel momento tenía dos años, se hubiera convertido en el análisis histórico de un género comunicativo ya desaparecido me dio ansiedad». Whitney Phillips describió una sensación similar a propósito de su libro sobre trols en internet, y afirmó que una de las causas fue el auge de la página *Know Your Meme*, una especie de *Urban Dictionary* de memes, un recurso que, según ella, «estaba pensado para novatos, con explicaciones detalladas, casi clínicas, de los contenidos que más participación en internet generaban. Eso ayudó a democratizar un espacio que, hasta ese momento, había estado reservado para unos pocos».

Pero la historia de los memes no acaba ahí. Durante las elecciones presidenciales de Estados Unidos de 2016 se hicieron más virales que nunca, a menudo como una manera de convertir en aborrecibles algunas ideas que a simple vista podían seducir al electorado con su ironía. Este fenómeno provocó la publicación de no pocas columnas de opinión sobre el tema en medios de masas como *USA Today* y *The Guardian*, la redacción de una entrada de *Know Your Meme* bastante más extensa que las que esa web incluyó en las dos elecciones presidenciales anteriores, e incluso un meme oficial diseñado desde la candidatura de Hillary Clinton explicando que el meme de la rana Pepe (originalmente *Pepe the Frog*) estaba relacionado con ideas supremacistas blancas. El mismísimo Mike Godwin se vio en la obligación de aclarar que la ley de Godwin solamente se podía aplicar a comparaciones con el Holocausto que se hicieran desde la frivolidad, pero no para cuestiones serias. Se pronunció a través del siguiente tuit «Poned al mismo nivel a esos imbéciles y a los nazis siempre que podáis, sin parar. Estoy con vosotros». Durante aquellas semanas también hubo memes más «saludables», de perros y cachorros adorables, que dieron un soplo de aire fresco a unas redes sociales rebosantes de tensión y sordidez.

En 2017, un artículo publicado en Mic, un medio de comunicación digital, se hizo eco de una nueva moda que había surgido durante el periodo de matrícula de las universidades estadounidenses más prestigiosas: los estudiantes se estaban dedicando a crear y compartir memes en las páginas de Facebook de cada uno de esos centros, como manera de romper el hielo con el resto del alumnado y de hacer amigos antes del comienzo del curso. Algunos indecisos incluso llegaron a tomar nota de la calidad de los memes de cada universidad para terminar de escoger el lugar donde cursar su carrera. Tal y como decía Brandon Epstein, de dieciocho años y fundador de la Asociación de Memes para Intelectuales y Creadores de Memes Subidos de Tono del MIT, «Somos la generación que más inmersa ha estado nunca en la cultura del meme. Hace tan solo un año los memes no eran el pilar cultural que son ahora. La popularidad de los memes empezó a aumentar en los años en los que estábamos en el instituto, lo que me hace pensar que la gente de mi edad les presta mucha más atención que otras generaciones».

A simple vista, estas declaraciones no parecen tener mucho sentido. ¿Cómo puede ser que un universitario en 2014 declarase que los memes estaban muertos y, tres años (llenos de memes) después, otro estudiante de primer año afirmara sin pudor que sus compañeros de segundo no eran capaces de comprenderlos porque eran demasiado nuevos para ellos? Y eso sin olvidar que, si nos ponemos exquisitos, ambos estaban en su más tierna infancia cuando los memes de gatitos alcanzaron su cénit en 2007, y que ni siquiera habían nacido cuando Mike Godwin empezó a llenar internet de memes antinazis en 1990.

Pensar en los memes como un fenómeno unitario no tiene sentido. Si bien es cierto que los de gatitos y la ley de Godwin han alcanzado la categoría de históricos, a lo largo de todos estos años las imágenes, vídeos y textos de toda clase que se han ido recombinando y reinventando han sido incesantes. De hecho, ha terminado surgiendo una nueva categoría de meme: allí donde los de animales, desde los de gatitos hasta los de *doge* usaban texto superpuesto para relatar el monólogo interior del animal en cuestión, los memes más actuales se valen de ese recurso para etiquetar los elementos de la imagen y explicitar, de ese modo, la relación que hay entre ellos, como en el meme del novio distraído, en el que un chico se queda mirando a una chica por la calle ante la atónita mirada de su novia, o el del cerebro galaxia en el que se ve una serie de imágenes del cerebro en distintas fases de expansión, cada una con su propia etiqueta. Con tanto frenesí creativo, los memes no es que no hayan desparecido, es que no han parado de reproducirse.

Si pensamos en los memes como un rasgo más de la cultura de internet, el lío se aclara un poco: cada cierto tiempo, se distancian de las comunidades que los crearon y en ese momento, para ese grupo de usuarios, mueren; pero, mientras se sigan generando artefactos culturales en internet, siempre habrá un nuevo grupo de usuarios que reconviertan el formato y lo reinventen. De hecho no hace tanto que han vuelto a mutar, de cómo los usaba la generación conectada a tiempo completo a cómo lo hace la generación posinternet, esas personas que no conciben la vida sin estar conectadas.

El meme no ha muerto: el meme ha renacido.

Larga vida al meme

En casa tengo un meme bordado colgado de la pared: en él se puede ver a una campesina con los brazos abiertos y un lema, al estilo de las antiguas divisas heráldicas: *BEHOLD THE FIELD IN WHICH I GROW MY FVCKS. LAY THINE EYES VPON IT AND THOV SHALT SEE THAT IT IS BARREN*[28]. Está basado en un meme en el que se lee esa misma frase, y lo creé en un generador de memes que cambia el texto para que suene como si fuera una inscripción del *Tapiz de Bayeux*, y que coloca las

[28] HE AQUÍ EL CAMPO EN EL QUE CULTIVO LO QUE ME IMPORTA ESO QUE ME ESTÁS CONTANDO; SI PRESTAS ATENCIÓN, VERÁS QUE LA TIERRA ES YERMA.

letras, que parecen bordadas, sobre un fondo que recuerda a un lienzo.

El meme de *Behold the field* forma parte de la cultura de internet, pero también de la cultura inglesa, puesto que entronca con la conquista normanda que tuvo lugar hace casi mil años. La mujer anónima que bordó el *Tapiz de Bayeux* a lo largo de más de setenta metros de tela también combinó imágenes y texto, introdujo personajes muy reconocibles (en concreto, sajones bigotudos y normandos lampiños), plasmando y generando mitologías sobre acontecimientos que tuvieron lugar mientras ella estaba viva (por ejemplo, la típica imagen de Harold Godwinson, último rey sajón, cayendo en la batalla tras ser alcanzado en un ojo por una flecha enemiga, surge en este tapiz). Además, se ha reinterpretado en otras ocasiones, a menudo también bordado: la Sociedad de Bordados de Leek, una pequeña ciudad inglesa, creó una copia a tamaño real en época victoriana, y en 2017 se presentó en Irlanda del Norte una versión basada en *Juego de Tronos.*

Se trata de un meme que incluso presenta un uso determinado de la lengua, una alteración creativa del inglés que, en lugar de recordar a la jerga de internet, suena más o menos a lo que los hablantes entendemos por «inglés antiguo», con ese *thou* en lugar de *you,* o las «u» escritas como si fueran «v»... Poco importa que el tapiz primigenio estuviera bordado en latín.

No puedo presumir de original: si tengo ese meme bordado es porque se lo vi a otra gente en internet y me fijé en sus versiones para hacer el mío, aunque también metí detalles de mi cosecha: usé el punto trasero en lugar del punto de cruz porque me parece que queda más fino, y convertí al campesino original en campesina, que además se parece un poco a mí. A fin de cuentas, es el campo donde crece lo que me importa a mí, mi huequecito en la cultura de internet.

Pero ¿para qué quiero yo un huequecito en la cultura de internet? Si he reproducido ese meme en concreto, en ese formato y no en otro, en lugar de, por ejemplo, pintar un cuadro de la gata gruñona, ha sido porque me fascina cómo logra yuxtaponer lo viejo y lo nuevo, la cultura oral y la digital, lo doméstico y lo público, cómo consigue expresar la aspiración a que nada nos importe una mierda en un soporte, el de los bordados, al que, paradójicamente, hay que prestar bastante atención mientras se manipula. Incluso las circunstancias en las que lo bordé combinan elementos muy diversos: lo hice en una quedada con gente de internet aficionada a las manualidades a la que conocí gracias a los artículos sobre lingüística y memes que publiqué en *Toast*, y que me enseñaron qué tipo de hilo me convenía más usar, y cómo evitar que se me hicieran nudos por la parte de atrás de la tela (confieso que no pude evitar sacar furtivamente el móvil del bolsillo alguna que otra vez para buscar en Google cómo se hacía el punto francés).

Bordar el meme fue el proceso artístico más relacionado con el mundo digital que he hecho en mi vida... en un formato físico. El lienzo sobre el que lo bordé estaba compuesto por miles de pequeños hilos entrelazados que generaban un entramado tan flexible y modificable como lo son los píxeles de una imagen que retoquemos con Photoshop. Tiempo después de haber terminado mi pequeña obra de arte me enteré de que Susan Kare, que diseñó la mayoría de los iconos originales de los ordenadores de Apple, había trabajado con labores de punto y con mosaicos para prepararse y ser capaz de diseñar iconos basados en unas pocas filas de píxeles. Los hilos resultaron ser sorprendentemente dúctiles para alguien tan inexperta en el arte del bordado como yo: cuando daba un punto que no me terminaba de convencer, siempre podía deshacerlo y probar de nuevo, y la única evidencia de mi paso en falso serían dos pequeños agujeritos que, además, no tardarían en desaparecer a medida que yo prosiguiera con la labor. Vamos, que el proceso se parecía mucho más a los programas informáticos en los que puedes dar a «deshacer» sin límite que a un lienzo con pinceladas traicioneras que disimular o a una hoja de papel en la que los borrones y las arrugas delatan el paso de una goma de borrar.

Tanto los memes como las labores de punto son textos populares colectivos que perduran porque la gente los remezcla y reelabora. De hecho, las palabras «texto» y «textil» comparten origen: la raíz indoeuropea *teks,* «entretejer». Tanto escribir como tejer son actos creativos que se basan en unir elementos: quien cuenta una historia no puede perder el hilo del relato, y la metáfora más socorrida para hablar de internet es la de la red. Si nos remontamos en el tiempo lo suficiente, a la época en la que todavía no había imprentas, cámaras ni fotocopiadoras que ayudaran a fijar la noción de la reproducción exacta en el imaginario colectivo, cualquier transmisión estaba basada en la recreación. *Teks* también es la raíz de «tecnología», que en su momento se usó para denominar a los tratados que se publicaban sobre artes varias, o incluso sobre gramáticas de lenguas, antes de que su significado quedara limitado a las artes mecánicas o industriales (un diccionario de 1902 incluye como ejemplos de tecnología el hilado, la metalurgia y la fermentación de bebidas alcohólicas) y, posteriormente, a la tecnología digital.

Los memes han coexistido con la tecnología durante mucho tiempo, y, de hecho, han sido posibles gracias a ella. Las cadenas de correo postal como la que organizó un «Club de la Prosperidad» en 1935[29], o las de correos electrónicos como las que empiezan con «Cada vez que reenvías este correo Bill Gates dona un dólar a la lucha contra el cáncer» son bastante famosas,

[29] Esta cadena de correos fue noticia en su época porque consistía en que quien recibiera una carta con la lista de participantes debía añadir su nombre y a mandar una moneda de diez centavos a quien apareciera en la primera posición de la lista. *(N. del T.).*

pero el fenómeno que se dio entre ambas no lo es tanto: recibió nombres como *faxlore* o *xeroxlore*, en referencia a los faxes, a la marca de impresoras Xerox y al folclore que generaba, y consistía en chistes, historias y avisos que circulaban por correo electrónico, por fax o, directamente, fotocopiadas. La más famosa de esas cadenas fue la llamada *Blink-enlights,* una advertencia redactada en un sucedáneo de alemán que se pegaba en las paredes próximas a cualquier aparato nuevo y moderno, y que decía: *Ist nicht fur der gefingerpoken und mittengraben... Das rubbernecken sichtseeren keepen das cottenpickenen hans in has pockets muss; relaxen und wathcen das blink-elichten*[30]. Tal y como explicó Michael J. Preston en el artículo donde acuñó el término *xeroxlore,* en 1974, este tipo de textos pretendía reírse de los informes y textos que circulaban por las oficinas, pero poco más, porque la gente no tenía acceso a fotocopiadoras en sus casas. La fotocopiadora y el fax permitían difundir estos textos, pero dificultaban su fusión y reelaboración porque había que copiarlos y pegarlos en el sentido más físico de ambos verbos: con fotocopias y barras de pegamento.

Del mismo modo que el uso creativo e icónico de los signos de puntuación acabó por transformar la escritura de internet, la reproducción de bromas internas tiene una historia cultural multigeneracional. Yo, como persona conectada a tiempo completo que soy, recuerdo que mi padre (de la generación de internet a tiempo parcial) me mandó el *mail* de *Blinkenlights* a principios de los 2000, pero, si lo pensamos, el *Jargon File* del que hablamos en el primer capítulo se remonta hasta 1955 y surgió en IBM, en unos tiempos en los que los ordenadores no tenían pantalla, sino filas de lucecitas que parpadeaban, y

30 Algo así como «Nocht toketieren ni manosieren. Tontolküler papamosken müssen die manos en bolsillen guardieren. Relajense Sie bitte und observieren Sie die Luzeziten».

ya en ese glosario que recogía la jerga primigenia de internet aparecieron referencias a carteles burlones en un falso alemán que se colgaban en los talleres mecánicos de los aliados durante la Segunda Guerra Mundial. Uno de ellos, aunque no tenía la palabra *blinkenlights* en el título, sí que contaba con algunas frases recurrentes: *Das Machinen ist nodt for gefingerpoken und mittengrabben… Das rubbernekken sightseeren und stupidisch volk bast relaxen*[31]. A mi padre la Segunda Guerra Mundial le pilla bastante lejos, pero cuando le hablé del *xeroxlore* me dijo «Ah sí, a tu abuelo le encantaban esas bromas fotocopiadas. Incluso estando ya jubilado conservó en casa un fax para que sus amigos se las pudieran seguir mandando. Tenía una carpeta gordísima con las mejores». Mi abuelo no fue lo que se dice un internauta consumado: llegó a tener una cuenta de correo electrónico, pero nunca usó *smartphone* o redes sociales, y sin embargo pasó buena parte de su vida engrosando su colección de memes como cualquier adolescente enganchado a Tumblr.

La siguiente vez que visité a mi padre me sacó una carpeta marrón repleta de papeles que, a simple vista, no tenía nada de especial: «Mira lo que me he encontrado cuando limpiaba el despacho del abuelo. He pensado que igual te interesaba echar un vistazo».

¿A la colección de memes de mi abuelo? Por supuesto que me interesaba echar un vistazo.

Ojeando los papeles, lo primero que me llamó la atención fue lo grandes que eran las letras. Si hubiera tenido alguna duda de la edad avanzada de los destinatarios de esos carteles, el tamaño de los textos (dos o tres veces más grande que los que yo acostumbro a usar) me la habría disipado. Era más que evidente que quien hubiera redactado aquellos carteles usaba gafas para

---

[31] «Nocht toketieren ni manosieren la mákinen. Tontolküler papamosken und estupidisch personen bitte relaxen».

ver de cerca. Por desgracia, daba la sensación de que la carpeta que había llegado a mis manos era solo una pequeña parte de la colección de memes de mi abuelo, porque no había ni un solo texto de la década de los noventa. Mi padre me avisó de que la mayoría de los memes enviados por fax se habrían impreso en papel térmico, como el que aún hoy en día se usa para los *tickets* y las entradas, que se deteriora muy rápido. La colección estaba compuesta de correos reenviados y vueltos a reenviar, impresos directamente de Microsoft Outlook entre 2004 y 2011. Eso sí, había una cosa que estaba clara: cuando mi padre dijo que la carpeta era «gordísima» se quedó corto.

Ligeramente intimidada, empecé a leer. Por desgracia, no tardé en sentirme un poco decepcionada: los chistes eran insulsos y repetitivos, con multitud de personas con profesiones muy tópicas o personajes famosos entrando a bares o llegando a las puertas del Cielo, niños precoces y animales actuando como humanos, rubias tontas, paletos de pueblo y demás estereotipos y matrimonios de ancianos sumidos en una eterna guerra de sexos. Probé a googlear «chistes de toda la vida» y zas, ahí estaban, atribuidos erróneamente a los mismos humoristas de siempre, o sin atribución alguna, en listas kilométricas alojadas en páginas web con diseños horrorosos, repletas de juegos de palabras bochornosos y clichés absolutamente deleznables. Si el legado de mi abuelo como creador y difusor de memes era ese, no estaba muy segura de querer heredarlo.

Pero ¿puede un meme hacer reír sin basar su chiste en la repetición? La sensación que tuve cuando vi por primera vez una foto de un gato o de un perro hablando raro se quedó a medio camino entre la gracia moderada y la confusión pura y dura. Hasta la tercera o la quinta versión el chiste no empieza a activarse, y es a partir de la vigésima vez, cuando parece que esa reiteración ha borrado cualquier gracia para mí, que surge una variación nueva, particularmente ingeniosa, que me arranca una carcajada. Los memes están repletos de personajes estereotípicos: es la esencia, por ejemplo, de los de animales, empezaron con figuras como el filosorraptor y se expandieron hasta dar cabida a clichés humanos con los mismos problemas con el género y la raza que cualquier chiste de toda la vida.

De hecho, los personajes estereotípicos y las caricaturas están presentes en muchos contextos, más allá de los chistes clásicos: se pueden encontrar figuras públicas y arquetípicas en viñetas publicadas durante los siglos xviii y xix, como el burro y el elefante, que simbolizan, respectivamente, los partidos demócrata y republicano de Estados Unidos, y que datan de la década de 1870. Martín Lutero, en el libelo que redactó en 1521 para concitar apoyo popular contra la Iglesia católica, incluyó imágenes bíblicas famosas para glosar los asuntos políticos y eclesiásticos de la época (los referentes religiosos siguen teniendo cierto tirón en la actualidad: de hecho, hay un meme bastante popular en el que se ve a Jesucristo con unas gafas de pasta gigantescas que dice: «Antes de que existiera Twitter yo ya tenía seguidores»). La personificación de lugares e ideas abstractas, como la Libertad o Gran Bretaña, por ejemplo, es una práctica que se remonta hasta los tiempos de las divinidades clásicas, y las ánforas griegas, así como las máscaras teatrales, también incluían caricaturas. Quizá los ejemplos más antiguos sean las historias protagonizadas por animales que trataban cuestiones humanas: las podemos encontrar en las fábulas de Esopo, en las rimas y cancioncillas infantiles y en todo tipo de mitos y leyendas.

Por tanto, lo que hace únicos a los memes no es que sean colaborativos, o que recombinen imágenes y arquetipos. Lo que hace que un meme sea un meme y no una viñeta, un chiste o una moda pasajera es lo mismo que nos hace sonreír con ironía cuando nos damos cuenta de que nuestros abuelos coleccionaban memes: a fin de cuentas, un meme es un elemento de la cultura de internet, y mi abuelo de cibernauta tenía lo justo, la verdad. Crear, compartir o reírse con un meme es dejar claro que se forma parte de un club determinado: los memes no se cansan de dejar claro que pertenecen a una cultura determinada y que, si no los entendemos, es porque estamos fuera de ella.

Del mismo modo que la ironía a la hora de puntuar un texto abría resquicios expresivos para la honestidad, los chistes apuntalan espacios culturales: reírse de una broma que solo unos pocos entienden es decir «Yo también estaba allí cuando pasó eso que cuentas». Reírse de un chiste sobre dificultades o desgracias compartidas es decir «A todos nos ha pasado». Reírse de un chiste sexista o racista es decir «Acepto estos estereotipos». Los memes pueden ser una herramienta de reclutamiento lingüístico: quien los observa desde fuera quiere ser parte del grupo que los entiende, ya sea con fines edificantes (he llegado a ver memes de lingüística animando a leer artículos del tema en Wikipedia) o no tanto (los foros de debate de la extrema derecha usan los memes y la ironía de forma estratégica para promover ideologías extremistas, que disfrazan de indiferencia). Si pensamos que explicar un chiste hace que pierda la gracia, y que hacer lo propio con un meme provoca la misma sensación, es porque, en ambos casos, el *quid* de su esencia está en que se puedan «entender» sin explicaciones adicionales.

Si un meme es un elemento de la cultura de internet, y la cultura de internet es, en última instancia, cultura popular, los memes también tendrán margen de expansión más allá de las redes. La lingüista Erin McKean publicó en un tuit una conversación que tuvo con su hijo adolescente que ilustra esta cuestión:

> Hijo: el *spinner* es como una especie de meme pero en el mundo real.
>
> Yo: eso tiene nombre: MODA.

La comparación entre meme y moda pasajera no está del todo desencaminada. La escritora An Xiao Mina ha publicado varios trabajos sobre el modo en que internet, en particular en los servicios de venta *online* a demanda en Shenzen, China, ha hecho que haya objetos físicos que se viralicen y se customicen de una manera muy similar a los memes. Nunca ha sido tan fácil encargar una camiseta que tenga impresa una frase concreta, o crear *banners* para protestar en redes sociales con consignas que estén consensuadas por muchos usuarios. Cuando decidí bordar el meme de *Behold the Field* lo hice porque había visto fotos de otros memes bordados por otras personas; ¿estaba participando de la cultura de internet o de la cultura material? Y, llegados a este punto, ¿acaso existe alguna diferencia entre ambas?

En la actualidad, cualquier comunidad que se comunique por internet tiene su propio repertorio de memes: los hay sobre videojuegos, sobre crianza responsable, sobre anime… Todas las ideologías políticas tienen sus propios memes. Hay memes lingüísticos que, por motivos obvios, son mi debilidad[32]. De hecho, he procrastinado deliberadamente mientras escribía este libro haciendo versiones lingüísticas de todos y cada uno de los memes que me encontraba en Twitter. La Biblioteca del Congreso de los Estados Unidos ya los archiva, preservando los contenidos de sitios como *Lolcat Bible, Urban Dictionary* o *Know Your Meme.* En un alarde de buen gusto (y de forma bastante precisa) los cataloga bajo la etiqueta de *Folklore.* Existen personas que trabajan a tiempo completo en memología avanzada, como los académicos y académicas que ya he mencionado, la plantilla de *Know Your Meme* o Amanda Brennan, la «bibliotecaria de memes» de Tumblr.

---

[32] ¿Qué queréis?, la llama lingüista dice cosas como «nasal fricativa sonora. Sí, estoy resfriada». Cómo no adorarla.

Los doctorandos memólogos de 2014 que ya hemos mencionado, Whitney Phillips y Ryan Milner, acabaron escribiendo un libro sobre memes, entendiéndolos como una manifestación del folklore que tiene lugar en internet, y establecieron paralelismos con las coplillas populares, las historias de miedo o las bromas. Si entendemos que los memes pueden hacer referencia a cualquier cosa que consideremos popular, cerraremos el círculo que inició Dawkins con su definición original de meme como idea que se difunde gracias a la replicación cultural.

Sin embargo, incluso adoptando ese punto de vista, aún hay algo que hace que los memes sean algo más que meras ideas que solo unos pocos manejan y que de pronto se popularizan porque la gente empieza a versionarlas; ese algo suele ser, con frecuencia, que los memes son *raritos*. ¿Por qué tienen siempre el aspecto que tienen? Y más concretamente, ¿por qué es tan común que utilicen el lenguaje de formas tan particulares? Limor Shifman propone una razón bastante sugerente: esta investigadora llevó a cabo un estudio en YouTube en el que comparaba vídeos imitados hasta la saciedad por otros usuarios con vídeos que tenían el mismo número de visualizaciones pero que nadie o casi nadie había replicado. Para su sorpresa, descubrió que cuanto menos profesional era un vídeo, más probabilidades había de que se convirtiera en un meme. «Los malos textos generan buenos memes», concluyó Shifman. O, en otras palabras, y dado que los memes se basan en la implicación activa de los usuarios: «Los vídeos con un acabado *amateur* y poco cuidado, y hasta incómodo para quien lo ve, incitan al público a, de alguna manera, completarlo, interpretar sus fallos o, directamente, burlarse de quien lo haya creado».

El lenguaje incoherente o un uso deficiente del Photoshop logran el mismo objetivo: del mismo modo que hablar en la jerga del grupo al que nos dirigimos o reducir los signos de puntuación al mínimo puede ayudarnos a dar una impresión de cercanía o a incitar a quien nos lea a que empatice con la ironía de nuestro texto, el lenguaje lúdico de muchos memes abre la puerta a que quien se tope con él se sienta, desde el primer momento, impelido a replicarlo. Los artefactos culturales creados con seriedad nunca muestran sus tripas, ni todo el trabajo que hay detrás de su elaboración, lo que hace que quien los vea desde fuera se impresione al apreciar la diferencia entre lo descuidadas que pueden ser las primeras versiones y la sofisticación y refinamiento del producto final. Sin embargo, la incoherencia hace exactamente lo contrario. El meme, entendido como producto popular, es imperfecto, no termina de crearse nunca, y al verlo entendemos que es algo que cualquiera podría hacer. Y si encima lo lanzamos al mundo desde el anonimato o bajo un pseudónimo, como tanta gente hace, su hipotético fracaso será aún menos relevante. El uso particular del lenguaje ya avisa del tipo de producto que es, del mismo modo que el «érase una vez» marca el inicio de los cuentos o el «se abre el telón y aparece…», el de un tipo de chistes muy concreto.

La escritura que se sustenta en el universo creado por otras escrituras es una de las formas de contar historias más antiguas que existen. La *Ilíada*, por ejemplo, se atribuye a Homero, pero empezó siendo una obra de la literatura oral; la *Eneida* de Virgilio recoge el testigo de la *Ilíada* con un personaje secundario de esta, Eneas, al que convierte en un héroe de Roma; a su vez, la *Divina comedia* de Dante rescata la figura histórica de Virgilio y la convierte en guía del escritor florentino en su periplo por el Purgatorio y el Infierno. Sin embargo, construir un relato a partir de otro implica dar por hecho que el público que vaya a recibir esa nueva historia cuente con cierto contexto previo, y eso tiene sus riesgos.

Si todo lo que se difunde llega al público en formato impreso, será necesario decidir con exactitud la proporción de contenido que extraemos de otra fuente, y a nuestros lectores les será prácticamente imposible rastrear más allá. Con suerte, tendrán el libro original en la estantería y podrán consultar la referencia (siempre y cuando el nuevo texto haya incluido la página exacta de la cita, y el libro que tengan en la estantería sea de la misma edición que el que nosotros hayamos consultado para escribir ese nuevo texto). De lo contrario, tendrán que ir de excursión a la biblioteca… y quién sabe si allí lograrán dar con lo que buscan. Internet nos da la oportunidad de acceder al texto completo de la fuente original en apenas dos golpes de ratón. Cuando escribo *online*, puedo usar un término potencialmente complejo, o una referencia muy rebuscada porque me es posible vincularlos a la explicación o la fuente pertinente, lo que hace que mis textos sean mucho más accesibles. La gente que entienda la referencia o el término en cuestión no se molestará en pinchar en el enlace, pero quienes no los comprendan tendrán una explicación que puede llegar a ser más completa que la que yo nunca hubiera podido darles. Incluso en el caso de que mi texto fuera plano, sin hipervínculos a otras fuentes, la gente puede buscar la información por sí misma. Escribir un texto que no me permita añadir enlaces me obligaría a delimitar mucho más mi público potencial, y tener que estar decidiendo a cada poco si aburrir a parte de mis lectores con definiciones y explicaciones adicionales, o si confundir a otros al no incluirlas.

Internet ha ayudado mucho al desarrollo de las obras con varios autores, y no me refiero solo a memes y otros productos similares. Por ejemplo, pensemos en la Wikipedia, que se ha basado en la edición de personas voluntarias y en un formato wiki colaborativo para crear una enciclopedia en lengua inglesa sesenta veces más extensa que la más grande que jamás se ha llegado a imprimir. Y eso, sin contar con las cerca de doscientas enciclopedias similares disponibles en otras tantas lenguas. O pensemos también en el fenómeno de las *fanfiction*: comunidades que, en constante conversación e intercambio de opiniones, reelaboran un texto que ya existe. Aunque esto ya se hacía antes de que existiera internet (algunos de los ejemplos más famosos son las versiones de *Sherlock Holmes* y de *Star Trek* reescritas por sus fanes), el hecho de que en sus orígenes internet se organizara como un inmenso foro de discusión organizado en función de los temas que interesaban a los usuarios animó a los fanes a ir agrupándose. Los seguidores de *Expediente X* y de *Buffy Cazavampiros* son unos excelentes ejemplos de ello. Las sucesivas oleadas de fanes de otras series y sagas literarias no hicieron sino alimentar esta práctica: abrieron blogs en LiveJournal y en Tumblr, o incluso en páginas especializadas, como Fanfiction.net, Archive of Our Own y Wattpad, donde escribir sobre Harry Potter, One Direction o Superwholock (un *crossover* de las series *Supernatural*, *Doctor Who* y *Sherlock* elaborado y alimentado por sus fanes), con un volumen total de publicaciones que duplica al de la Wikipedia.

La idea actual y occidental de que la autoría es intransferible y original es relativamente reciente y muy supeditada a la coyuntura cultural. Solo podemos rastrearla desde el momento en que fue posible generar a gran escala copias fiables y exactas de productos culturales. Los derechos de autor empezaron a ser lo que son hoy en día a partir de la invención de la imprenta, por la facilidad que esto supuso para generar copias. En otras palabras: hemos tenido el derecho a adaptar desde mucho antes de que aquellos a quienes adaptamos tuvieran derecho a impedirlo. Personalmente estoy muy agradecida por la existencia de los derechos de autor: es lo que hace que tanto yo como otros autores a los que aprecio podamos ganarnos la vida, pero no finjamos que no existe más creatividad que la que puede (y debe) generar beneficios: un chiste bien contado genera una satisfacción muy particular, una palabrota bordada a mano suscita una extraño placer en quien la lee, la reescritura de un personaje que nos guste especialmente puede saciar nuestra curiosidad y nuestras ganas de seguir consumiendo su historia y, sí: empezar a encadenar memes con un amigo y entenderlos a la perfección puede provocar estados de, directamente, euforia.

Da igual que la subcultura de los memes sea más o menos popular: el acto de crearlos y compartirlos siempre supone reivindicar un espacio propio en internet, defender que la gente como nosotros merece tener su huequecito en la red. Quizá la última fase del ciclo vital del fenómeno de los memes llegue cuando dejemos de esforzarnos por dejar claro que los demás «hacen los memes mal» y, en su lugar, reconozcamos esos productos como los objetos culturales de género y evolución variada que son.

Hasta que llegue ese momento, seguiremos intentando cerrar la brecha entre la gente que se ha criado con internet como principal soporte cultural y la gente que ni siquiera llega a comprender totalmente que internet pueda dar soporte a cultura alguna. Para entenderlo, os propongo un ejemplo: cuando era pequeña, me resultaba mentalmente imposible hacer los crucigramas que venían en el periódico. Obviamente entendía que aquello en teoría tenía que tener alguna gracia, pero en la práctica no se la veía por ninguna parte. ¿Cómo iba yo a conocer los acontecimientos históricos y los personajes famosos de antes de que yo naciera? ¿Cómo podía ser aquello sencillo para nadie? ¿Dónde estaba la lista secreta de referencias y datos culturales que todo el mundo parecía estar consultando para completarlos cada mañana?

Jamás la encontré, pero ahora, cuando me topo con un crucigrama en las revistas que dan en los aviones o en el periódico de algún familiar, sucede algo muy curioso: por algún motivo, soy capaz de adivinar casi todas las palabras. ¿Películas? Recuerdo cuándo las estrenaron, aunque ni siquiera las haya visto. ¿Políticos? Vienen a mi mente sin esfuerzo las fechas en las que ganaron las elecciones, aunque yo no los votara. En cuanto a las referencias a acontecimientos que sucedieron antes de que yo naciera, cada vez escasean más, pero las que aguantan el paso de los años han salido a colación ya tantas veces en diferentes conversaciones que, de alguna manera, sé cuáles van a ser carne de crucigrama.

No podría hacer una lista de esos datos ni del modo en que he terminado almacenándolos en mi memoria, pero ahí están, esperando que les encuentre acomodo en cuanto los huecos de un crucigrama me permitan hacerlo. Ahora puedo meter baza en conversaciones sobre las cosas que aparecen en los crucigramas de un modo que, cuando era niña, me habría resultado absolutamente imposible.

Con la cultura de internet pasa lo mismo: no podría hacer una lista completa de todos los memes que conozco, y ni por asomo sería capaz de explicar por qué algunos tocan la tecla precisa para hacerme reír con tantas ganas, del mismo modo que mi abuelo tampoco podría hacer que yo pensara que su colección de chistes impresos es un material novedoso y emocionante, digno de ser conservado. Estamos acostumbrados a las bromas internas y a compartir un idioma propio con la familia, las amistades de toda la vida o los compañeros de trabajo con quienes mejor nos llevamos, incluso con toda la región en la que vivamos. Lo que nos deja fuera de juego es el canal escrito porque siempre lo hemos asociado con la formalidad, y parte de esa formalidad descansa sobre una aculturación de lo que escribimos, que pensamos que va a hacer nuestros textos más adecuados para todos los públicos: el crucigrama de un periódico se crea pensando en un mercado de distribución masivo. La escritura informal es diferente, y el meme constituye una mínima parte de esa diferencia. Nunca nos cansamos de la placentera sensación que nos provoca toparnos con algo que parece haber sido escrito única y exclusivamente para nosotros (y, si hay quien lo lee y no lo entiende, siempre podrá buscarlo en Google).

Como sucede con todas las culturas, la de internet descansa sobre referencias cruzadas, desconcierta a quien no pertenece a ella y se fundamenta mucho más en la historia compartida que en la transmisión explícita de sus postulados. Como sucede con todas las culturas, no es un ente único y aislado: tiene partes compartidas por muchos, y otras que apenas ocupan un pequeño nicho en las mentes de sus adeptos. Y lo más importante de todo, como sucede con todas las culturas, está en constante evolución y no para de fluir, por mucho que nos afanemos en archivar intactos los productos que más nos gustan e intentemos legárselos tal cual a las generaciones venideras.

¿Qué nos deparará ese flujo constante?

Capítulo 8

Una nueva metáfora

Cuando pensamos en nuestras lenguas, ¿qué aspecto tienen?

En mi caso, decidí consultar al Oráculo de la Humanidad Contemporánea para averiguarlo. Vamos, que escribí «lengua inglesa» en Google Imágenes y en otras veinte páginas de fotos de *stock*.

Me encontré con libros. Había otros motivos, como pizarras, bocadillos de cómic, letras talladas en bloques de madera y un par de lenguas saliendo de sendas bocas, con banderas pintadas sobre ellas que, por alguna extraña razón, me dieron bastante miedo, pero sobre todo encontré fotos de libros. Libros en primer plano, libros con lápices y manzanas, personas leyendo libros, libros en torres con palabras como *English* o *Grammar* en sus lomos y, sobre todo, me encontré con diccionarios abiertos por la página en la que aparecía la entrada de la palabra *English*. Me encontré con un montón de fotos de entradas de diccionarios.

Para las personas que hacen diccionarios, esto no tiene nada de sorprendente. La mayoría nos dirá que la gente tiende a pensar que «el» diccionario es la lengua en sí, como si no existieran infinidad de ellos ni estuvieran elaborados por manos humanas, de todo menos infalibles. La lexicógrafa Kory Stamper conservaba todos los correos electrónicos que recibió durante el tiempo que estuvo a cargo del buzón de consultas de Merriam Webster, y la mayoría las habían enviado dos tipos de personas: las que pedían que sus palabras favoritas se incorporaran al diccionario y las que pedían que las que más odiaban lo abandonaran inmediatamente, convencidas de que era el propio diccionario Merriam Webster el que decidía que una palabra fuera «real» o no.

Incluso quienes sabemos que un simple libro nunca podrá ser el único repositorio de una lengua, y que los diccionarios testimonian el modo en que los hablantes usan la lengua, pero que no nos ofrecen palabras sin estrenar para que empecemos a usarlas, seguimos aferrándonos a la idea de que una lengua puede caber en unos cuantos libros lo suficientemente extensos como para albergarla. Pensamos en ella como «la lengua de Shakespeare» (o la de Cervantes), o los veinte tomos que ocupa la segunda edición del *Diccionario Oxford*, o la Biblioteca del Congreso de los Estados Unidos al completo, o los millones de libros escaneados y disponibles en Google Books.

Esta concepción de las lenguas es de todo menos casual.

Si nos fijamos en la frecuencia con la que la gente escribió la expresión *English language* en los libros escritos entre 1500 y 2000 que podemos encontrar en Google Books, observaremos un claro incremento entre 1750 y 1800. Antes de ese lapso la frecuencia se mantiene baja, pero después de él sube con claridad y alcanza unas cotas que se mantienen durante los siglos posteriores. La frecuencia de *English* y *language* por separado no sufre demasiados altibajos a lo largo de esos cinco siglos, pero su uso juntas aumenta claramente a partir de la segunda mitad del siglo xviii.

¿Qué sucedió en esas décadas? Pues que en 1755 Samuel Johnson publicó su *A Dictionary of the English Language* ('Diccionario de la lengua inglesa'), el primer diccionario inglés verdaderamente relevante. La obra no tardó en aparecer citada por todas partes, y a Johnson le interesaba definir en qué consistía exactamente la lengua inglesa. Tal y como dejó escrito en el prefacio del diccionario: «He notado que nuestro hablar es abundante, pero desordenado, y también es enérgico, pero no tiene reglas que lo organicen. Allá donde miro no veo más que marañas por desenredar y confusiones que aclarar». La culpa no es solo del pobre Samuel; formaba parte de todo un movimiento que, a finales del siglo xviii y principios del xix, publicó una cantidad ingente de diccionarios y gramáticas sobre esa *English language*. Por un lado, gracias a este movimiento surgieron los primeros mapas dialectales, que ya mencionamos en el capítulo 2, pero, por el otro, esta catalogación tan detallada de la lengua fue un modo de definir qué era la lengua inglesa, o incluso la lengua en general. Y resultó que, al final, una lengua venía a ser un libro. De hecho, no hace tanto tiempo de la campaña publicitaria de Merriam Webster que definía a uno de sus diccionarios como «el lugar donde viven las palabras».

Sin embargo, la metáfora ha ido evolucionando. Del mismo modo que las primeras analogías que se hicieron para explicar el cerebro humano lo comparaban con una máquina de vapor o una bomba hidráulica y que los neurocientíficos actuales prefieren hablar de ordenadores y sistemas operativos, las metáforas que usamos para hablar de la lengua también han ido mutando a lo largo del tiempo. Y quizá sea en esto donde internet haya tenido un mayor impacto en la lengua: como metáfora que permite concebirla de un modo completamente nuevo.

Al igual que los grandes proyectos colaborativos de internet, como la Wikipedia o Firefox, y al igual que la red descentralizada de páginas web y máquinas que constituyen lo que realmente es internet, la lengua es un entramado de nodos, una red. La lengua es la democracia participativa definitiva. Por decirlo en términos tecnológicos, la lengua es el proyecto de código abierto más espectacular que la humanidad ha concebido nunca.

Del mismo modo que encontramos información en internet saltando de un enlace a otro, la lengua se extiende y se disemina mediante las conversaciones y las interacciones de quienes la usamos. Cada uno de nosotros habitamos nuestro rinconcito particular de internet, una extraña mezcla de amigos, conocidos, gente con la que llevamos años sin hablar o gente que consideramos (aunque no se lo digamos a nadie) demasiado geniales como para que reparen en nuestra existencia. Del mismo modo, nuestro idiolecto va mutando sutilmente, condicionado por nuestro bagaje lingüístico, que es único e intransferible.

Cuando concebíamos la lengua como un libro, le conferíamos un carácter de estabilidad y autoridad, imaginándola como ese objeto cuya mejor versión siempre sería la primera, prístina y libre de todas esas palabras apresuradas que la gente ha ido añadiendo en los márgenes. Pero las redes no tienen primeras versiones impolutas para las que cambiar implique, necesariamente, degradarse. De hecho, su pervivencia se debe, en gran parte, a que son muy flexibles. Y resulta que las lenguas se comportan de un modo similar, enriquecidas y revitalizadas a medida que las generaciones de hablantes se suceden, tejen nuevos nudos y aflojan los que ya no les son relevantes. Cuando concebíamos la lengua como un libro, la entendíamos como un batiburrillo de palabras desordenadas que había que mantener en orden, del mismo modo que los jardineros victorianos retocaban constantemente los setos que rodeaban las mansiones donde trabajaban, para dibujar en ellos formas caprichosas. Sin embargo, si entendemos que la lengua es una red, veremos el orden como algo que surge orgánicamente de las tendencias que vayan adoptando los hablantes, del mismo modo que un bosque mantiene su equilibrio, aunque nadie se encargue de podarlo o de quitarle las malas hierbas cada poco tiempo.

Al concebir la lengua como un libro, le dábamos una forma lineal y finita. Un libro tiene un número cerrado de páginas, así que siempre hay que decidir qué incluir, qué desechar y en qué orden colocar lo que escojamos. Si varias personas compramos el mismo diccionario, leeremos en él exactamente las mismas palabras, lo que alimentará la ilusión de que la lengua que contenga será un inventario cerrado, que cabe entre sus tapas y con el que todo el mundo está de acuerdo. Sin embargo, internet no tiene principio ni final, y crece a tal velocidad que nadie le puede seguir el ritmo. Es evidente que, desde un punto de vista técnico, todos esos datos ocupan algún tipo de espacio, dentro de los cables de fibra óptica que serpentean por los fondos de los océanos o en esas lóbregas salas repletas de inmensos discos duros que hay en los centros de almacenamiento de datos, pero mientras que un libro nunca nos podrá ocultar el número de páginas que contiene, un dispositivo que nos permita conectarnos a internet nos abrirá las puertas de un universo mayor de lo que jamás podamos imaginar.

Basta una mente humana para construir una frase que nunca haya dicho nadie antes, y no es algo particularmente complicado de conseguir. Por ejemplo, aquí va una: «las vacilantes nutrias disfrutaban de la luna, que flotaba sobre el bosque morado». Ni siquiera «las vacilantes nutrias disfrutaban» me ha dado algún resultado en Google cuando la he buscado. Cualquiera puede hacer la prueba, basta con construir una frase en la que aparezca un animal que no se suela tener de mascota, un verbo con un mínimo de dos sílabas, un color o una textura de alguna prenda que llevemos puesta en ese momento y algo que esté al alcance de nuestra vista. Es muy probable que el resultado sea un enunciado que nunca haya dicho nadie antes. Pero ni siquiera hace falta que nos pongamos surrealistas: si buscáramos en Google el último mensaje de WhatsApp de más de diez palabras que hayamos enviado, también es muy probable que obtuviéramos un total de cero resultados.

Al concebir la lengua como una red, no nos es difícil asumir que cualquier descripción que hagamos de ella va a ser incompleta, y eso es algo maravilloso. Muchas páginas web son dinámicas, se generan en el momento en que accedemos a ellas cuando hacemos una búsqueda o publicamos algo inédito; también la lengua tiene una capacidad creadora que trasciende a todo lo que se haya expresado en ella anteriormente. Cualquiera puede acuñar una nueva palabra, o pergeñar una frase que nadie haya pronunciado jamás, y de pronto, ambas pasarán a ser una realidad, tan pronto como salgan de su boca, tanto si se trata de creaciones efímeras que, tal como surjan, desaparecerán, como si hablamos de soluciones denominativas que calen en los hablantes y terminen habitando en las mentes de personas que ni siquiera hayan nacido en el momento en que las pronunciemos por primera vez. Cuando cerramos un libro y, al cabo de un tiempo, volvemos a abrirlo, damos por sentado que la tinta de sus páginas seguirá exactamente en el mismo lugar, pero las únicas lenguas que no cambian son las que ya están muertas. Si nos distanciamos de una que esté viva, o de un grupo de seres humanos que la utilice con frecuencia, no podremos esperar que se quede inmóvil y en silencio aguardando nuestro regreso.

Una lengua con hablantes pero sin libros es un ente vivo que siempre podrá plasmarse en un papel, pero una lengua con libros y sin hablantes solo existirá en su versión más etérea y liviana. Johnson y sus contemporáneos, al comparar el inglés con el latín, creían que el primero era «enérgico, pero sin reglas», porque en realidad estaban poniendo una lengua viva al mismo nivel que un fósil. Y podemos aprender mucho de los fósiles, pero eso no implica que tengamos que esperar a que los animales que todavía están vivos queden reducidos a sus esqueletos y a las pisadas que hayan dejado en el pasado para que merezca la pena estudiarlos. En lugar de pensar en los libros como una manera de embalsamar la lengua, de «adecentarla» para preservarla, inerte, durante toda la eternidad (o, al menos, de enjaularla para que se quede quietecita), podemos pensar en ellos como mapas y guías que nos ayuden a surcar el idioma en todo el esplendor de su vitalidad y movimiento. Todos los atlas terminan convirtiéndose en libros de historia, pero cada vez que hacemos girar una bola del mundo nos invade la misma sensación: la de tener al alcance de nuestra mano todo un planeta por descubrir.

Al escribir sobre tecnología, como es mi caso con este libro, una nunca deja de sentir la tentación de disculparse por lo rápido que va a pasar de moda el contenido, o por todas las cuestiones que se hayan podido quedar en el tintero. Sin embargo, eso significaría que, de alguna manera, no estaría entendiendo el sentido de mi labor. El propósito de este libro no es el de encapsular la lengua que se usa en internet, como si fuera un pobre dinosaurio atrapado en arenas movedizas, como si pudiéramos capturar y conservar la lengua a nuestro antojo. En lugar de esto, este libro pretende ser una instantánea, un pantallazo de un momento concreto, y una lente que podamos usar en el futuro para observar los cambios lingüísticos a medida que se vayan sucediendo. Cuando limitamos el estudio de la lengua a sus variedades más formales, apenas si podemos ver, por el agujero de una minúscula cerradura, todo lo que nuestro idioma puede llegar a hacer. Sin embargo, si estudiamos la lengua informal, nuestras mentes se expanden, salimos de la biblioteca y contemplamos la complejidad del vasto mundo que nos rodea.

Así que, si os estáis preguntando por qué este libro no ha tocado ese tema que tanto os interesa, tomáoslo como una invitación a trazar vuestro propio mapa de ese nuevo territorio, a llevar a cabo vuestra propia investigación lingüística. El futuro de la investigación de las lenguas que se usan en internet depende de vosotros y vosotras: de los hablantes. Por centrar la cuestión, aquí os dejo algunas cuestiones en las que creo que profundizar podría traernos más de una alegría. Para empezar, este libro se ha centrado en el inglés, particularmente en las variedades que se hablan en Norteamérica, simple y llanamente porque de esa zona tenemos un montón de mapas dialectales. Pero hay muchos otros ingleses, y muchas otras lenguas, especialmente si tenemos en cuenta que la mitad de la población que hasta ahora no ha tenido acceso a internet está empezando a tenerlo, y cada vez va a estar más presente *online*.

En la actualidad, en el mundo se hablan unas siete mil lenguas y, en la inmensa mayoría de los casos, su presencia en internet es ínfima. Wikipedia solo se puede consultar en 293, y la mitad de esas versiones no llega a los diez mil artículos. Google Translate funciona para 103, pero en muchas de las combinaciones el inglés hace de lengua intermediaria. Las principales redes sociales se pueden usar en incluso menos: la interfaz de Facebook está disponible en un centenar de idiomas, la de Twitter, en apenas cincuenta. Las redes que están surgiendo en estos últimos años suelen lanzarse en un único idioma. Incluso lenguas nacionales relativamente importantes, como el islandés, se están viendo desplazadas por el inglés y unas pocas lenguas más que tienen una presencia apabullante en internet, y las que no cuentan con el apoyo explícito de los gobiernos de los territorios donde se hablan corren una suerte incluso peor. No deja de ser curioso cómo incluí estos datos en el primer borrador que hice del libro, en 2016, y cuando terminé la última versión, en 2019, apenas habían cambiado. Internet, en lugar de ser un lugar cada vez más propicio para que el plurilingüismo florezca y se consolide, alimenta una hostilidad a la diversidad lingüística que no para de crecer. Sin embargo, los cibernautas siguen ideando nuevas formas de comunicarse *online*: la gente que no está alfabetizada, o que habla lenguas que carecen de sistemas de escritura estables o de teclados predictivos, se encuentran entre los principales usuarios de las herramientas de dictado, y también son las que mandan más audios a través de las aplicaciones de mensajería.

Otro campo muy amplio en el que continuar la investigación que planteo en estas páginas es el de los cambios tecnológicos. Del mismo modo que el tono de voz digital acabó por asentarse gracias a la alternancia en el uso de mayúsculas y minúsculas y a la incorporación de emoticonos y emojis a nuestro discurso, el modo en que damos forma a nuestras emociones por escrito seguirá evolucionando a medida que la tecnología lo vaya permitiendo. Es evidente que se nos ocurrirán nuevas maneras de expresar lo que sentimos a medida que la voz, la imagen y el vídeo vayan siendo cada vez más fáciles de integrar en nuestras conversaciones. La gente normal no habla en ese estándar de lengua edulcorada que campa a sus anchas por los libros y los programas de televisión, y no dejaremos de retorcer todas las herramientas comunicativas a nuestro alcance hasta que eso cambie, o, como poco, hasta que el uso de esa variante estándar se reduzca a fines informativos o lúdicos, en lugar de copar cualquier contexto comunicativo.

La forma en que, como sociedad, nos comunicamos a través de los dispositivos electrónicos también está cambiando. Por el momento todavía existe cierta brecha generacional, pero no se debe a saber o no lo que significa una determinada abreviatura, sino a la tendencia a integrar (o a ignorar) el potencial expresivo de la escritura informal. Como me dijo hace poco una persona mayor, al explicarme por qué le molestaba tanto recibir mensajes con punto final, «¡Si es que saben que yo soy mayor! ¿De verdad se creen que me voy a dar cuenta de que me están queriendo decir algo con un punto?». Cualquier usuario asiduo de internet, sea de la generación que sea, asume que todos los mensajes enviados en la red transmiten información emocional, aunque no sea explícita y aunque tampoco quede muy claro a veces qué tipo de información es. Impedir que un cibernauta sobreinterprete un mensaje escrito es tan imposible como impedir que infiera algún tipo de matiz del tono de alguien que le dice algo de viva voz. No lo podemos evitar.

Sin embargo, no vamos a tardar mucho en llegar a un punto en el que ya no haya gente que viva de espaldas a internet, al menos no generacionalmente hablando. Los hablantes de las lenguas más usadas del mundo no van a tardar en verse en un contexto en el que internet se habrá convertido en una de las tecnologías básicas de la vida diaria, esas de las que, aunque queramos, no podemos escapar, como los teléfonos o los libros. Un individuo todavía puede resistirse a estar en las redes sociales o a tener un *smartphone*, igual que alguien de los ochenta podía negarse a tener teléfono fijo en casa, pero eso no quitará para que, quiera o no, esté al tanto de lo que implican ambas cosas. Internet se ha convertido en parte del decorado en el que vivimos, un pilar de nuestra cultura que ya no podemos pasar por alto.

Por eso he evitado referirme a lo que pasa fuera de las ondas como «vida real». Internet ya es la vida real. Lo que une a la cultura popular y la cultura de internet es bastante más fuerte y relevante que los que las separa. Y sí, es verdad que es habitual oír hablar de «la vida real», y puede que sigamos oyéndolo un tiempo, pero la realidad está difuminando cada vez más las connotaciones que tenía hace un tiempo hablar en esos términos. Sin embargo, hablar de «vida real» todavía tiene sentido para mucha gente, y mientras eso sea así existe el peligro de pensar que las emociones que nos despierta el mundo digital son menos «reales» que las demás.

Del mismo modo, es sencillo dar por sentado que todas las palabras que están surgiendo en estos últimos años han nacido en internet, porque es ahí donde solemos verlas por primera vez, pero la lengua del futuro siempre será diferente de la lengua del presente, del mismo modo que la lengua del presente es diferente de la que se hablaba hace cien o mil años. Internet es un canal privilegiado para la difusión de nuevas palabras, pero eso no significa que también tengan que nacer en él. Es importante no perder de vista que, si bien los rasgos lingüísticos de los adolescentes suelen anunciar lo que está por venir (la pronunciación, el vocabulario, la prosodia...), no deberíamos confundirlos con los rasgos sociales de los adolescentes (las pandillas, el drama, quién es popular y quién no, etcétera). Al final, cualquier niño o niña acaba por crecer, encontrar un trabajo y acomodarse en un contexto social al que, en mayor o menor medida, sentirá que pertenece, y será su turno de quejarse sobre la siguiente generación: es difícil sentir simpatía por el instituto y todo lo que implica, la verdad. Si entrevistáramos a un par de adolescentes y les pidiéramos que nos contaran cuáles son las últimas modas en las redes sociales, es probable que nos hablaran de rasgos lingüísticos y plataformas que en un par de años serán de uso común también para las generaciones adultas, pero eso nunca será sinónimo de saber de antemano cómo serán nuestras vidas sociales cuando llegue ese momento (y menos mal).

Sabemos que el lenguaje como capacidad del ser humano es muy muy antiguo (unos cientos de miles de años más antiguo que cualquier forma de escritura conocida), y que eso nos está diciendo que tiene una disposición increíble de perdurar y prolongarse en el tiempo. Sabemos que han existido muchas sociedades que no tenían sistemas de escritura, pero nunca nos hemos topado con ninguna en la que no hubiera algún tipo de lenguaje, ya fuera hablado o signado. Es más, la complejidad de una lengua no tiene nada que ver con la complejidad de la cultura material en la que surja. Las lenguas han existido sin tecnologías y rodeadas de ellas (escritura, agricultura, acueductos, industrialización, automóviles, aviones, cámaras, fotocopiadoras, televisiones...) e internet no es una excepción. De hecho, el único depredador que conocen es la especie humana: muchas de ellas han terminado erradicadas o impuestas a la fuerza mediante guerras y conquistas.

El principal punto fuerte de las lenguas es su capacidad de adaptarse a los cambios: si los niños y las niñas tuvieran que copiar la forma exacta en que hablan sus progenitores para poder hablar, la lengua sería algo frágil y quebradizo. Algo que se podría perder con mucha facilidad, como pasa con las obras de arte de la Antigüedad. Pero al reinventarla generación tras generación, al aprenderla de nuestros semejantes y no solo de nuestros padres, al ser el medio del que nos servimos para hacernos entender, a pesar de las sutiles variaciones que cada hablante le imprimimos, la lengua es algo dúctil y, al mismo tiempo, resistente.

Cuando pensábamos que las lenguas eran como libros, puede que tuviera sentido preocuparnos de cuidar lo que contenían, pero ahora que podemos identificarlas con internet, está claro que hay margen para la innovación, para muchas más lenguas que están por venir, para la creatividad y para las ganas de jugar con la manera en que nos comunicamos. Y además, en esa red lingüística tan absolutamente maravillosa, siempre habrá un hueco para ti.

Agradecimientos

Lo mejor de escribir un libro sobre internet es que cuando, inevitablemente, llega el momento en el que te distraes y acabas, precisamente, en internet, siempre se te terminan ocurriendo nuevas cosas sobre las que escribir, así que gracias, en general, a la gente de internet.

Citar referencias de internet tiene una pega bastante grande, y es que la mitad de los enlaces que incluyas habrá dejado de funcionar un par de años después de que los hayas metido en el texto. Para reducir ese problema al mínimo, todos los enlaces de este libro han sido guardados en el Archivo de Wayback Machine, y también he hecho una donación para contribuir a que siga funcionando. Si queréis una copia de seguridad de alguna URL que ya no funcione, probad a buscarla en archive.org.

Me gustaría dar las gracias a mi editora, Courtney Young, porque a veces ha entendido el espíritu de este libro incluso mejor que yo. También quiero dar las gracias a todo el equipo de Riverhead, en especial a Kevin Murphy y a todo el equipo de corrección y revisión de textos, por dar forma con tanta pericia a una guía de estilo que me permitiera hablar con soltura de la lengua de internet; a Grace Han, la diseñadora de la cubierta del libro [en su versión en inglés], por haber logrado representar lo que es la escritura en internet de un modo tan brillante;

y a mi publicista, Shailyn Tavella, por su energía y entusiasmo. También quiero dar las gracias a mi agente, Howard Yoon, por todo su apoyo entre bambalinas, a Dara Kaye por su sentido del humor y sus consejos sobre plurilingüismo, y al resto del equipo que trabaja en Ross Yoon.

Un gracias enorme a Nicole Clife, de *The Toast*, por responder a todas mis cuitas, incluidas las más ridículas, con un entusiasmo inagotable, y a todos los lectores de esta revista, porque imaginaros leyéndome me ha ayudado a escribir cada vez mejor. También estoy muy agradecida a *Wired* y a Alexis Sobel Fitts, Andres Valdez y Emily Dreyfuss, por haber creado un nuevo hogar para mis artículos de *Resident Linguist* donde me siento como en casa. No me puedo olvidar de la orientación y ayuda que me han brindado Mignon Fogarty, Arika Okrent, Clive Thompson, Emily Gref, Jennifer Kutz, Erin McKean y Ben Zimmer. Muchas gracias a Laura Bailey, Megan Garber, Molly Atlas, la Sociedad Americana de Dialectología por el título y a A. E. Prevost por estar siempre al quite y por tener un gato tan elocuente.

No puedo estar más en deuda con quienes me han precedido investigando sobre internet, ya que sus afinados textos y sus archivos me han ayudado a revivir los primeros compases de la red como si hubiera viajado en el tiempo. También debo mucho a la nueva hornada de investigadores que trabajan en las nuevas formas de comunicación de internet y que se salen de mi campo de especialidad. Gracias de corazón a todas las personas que me han enviado sus trabajos de clase, sus presentaciones de congresos, sus trabajos finales de máster, sus tesis doctorales y muchos otros trabajos sobre lingüística que han resultado ser absolutamente punteros.

Gracias a las instituciones en las que me formé: el colegio King's-Edgehill, el Bachillerato Internacional, la Universidad de Queens, la de McGill, y a mis supervisoras, Jessica Coon y

Janine Metallic. Muchas gracias a quienes leen, escuchan y colaboran con mi blog y mi pódcast, porque sin su entusiasmo no hubiera podido afrontar la soledad que siempre implica escribir un libro.

Quiero dar las gracias a mi familia, el primer público con el que pude contrastar y comprobar por qué la lingüística me parece algo tan increíble. En especial, estoy muy agradecida a mi hermana Janis, por no dejar nunca de responderme cuando le preguntaba si todo iba bien, a mi hermano Malcolm por sus ideas sobre cómo alcanzar objetivos ambiciosos, y a mis padres, por haber confiado siempre en mí, en que lo que hacía era lo que necesitaba y que, de un modo u otro, acabaría mereciendo la pena, a pesar de que a veces no lo entendieran.

Muchas gracias a mis colegas lingüistas, que me animaron sin reservas en mis primeras incursiones en la lingüística pop, Leland Paul Kusmer y Caroline Anderson; a las linguamistades que me he ido cruzando después, Moti Lieberman, A. E. Prevost, Jane Solomon, Jeffrey Lamontagne, Emily Gref, Sunny Ananth, y al twitter lingüista; a mi gente ajena a la lingüística, como Sabina, Jenny y la gente del chat. Gracias de corazón a Alex y a su familia por acogerme en Nueva York, y a las cafeterías de Montreal, especialmente a las que cierran tarde.

Quizá mi mayor agradecimiento vaya para Lauren Gawne, mi compañera tras los micros en *Lingthusiasm*. No solo por ayudarme a desenredar el capítulo sobre emojis introduciéndome en el mundo de la gestualidad, sino también por sus innumerables consejos, mientras escribía el libro y cuando llegué a un punto en el que fui incapaz de repasarlo más. Nunca imaginé que acabaría formando parte de uno de esos dúos legendarios sobre los que a veces leemos, y estoy muy agradecida de haber formado uno contigo.

Notas

Capítulo 1

14 En el año 800: James Westfall Thompson. 1960. *The Literacy of the Laity in the Middle Ages*. Burt Franklin.

19 A modo de encuesta informal: Gretchen McCulloch. 24 de noviembre de 2015. twitter.com /GretchenAMcC/status/669255229729341441.

22 La palabra «jirafa»: Corominas, Joan. Ed. 2012. *Breve Diccionario Etimológico de la Lengua Española*. Gredos.

24 Nuevos símbolos, como & o %: Keith Houston. 26 de junio de 2011. «The Ampersand» parte 2 de 2. *Shady Characters*. www.shadycharacters.co.uk/2011/06/the -ampersand-part-2-of-2/. Keith Houston. 17 de marzo de 2015. «Miscellany No. 59: The Percent Sign». *Shady Characters*. www.shadycharacters.co.uk/2015/03 /percent-sign/.

24 Su uso empezó a proliferar tras la Segunda Guerra Mundial: Ben Zimmer. 16 de diciembre de 2010. «Acronym». *The New York Times Magazine*. www.nytimes.com/2010/12/19 /magazine/19FOB-onlanguage-t.html.

27 Quintiliano, maestro romano de la retórica: Adam Kendon. 2004. *Gesture: Visible Action as Utterance*. Cambridge University Press. Quintilian. 1922. *Institutio Oratoria*, trad. H. E. Butler (Biblioteca Clásica Loeb). Heinemann.

Capítulo 2

33 Un dialectólogo alemán llamado Georg Wenker: Stefan Dollinger. 2015.*The Written Questionnaire in Social Dialectology: History, Theory, Practice*. John Benjamins.

34 si uno escribía «Affe»: Charles Boberg. 2013. «Surveys: The Use of Written Questionnaires». En Christine Mallinson, Becky Childs y Gerard Van Herk, (eds.). *Data Collection in Sociolinguistics: Methods and Applications*. Routledge.

34 Para ello, seleccionó a un tendero: J. K. Chambers y Peter Trudgill. 1998. *Dialectology*, 2.ª ed. Cambridge University Press.

34 En cada pueblo, entrevistaba: Jules Gilliéron y Edmond Edmont. 2017. *Atlas Linguistique de la France*. GIPSA-Lab y CLLE-UMR 5263. cartodialect. imag.fr/cartoDialect/.

34 Los mapas dialectales de Wenker y de Gilliéron: Taylor Jones. 28 de septiembre de 2014. «Big Data and Black Twitter». *Language Jones.* www. languagejones.com /blog-1/2014/9/26/big-data-and-black-twitter.

35 El mapa de Alemania que Wenker dibujó con sus propias manos: Lisa Minnick. 10 de enero de 2012. «From Marburg to Miami: Putting Language Variation on the Map». *Functional Shift.* functionalshift.wordpress.com/2012/01/10/miami/.

35 Más de 44 000 encuestas: Stefan Dollinger. 2015. *The Written Questionnaire in Social Dialectology: History, Theory, Practice.* John Benjamins.

35 Envió a un equipo de encuestadores: August Rubrecht. 2005. «Life in a DARE Word Wagon. Do You Speak American?». www.pbs.org/speak/ seatosea/americanvarieties /DARE/wordwagon/. Jesse Sheidlower. 22 de septiembre de 2017. «The Closing of a Great American Dialect Project». *The New Yorker.* www.newyorker.com /culture/cultural-comment/the-closing-of-a-great-american-dialect-project.

36 *Atlas del inglés norteamericano*: William Labov, Sharon Ash y Charles Boberg. 2005. *The Atlas of North American English: Phonetics, Phonology and Sound Change.* Walter de Gruyter. www.atlas.mouton-content.com/.

36 En 2002, la Harvard Dialect Survey: Bert Vaux y Scott Golder. 2003. *The Harvard Dialect Survey.* Departamento de Lingüística de la Universidad de Harvard. dialect.redlog.net/.

37 Cuestionario que, en forma de test, publicó el *New York Times*: Josh Katz y Wilson Andrews. De diciembre21, 2013. «How Y'all, Youse and You Guys Talk». *The New York Times.* www.nytimes.com/interactive/2014/ upshot/dialect-quiz-map.html.

39 Independientemente de quién tenga acceso a la información: Alice E. Marwick y danah boyd. 2011. «I Tweet Honestly, I Tweet Passionately: Twitter Users, Context Collapse, and the Imagined Audience». *New Media & Society* 13(1), pp. 114–133.

39 Cuando la Biblioteca del Congreso de los Estados Unidos anunció: Matt Raymond. 14 de abril de 2010. «How Tweet It Is! Library Acquires Entire Twitter Archive». *Library of Congress Blog.* blogs.loc.gov/ loc/2010/04/how-tweet-it-is-library-acquires-entire-twitter -archive/.

39 «Hola, buenas, ¿es aquí donde se pasa a la posteridad?»: Alex Baze. 16 de abril de 2010. twitter.com/bazecraze /status/12308452064.

39 «Archivad todas mis fotos de gatitos también con la etiqueta "gatetes", por si acaso»: understandblue. 15 de abril de 2010. twitter.com/ understandblue/status/12247489441.

39 **Información personal de millones de usuarios de Facebook:** Jamie Doward, Carole Cadwalladr y Alice Gibbs. 4 de marzo de 2017. «Watchdog to Launch Inquiry into Misuse of Data in Politics». *The Guardian.* www.theguardian.com/technology/2017/mar/04 /cambridge-analytics-data-brexit-trump.

40 **El trabajo del lingüista Jacob Eisenstein:** Jacob Eisenstein. 2014. «Identifying Regional Dialects in Online Social Media». www.cc.gatech.edu/~jeisenst/papers/dialectology -chapter.pdf. Kelly Servick. 15 febrero 2015. «Are yinz frfr? What Your Twitter Dialect Says About Where You Live». *Science.* news.sciencemag.org/social-sciences /2015/02/are-yinz-frfr-what-your-twitter-dialect-says-about-where-you-live.

41 **Además, este investigador aportó información:** Jacob Eisenstein, Brendan O'Connor, Noah A. Smith y Eric P. Xing. 2014. «Diffusion of Lexical Change in Social Media». *PLOS ONE* 9(11). Biblioteca Pública de Ciencias. e113114. doi.org/10.1371 /journal.pone.0113114.

41 **No solo corroboraron la existencia de este tipo de construcciones:** Jack Grieve, Andrea Nini, Diansheng Guo y Alice Kasakoff. 2015. «Using Social Media to Map Double Modals in Modern American English». Presentado en New Ways of Analyzing Variation 44, 22-25 de octubre de 2015, Toronto.

42 **Sin entrar en las más fuertes:** Jack Grieve. 16 julio 2015. «A Few Swear Word Maps». *Research Blog.* sites.google.com/site/jackgrieveaston/treesandtweets.

42 **Los ejemplos que se incluyen junto a la definición:** Katherine Connor Martin. 2017. «New Words Notes September 2017». *The Oxford English Dictionary Today.* public.oed.com/the-oed-today/recent-updates-to-the-oed/september-2017-update /new-words-notes-september-2017/.

42 **Es un poco más complejo:** Rachael Tatman. 2015. «# go awn: Sociophonetic Variation in Variant Spellings on Twitter». *Working Papers of the Linguistics Circle of the Universidad de Victoria* 25(2), p. 97.

43 **La pronunciación y variación ortográfica:** Jane Stuart-Smith. 2004. «Scottish English: Phonology». En Bernd Kortmann y Edgar W. Schneider, (eds.). *A Handbook of Varieties of English* 1. De Gruyter, pp. 47–67.

45 **El conjunto de creaciones léxicas privadas y personales:** David Crystal. 1 de diciembre de 2008. «On *Kitchen Table Lingo*». *DCBLOG.* david-crystal.blogspot.ca/2008/12/on -kitchen-table-lingo.html.

45 **La reina Isabel II:** Richard Kay. 17 julio 2015. «Think George Is a Little Monkey? You Were WORSE, Wills: The Pictures That Show How Little Terror Prince Is Taking After His Naughty Daddy». *Daily Mail.* www.dailymail.co.uk /news/article-3165864/Think-George-little-monkey-WORSE-Wills-pictures -little-terror-prince-taking-naughty-daddy.html.

46 **Lenguaje y pandillas de adolescentes:** Penelope Eckert. 1989. *Jocks and Burnouts: Social Categories and Identity in the High School.* Teachers College Press. Penelope Eckert. 2004. «Adolescent Language». En Edward Finegan y John Rickford, (eds.). *Language in the USA.* Cambridge University Press, pp. 361–374.

46 **Se está produciendo un cambio vocálico:** William Labov. 2011. *Principles of Linguistic Change*, vol. 3: *Cognitive and Cultural Factors.* John Wiley & Sons, p. 65. Ver también www.npr.org/templates/story/story.php?storyId=5220090.

47 **Rasgos lingüísticos ligados al intelectualismo:** Mary Bucholtz. 1996. «Geek the Girl: Language, Femininity, and Female Nerds». En Natasha Warner, Jocelyn Ahlers, Leela Bilmes, Monica Oliver, Suzanne Wertheim y Melinda Chen, (eds.). *Gender and Belief Systems.* Berkeley Women and Language Group, pp. 119–131.

47 **Otro estudio que también tuvo lugar en California, esta vez con adolescentes latinas:** Norma Mendoza-Denton. 1996. «Language Attitudes and Gang Affiliation Among California Latina Girls». En Natasha Warner, Jocelyn Ahlers, Leela Bilmes, Monica Oliver, Suzanne Wertheim y Melindwileya Chen, (eds.). *Gender and Belief Systems.* Berkeley: Berkeley Women and Language Group, pp. 478–486.

47 **Se encontraba en la Ciudad de Panamá:** Henrietta Cedergren. 1988. «The Spread of Language Change: Verifying Inferences of Linguistic Diffusion». En Peter H. Lowenberg, (ed.) *Language Spread and Language Policy: Issues, Implications, and Case Studies.* Georgetown University Press, pp. 45–60. Sali A. Tagliamonte y Alexandra D'Arcy. 2009. «Peaks Beyond Phonology: Adolescence, Incrementation, and Language Change». *Language* 85(1), pp. 58–108.

48 **Alcanza su pico durante la adolescencia:** Timothy Jay. 1992. *Cursing in America: A Psycholinguistic Study of Dirty Language in the Courts, in the Movies, in the Schoolyards, and on the Streets.* John Benjamins. Mike Thelwall. 2008. «Fk yea I swear: Cursing and Gender in MySpace». *Corpora* 3(1), pp. 83–107.

49 **Investigadores del Instituto Tecnológico de Georgia (EE. UU.), de la universidad de Columbia y de Microsoft:** Rahul Goel, Sandeep Soni, Naman Goyal, John Paparrizos, Hanna Wallach, Fernando Diaz y Jacob Eisenstein. 2016. «The Social Dynamics of Language Change in Online Networks». *Proceedings of the International Conference on Social Informatics* (SocInfo16). Springer International, pp. 41–57.

50 **La abreviatura *af*:** Jacob Eisenstein, Brendan O'Connor, Noah A. Smith y Eric P. Xing. 2014. «Diffusion of Lexical Change in Social Media». *PLOS ONE* 9(11). Biblioteca Pública de Ciencias. e113114. doi.org/10.1371/

journal.pone.0113114, journals.plos.org/plosone/article?id=10.1371/journal.pone.0113114#s1.

51 En 2014 y 2015 *af*: «AF» apareció en el *post* recopilatorio de 2014 de Buzzfeed titulado «20 Young Celebs That Were 2014 AF». www.buzzfeed.com/christineolivo/2014 -supernovas, en la lista «Here's What These Popular Dating Terms Really Mean», en julio de 2015, www.buzzfeed.com/kirstenking/single-as-fuq, andy a finales de 2015 en «17 Dads Who Are Dad AF». www.buzzfeed.com/awesomer/dad-to-the-bone (octubre de 2015), mientras que otros titulares previos incluían la fórmula F**k, «27 Animals Who Don't Give a F**k». www.buzzfeed.com/chelseamarshall/animals-who-dont-give -a-fk (2014)y F#@k, «30 Easy Steps to Not Give a F#@k». www.buzzfeed.com/daves4/easy-steps-to-start-not-giving-a-f (2013).

51 El vocabulario utilizado: Cristian Danescu-Niculescu-Mizil, Robert West, Dan Jurafsky, Jure Leskovec y Christopher Potts. 2013. «No Country for Old Members: User Lifecycle and Linguistic Change in Online Communities». *Proceedings of the 22nd International Conference on World Wide Web Pages*, pp. 307–318.

52 Cabe la posibilidad de que cambiemos de ciudad: Jennifer Nycz. 2016. «Awareness and Acquisition of New Dialect Features». En Anna M. Babel, (ed.). *Awareness and Control in Sociolinguistic Research.* Cambridge University Press, pp. 62–79.

53 Framingham, una localidad de Massachusetts donde los investigadores siguieron la pista: James H. Fowler y Nicholas A. Christakis. 2008. «Dynamic Spread of Happiness in a Large Social Network: Longitudinal Analysis over 20 Years in the Framingham Heart Study». *The BMJ* 337: a2338.

53 Otra de las categorías demográficas clásicas: la del género: Suzanne Grégoire. 2006. «Gender and Language Change: The Case of Early Modern Women». Manuscrito sin publicar Universidad de Toronto. Recuperado de homes.chass.utoronto.ca/~cpercy/courses /6362-gregoire.htm.

54 Investigaciones llevadas a cabo en otros siglos: William Labov. 1990. «The Intersection of Sex and Social Class in the Course of Linguistic Change». *Language Variation and Change* 2(2), pp. 205–254.

54 Las mujeres jóvenes quienes suelen situarse en la primera línea de fuego de esos cambios: Alexandra D'Arcy. 2017. *DiscoursePragmatic Variation in Context: Eight Hundred Years of LIKE.* John Benjamins.

54 Publicó en 1990 un artículo: William Labov. 1990. «The Intersection of Sex and Social Class in the Course of Linguistic Change». *Language Variation and Change* 2(2), pp. 205–254.

55 Multitud de razones: Suzanne Romaine. 2005. «Variation in Language and Gender». En Janet Holmes and Miriam Meyerhoff, (eds.). *The Handbook of Language and Gender.* Blackwell.

55 Una investigación de Susan Herring y John Paolillo: Susan C. Herring y John C. Paolillo. 2006. «Gender and Genre Variation in Weblogs». *Journal of Sociolinguistics* 10(4), pp. 439–459.

55 Un corpus de 14 000 usuarios de Twitter: David Bamman, Jacob Eisenstein y Tyler Schnoebelen. 2014. «Gender Identity and Lexical Variation in Social Media». *Journal of Sociolinguistics* 18(2), pp. 135–160.

57 Al modificar la pronunciación de palabras como *car*: Lesley Milroy. 1980. *Language and Social Networks.* Blackwell.

57 Los vínculos fuertes y débiles: James Milroy y Lesley Milroy. 1985. «Linguistic Change, Social Network and Speaker Innovation». *Journal of Linguistics* 21(2), pp. 339–384.

57 Primeros se estrechan con las personas: Mark S. Granovetter. 1973. «The Strength of Weak Ties». *American Journal of Sociology* 78(6), pp. 1360–1380.

58 Las lenguas inglesa e islandesa: Magnús Fjalldal. 2005. *Anglo-Saxon England in Icelandic Medieval Texts.* Ediciones de la Universidad de Toronto.

59 La lingüista Zsuzsanna Fagyal y su equipo: Zsuzsanna Fagyal, Samarth Swarup, Anna María Escobar, Les Gassery Kiran Lakkaraju. 2010. «Centers and Peripheries: Network Roles in Language Change». *Lingua* 120(8), pp. 2061–2079.

61 Entre los cuatro y los veintiséis: *Economist* Staff. 26 febrero 2009. «Primates on Facebook». *The Economist.* www.economist.com/node/13176775.

62 Títulos de tres libros: Kevin Major. 2001. *Eh? to Zed: A Canadian Abecedarium.* Illustrator: Alan Daniel. Red Deer Press. Anne Chisholm. 1993. *From Eh to Zed: Cookbook of Canadian Culinary Heritage.* Food Lovers' Canada. David DeRocco and John Sivell. 1996. *Canada from Eh to Zed.* Illustrator: Christine Porter. Full Blast Productions.

63 De hecho, Chambers se percató de que *zed*: J. K. Chambers. 2002. *Sociolinguistic Theory: Linguistic Variation and Its Social Significance*, 2.ª ed. Blackwell.

65 Con un estilo muy de clase media: William Labov. 1972. «The Social Stratification of (r) in New York City Department Stores». *Sociolinguistic Patterns.* Ediciones de la Universidad de Pensilvanias, pp. 43–54.

66 Existen variedades del inglés que conservan esa *r* final: Peter Trudgill. 1984. *Language in the British Isles.* Cambridge University Press.

66 **Le pasa un poco como al color azul:** Penelope Eckert. 2008. «Variation and the Indexical Field». *Journal of Sociolinguistics* 12(4), pp. 453–476.

67 **Insistía en 1927:** James Milroy. 1992. *Linguistic Variation and Change: On the Historical Sociolinguistics of English.* Blackwell. H. C. Wyld. 1927. *A Short History of English.* John Murray.

68 **Nuestra lengua es muy proclive a ello:** Robert Lowth. 1762. *A Short Introduction to English Grammar.* Digitalizado en 2006 por la Universidad de Oxford.

69 **Las herramientas lingüísticas:** Tim McGee y Patricia Ericsson. 2002. «The Politics of the Program: MS WORD as the Invisible Grammarian». *Computers and Composition* 19, pp. 453–470.

70 **Los correctores ortográficos del inglés:** Lynne Murphy. 2018. *The Prodigal Tongue: The Love-Hate Relationship between American and British English.* Penguin, pp. 148–152.

74 **Otros problemas más sutiles, como el sesgo:** (No se incluye al autor). (No se incluye fecha). «Wikipedia: Systemic Bias». Wikipedia. en.wikipedia.org/wiki/Wikipedia:Systemic_bias.

74 **Google Docs:** Yew Jin Lim. 21 de marzo de 2012. «Spell Checking Powered by the Web». *Google Drive Blog.* drive.googleblog.com/2012/03/spell-checking-powered -by-web.html.

74 **Textio:** Kieran Snyder. 11 de noviembre de 2016. «Want to Hire Faster? Write about "Learning", Not "Brilliance"». *Textio* blog. textio.ai/growth-mindset-language -41d51c91432. Marissa Coughlin. De octubre de 18, 2017. «20 Benefits That Speed Up Hiring and 5 That Slow It Down». *Textio* blog. textio.ai/20-benefits-that -speed-up-hiring-and-5-that-slow-it-down-af266ce72ee8. Kieran Snyder. 9 de Agosto de 2017. «Why AI Is Already Dead (and What's Coming Next)». *Textio* blog. textio.ai/ai-and-ml-in-job-posts-67b24b2033f8.

75 **William Labov estudió a los habitantes:** William Labov. 1963. «The Social Motivation of a Sound Change». *Word* 18, pp. 1–42.

75 **Los hombres jóvenes de Washington D. C.:** Nicole R. Holliday. 2016. «Intonational Variation, Linguistic Style and the Black/Biracial Experience». Tesis doctoral, New York University.

75 **Modo de hablar de los habitantes:** Paul E. Reed. 2016. «Sounding Appalachian: /ai/ Monophthongization, Rising Pitch Accents, and Rootedness». Tesis doctoral, Universidad de Carolina del Sur.

75 **Las judías de Ohio:** Rachel Burdin. 2016. «Variation in Form and Function in Jewish English Intonation». Tesis doctoral, Universidad Estatal de Ohio.

75 Las investigaciones sobre el habla juvenil: Penelope Eckert. 2003. «Language and Adolescent Peer Groups». *Journal of Language and Social Psychology* 22(1), pp. 112–118. Jennifer Florence Roth-Gordon. 2003. «Slang and the Struggle over Meaning: Race, Language, and Power in Brazil». Tesis doctoral, Universidad de Stanford. Vivienne Méla. 1997. «Verlan 2000». *Langue Française* 114, pp. 16–34. Mary Bucholtz. 1999. «You Da Man: Narrating the Racial Other in the Production of White Masculinity». *Journal of Sociolinguistics* 3(4), pp. 443–460. Cecilia A. Cutler. 1999. «Yorkville Crossing: White Teens, Hip Hop and African American English». *Journal of Sociolinguistics* 3(4), pp. 428–441. Jane H. Hill. 1993. «Hasta la Vista, Baby: Anglo Spanish in the American Southwest». *Critique of Anthropology* 13(2), pp. 145–176.

76 La expresión *on fleek* ('perfecto', 'genial'): Renée Blake y Mia Matthias. 2015. «"Black Twitter": AAE Lexical Innovation, Appropriation, and Change in ComputerMediated Discourse». Presentado en *New Ways of Analyzing Variation* 44. 22-25 de octubre 2015. Toronto.

76 Colonear: CollegeHumor. Julio 7, 2014. «Columbusing: Discovering Things for White People». YouTube. www.youtube.com/watch?v=BWe-FHddWL1Y. Rebecca Hotchen. 12 de octubre de 2015. «Update: What Happened to 'Columbusing'?». *Oxford Dictionaries* blog. blog.oxforddictionaries.com/2015/10 /columbusing-update/.

79 Los estudiantes que tomaron parte en el estudio David Palfreyman y Muhamed Al Khalil. 2007. «"A Funky Language for Teenzz to Use": Representing Gulf Arabic in Instant Messaging». En Brenda Danet y Susan C. Herring, (eds.). *The Multilingual internet: Language, Culture, and Communication Online*. Oxford University Press, pp. 43–64.

80 Los usuarios de Twitter del país del Nilo: Zoë Kosoff. 2014. «Code-Switching in Egyptian Arabic: A Sociolinguistic Analysis of Twitter». *Al-'Arabiyya: Journal of the American Association of Teachers of Arabic* 47. Georgetown University Press, pp. 83–99.

82 Las @menciones: Jacob Eisenstein. 2018. «Identifying Regional Dialects in Online Social Media». En Charles Boberg, John Nerbonney Dominic Watt, (eds.). *The Handbook of Dialectology.* John Wiley & Sons. Kelly Servick. Febrero 15, 2015. «Are yinz frfr? What Your Twitter Dialect Says about Where You Live». *Science.* news.sciencemag.org/social-sciences/2015/02/are-yinz-frfr-what-your -twitter-dialect-says-about-where-you-live. Umashanthi Pavalanathan and Jacob Eisenstein. 2015. «Audience Modulated Variation in Online Social Media». *American Speech* 90(2), pp. 187–213.

82 La práctica inversa era mucho menos común: Dong-Phuong Nguyen, Rudolf Berend Trieschniggy Leonie Cornips. 2015. «Audience and the Use of Minority Languages on Twitter». *Proceedings of the Ninth International AAAI Conference on Web and Social Media*. AAAI Press, pp. 666–669.

82 El lenguaje informal indonesio: Claudia Brugman y Thomas Conners. 2016. «Comparative Study of Register Specific Properties of Indonesian SMS and Twitter: Implications for NLP». Presentado en el XX Congreso Internacional de Lingüísitca Malaya e Indonesia. 14-16 julio 2016, Melbourne, Australia. Claudia Brugman y Thomas Conners. 2017. «Querying the Spoken/Written Register Continuum through Indonesian Electronic Communications». Presentado en el XXI Congreso Internacional de Lingüísitca Malaya e Indonesia, 4-6 de mayo de 2017, Langkawi, Malaysia. Moti Lieberman. 26 de enero de2016. «Writing in Texts vs. Twitter». *The Ling Space* blog. thelingspace.tumblr.com/post /138053815679/writing-in-texts-vs-twitter.

83 Da preferencia a un puñado de lenguas y dialectos de prestigio: François Grosjean. 2010. *Bilingual.* Harvard University Press.

84 Los usuarios que tenían quince años: Ivan Smirnov. 2017. «The Digital Flynn Effect: Complexity of Posts on Social Media Increases over Time». Presentado en la *International Conference on Social Informatics*, 13-15 de de 2017, Oxford, RU. arxiv.org/abs/1707.057555.

84 La idea de que este tipo de abreviaturas pueda interferir: Michelle Drouin and Claire Davis. 2009. «R u txting? Is the Use of Text Speak Hurting Your Literacy?». *Journal of Literacy Research* 41. Routledge, pp. 46–67.

85 Son varios los estudios: Jannis Androutsopoulos. 2011. «Language Change and Digital Media: A Review of Conceptions and Evidence». En Nikolas Coupland y Tore Kristiansen, (eds.). *Standard Languages and Language Standards in a Changing Europe.* Novus Forlag, pp. 145–160. Christa Dürscheid, Franc Wagnery Sarah Brommer. 2010. *Wie Jugendliche schreiben: Schreibkompetenz und neue Medien* Walter de Gruyter.

85 Solo el 2,4 %: Crispin Thurlow. 2006. «From Statistical Panic to Moral Panic: The Metadiscursive Construction and Popular Exaggeration of New Media Language in the Print Media». *Journal of Computer-Mediated Communication* 11(3), pp. 667–701.

86 Lo que los adolescentes estaban haciendo: Sali Tagliamonte and Derek Denis. 2008. «Linguistic Ruin? LOL! Instant Messaging and Teen Language». *American Speech* 83(1), pp. 3–34.

88 Un estudio que analiza los efectos: Tim McGee y Patricia Ericsson. 2002. «The Politics of the Program: MS WORD as the Invisible Grammarian». *Computers and Composition* 19. Elsevier, pp. 453–470.

89 Y no soy la única: Lauren Dugan. 11 de noviembre de 2011.«TwitterBasics:Why 140-Characters, and How to Write More». *Adweek.* www.adweek.com/digital /twitter-basics-why-140-characters-and-how-to-write-more/. Patrick Iber. 19 de octubre 2016. «A Defense of Academic Twitter». *Inside Higher Ed.* www.insidehighered.com/advice/2016/10/19/how-academics-can-use-twitter-most-effectively-essay.

Capítulo 3

91 En 1984 un investigador: Naomi S. Baron. 1984. «Computer-Mediated Communication as a Force in Language Change». *Visible Language* 18(2). Universidad de Cincinnati Press, pp. 118–141.

91 Alienante e insatisfactorio: James E. Katz y Ronald E. Rice. 2008. «Syntopia: Access, Civic Involvement, and Social Interaction on the Net». En Barry Wellman y Caroline Haythornthwaite, (eds.). *The internet in Everyday Life.* John Wiley & Sons.

92 Más de un tercio de las parejas: John T. Cacioppo, Stephanie Cacioppo, Gian Gonzaga, Elizabeth L. Ogburny Tyler J. VanderWeele. 2013. «Marital Satisfaction and Break-ups Differ across On-Line and Off-Line Meeting Venues». *Proceedings of the National Academy of Sciences* 110 (25), pp. 10135–10140.

92 Un 15 % de estadounidenses: Aaron Smith. 11 febrero 2016. «15 % of American Adults Have Used Online Dating Sites or Mobile Dating Apps». Pew Research Center. www.pewinternet.org/2016/02/11/15-percent-of-american-adults-have-used-online-dating-sites-or-mobile-dating-apps/.

92 El primer año en el que los matrimonios: Michael J. Rosenfeld. 18 de septiembre de 2017. «Marriage, Choice, and Couplehood in the Age of the internet». *Sociological Science.* www.sociologicalscience.com/download/vol-4/september/SocSci_v4 _490to510.pdf.

93 Pero hay una ingente cantidad de personas: Simon Kemp. 30 de enero de 2018. «Digital in 2018: World's internet Users Pass the 4 Billion Mark». *We Are Social.* wearesocial.com /blog/2018/01/global-digital-report-2018.

93 Los lingüistas conocen este fenómeno como el «efecto fundador»: Salikoko S. Mufwene. 2001. *The Ecology of Language Evolution.* Cambridge University Press.

93 Muchas de las familias que emigran: Censo oficial de Estados Unidos. 2000. «Ancestry». Capítulo 9 del *Census Atlas of the United States.* www.census.gov /population/www/cen2000/censusatlas/pdf/9_Ancestry.pdf.

94 Los acentos característicos: Walt Wolfram and Natalie Schilling. 2015. *American English: Dialects and Variation,* 3rd ed. Language and Society, vol. 25. John Wiley & Sons.

94 Las vocales de Raleigh: Robin Dodsworth y Mary Kohn. julio de 2012. «Urban Rejection of the Vernacular: The SVS Undone». *Language Variation and Change* 24(2), pp. 221–245.

94 El *cockney*, el dialecto que se hablaba en la zona del East End londinense hasta mediados del siglo xx, se ha visto reemplazado: Jenny Cheshire, Paul Kerswill, Sue Foxy Eivind Torgersen. 2011. «Contact, the Feature Pool and the Speech Community: The Emergence of Multicultural London English». *Journal of Sociolinguistics* 15(2), pp. 151–196.

97 Existimos a través de la escritura: Jenny Sundén. 2003. *Material Virtualities.* Peter Lang.

97 Algunos apuntes: DFWX ay Guardian of Eden. 2006. About DFWX. com. *DFWX: Dallas Fort Worth Exchange.* www.dfwx.com/about _us.htm.

97 «La "generación del antiguo internet" tiene que acostumbrarse: User DirigoDev. 13 de junio de 2011. En respuesta al hilo «Facebook Still Growing but Losing Users in Countries It Was First Established». Webmaster World forum. www.webmasterworld.com/facebook /4325404.htm.

97 «La "generación del antiguo internet" no puede perderse este artículo, le toca de cerca»: Dave Delaney. 15 de mayo de 2018. twitter.com / davedelaney/status/996241627717959680.

101 La versión web del glosario inicial: Eric S. Raymond, ed. 29 de diciembre, 2003. «Chapter 3. Revision History». The on-line hacker Jargon File, versión 4.4.7.catb.org/jargon/html/revision-history.html.

101 La versión más antigua del *Jargon File*: Steven Ehrbar (archivero). 12 de agosto de 1976. *The Jargon File Text Archive: A large collection of historical versions of the Jargon File*, versión 1.0.0.01. jargon-file.org/archive/jargon-1.0.0.01.dos.txt.

102 Otros términos de ese primer glosario: Steven Ehrbar (archivero). (No consta fecha de publicación). *The Jargon File Text Archive: A large collection of historical versions of the Jargon File*, versions 1.0.0.01 to 4.4.7. jargon-file.org/.

102 Entre marzo y abril de 1977: Steven Ehrbar (archivero).

103 Fue entonces cuando empezaron a aparecer elementos: los emoticonos y el *LOL* se añadieron por primera vez por Guy L. Steele y Eric S. Raymond, (eds.). 12 de junio de 1990. The Jargon File, versión 2.1.1. jargon-file.org/archive/jargon-2.1.1.dos.txt. Las mayúsculas generalizadas como modo de expresar que se está gritando fueron añadidas por primera vez por Guy L. Steele and Eric S. Raymond, (eds.). 15 de diciembre de 1990. The Jargon File, versión 2.2.1. jargon-file.org/archive/jargon-2.2.1.dos.txt.

103 IMHO (*in my humble opinion*, es decir, 'en mi humilde opinión'), ROTF (*roll on the floor in laughter*, es decir 'me parto de la risa') y TTFN (*ta-ta for now*, es decir, algo así como '¡chaíto!'): Eric S. Raymond, 22 de marzo de 1991. The Jargon File, versión 2.8.1. jargon-file.org/archive/jargon-2.8.1.dos.txt.

105 La abreviatura UTSL: Eric S. Raymond, ed. 29 de diciembre de 2003. «UTSL». The online hacker Jargon File, versión 4.4.7. www.catb.org/jargon/html/U/UTSL.html.

106 Los chats de una comunidad de juegos de rol: Sonja Utz. 2000. «Social Information Processing in MUDs: The Development of Friendships in Virtual Worlds». *Journal of Online Behavior* 1(1). psycnet.apa.org/record/2002-14046-001.

106 Un amigo que se hacía llamar Sprout: Wayne Pearson. 2002. «The Origin of LOL». Universidad de Calgary webpage. pages.cpsc.ucalgary.ca/~-crwth/LOL.html.

107 La primera referencia a *LOL* de la que tenemos constancia: Vince Periello, ed. May 8, 1989. *International FidoNet Association Newsletter* 6(19). www.textfiles.com/fidonet-on-the-internet/878889 /fido0619.txt. John Brandon. De noviembre 7, 2008. «Opinion: FWIW—The Origins of 'Net Shorthand». *PCWorld*. www.pcworld.com/article/153504/net _shorthand_origins.html.

108 El primero en el que más de la mitad: Andrew Perrin and Maeve Duggan. 26 de junio de 2015. «Americans' internet Access: 2000–2015». Pew Research Center. www.pewinternet.org/2015/06/26/americans-internet-access-2000-2015/.

108 En 1995, apenas un 3 %: (Sin autor citado). 16 de octubre de 1995. «Americans Going Online... Explosive Growth, Uncertain Destinations». Pew Research Center. www.people-press.org/1995/10/16/americans-going-online-explosive -growth-uncertain-destinations/.

108 Lo que cambian las cosas en un año: Rob Spiegel. 12 de noviembre de 1999. «When Did the internet Become Mainstream?». *Ecommerce Times*. www.ecommercetimes.com/story/1731.html?wlc=1226697731.

108 La narrativa imperante sobre internet: Marc Prenksy. 2001. «Digital Natives, Digital Immigrants». *On the Horizon* 9(5), pp. 1–6. Don Tapscott. 1998. *Growing up Digital: The Rise of the Net Generation*. McGraw-Hill.

108 Sin embargo, no tardaron en surgir voces que cuestionaban este supuesto fenómeno: Ruth Xiaoqing Guo, Teresa Dobsony Stephen Petrina. 2008. «Digital Natives, Digital Immigrants: An Analysis of Age and ICT Competency in Teacher Education». *Journal of Educational Computing Research* 38(3), pp. 235–254.

109 El equivalente académico al «pánico moral»: Sue Bennett, Karl Maton, and Lisa Kervin. 2008. «The "Digital Natives" Debate: A Critical Review of the Evidence». *British Journal of Educational Technology* 39(5), pp. 775–786.

112 Un artículo que evocaba: Melissa McEwen. 13 de noviembre de 2017. «The Teenage Girl's internet of the Early 2000s». Medium. medium.com/@melissamcewen /the-teenage-girls-internet-of-the-early-2000s-ffa05702a9aa.

112 Páginas de mascotas virtuales: Melissa McEwen. 14 de mayo de 2016. «Petz: A Lost Community of Mostly Female Coders/Gamers». Medium. medium.com/@melissamcewen /petz-a-lost-community-of-mostly-female-coders-gamers-2eb0e1a73f42.

112 Una mezcla entre un Tamagotchi y un Pokemon: Nicole Carpenter. 23 de octubre de 23. «"Neopets": Inside Look at Early 2000s internet Girl Culture». *Rolling Stone*. www.rollingstone.com/glixel/features/neopets-a-look-into-early-2000s-girl-culture-w509885.

112 También se produjo una avalancha de nostalgia: (Sin autor citado). 7 de octubre de 2017. «AOL Is Shutting Down Its Instant Messenger and 90s Kids Are Reminiscing». *The Irish Examiner*. www.irishexaminer.com/breakingnews/technow/aol-is-shutting-down-its -instant-messenger-and-90s-kids-are-reminiscing-808938.html. Madeleine Buxton. 6 de octubre de 2017. «AIM Is Coming to an End & 90s Kids Everywhere Can't Deal». *Refinery 29*. www.refinery29.com/2017/10/175504/aol-instant-messenger -discontinued. Adrian Covert and Sam Biddle. May 16, 2011. «Remember When AOL Instant Messenger Was Our Facebook?». *Gizmodo*. gizmodo.com/5800437 /remember-when-aol-instant-messenger-was-our-facebook.

112 Los documentalistas se apresuraron: Olia y Dragan. (Sin fecha citada). *One Terabyte of Kilobyte Age*. blog.geocities.institute/. (Sin autor citado). 4 de diciembre, 2017. «GeoCities». Archive Team. www.archiveteam.org/index.php?title=GeoCities. Dan Fletcher. 9 de noviembre de 2009. «Internet Atrocity! GeoCities' Demise Erases Web History». *Time*. content.time.com/time/business/article/0,8599,1936645,00.html. Dan Grabham. 26 de noviembre de 2009. «GeoCities Closes: Fond Memories of Free Sites and Terrible Web Design». *Techradar*. www.techradar.com/news/internet/web /geocities-closes-fond-memories-of-free-sites-and-terrible-web-design-644763.

112 Cuando AOL dejó de funcionar definitivamente: Taylor Lorenz. 1 de marzo de 2017. twitter.com/Taylor Lorenz/status/837032527219068928.

115 En la misma línea, un estudio del año 2000: Elisheva F. Gross. 2004. «Adolescent internet Use: What We Expect, What Teens Report». *Applied Developmental Psychology* 25, pp. 633–649.

117 Un estudio sobre realidades y mitos: R. Kvavik, J. B. Carusoy G. Morgan. 2004. *ECAR Study of Students and Information Technology 2004: Convenience, Connection, and Control.* EDUCAUSE Center for Applied Research. Sue Bennett, Karl Matony Lisa Kervin. 2008. «The 'Digital Natives' Debate: A Critical Review of the Evidence». *British Journal of Educational Technology* 39(5), pp. 775–786.

117 Estudios posteriores: Anoush Margaryan, Allison Littlejohny Gabrielle Vojt. 2011. «Are Digital Natives a Myth or Reality? University Students' Use of Digital Technologies». *Computers & Education* 56(2), pp. 429–440. Gregor E. Kennedy, Terry S. Judd, Anna Churchward, Kathleen Grayy Kerri-Lee Krause. 2008. «First Year Students' Experiences with Technology: Are They Really Digital Natives?». *Australasian Journal of Educational Technology* 24(1). ASCILITE, pp. 108–122. Hannah Thinyane. 2010. «Are Digital Natives a World-Wide Phenomenon? An Investigation into South African First Year Students' Use and Experience with Technology». *Computers & Education* 55, pp. 406–414.

120 Un estudio llevado a cabo en el Reino Unido en 2007: Ellen Helsper y Rebecca Eynon. 2009. «Digital Natives: Where Is the Evidence?». *British Educational Research Journal* 36(3), pp. 1–18.

120 Después de 2007: Michelle Slatalla. 7 de junio de 2007. «"OMG my mom joined facebook!!"». *The New York Times.* www.nytimes.com/2007/06/07/fashion/07Cyber.html. Hadley Freeman. 19 de enero de 2009. «Oh No! My Parents Have Joined Facebook». *The Guardian.* www.theguardian.com/media/2009/jan/19/facebook -social-networking-parents.

120 En 2017, *Pew Research*: (Sin autor citado). 11 de enero de 2017. «Who Uses Social Media». Pew Research Center. www.pewinternet.org/chart/who-uses-social-media/.

124 Comic de *xkcd*: Randall Munroe. 24 de agosto de 2009. «Tech Support Cheat Sheet». *xkcd.* xkcd.com/627/.

125 En 1995, Pew reveló: (Sin autor citado). 16 de diciembre de 1996. «News Attracts Most internet Users: Online Use». Pew Research Center. www.people-press.org /1996/12/16/online-use/.

125 En torno al 90 % de todos los internautas mandaron *emails* con regularidad: Kristen Purcell. 9 de agosto de 2011. «Search and Email Still Top the List of Most Popular Online Activities». Pew Research Center. www.pewinternet.org/2011/08/09/search-and-email-still-top-the-list-of-most -popular-online-activities/.

127 Ya en 2001: David Crystal. 2001. *Language and the internet*. Cambridge University Press.

127 Habría que decir *ne*: ThatGuyPonna. 9 de septiembre de 2015. «We should change "Lol" to "Ne" (Nose Exhale) because that's all we really do when we see something funny online». Reddit. www.reddit.com/r/Showerthoughts/comments /3ka70x/we_should_change_LOL_to_ne_nose_exhale_because/.

129 Un modo muy sencillo de identificar a las dos generaciones que constituyen esta tercera oleada: En 1995, Pew informó de que solo el 20 % de los usuarios de internet estadounidenses habían visitado alguna vez un sitio web, pero que el 53 % enviaba o recibía correos electrónicos al menos una vez a la semana. (Para los más jóvenes, esto fue en una época antes de que existiera el «correo web», cuando revisabas tu correo electrónico abriendo un programa específico de correo, en lugar de ir, por ejemplo, al sitio web de Gmail). (Sin autor citado). 16 de octubre de 1995. «Americans Going Online... Explosive Growth, Uncertain Destinations». Pew Research Center. www.people-press.org/1995/10/16 /americans-going-online-explosive-growth-uncertain-destinations/.

130 Sin embargo, en 2012 esa cifra ya había llegado al 50 %: Andrew Perrin y Maeve Duggan. 26 de junio de 2015. «Americans' internet Access: 2000–2015». Pew Research Center. www.pewinter net.org/2015/06/26/americans-internet-access-2000-2015/.

130 *Pew* también ha señalado: Aaron Smith. 12 de enero de 2017. «Record Shares of Americans Now Own Smartphones, Have Home Broadband». Pew Research Center. www.pewresearch.org/fact-tank/2017/01/12/evolution-of-technology/.

130 Es probable que solo: Gretchen McCulloch. 6 febrero 2017. twitter.com /GretchenAMcC/status/828809327540654083.

131 Cada cierto tiempo, da cuenta de estos talleres en internet: Jessamyn West. 2 de noviembre 2 2016. storify.com /jessamyn/highlights-from-drop-in-time.

131 Entre 2015 y 2018: Monica Anderson, Andrew Perriny Jingjing Jiang. 5 de marzo de 2018. «11 % of Americans Don't Use the internet. Who Are They?». Pew Research Center. http://www.pewresearch.org/fact-tank/2018/03/05/some -americans-dont-use-the-internet-who-are-they/.

131 Con frecuencia en las personas mayores: Jessamyn West. 2016. «Solve the Digital Divide with One Neat Trick!». Presented at the New Hampshire 2016 Fall Conference and Business Meeting. 3 de noviembre de 2016, Hooksett, New Hampshire. www.librarian.net/talks/nhla16/nhla16.pdf.

131 Su labor es la de enseñar habilidades básicas: Jessamyn West. 16 de octubre de 2015. «Transcription: Jessamyn West, Technology Lady». Medium. medium.com/tilty/transcription -jessamyn-west-technology-lady-6c6f5fefa507.

133 Por sus propias características, no son el tipo: Gretchen McCulloch. 2 de noviembre de 2017. twitter. com/GretchenAMcC/status/935506746222759937.

133 «Acabo de ganar»: Paris Martineau. 8 de febrero de 2018. «Why... Do Old People... Text... Like This... ? An Investigation...». *The Outline*. theoutline.com/post/3333 /why-do-old-people-text-like-this-an-investigation.

133 «Gracias por las felicitaciones»: Minisixxx. 26 de julio de 2017. Publicado en un grupo dedicado a la difusión de fotos antiguas de una ciudad. Reddit. www.reddit.com/r/oldpeoplefacebook/comments/6p29xj/posted_to_a_group_exclusively_for_old_photos _of_a/?st=-j775761s&sh=6eb68538. PeriodStain. August 6, 2016. «Old People vs Clickbait». Reddit. www.reddit.com/r/oldpeoplefacebook/comments/4whj2u /old_people_vs_clickbait/?st=j7752f4k&sh=5b833dcc. Noheifers. 6 de agosto de 2017. «Good question». Reddit. www.reddit.com/r/oldpeoplefacebook /comments/6rvtwf/good_question/?st=j775amjd&sh=03c72ac6.

134 Cuando West le da la razón: Jessamyn West. 9 de julio de 2007. «Me at Work, Seniors Learning Computers». *Librarian.net*. www.librarian.net/stax/2083/me-at-work -seniors-learning-computers/. iamthebestartist. 8 de julio de 2006. «Computer Class in Vermont». YouTube. www.youtube.com/watch?v=3A4R38VOgdw.

134 John Lennon y Paul McCartney: Ringo Starr. 2004. *Postcards from the Boys: Featuring Postcards Sent by John Lennon, Paul McCartney, and George Harrison*. Cassell Illustrated.

134 «Queridos papá Eileen»: (Sin autor citado). 15 de enero de 2008. Lote 468: A POSTCARD FROM GEORGE HARRISON. *Bonhams Auctions*. www.bonhams.com/auctions /15765/lot/468/.

135 Un corpus de más de quinientas postales suizas: Kyoko Sugisaki. 2017. «Word and Sentence Segmentation in German: Overcoming Idiosyncrasies in the Use of Punctuation in Private Communication». Manuscrito sin publicar. sugisaki.ch/assets/papers/sugisaki2017b.pdf.

135 Adolescentes finlandeses: Jan-Ola Östman. 2003. «The Postcard as Media». En Srikant Sarangi, (ed.). *Text and Talk* 24(3), pp. 423–442.

137 Esfuerzos puntuales por enseñarles: Tara Bahrampour. 13 de julio de 2013. «Successful Program to Help D.C. Senior Citizens Use iPads to Prevent Isolation Will Expand». *The Washington Post*. www.washingtonpost.com/local/dc-senior-citizens-use-ipads-to-expand-social-in-

teractions/2013/07/13/491fdb72-ea7a-11e2-aa9f-c03a72e2d342_story.html?hpid=z5.

138 **Mediado por los cuidadores:** Loren Cheng. 4 de diciembre de 2017. «Introducing Messenger Kids, a New App for Families to Connect». *Facebook Newsroom.* newsroom.fb.com/news/2017/12/introducing-messenger-kids-a-new-app-for -families-to-connect/. Josh Constine. 4 de diciembre de 2017. «Facebook "Messenger Kids" Lets Under-13s Chat with Whom Parents Approve». *Techcrunch.* techcrunch.com/2017/12/04/facebook-messenger-kids/.

139 **Existe cierto tipo de artículo periodístico:** Crispin Thurlow. 2006. «From Statistical Panic to Moral Panic: The Metadiscursive Construction and Popular Exaggeration of New Media Language in the Print Media». *Journal of Computer-Mediated Communication* 11. International Communication Association, pp. 67–701. Ben Rosen. 8 de febrero de 2016. «My Little Sister Taught Me How to "Snapchat Like the Teens"». *BuzzFeed.* www.buzzfeed.com/benrosen/how-to-snapchat-like-the -teens. Mary H.K. Choi. August 25, 2016. «Like. Flirt. Ghost. A Journey into the Social Media Lives of Teens». *Wired.* www.wired.com/2016/08/how-teens-use -social-media/. Andrew Watts. 3 de enero de 2015. «A Teenager's View on Social Media». *Wired.* backchannel.com/a-teenagers-view-on-social-media -1df945c09ac6. Josh Miller. 29 de diciembre de 2012. «Tenth Grade Tech Trends». Medium. medium.com/@joshm/tenth-grade-tech-trends-d8d4f-2300cf3.

140 **Susan Herring señala:** Susan Herring. 2008. «Questioning the Generational Divide: Technological Exoticism and Adult Constructions of Online Youth Identity». En David Buckingham, (ed.). *Youth, Identity, and Digital Media.* MIT Press, pp. 71–94.

140 **Estudio sociológico que se llevó a cabo en Francia:** Michel Forsé. 1981. «La Sociabilité». *Economie et Statistique* 132, pp. 39–48. www.persee.fr/docAsPDF/estat_0336-1454_1981_num_132_1_4476.pdf.

140 **«En igualdad de condiciones»:** Susan Herring. 2008. «Questioning the Generational Divide: Technological Exoticism and Adult Constructions of Online Youth Identity». En David Buckingham, (ed.). *Youth, Identity, and Digital Media.* MIT Press, pp. 71–94.

141 **Diversos estudios han coincidido en señalar:** Sarah Holloway y Gill Valentine. 2003. *Cyberkids: Children in the Information Age.* Psychology Press. Sonia Livingstone y Moira Bovill. 1999. *Young People, New Media: Summary Report of the Research Project Children, Young People and the Changing Media Environment.* Media@LSE. eprints.lse.ac.uk/21177/. Keri Facer, John Furlong, Ruth Furlong, and Rosamund Sutherland. 2003. *Screenplay: Children and Computing in the Home.* Psychology Press.

141 «Mola más» y «puedes entender mejor»: Victoria Rideout. 2006. «Social Media, Social Life». Common Sense Media. www.commonsensemedia.org/sites/default /files/research/socialmediasociallife-final-061812.pdf.

141 La mayoría de los adolescentes: danah boyd. 2015. *It's Complicated: The Social Lives of Networked Teens.* Yale University Press.

142 «Colapso contextual»: danah boyd. 8 de diciembre de 2013. «How "Context Collapse" Was Coined: My Recollection». *Apophenia.* www.zephoria.org/thoughts/archives/2013/12/08/coining-context-collapse.html.

145 Un estudio sobre conversaciones: Robert R. Provine. 1993. «Laughter Punctuates Speech: Linguistic, Social and Gender Contexts of Laughter». *Ethology* 95(4), pp. 291–298.

Capítulo 4

149 Suenan cada vez menos como robots: Jacob Kastrenakes. 30 de marzo de 2016. «Google Now's Voice Is Starting to Sound Way More Natural». *The Verge.* www.theverge.com/2016/3/30/11333524/google-now-voice-improved-smoother-sound.

153 Jane Austen: Kathryn Sutherland, (ed.). 31 de julio de 2012. Jane Austen's Fiction Manuscripts Digital Edition. janeausten.ac.uk/index.html.

153 La poesía de Emily Dickinson: Edith Wylder. 2004. «Emily Dickinson's Punctuation: The Controversy Revisited». *American Literary Realism* 36(3), pp. 6–24.

154 Artículos y textos varios de 2013: Jeff Wilser. 18 de junio de 2013. «10 Ways That Men Text Women». *The Cut.* nymag.com/thecut/2013/06/10-ways-that-men-text-women.html. Ben Crair. 25 de noviembre de 2013. «The Period Is Pissed». *New Republic.* newrepublic.com/article/115726/period-our-simplest-punctuation-mark-has -become-sign-anger.

154 Una sucesión de textos: *Jezebel, The Washington Post,* the *Toronto Star, Salon, The Telegraph* (UK), *Yahoo! News, The Harvard Crimson.*

154 Un artículo de 2018: Paris Martineau. 8 de febrero de 2018. «Why... Do Old People... Text... Like This...? An Investigation...». *The Outline.* theoutline.com/post/3333/why-do-old-people-text-like-this-an-investigation.

154 Desde 2006: The Bishop of Turkey. 13 de diciembre de 2006. «Why Are People Using Ellipses instead of a Period?». *Ask Metafilter.* ask.metafilter.com/53094 /Why-are-people-using-ellipses-instead-of-a-period.

154 Sus parientes los guiones y las líneas de comas: Infovore. 3 de mayo de 2011. «Using Commas as Ellipses». *The Straight Dope.* boards.straightdope.com/sdmb/showthread.php?t =607076. Bfactor. 3 de enero de 2011. «Why do some people do this... instead of this...». *PocketFives.* www.pocketfives.com/f13/why-do-some-people-do-instead -614200/. Starwed. 24 de febrero de 2015. «Origin of the "Triple Comma" or "Comma Ellipsis"». *Stackexchange, English Language & Usage.* english.stackex change.com/questions/230189/origin-of-the-triple-comma-or-comma-ellipsis.

154 Titulares agoreros: Mark Liberman. 26 de noviembre de 2013. «Aggressive Periods and the Popularity of Linguistics». *Language Log.* languagelog.ldc.upenn.edu/nll/?p=8667.

154 Un estudio sobre el uso de los puntos finales: Katy Steinmetz. 24 de septiembre de 2016. «Why Technology Has Not Killed the Period. Period». *Time.* time.com/4504994/period-dying-death -puncuation-day/.

155 *Punctus*: Stephen R. Reimer. 1998. *Paleography: Punctuation.* Universidad de Alberta. sites.ualberta.ca/~sreimer/ms-course/course/punc.htm.

155 La escritura en Grecia y Roma: Daniel Zalewski. 1998. «No Word Unspoken». *Lingua Franca.* linguafranca.mirror.theinfo.org/9804/ip.html.

156 Con el auge de la imprenta y de los diccionarios: Edmund Weiner. (No consta fecha de publicación). «Early Modern English Pronunciation and Spelling». *Oxford English Dictionary* blog. public.oed.com/aspects-of-english/english-in-time/early-modern-english -pronunciation-and-spelling/. John Simpson. (No consta fecha de publicación). «The First Dictionaries of English». *Oxford English Dictionary* blog. public.oed.com/aspects-of -english/english-in-time/the-first-dictionaries-of-english/.

156 La lingüista Maria Heath: Maria Heath. 6 de enero de 2018. «Orthography in Social Media: Pragmatic and Prosodic Interpretations of Caps Lock». Presentado en el Congreso Annual de la Sociedad Americana de Lingüística, 4-7 de enero de 2018 Salt Lake City.

157 Grupos activos de Usenet... Philippe Schuyler: Alice Robb. 17 de abril de 2014. «How Capital Letters Became internet Code for Yelling». *New Republic.* newrepublic.com /article/117390/netiquette-capitalization-how-caps-became-code-yelling.

157 Lucy Maud Montgomery: Lucy Maud Montgomery. 1925. *Emily Climbs.*Frederick A. Stokes. Lucy Maud Montgomery. 1927. *Emily's Quest.* Frederick A. Stokes.

158 Un periódico de 1856: (Sin autor citado). 17 de abril de 1856. «The Dutchman Who Had the Small Pox». *The Yorkville Enquirer* (Carolina del Sur).En Biblioteca del Congreso, (ed.). *Chronicling America: Historic American Newspapers.* chroniclingamerica.loc.gov/lccn/sn84026925/1856-04-17/ed-1/seq-4/.

160 La orden era literal en los primeros ordenadores: Gracias a Guy English (con quien me comuniqué personalmente), por confirmarme que esto sucedía en FORTRAN y COBOL.

160 Millones de libros: Búsqueda de «block capitals», «block letters», «all caps», «all uppercase», «caps lock» (todas ellas formulas para referirse al uso de mayúsuclas generalizado en un texto)en *Google Books Ngram Viewer* para el lapso de tiempo 1800-2000. books.google.com/ngrams/graph?content=block+capitals%2Cblock+letters.%2Call+caps%2Call+uppercase%2Ccaps+lock&year_start=1800&year_end=2000 &corpus=15&smoothing=3. Jean-Baptiste Michel, Yuan Kui Shen, Aviva Presser Aiden, Adrian Veres, Matthew K. Gray, The Google Books Team, Joseph P. Pickett, Dale Hoiberg, Dan Clancy, Peter Norvig, Jon Orwant, Steven Pinker, Martin A. Nowak, and Erez Lieberman Aiden. 2010. «Quantitative Analysis of Culture Using Millions of Digitized Books». *Science.* Asociación Americana para el Progreso Científico.

161 Corpus of Historical American English: Mark Davies. 2010. *Corpus of Historical American English: 400 Million Words, 1810–2009.* Universidad de Brigham Young. corpus.byu.edu/coha/.

162 «"Confectionary, confectionary"»: Maturin Murray Ballou. 1848. *The Duke's Prize; a Story of Art and Heart in Florence.* (No consta editorial) www.gutenberg.org/ebooks/4956.

163 Las veinte palabras del inglés que más se alargan: Samuel Brody y Nicholas Diakopoulos. 2011. «Cooooooooooooooollllllllllllll!!!!!!!!!!!!!! Using Word Lengthening to Detect Sentiment in Microblogs». *Proceedings of the 2011 Conference on Empirical Methods in Natural Language Processing.* Asociación de Lingüística Computacional, pp. 562–570.

163 alargamiento expresivo: Tyler Schnoebelen. 8 de enero de 2013. «Aww, hmmm, ohh heyyy nooo omggg!». *Corpus Linguistics.* corplinguistics.wordpress.com/2013/01/08/aww-hmmm-ohh-heyyy-nooo-omggg/. Jen Doll. 2016. «Why Drag It Out?». *The Atlantic.* www.theatlantic.com/magazine/archive/2013/03 /dragging-it-out/309220/. Jen Doll. Febrero 1, 2013. «Why Twitter Makes Us Want to Add Extra Letterssss». *The Atlantic.* www.thewire.com/entertainment /2013/02/why-twitter-makes-us-want-add-extra-letterssss/62348/.

163 La gente alarga más las palabras en la intimidad de los mensajes privados: Claudia Brugman y Thomas Conners. 2016. «Comparative Study of Register Specific Properties of Indonesian SMS and Twitter: Implications for NLP». Presentado en el 20th International Symposium on Malay/Indonesian Linguistics, 14-16 de julio de 2016, Melbourne, Australia. Claudia Brugman y Thomas Conners. 2017. «Querying the Spoken/Written Register Continuum through Indonesian Electronic Communications». Presentado en el 21st International Symposium on Malay/Indonesian Linguistics,4-6 de mayo de 2017, Langkawi, Malaysia. Moti Lieberman. 26

de enero de 2016. «Writing in Texts vs. Twitter». *The Ling Space* blog. thelingspace.tumblr.com/post /138053815679/writing-in-texts-vs-twitter.

165 Encontronazos entre usuarios, las mayúsculas que gritan o el sarcasmo mal entendido: Lori Foster Thompson y Michael D. Coovert. 2003. «Teamwork Online: The Effects of Computer Conferencing on Perceived Confusion, Satisfaction and Postdiscussion Accuracy». *Group Dynamics: Theory, Research, and Practice* 7(2), pp. 135–151. Caroline Cornelius y Margarete Boos. 2003. «Enhancing Mutual Understanding in Synchronous Computer-Mediated Communication by Training: Trade-offs in Judgmental Tasks». *Communication Research* 30(2), pp. 147–177. Radostina K. Purvanova y Joyce E. Bono. 2009. «Transformational Leadership in Context: Face-to-Face and Virtual Teams». *The Leadership Quarterly* 20(3), pp. 343–357. Erika Darics. 2014. «The Blurring Boundaries between Synchronicity and Asynchronicity: New Communicative Situations in Work-Related Instant Messaging». *International Journal of Business Communication* 51(4), pp. 337–358.

165 En 1999: Susan E. Brennan y Justina O. Ohaeri. 1999. «Why Do Electronic Conversations Seem Less Polite? The Costs and Benefits of Hedging». *Proceedings of the International Joint Conference on Work Activities, Coordination, and Collaboration (WACC'99)*, pp. 227–235. www.psychology.stonybrook.edu /sbrennan-/papers/brenwacc.pdf.

167 Los administradores de Wikipedia: Cristian Danescu-Niculescu-Mizil, Moritz Sudhof, Dan Jurafsky, Jure Leskovecy Christopher Potts. 2013. «A Computational Approach to Politeness with Application to Social Factors». Presentado en el 51st Annual Meeting of the Association for Computational Linguistics. arxiv.org/abs /1306.6078.

168 Carol Waseleski descubrió: Carol Waseleski. 2006. «Gender and the Use of Exclamation Points in Computer-Mediated Communication: An Analysis of Exclamations Posted to Two Electronic Discussion Lists». *Journal of ComputerMediated Communication* 11(4), pp. 1012–1024.

168 «En una diabólica omisión»: (Sin autor citado). 12 de mayo de 2014. «Stone-Hearted Ice Witch Forgoes Exclamation Point». *The Onion.* www.theonion.com/article /stone-hearted-ice-witch-forgoes-exclamation-point-36005.

169 Emotional Labor: emotional-labor.email/. Reseñado por Jessica Lachenal. 17 de febrero de 2017. «Emotional Labor Is a Pain in the Butt, so This Gmail Add-On Does It for You on Your E-Mails». *The Mary Sue.* www.themarysue.com/gmail -emotional-labor-add-on/.

170 *Leetspeak*: Anthony Mitchell. 6 de diciembre de 2005. «A Leet Primer». *E-commerce Times.* www.technewsworld.com/story/47607.html.

170 En un artículo de 2005 que analizaba esta práctica: Katherine Blashki y Sophie Nichol. 2005. «Game Geek's Goss: Linguistic Creativity in Young Males Within an Online University Forum (94/\/\3 933k'5 9055oneone)». *Australian Journal of Emerging Technologies and Society* 3(22), pp. 77–86. Agradezco a Sophie Nicol que me confirmara personalmente esta traducción.

170 Renacieron en 2018: Julie Beck. 27 de junio de 2018. «Read This Article!!!». *The Atlantic.* www.theatlantic.com/technology/archive/2018/06/exclamation-point -inflation/563774/.

170 Contextos laborales como el siguiente: Erika Darics. 2010. «Politeness in Computer-Mediated Discourse of a Virtual Team». *Journal of Politeness Research* 6(1). De Gruyter, pp. 129–150.

170 «Aunque te lleves muy bien»: Erika Darics. 6 de febrero de 2014. «Watch Where You Put That Emoticon AND KEEP YOUR VOICE DOWN». *The Conversation.* theconversation.com/watch-where-you-put-that-emoticon-and-keep -your-voice-down-22512.

172 «¿Alguien quiere compartir la sopa-p?»: Eric S. Raymond, ed. 29 de diciembre de 2003. «The -P Convention». The on-line hacker Jargon File, versión 4.4.7. catb.org/jargon/html /p-convention.html.

173 «Inscribirse en un congreso»: Byron Ahn. 10 de abril de 2017. twitter.com /lingulate/status/851576612927803392.

175 El primero en usarla con este fin fue el bloguero y consultor Chris Messina: Chris Messina. 23 de agosto de 2007. twitter.com/chrismessina/status/223115412.

175 Adoptó oficialmente los *hashtags*: Lexi Pandell. 19 de mayo de 2017. «An Oral History of the #Hashtag». *Wired.* www.wired.com/2017/05/oral-history -hashtag/.

175 Su uso irónico: Gretchen McCulloch. 5 de abril de 2017. twitter.com/GretchenAMcC/status/849745556188672000.

175 «Cuando quedo en la vida real»: Ben Zimmer. 21 de noviembre de 2009. «Social Media Dialects: I Speak Twitter… You?». Archivado en el internet Archive Wayback Machine. web.archive.org/web/20140423112918/mykwblog.wordpress.com/2009/11/21/social-media-dialects-i-speak-twitter-you/.

176 Padres que explicaban: Gretchen McCulloch. 25 de marzo de 2017. twitter.com/Gretchen AMcC/status/845844245047070720.

176 «*Hashtag* broma, mamá»: Alexandra D'Arcy. 26 de marzo de 2017. twitter.com/Lang Maverick/status/845863180534349824.

176 «Mi hija acaba de terminar»: Lady_Gardener. 25 de marzo de 2017. twitter.com /daisy_and_me/status/845559701207166978.

176 «Yo de esto no cambiaría ni una coma»: Richard Hovey. 1898. *Launcelot and Guenevere.* Small, Maynard.

176 «Planteaba un gran interrogante»: Paul Leicester Ford. 1894. *The Honorable Peter Stirling and What People Thought of Him.* Grosset & Dunlap.

177 Compuestos mediante el uso del signo de exclamación: 7 de julio de 2014. allthingslinguistic.com/post /95133324733/hey-whats-up-with-the-in-fandoms-ie. (Sin autor citado). 18 de julio de 2017. «!». Fanlore wiki. fanlore.org/wiki/!. robert_columbia. 17 de enero de 2011. Can You Still Send an Email Using a «Bang Path»? *The Straight Dope* message board. boards. straightdope.com/sdmb/showthread.php?t=593495. Robert L. Krawitz. Febrero 15, 1985. «Symphony for the Devil (sic)». *Ask Mr. Protocol.* www. textfiles.com/humor/COMPUTER/mr.prtocl.

181 Algunos de los marcadores de ironía más extendidos: (Sin autor citado). Añadidos provisionales de septiembre de 2014. OED Online. Oxford University Press. Citing Gertrude Elizabeth Margaret Anscombe. 1956. *Mr. Truman's Degree.* Oxonian Press. Greg Hill. 1963. *Principia Discordia.*

181 También Lleven Usándose Un Tiempecito: Ejemplo propuesto por el ususario de Tumblr Uglyfun el 10 de mayo de 2017. uglyfun.tumblr. com/post/160525273744/hi-im-here-to -propose-that-aa-milnes, quoting chapter 4 of A. A. Milne. 1926. *Winnie-thePooh.* Methuen.

185 Dos hilos de LiveJournal: Anónimo. 7 de agosto de 2012. «Leading tilde?». *Fail. Fandom. Anon.* fail-fandomanon.livejournal.com/38277.html?-thread=173014917 #t173014917. Wayback Machine / archive.org y Google Search están bloqueados por robots-txt pero se puede consultar un archive de ese foro en un grupo de Google groups.google.com/forum/#!topic/sock_ gryphon_group /c0juZF--BL8%5B551-575%5D.

185 «Es como si se refiriera a»: Season to season. 12 de julio de 2010. «Tilde in internet Slang». Grupo *Linguaphiles*, de LiveJournal. linguaphiles. livejournal.com/5169778.html.

185 «Supongo que»: Anónimo. 7 de agosto de 2012. «Leading tilde?». *Fail. Fandom. Anon.* fail-fandomanon.livejournal.com/38277.html?-thread=173014917 #t173014917. Wayback Machine / archive.org y Google Search están bloqueados por robots-txt pero se puede consultar un archive de ese foro en un grupo de Google groups.google.com/forum/#!topic/sock_gryphon_group/c0juZF --BL8%5B551-575%5D.

185 Hilo de LiveJournal de 2010: Season to season. 12 de julio de 2010. «Tilde in internet Slang». Grupo *Linguaphiles*, en LiveJournal. linguaphiles. livejournal.com/5169778.html.

187 «A medio camino entre el sarcasmo»: Joseph Bernstein. 5 de enero de 2015. «The Hidden Language of the ~Tilde~». *BuzzFeed*. www.buzzfeed. com/josephbernstein /the-hidden-language-of-the-tilde#.ut0PpRAL3.

188 Se popularizó el uso de Unix: The Open Group. (No consta fecha de publicación). «History and Timeline». Unix.org. www.unix.org/what_is_ unix/history_timeline.html.

188 Los malos de verdad: Eric S. Raymond, ed. 29 de diciembre de 2003. «Hacker Writing Style». The on-line hacker Jargon File, versión 4.4.7. www. catb.org/jargon/html /writing-style.html.

189 Desde los manuales de mediados de los noventa: Chris Pirillo. 1999. «E-mail Etiquette (Netiquette)». *The internet Writing Journal*. www. writerswrite.com/journal/dec99/e-mail-etiquette -netiquette-12995.

189 Hasta los mensajes sobre el tema publicados en diversos foros, ya en los dos mil: Damian. 4 de mayo de 2000. «People Who Don't Capitalize Their I's». *Everything2*. everything2.com/title/ People+who+don%2527t +capitalize+their+I%2527s.

189 En términos de facilidad de uso: Norm De Plume.26 de septiembre de 2004. «Why do some people write entirely in lowercase?». *DVD Talk*. forum.dvdtalk.com/archive /t-387605.html. Postroad. 4 de agosto de 2006. «Why do so many people always use lower case letters when using the net?». *Ask Metafilter*. ask.metafilter.com /43656/Why-do-so-many-people-always-use-lower-case-letters-when-using -the-net.

190 Las piezas periodísticas sobre mensajes escritos en ese tono: Ben Crair.25 de noviembre de 2013. «The Period Is Pissed». *New Republic*. newrepublic.com/article/115726/period -our-simplest-punctuation-mark-has-become-sign-anger. Brittany Taylor. 4 de marzo de 2015. «8 Passive Aggressive Texts Everybody Sends (and What to Type Instead!)». *Teen Vogue*. www.teenvogue.com/story/passive-aggressive-texts-everyone -sends. Dan Bilefsky. 9 de junio de 2016. «Period. Full Stop. Point. Whatever It's Called, It's Going out of Style». *The New York Times*. www. nytimes.com/2016/06 /10/world/europe/period-full-stop-point-whatever-its-called-millennials-arent -using-it.html?_r=0. Jeff Guo. De junio de 13, 2016. «Stop Using Periods. Period». *The Washington Post*. medium.com/the-washingtonpost/stop-using-periods-period -93a6bb357ed0#.fqi6as3ly.

190 La venta de *smartphones* en Estados Unidos superó a la de los teléfonos móviles convencionales: Peter Svensson. 28 de abril de 2013.

«Smartphones Now Outsell 'Dumb' Phones». *Newshub.* www.newshub.co.nz /technology/smartphones-now-outsell-dumb-phones-2013042912.

190 En una encuesta informal que hice en Twitter en 2016: Gretchen McCulloch. 9 de diciembre de 2016. twitter.com/GretchenAMcC/status/807321178713059328.

192 implicando a sus estudiantes en sus investigaciones: Anne Curzan. 24 de abril de 2013. «Slash: Not Just a Punctuation Mark Anymore». *The Chronicle of Higher Education, Lingua Franca* blog. www.chronicle.com/ blogs/linguafranca/2013/04/24/slash-not -just-a-punctuation-mark-anymore/.

192 Otros colaboran con escuelas cercanas: Sali Tagliamonte. 2011. *Variationist Sociolinguistics: Change, Observation, Interpretation.* John Wiley & Sons.

194 Trabajo final de máster de Harley Grant: Harley Grant. 2015. «Tumblinguistics: Innovation and Variation in New Forms of Written CMC». Trabajo final de máster Universidad de Glasgow.

194 Trabajo final de máster de Molly Ruhl: Molly Ruhl. 2016. «Welcome to My Twisted Thesis: An Analysis of Orthographic Conventions on Tumblr». Trabajo final de máster, Universidad Estatal de San Francisco.

194 Hay que formar parte activa: Grant and Ruhls son ejemplos de lo primero; para ver ejemplos de lo segundo, se puede consultar: Elli E. Bourlai. 2017. «"Comments in Tags, Please!" Tagging Practices on Tumblr». *Discourse Context Media.*

194 Entre dieciséis y veinticuatro años en 2013: Cooper Smith. 13 de diciembre de 2013. «Tumblr Offers Advertisers a Major Advantage: Young Users, Who Spend Tons of Time on the Site». *Business Insider.* www.businessinsider.com/tumblr-and -social-media-demographics-2013-12.

194 El más popular de todos ellos: copperbooms.39 de julio de 2012. «When did tumblr collectively decide not to use punctuation like when did this happen why is this a thing». *Copperbooms.* copperbooms.tumblr. com/post/28333799478/when-did -tumblr-collectively-decide-not-to-use.

195 «Cuando nos hemos puesto de acuerdo»... otros posts similares: La versión completa y algunas más similares han sido archivadas por tumblinguistics. tumblinguistics.tumblr.com /post/113810945986/tumblinguistics-apocalypsecanceled-sunfell.

195 «Me parece muy guay»: El *post* original es de eternalgirlscout. 20 de mayo de 2016. eternalgirlscout.tumblr.com/post/144661931903/i-think-its-really-cool-how -there-are-so-many. La primera respuesta es de takethebulletsoutyourson. 25 de julio de 2016. takethebulletsoutyourson.tumblr.

com/post/147975549371/eternalgirlscout-i -think-its-really-cool-how. La segunda repsuesta de eternalgirlscout es del 25 de julio de 2016. eternalgirlscout.tumblr.com/post/147978362708/takethebulletsoutyourson -eternalgirlscout-i. Archive by Molly Ruhl: amollyakatrina.tumblr.com/post /150704937613/eternalgirlscout-takethebulletsoutyourson.

196 «Quiero volver a casa»: Jonny Sun. 1 de octubre de 2014. twitter. com/jonnysun/status /517461703630794752.

197 Más de cincuenta dibujos y cuadros: Jerome Tomasini. 22 de octubre de 2016 «How a Tweet by @jonnysun Resonated with People & Inspired More Art». twitter.com/i/moments /789936594480427008.

197 En lugar de eso, Sun se refirió a un tipo de estética un tanto particular: Sophie Chou. 27 de septiembre de 2017. «How to Speak Like an aliebn—No, That's Not a Typo». *The World in Words.* www.pri.org /stories/2017-09-27/How-Speak-Aliebn-No-Thats-Not-Typo.

200 Si la puntuación de cortesía: Jeffrey T. Hancock. 2004. «Verbal Irony Use in Face-toFace and Computer-Mediated Conversations». *Journal of Language and Social Psychology* 23(4), pp. 447–463.

200 Cualquier variación sobre lo esperable: Molly Ruhl. 2016. «Welcome to My Twisted Thesis: An Analysis of Orthographic Conventions on Tumblr». Trabajo final de máster, Universidad Estatal de San Francisco.

200 Un *post* viral de Tumblr: tangle of rainbows. 17 de agosto de 2015. «re: how teens and adults text, I would be super interested for you to explain your theory!». *Tangleofrainbows.* tangleofrainbows.tumblr. com/post/126889100409/re-how -teens-and-adults-text-i-would-be-super.

201 El psicólogo Jeffrey Hancock: Jeffrey T. Hancock. 2004. «Verbal Irony Use in Face-to-Face and Computer-Mediated Conversations». *Journal of Language and Social Psychology* 23(4), pp. 447–463.

204 IBM probó: Alexis C. Madrigal. 10 de enero de 20132013. «IBM's Watson Memorized the Entire "Urban Dictionary", Then His Overlords Had to Delete It». *The Atlantic.* www.theatlantic.com/technology/archive/2013/01/ibms-watson -memorized-the-entire-urban-dictionary-then-his-overlords-had-to-delete-it /267047/.

Capítulo 5

210 Second Life ocupó muchas portadas y titulares: Los datos más recientes de los que dispone el equipo de Linden son de 2013 y hablan de 36 millones de cuentas en totaly de un mollón de usuario s activos al mes. (Sin autor citado). 20 de junio de 2013. «Infographic: 10 Years of Second Life». Linden Lab. www.lindenlab.com/releases/infographic-10-years-of-second -life. This 2017 article estimated 600,000 regular users: Leslie Jamison. De

noviembre 11, 2017. «The Digital Ruins of a Forgotten Future». *The Atlantic.* www.theatlantic.com/magazine/archive/2017/12/second-life-leslie-jamison/544149/.

211 **Más de seis mil artículos:** Mark Davis y Peter Edberg, eds. 18 de mayo de 2017. «Unicode® Technical Standard #51 UNICODE EMOJI». *The Unicode Consortium.* www.unicode.org/reports/tr51/#Introduction.

211 **Los medios de media docena de países:** Ben Medlock y Gretchen McCulloch. 2016. «The Linguistic Secrets Found in Billions of Emoji». Presentado en SXSW, 11-20 de marzo de 2016, Austin, Texas. www.slideshare.net/SwiftKey/the-linguistic-secrets -found-in-billions-of-emoji-sxsw-2016-presentation-59956212.

215 **Ella empezó a escribir:** Lauren Gawne y Gretchen McCulloch. 2019. «Emoji Are Digital Gesture». *Language@internet.*

217 **Muchos especialistas los llaman emblemas:** Paul Ekman y Wallace V. Friesen. 1969. «The Repertoire of Nonverbal Behavior: Categories, Origins, Usage, and Coding». *Semiotica* 1, pp. 49–98.

217 **La famosa peineta:** Lauren Gawne. 8 de octubre de 2015. «Up Yours: The Gesture That Divides America and the UK». *Strong Language.* stronglang.wordpress.com/2015/10/08/up-yours-the-gesture-that-divides-america-and-the-uk/.

217 **Gestos emblemáticos obscenos:** Desmond Morris, Peter Collett, Peter Marsh, y Marie O'Shaughnessy. 1979. *Gestures, Their Origin and Distribution.* Jonathan Cape.

218 **El emoji de la berenjena:** Regan Hoffman. 3 de junio de 2015. «The Complete (and Sometimes Sordid) History of the Eggplant Emoji». *First We Feast.* firstwefeast.com/features/2015/06/eggplant-emoji-history.

218 **Quería decir «esto no me gusta»:** Lauren Schwartzberg. 18 de noviembre de 2014. «The Oral History of the Poop Emoji (Or, How Google Brought Poop to America)». *Fast Company.* www.fastcompany.com/3037803/the-oral-history-of-the-poop -emoji-or-how-google-brought-poop-to-america.

219 **Cada aplicación, cada fabricante de dispositivos:** Jason Snell. 16 de enero de 2017. «More Emoji Fragmentation». *Six Colors.* sixcolors.com/link/2017/01/more-emoji -fragmentation/.

219 **«Año de la Convergencia Emoji»:** «2018: The Year of Emoji Convergence». 13 de febrero de 2018. Emojipedia. https://blog.emojipedia.org/2018-the-year-of -emoji-convergence/.

220 **«Mandar un mensaje, pero usando tu propia cara como emoticono»:** Mary Madden, Amanda Lenhart, Sandra Cortesi, Urs Gasser, Maeve Duggan, Aaron Smith y Meredith Beaton. 21 de mayo de 2013. «Teens,

Social Media, and Privacy». Pew Research Center. www.pewinternet.org /2013/05/21/teens-social-media-and-privacy/.

220 Algunos *gifs* son tan emblemáticos: Tomberry. 12 de enero de 2015. «Popcorn GIFs». Know Your Meme. knowyourmeme.com/memes/ popcorn-gifs.

220 La apropiación de ciertos elementos de ese tipo propios de la cultura afroamericana: Geneva Smitherman. 2006. *Word from the Mother: Language and African Americans.* Taylor & Francis.

220 Primero llegó a los deportes en equipo: John Mooallem. 12 de abril de 2013. «History of the High Five». ESPN.com. www.espn.com/espn/ story/_/page/Mag15historyofthehighfive /who-invented-high-five.

221 Se saludaron chocando puños cerrados: LaMont Hamilton. 22 de septiembre de 2014. «Five on the Black Hand Side: Origins and Evolutions of the Dap». *Folklife.* folklife.si.edu/talkstory /2014/five-on-the-black-hand-sideorigins-and-evolutions-of-the-dap.

221 El emoji de las uñas pintadas: Alexander Abad-Santos y Allie Jones. 26 de marzo de 2014. «The Five Non-Negotiable Best Emojis in the Land». *The Atlantic.* www.theatlantic.com/entertainment/archive/2014/03/the-only-five-emojis-you-need /359646/. www.merriam-webster.com/words-at-play/shade.

221 Lo relacionó con el estereotipo: Sianne Ngai. 2005. *Ugly Feelings.* Ediciones Universitarias de la Universidad de Harvard.

222 En esos casos, es más difícil relatar los aspectos espaciales y visuales de la historia: Frances H. Rauscher, Robert M. Krauss, y Yihsiu Chen. 1996. «Gesture, Speech, and Lexical Access: The Role of Lexical Movements in Speech Production». *Psychological Science* 7(4), pp. 226–231.

222 Todas las culturas: Pierre Feyereisen y Jacques-Dominique De Lannoy. 1991. *Gestures and Speech: Psychological Investigations.* Cambridge University Press. David McNeill. 1992. *Hand and Mind: What Gestures Reveal About Thought.* Universidad de Chicago Press.

222 Que fluyen junto con el discurso: Akiba A. Cohen y Randall P. Harrison. 1973. «Intentionality in the Use of Hand Illustrators in Face-to-Face Communication Situations». *Journal of Personality and Social Psychology* 28(2), pp. 276–279.

222 Las personas ciegas de nacimiento: Jana M. Iverson y Susan Goldin-Meadow. 1997. «What's Communication Got to Do with It? Gesture in Children Blind from Birth». *Developmental Psychology* 33(3), pp. 453–467. Jana M. Iverson y Susan Goldin-Meadow. 1998. «Why People Gesture When They Speak». *Nature* 396(6708), p. 228.

222 Llamados ilustrativos: Pierre Feyereisen y Jacques-Dominique De Lannoy. 1991. *Gestures and Speech: Psychological Investigations.* Cambridge University Press. David McNeill. 1992. *Hand and Mind: What Gestures Reveal about Thought.* Universidad de Chicago

222 El pensamiento de quien los hace: Robert M. Krauss, Yihsiu Cheny Rebecca F. Gottesman. 2000. «Lexical Gestures and Lexical Access: A Process Model». En D. McNeill, (ed.). *Language and Gesture: Window into Thought and Action.* Universidad de Cambridge, pp. 261–283.

222 Resuelven mejor los problemas matemáticos: Mingyuan Chu y Sotaro Kita. 2011. «The Nature of Gestures' Beneficial Role in Spatial Problem Solving». *Journal of Experimental Psychology: General* 140(1), pp. 102–116. Sara C. Broaders, Susan Wagner Cook, Zachary Mitchelly Susan Goldin-Meadow. 2007. «Making Children Gesture Brings Out Implicit Knowledge and Leads to Learning». *Journal of Experimental Psychology: General* 136(4), pp. 539–550. Susan Wagner Cook, Zachary Mitchelly Susan Goldin-Meadow. 2008. «Gesturing Makes Learning Last». *Cognition* 106(2), pp. 1047–1058.

223 «Ahí arriba»: David McNeill. 2006. «Gesture and Communication». En J. L. Mey, (ed.). *Concise Encyclopedia of Pragmatics.* Elsevier, pp. 299–307.

226 No llegaba a uno de cada mil: Ben Medlock in Gretchen McCulloch. 2016. «The Linguistic Secrets Found in Billions of Emoji». Presentado en SXSW, 11-20 de marzo de 2016, Austin, Texas. www.slideshare.net/SwiftKey/the-linguistic-secrets -found-in-billions-of-emoji-sxsw-2016-presentation-59956212.

226 Se lo pasaban pipa mandando mensajes: Gretchen McCulloch. 1 de enero de 2019. «Children Are Using Emoji for Digital-Age Language Learning». *Wired.* https://www.wired.com/story/children-emoji-language-learning/.

228 Son los llamados gestos rítmicos: David McNeill. 2006. «Gesture and Communication». En J. L. Mey, (ed.). *Concise Encyclopedia of Pragmatics.* Elsevier. pp. 299–307.

228 Los emojis siguen la misma tendencia rítmica: Gretchen McCulloch y Lauren Gawne. 2018. «Emoji Grammar as Beat Gestures». Presentado en *Emoji 2018: 1st International Workshop on Emoji Understanding and Applications in Social Media*, celebrado junto con el *12th International AAAI Conference on Web and Social Media (ICWSM-18).* 25 de junio de 2018. Palo Alto, California.

229 La cómica estadounidense Robin Thede: Robin Thede. 17 de marzo de 2016. «Women's History Month Report: Black Lady Sign Language». *The Nightly Show with Larry Wilmore.* www.youtube.com/watch?v=34PjK-tcVhVE.

229 La escritora Kara Brown: Kara Brown. 6 de abril de 2016. «Your Twitter Trend Analysis Is Not Deep, and It's Probably Wrong». *Jezebel.* jezebel.com/your-twitter-trend-analysis-is-not-deep-and-it-s-proba-1769411909.

229 Empezaron a usarlo de forma masiva: Chaédria LaBouvier. 16 de mayo de 2017. «The Clap and the Clap Back: How Twitter Erased Black Culture from an Emoji». *Motherboard.* motherboard.vice.com/en_us/article/jpyajg/the-clap-and-the-clap -back-how-twitter-erased-black-culture-from-an-emoji.

231 Los copistas medievales iluminaban: (Sin autor citado). 26 de septiembre de 2013. «Knight v Snail». *British Library Medieval Manuscripts Blog.* britishlibrary.typepad.co.uk /digitisedmanuscripts/2013/09/knight-v-snail.html.

232 Los primeros impresores ingleses: D. G. Scragg. 1974. *A History of English Spelling.* Manchester University Press.

232 Su uso fue muy común: William H. Sherman. 2005. «Toward a History of the Manicule». En Robin Myers, Michael Harrisy Gile Mandebrote, (eds.). *Owners, Annotators and the Signs of Reading.* Oak Knoll Press y The British Library.

233 La mucho más estilizada flecha: Robert J. Finkel. 1 de abril de 2015. «History of the Arrow». American Printing History Association. printinghistory.org/arrow/. Robert J. Finkel. 2011. «Up Down Left Right». Trabajo final de máster, Universidad de Florida.

233 Los pequeños dibujos garabateados fueron populares: (Sin autor citado). (No consta fecha de publicación). Lewis Carroll's *Alice's Adventures Under Ground* Introduction. British Library Online Gallery. www.bl.uk/onlinegallery/ttp/alice/accessible/introduction.html.

233 Sylvia Plath: Maria Popova. 6 de noviembre de 2013. «Sylvia Plath's Unseen Drawings, Edited by Her Daughter and Illuminated in Her Private Letters». *Brain Pickings.* www.brainpickings.org/2013/11/06/sylvia-plath-drawings-2/. Richard Watts. 27 de octubre de 2016. «UVic Purchases Rare Volume of Plath Novel, plus Doodles for $8,500 US». *Times Colonist* (Victoria, BC, Canada). www.timescolonist.com /news/local/uvic-purchases-rare-volume-of-plath-novel-plus-doodles-for-8-500-us-1.2374834.

233 Estilo conocido como ASCII: Patrick Gillespie. Generador de textos en ASCII. patorjk.com. patorjk.com/software/taag/#p=display&h=2&f=-Standard&t=ASCII%20art. 177

236 Scott Fahlman: Scott E. Fahlman.19 de septiembre de 1982. «Original Bboard Thread in which :-) was proposed». Plataforma de men-

sajes de la Universidad de Carnegie-Mellon. www.cs.cmu.edu/~sef/Orig-Smiley.htm.

236 La idea de la cara sonriente simplificada: El primer emoji Amarillo y Redondo se suele atribuir a un diseñador gráfico llamado Harvey Ross Ball, que lo creó en 1963 como parte de una campaña de una compañía de seguros que pretendía usarlo para motivar a su plantilla. Sin embargo, se han llegadova documentar versiones anteriores. Jimmy Stamp. 13 de marzo de 2013. «Who Really Invented the Smiley Face?». *Smithsonian.* www.smithsonianmag.com/arts-culture/who-really-invented-the-smiley-face-2058483/. Luke Stark y Kate Crawford. 2015. «The Conservatism of Emoji: Work, Affect, and Communication». *Social Media + Society* 1(11).

23 En 2011, el lingüista Tyler Schnoebelen llevó a cabo un estudio sobre el uso de emoticonos: Tyler Schnoebelen. 2012. «Do You Smile with Your Nose? Stylistic Variation in Twitter Emoticons». *Universidad de Pennsylvania Working Papers in Linguistics* 18(2). Sociedad de Lingüística de la Universidad de Pensilvania. repository.upenn.edu/cgi/viewcontent.cgi?article=1242&context=pwpl. El artículo se publicó en 2012, pero los datos se recopilaron un año antes.

238 Los kaomojis más emblemáticos: Kenji Rikitake.25 de febrero de 1993. «The History of Smiley Marks». Archivado en el *internet Archive Wayback Machine.* web.archive.org/web /20121203061906/staff.aist.go.jp:80/k.harigaya/doc/kao_his.html. Ken Y-N. 19 de setiembre de 2007. «:-) Turns 25, but How Old Are Japanese Emoticons (?_?)». *What Japan Thinks.* whatjapanthinks.com/2007/09/19/turns-25-but-how -old-are-japanese-emoticons/.

238 Cuando los investigadores enseñaban: Masaki Yuki, William W. Madduxy Takahiko Masuda. 2007. «Are the Windows to the Soul the Same in the East and West? Cultural Differences in Using the Eyes and Mouth as Cues to Recognize Emotions in Japan and the United States». *Journal of Experimental Social Psychology* 43(2), pp. 303–311.

239 Algunos kaomoji han tenido más recorrido: Amanda Brennan. 24 de abril de 2013. «Hold My Flower». Know Your Meme. knowyourmeme.com/memes/hold-my-flower.

239 El que vuelca una mesa: nycto. 8 de julio de 2011. «Flipping Tables / (╯°□°)╯(┻━┻». Know Your Meme. knowyourmeme.com/memes/flipping-tables.

240 El departamento de diseño de SoftBank: Jeremy Burge. 8 de marzo de 2019. «Correcting the Record on the First Emoji Set». *Emojipedia.* https://blog.emojipedia.org/correcting-the-record-on-the-first-emoji-set/.

240 **Una vaca normal y corriente**: Sam Byford. 24 de abril de 2012. «Emoji Harmonization: Japanese Carriers Unite to Standardize Picture Characters». *The Verge.* www.theverge.com/2012/4/24/2971039/emoji-standardization-japan-kddi-docomo -eaccess.

241 ***Mojibake***: Ritchie S. King. Julio de 2012. «Will Unicode Soon Be the Universal Code?». *IEEE Spectrum* 49(7), p. 60. ieeexplore.ieee.org/document /6221090/.

241 ***Krakozyabry***: Jonathon Keats. 2007. *Control + Alt + Delete: A Dictionary of Cyberslang.* Globe Pequot.

241 ***Zeichensalat***: «Harte Nuß im Zeichensalat». *Der Spiegel.* 8 de junio de 1998. www.spiegel.de/spiegel/print/d-7907491.html.

241 ***Majmunica***: Ilian Minchev. 2 de julio de 2015. «Как субтитрите, да не ми излизат на маймуница?». Блогът на Илиян Минчев (blog de lian Minchev). iliqnktz.blogspot.com /2015/07/blog-post.htm. (traducido gracias a *Google Translate*). vik-45. 21 de abril de 2009. «Надписи с 'маймуница'». *SETCOMBG forum.* forum.setcombg.com/windows/30330-%D0%B-D%D0%B0%D0%B4%D0 %BF%D0%B8%D1%81%D0%B8-%D1%81-%D0%BC%D0%B0%D0%B9%D0%BC%D1%83%D0%BD%D0%B8%D1%86%D0%B0.html. (traducido gracias a *Google Translate*).

241 **Multipliquemos esto por todos los símbolos de todos los alfabetos**: Según este enlace, en 2017 Unicode contaba con 615 tipos de flechas diferentes. (Sin autor citado). (No consta fecha de publicación). «Unicode Utilities: UnicodeSet». *The Unicode Consortium.* unicode.org/cldr/utility/list-unicodeset.jsp?a=%5Cp%7 Bname=/%5CbARROW/%7D&g=gc.

242 **Apple quería vender sus iPhones en Japón**: Mark Davis y Peter Edberg, (eds.). 18 de mayo de 2017. «Unicode® Technical Standard #51 UNICODE EMOJI». *The Unicode Consortium.* www.unicode.org/reports/tr51/.

242 **Ni siquiera 608 símbolos eran suficiente**: (Sin autor citado). (No consta fecha de publicación). «Emoji and Pictographs». *The Unicode Consortium.* www.unicode.org/faq/emoji_dingbats.html.

242 **Solo cinco años después de su salto a la escena internacional**: Ben Medlock y Gretchen McCulloch. 2016. «The Linguistic Secrets Found in Billions of Emoji». Presentado en SXSW. 11-20 de marzo de 2016, Austin, Texas. www.slideshare.net/SwiftKey/the-linguistic-secrets -found-in-billions-of-emoji-sxsw-2016-presentation-59956212.

245 **Una lista de palabras**: Thomas Dimson. 1 de mayo de 2015. «Emojineering Part 1: Machine Learning for Emoji Trends». Medium. engi-

neering.instagram.com /emojineering-part-1-machine-learning-for-emoji-trendsmachine-learning-for -emoji-trends-7f5f9cb979ad.

245 Recursos expresivos: Umashanthi Pavalanathan y Jacob Eisenstein. 2016. «More Emojis, Less :) The Competition for Paralinguistic Function in Microblog Writing». *First Monday* 1(1).

246 Expresiones faciales normales: Erving Goffman. 1959. *The Presentation of Self in Everyday Life.* Doubleday/Anchor.

246 Refuerzos deliberados a la intencionalidad: Eli Dresner y Susan C. Herring. «Functions of the Non-Verbal in CMC: Emoticons and Illocutionary Force». *Communication Theory* 20, pp. 249–268.

247 Cambia la intención del insulto: Monica Ann Riordan. 2011. «The Use of Verbal and Nonverbal Cues in Computer-Mediated Communication: When and Why?». Tesis doctoral, Universidad de Memphis.

247 Uno de los adolescentes entrevistados: Mary H.K. Choi. 25 de agosto de 2016. «Like. Flirt. Ghost. A Journey into the Social Media Lives of Teens». *Wired.* www.wired.com/2016 /08/how-teens-use-social-media/.

248 Ha recurrido a la idea de Austin: Adam Kendon. 1995. «Gestures as Illocutionary and Discourse Markers in Southern Italian Conversation». *Journal of Pragmatics* 23(3), pp. 249–279.

250 Los «me gusta» también se nos pueden volver en contra: Deborah Cicurel. 27 de octubre de 2014. «Deep-Liking: What Do You Make of the New Instagram Trend?». *Glamour.* www.glamour magazine.co.uk/article/deep-liking-instagram-dating-trend.

251 «Jo, se me ha pinchado una rueda»: Carl Rogers y Richard E. Farson. 1957. *Active Listening.* Instituto de Estudios Industriales de la Universidad de Chicago. www.gordontraining.com /free-workplace-articles/active-listening/.

251 Cómo usaban los emojis: Ryan Kelly y Leon Watts. 2015. «Characterising the Inventive Appropriation of Emoji as Relationally Meaningful in Mediated Close Personal Relationships». Presentado en *Experiences of Technology Appropriation: Unanticipated Users, Usage, Circumstances, and Design.* 20 de septiembre de 2015. Oslo. projects.hci.sbg.ac.at/ecscw2015/wp-content/uploads/sites/31/2015/08 /Kelly_Watts.pdf.

253 Ver vídeos de gatitos adorables: Jessica Gall Myrick. 2015. «Emotion Regulation, Procrastination, and Watching Cat Videos Online: Who Watches internet Cats, Why, and to What Effect?». *Computers in Human Behavior* 52, pp. 168–176.

253 Cachorritos de perro: Jessika Golle, Stephanie Lisibach, Fred W. Masty Janek S. Lobmaier. 13 de marzo de 2013. «Sweet Puppies and

Cute Babies: Perceptual Adaptation to Babyfacedness Transfers across Species». *PLOS ONE.* journals.plos.org/plosone/article?id=10.1371/journal.pone.0058248.

254 Esperanto: ArikaOkrent. 2010. *In the Land of Invented Languages.* Spiegel&Grau.

254 Más de dos millones de personas: Personal de CMO.com. 22 de noviembre de 2016. «Infographic: 92% of World's Online Population Use Emojis». CMO.com. www.cmo.com /features/articles/2016/11/21/report-emoji-used-by-92-of-worlds-online -population.html#gs.X8X1e_g.

255 Quienes lo vieron en el teatro: Sarah Begley. 12 de agosto de 2016. «The Magic Is Gone but Harry Potter Will Never Die». *Time.* time.com/4445149/harry-potter-cursed -child-jk-rowling/.

256 Comunicación a través de imágenes: Lauren Gawne. 5 de octubre de 2015. «Emoji Deixis: When Emoji Don't Face the Way You Want Them To». *Superlinguo.* www.superlinguo.com/post/130501329351/emoji-deixis-when-emoji-dont-face-the-way-you.

256 Personas que no están alfabetizadas: Diana Fussell y Ane Haaland. 1978. «Communicating with Pictures in Nepal: Results of Practical Study Used in Visual Education». *Educational Broadcasting International* 11(1), pp. 25–31.

256 Ni emojis ni gestos: Gretchen McCulloch. 29 de junio de 2016. «A Linguist Explains Emoji and What Language Death Actually Looks Like». *The Toast.* the-toast.net/2016/06/29/a-linguist-explains-emoji-and-what-language -death-actually-looks-like/.

256 Por ejemplo, los científicos nucleares: Juliet Lapidos. 16 de noviembre de 2009. «Atomic Priesthoods, Thorn Landscapes, and Munchian Pictograms». *Slate.* www.slate.com/articles/health_and_science/green_room/2009/11/atomic_priesthoods _thorn_landscapes_and_munchian_pictograms.html.

256 Los jueces y los jurados: Eric Goldman. 2018. «Emojis and the Law». Santa Clara University Legal Studies Research Paper 2018(06).

257 Otros han tomado el mismo icono como un simple símbolo de alegría: Eric Goldman. 2017. «Surveying the Law of Emojis». Santa Clara University Legal Studies Research Paper 2017(08).

257 En una lista de ejemplos de emojis: Eli Hager. 2 de febrero de 2015. «Is an Emoji Worth a Thousand Words?». The Marshall Project. www.themarshallproject.org/2015/02 /02/is-an-emoji-worth-1-000-words.

257 Las personas que leen mucha ficción: Julie Sedivy. 27 de abril de 2017. «Why Doesn't Ancient Fiction Talk About Feelings?». *Nautilus.* nautil.us/issue/47/consciousness/why-doesnt-ancient-fiction-talk-about-feelings.

Capítulo 6

261 Circula un vídeo: (Sin autor citado). 12 de julio de 2017. «Google's DeepMind AI Just Taught Itself to Walk». *Tech Insider* YouTube channel. www.youtube.com/watch? v=gn4nRCC9TwQ.

261 En otro vídeo, un exoesqueleto metálico: (Sin autor citado). (No consta fecha de publicación). «How to Teach a Robot to Walk». *Smithsonian Channel.* www.smithsonianmag.com/videos/category /innovation/how-to-teach-a-robot-to-walk/.

266 Las dos propuestas más relevantes: Ammon Shea. 2010. *The Phone Book: The Curious History of the Book That Everybody Uses but No One Reads.* Perigee/ Penguin. Robert Krulwich. 17 de febrero de 2011. «A (Shockingly) Short History of "Hello"». NPR. www.npr.org/sections/krulwich/2011/02/17/133785829/a -shockingly-short-history-of-hello.

266 Algunos de los primeros modelos de este aparato: William Grimes. 5 de marzo de 1992. «Great "Hello" Mystery Is Solved». *The New York Times.* www.nytimes.com/1992/03/05 /garden/great-hello-mystery-is-solved.html.

267 «Adiós» ya se usaba para despedirse: Douglas Harper. 2001–2018. «Good-bye». *Online Etymology Dictionary.* www.etymonline.com/word/ good-bye.

267 «Cuando yo estudiaba»: BBC One. 25 de enero de 2015. twitter.com/bbcone /status/559443111936798721.

268 Los manuales de etiqueta: Claude S. Fischer. 1994. *America Calling: A Social History of the Telephone to 1940.* Universidad de California.

268 La misma encuesta: (Sin autor citado). (No consta fecha de publicación). «Expressions (Such as "Hello") Used When You Meet Somebody You Know Quite Well». *Dictionary of American Regional English.* dare.wisc.edu/ survey-results/1965-1970 /exclamations/nn10a.

269 Casi siempre decía *hey* al hablar: Allan Metcalf. 7 de noviembre de 2013. «Making Hey». *The Chronicle of Higher Education.* chronicle.com/ blogs/linguafranca/2013/11/07 /making-hey/.

270 «Se podía escribir ahorrando palabras y con alguna que otra errata»: J. C. R. Licklider y Albert Vezza. 1978. «Applications of Information Networks». *Proceedings of the IEEE* (Institute of Electrical and Electronics Engineers) 66(11). archive.org/stream/ApplicationsOfInformation Networks/AIN.txt.

270 «La mayor parte de los usuarios revisan muy por encima»: Naomi S. Baron. 1998. «Letters by Phone or Speech by Other Means: The Linguistics of Email». *Language & Communication* 18, pp. 156–157.

270 La mayor parte de *emails* que recibía, de fragmentarios y telegráficos tenían lo justo: David Crystal. 2006. *Language and the internet.* Cambridge University Press.

271 Las investigaciones de la lingüista Gillian Sankoff: Gillian Sankoff y Hélène Blondeau. 2007. «Language Change across the Lifespan: /r/ in Montreal French». *Language* 83(3), pp. 560–588. Gillian Sankoff y Hélène Blondeau. 2010. «Instability of the [r] ~ [R] Alternation in Montreal French: The Conditioning of a Sound Change in Progress». En Hans van de Velde, Roeland van Hout, Didier Demoliny Wim Zonneveld, (eds.). *VaRiation: Sociogeographic, Phonetic and Phonological Characterics of /r/.* John Benjamins.

271 «Al muy noble y valeroso»: Edmund Spenser. 1590. «A Letter of the Authors expounding his whole Intention in the course of this Worke». *The Faerie Queene. Disposed into Twelve Books, fashioning XII Morall Vertues.* spenserians.cath.vt. edu/TextRecord.php?textsid=102.

272 «Es un honor ser vuestro más fiel servidor»: Alexander Hamilton y Aaron Burr. 1804. Hamilton–Burr duel correspondences. Wikisource. en.wikisource.org/wiki /Hamilton%E2%80%93Burr_duel_correspondences.

273 Al leer los comentarios: Maeve Maddox. 27 de enero de 2015. «Starting a Business Letter with Dear Mr». *Daily Writing Tips.* www. dailywritingtips.com /starting-a-business-letter-with-dear-mr/. Lynn Gaertner-Johnson. 16 de agosto de 2005. «Do I Have to Call You 'Dear'?». *Business Writing.* www.businesswritingblog.com/business_writing/2005/08/ do_i_have_to_ca.html. Susan Adams. 8 de agosto de 2012. «Hi? Dear? The State of the E-Mail Salutation». *Forbes.* www.forbes.com /sites/susanadams/2012/08/08/hi-dear-the-state-of-the-e-mail-salutation/.

275 Basta con que pase una fracción de segundo: Antony J. Liddicoat. 2007. *An Introduction to Conversation Analysis.* Continuum.

275 Ligeramente desajustada: Deborah Tannen. 1992. *That's Not What I Meant! How Conversational Style Makes or Breaks Your Relations with Others.* Virago.

276 Hay estudios que confirman: Antony J. Liddicoat. 2007. *An Introduction to Conversation Analysis.* Continuum.

277 Algunos de los primeros chats: Brian Dear. 2002. «Origin of "Talk" Command». *OSDIR.com Forums.* web.archive.org/web/20160304060338/osdir.com/ml /culture.internet.history/2002-12/msg00026.html.

277 Algunos sistemas intentaron: Paul Dourish. (No consta fecha de publicación). «The Original Hacker's Dictionary». Dourish.com. www.dourish. com/goodies/jargon.html.

277 Otros sistemas: (Sin autor citado). (No consta fecha de publicación). Unix talk screenshot. Wikipedia. en.wikipedia.org/wiki/File:Unix_talk_screenshot_01.png.

277 Permitían añadir más ventanas: Brian Dear. 2017. *The Friendly Orange Glow: The Untold Story of the PLATO System and the Dawn of Cyberculture*. Pantheon. David R. Wooley. 1994. «PLATO: The Emergence of Online Community». *Matrix News*. Se puede probar una versión moderna de Talkomatic en el siguiente enlace: talko.cc/talko.html.

278 De hecho, Google intentó recuperarlas: Ben Parr. 28 de mayo 2009. «Google Wave: A Complete Guide». *Mashable*. mashable.com/2009/05/28/google-wave-guide/#sHbYql _QFqq4.

278 Leemos más rápido de lo que el otro teclea: Keith Rayner, Timothy J. Slattery y Nathalie N. Bélanger. 2010. «Eye Movements, the Perceptual Span, and Reading Speed». *Psychonomic Bulletin & Review* 17(6), pp. 834–839. Teresia R. Ostrach. 1997. *Typing Speed: How Fast Is Average: 4,000 Typing Scores Statistically Analyzed and Interpreted*. Five Star Staffing. dev.blueorb.me/wp-content/uploads/2012/03 /Average-OrbiTouch-Typing-Speed.pdf.

279 El ejemplo más antiguo: Dylan Tweney. 24 de septiembre de 2009. «September 24th 1979: First Online Service for Consumers Debuts». *Wired*. www.wired.com/2009 /09/0924compuserve-launches/.

279 Alguien que trabajaba en CompuServe: Michael Banks. 2012. *On the Way to the Web: The Secret History of the internet and Its Founders*. Apress.

281 internet Relay Chat (IRC): Jarkko Oikarinen. (No consta fecha de publicación). Founding IRC. mIRC website. www.mirc.com/jarkko.html.

281 Los chats tal y como los conocemos hoy en día: John C. Paolillo y Asta Zelenkauskaite. 2013. «Real-Time Chat». En Susan C. Herring, Dieter Stein y Tuija Virtanen, (eds.). *Pragmatics of Computer-Mediated Communication*. Mouton de Gruyter, pp. 109– 133. Susan Herring. 1999. «Interactional Coherence in CMC». *Journal of Computer-Mediated Communication* 4(4).

281 Un ejemplo noventero de ese tipo de solapamientos podría ser el siguiente: John C. Paolillo. «"Conversational" Codeswitching on Usenet and internet Relay Chat». *Language@internet*, Volumen 8 (2011). http://www.languageatinternet.org/articles/2011/Paolillo.

282 Incluso el «escribiendo...»: David Auerbach. 12 de febrero de 2014. «I Built That "Soand-So Is Typing" Feature in Chat and I'm Not Sorry». *Slate*. www.slate.com /articles/technology/bitwise/2014/02/typing_indicator_in_chat_i_built_it_and _i_m_not_sorry.html.

285 Las reseñas de la primera generación de iPhones: Kent German y Donald Bell. 30 de junio de 2007. Reseña de Apple iPhone. CNET. www.cnet.com/products/apple-iphone/review/. Sam Costello. 19 de noviembre de 2016. Reseña de los iPhones de primera generación. Lifewire. www.lifewire.com/first-generation-iphone-review-2000196.

287 Desde su aparición en 2005 de la mano de las Blackberrys: Jesse Ariss. 27 de julio de 2015. «10 Years of BBM». *INSIDE BlackBerry.* blogs.blackberry.com/2015/07/10-years-of-bbm/.

287 Sistema iMessage de Apple Adam Howorth: 6 de junio de 2011. «New Versión of iOS Includes Notification Center, iMessage, Newsstand, Twitter Integration Among 200 New Features». *Apple Newsroom.* www.apple.com/uk/newsroom/2011/06/06New-Version-of-iOS-Includes-Notification-Center-iMessage-Newsstand-Twitter-Integration-Among-200-New-Features/.

288 En 1992 un estudio concluyera: Robert Hopper. 1992. *Telephone Conversation.* Universidad de Indiana.

288 Cuando probé a repetir la consulta: Gretchen McCulloch. 22 de diciembre de 2017. twitter.com/GretchenAMcC/status/944395370188234753.

288 Incluso aunque no estuviera pasando nada concreto: Gretchen McCulloch. 22 de diciembre de 2017. twitter.com/GretchenAMcC/status/944400462861783041.

288 se fue generalizando la presencia de aparatos que permitían saber quién llamaba antes de descolgar.: Anthony Ramirez. 4 de abril de 1992. «Caller ID: Consumer's Friend or Foe?». *The New York Times.* www.nytimes.com/1992/04 /04/news/caller-id-consumer-s-friend-or-foe.html.

288 En las décadas de los setenta, ochenta y noventa: Paul F. Finnigan. 1983. «Voice Mail». *AFIPS '83 Proceedings of the May 16–19, 1983, National Computer Conference.* American Federation of Information Processing Societies, pp. 373–377. Linda R. Garceau y Jayne Fuglister. 1991. «Making Voicemail a Success». *The CPA Journal* 61(3), p. 40.

289 Mentiras piadosas: Jeff Hancock, Jeremy Birnholtz, Natalya Bazarova, Jamie Guillory, Josh Perlin y Barrett Amos. 2009. «Butler Lies: Awareness, Deception and Design». *Proceedings of the SIGCHI Conference on Human Factors in Computing System,* pp 517–526.

289 Al leer artículos de opinión: Ian Shapira. 8 de agosto 2010. «Texting Generation Doesn't Share Boomers' Taste for Talk». *The Washington Post.* www.washingtonpost.com /wp-dyn/content/article/2010/08/07/AR2010080702848.html. Sally Parker. 23 de octubre de 2015. «Dear Old People: Why Should I Turn Off My Phone?». *The Telegraph.* www.telegraph.

co.uk/technology/social-media/11951918/Dear-old -people-why-should-I-turn-off-my-phone.html.

289 La juventud opina que: Stephen DiDomenico y Jeffrey Boase. 2013. «Bringing Mobiles into the Conversation: Applying a Conversation Analytic Approach to the Study of Mobiles in Co-Present Interaction». En Deborah Tannen and Anna Marie Trester, (eds.). *Discourse 2.0: Language and New Media.* Universidad de Georgetown, pp. 119–132.

291 La idea del tercer espacio: Matthew Dollinger. 11 de junio de 2008. «Starbucks, "The Third Place", and Creating the Ultimate Customer Experience». *Fast Company.* www.fastcompany.com/887990/starbucks-third-place-and-creating-ultimate -customer-experience.

291 Lo que Ray Oldenburg: Ray Oldenburg. 1989. *The Great Good Place: Cafes, Coffee Shops, Community Centers, Beauty Parlors, General Stores, Bars, Hangouts, and How They Get You Through the Day.* Paragon House.

291 Hablamos de lugares y momentos tan dispares como cafeterías: Leo W. Jeffres, Cheryl C. Bracken, Guowei Jian y Mary F. Casey. 2009. «The Impact of Third Places on Community Quality of Life». *Applied Research in the Quality of Life* 4(4), pp. 333–345.

293 Cuando Facebook y Twitter: Clive Thompson. 5 de septiembre 2008. «Brave New World of Digital Intimacy». *The New York Times.* www.nytimes.com/2008 /09/07/magazine/07awareness-t.html.

293 Los primeros tuits: los tuits de 2006 han sido recuperados gracias al bot @VeryOldTweets, twitter.com/veryoldtweets, que retuitea tuits de 2006. Tweets: Ray McClure. 30 de marzo de 2006. twitter.com/rayreadyray/status/696. Biz Stone. 13 de abril de 2006. twitter.com/biz/status/2033. Sharon. 9 de mayo de 2006. twitter.com/sharon/status/3913. Telene. 18 de junio de 2006. twitter.com/telene/status/7030. (El ultimo es una cita textual del primer tuit publicado por @jack) Jason_G. 8 de junio de 2006. twitter.com/jason_g/status/6335. Sara M. Williams. 7 de abril de 2006. twitter.com/sara/status/1483. Obsérvese la ausencia de @menciones. 3 de mayo de 2006. twitter.com/jack/status/3431. Jeremy. 16 de mayo de 2006. twitter.com/jeremy/status/4532. Dom Sagolla. 8 de abril de 2006. twitter.com/dom/status/1607.

294 De cuarenta minutos diarios en 2014 a cincuenta en 2016: James B. Stewart. 5 de mayo de 2016. «Facebook Has 50 Minutes of Your Time Each Day. It Wants More». *The New York Times.* www.nytimes.com/2016/05/06/business/facebook-bends-the-rules-of-audience -engagement-to-its-advantage.html.

294 Y, sin embargo, los *posts* en las redes sociales: J. J. Colao. 27 de noviembre de 2012. «Snapchat: The Biggest No-Revenue Mobile App Since Instagram». *Forbes.* www.forbes.com/sites /jjcolao/2012/11/27/snapchat-the-biggest-no-revenue-mobile-app-since-instagram/#1499ff0e7200.

294 Como Instagram o Snapchat: Somini Sengupta, Nicole Perlroth y Jenna Wortham. 13 de abril de 2012. «Behind Instagram's Success, Networking the Old Way». *The New York Times.* www.nytimes.com/2012/04/14/technology/instagram -founders-were-helped-by-bay-area-connections.html.

294 Nuevos formatos de actualización: Robinson Meyer. 3 de agosto de 2016. «Why Instagram "Borrowed" Stories from Snapchat». *The Atlantic.* www.theatlantic.com/technology/archive/2016/08/cameras-with-constraints/494291/. Ian Bogost. 3 de mayo de 2018. «Why 'Stories' Took Over Your Smartphone». *The Atlantic.* www.theatlantic.com/technology/archive/2018/05/smartphone-stories-snapchat-instagram -facebook/559517/.

294 Las conversaciones que se dan en los terceros espacios: Ray Oldenburg. 1989. *The Great Good Place: Cafes, Coffee Shops, Community Centers, Beauty Parlors, General Stores, Bars, Hangouts, and How They Get You Through the Day.* Paragon House.

295 Las listas de mail más populares: (Sin autor citado). 7 de enero de 2000. «Mailing List History». *Living internet.* www.livinginternet.com/l/li.htm.

295 Tecnologías posteriores: Lori Kendall. 2002. *Hanging Out in the Virtual Pub: Masculinities and Relationships Online.* Universidad de California. Eric Thomas y L-Soft International. 1996. Early History of LISTSERV®. *L-Soft International.* www.lsoft.com/products/listserv-history.asp. David Barr. 1995. «So You Want to Create an Alt Newsgroup». FAQs.org. www.faqs.org/faqs/alt-creation -guide/.

296 Las partidas de los juegos *online*: Constance A. Steinkuehler y Dimitri Williams. 2006. «Where Everybody Knows Your (Screen) Name: Online Games as "Third Places"». *Journal of Computer-Mediated Communication* 11, pp. 885–909.

296 Importar contactos: Valentina Rao. 2008. «Facebook Applications and Playful Mood: The Construction of Facebook as a "Third Place"». En Artur Lugmayr, Frans Mäyrä, Heljä Franssila y Katri Lietsala, (eds.). *Proceedings of the 12th International Conference on Entertainment and Media in the Ubiquitous Era.* ACM, pp. 8–12.

296 El foro más importante sobre temas generales: Alexa internet. Consultado en mayo de 2018. «The Top 500 Sites on the Web». Alexa. www.alexa.com/topsites.

296 Tiene secciones para hablar de cuestiones tan variadas: r/ShowerThoughts y r/IAmA, respectivamente.

296 Según las estimaciones, no mucha: Amanda Lenhart y Susannah Fox. 19 de julio de 2006. «Bloggers». Pew Research Center. www.pewinternet.org/2006/07/19/bloggers/.

296 Frecuentan foros: Jakob Nielsen. 9 de octubre de 2006. «The 90-9-1 Rule for Participation Inequality in Social Media and Online Communities». Nielsen Norman Group. www.nngroup.com/articles/participation-inequality/.

297 Jess Kimball Leslie, divulgadora y escritora: Jess Kimball Leslie. 2017. *I Love My Computer Because My Friends Live in It*. Running Press.

299 Los estados del Messenger: Georgia Webster. 26 de mayo de 2012. «Sparkly Unicorn Punctuation Is Invading the internet». *Superlinguo*. www.superlinguo.com/post /23773752322/sparkly-unicorn-punctuation-is-invading-the. Eric S. Raymond, (ed.). 29 de diciembre de 2003. «studlycaps». The on-line hacker Jargon File, versión 4.4.7. www.catb.org/jargon/html/S/studlycaps.html.

299 «~*eL fIn dE uNa ErAh* ~»: *The New York Times*. 14 de diciembre de 2017. twitter.com/nytimes/status/941337112598675458, con enlace a: Daniel Victor. 6 de octubre de 2017. «A Going-Away Message: AOL Instant Messenger Is Shutting Down». *The New York Times*. www.nytimes.com/2017/10/06/technology/aol-aim-shut-down. html. Emma Gray. 18 de septiembre de 2012. «"Your Away Message" Twitter Makes Us Nostalgic for Our AIM Days (BRB! LOL! A/S/L?)». *The Huffington Post*. www.huff ingtonpost.ca/entry/your-away-message-twitter-millenials-nostalgia_n_1893749.

300 Los jóvenes de la generación posinternet: Jean W. Twenge. 27 de diciembre de 2017. «Why Teens Aren't Partying Anymore». *Wired*. www.wired.com/story/why -teens-arent-partying-anymore/. (Sin autor citado). 11 de enero de 2018. «Cutting Adolescents' Use of Social Media Will Not Solve Their Problems». *The Economist*. www.economist.com/news/leaders/21734463-better-give-them-more -homework-and-let-them-hang-out-more-friends-unsupervised-cutting.

301 Es más, los terceros espacios: Robert Kraut, Carmen Egido y Jolene Galegher. 1988. «Patterns of Contact and Communication in Scientific Research Collaboration». En *Proceedings of the 1988 ACM Conference on Computer-Supported Cooperative Work*. ACM, pp. 1–12.

304 Hubo otros temas que no generaron tanto consenso, como las creencias religiosas: Philipp K. Masur y Michael Scharkow. 2016. «Disclosure Management on Social Network Sites: Individual Privacy Perceptions and User-Directed Privacy Strategies». *Social Media + Society* 2(1). Natalya N. Bazarova. 2012. «Public Intimacy: Disclosure Interpretation and Social Judgments on Facebook». *Journal of Communication* 62(5), pp. 815–832. Natalya N. Bazarova y Yoon Hyung Choi. 2014. «Self-Disclosure in

Social Media: Extending the Functional Approach to Disclosure Motivations and Characteristics on Social Network Sites». *Journal of Communication* 64(4), pp. 635–657.

304 Un artículo jurídico escrito por Woodrow Hartzog: Woodrow Hartzog y Frederic D. Stutzman. 2013. «Obscurity by Design». *Washington Law Review* 88. Facultad de Derecho de la Universidad de Washington, pp. 385–418.

306 Un estudio desarrollado en Estonia: Egle Oolo y Andra Siibak. 2013. «Performing for One's Imagined Audience: Social Steganography and Other Privacy Strategies of Estonian Teens on Networked Publics». *Cyberpsychology: Journal of Psychosocial Research on Cyberspace* 7(1).

307 Usuarios jóvenes queer de Facebook: Stefanie Duguay. 2014. «"He Has a Way Gayer Facebook Than I Do": Investigating Sexual Identity Disclosure and Context Collapse on a Social Networking Site». *New Media & Society* 18(6), pp. 891–907.

307 La investigadora Danah Boyd: Danah Boyd y Alice Marwik. 2011. «Social Steganography: Privacy in Networked Publics». Presentado en la International Communication Association conference. 28 de mayo de 2011, Boston. www.danah.org/papers/2011 /Steganography-ICAVersion. pdf. danah boyd. August 23, 2010. «Social Steganography: Learning to Hide in Plain Sight». Publicado en primer lugar en *Digital Media & Learning*. Archivado en www.zephoria.org/thoughts/archives/2010/08/23/social-steganography-learning-to-hide-in-plain-sight.html.

308 «Gracias, @RyanS»: Autumn Edwards y Christina J. Harris. 2016. «To Tweet or "Subtweet"? Impacts of Social Networking post Directness and Valence on Interpersonal Impressions». *Computers in Human Behavior* 63, pp. 304–310.

308 Pueden escribir: An Xiao Mina. 2014. «Batman, Pandaman and the Blind Man: A Case Study in Social Change Memes and internet Censorship in China». *Journal of Visual Culture* 13(3).

308 Significa «armonía».: Jason Q. Ng. 2013. *Blocked on Weibo: What Gets Suppressed on China's Versión of Twitter (and Why)*. New Press. Victor Mair. 23 de Agosto de 2013. «Blocked on Weibo». *Language Log*. languagelog.ldc.upenn.edu/nll/?p=6163.

309-310 Hubo otros que, simplemente, cesaron su actividad en esa plataforma: Eshwar Chandrasekharan, Umashanthi Pavalanathan, Anirudh Srinivasan, Adam Glynn, Jacob Eisenstein, y Eric Gilbert. 2017. «You Can't Stay Here: The Efficacy of Reddit's 2015 Ban Examined Through Hate Speech». *Proceedings of the ACM on Human-Computer Interaction* 1(2), pp. 31–53.

310 Se pidió a varios aficionados que respondieran: Leonie Rösner y Nicole C. Krämer. 2016. «Verbal Venting in the Social Web: Effects of Anonymity and Group Norms on Aggressive Language Use in Online Comments». *Social Media + Society* 2(3). Anil Dash. 20 de julio de 2011. «If Your Website's Full of Assholes, It's Your Fault». *Anil Dash: A blog about making culture. Since 1999.* anildash.com/2011/07/20/if _your_websites_full_of_assholes_its_your_fault-2/.

Capítulo 7

313 Mucha gente dirá: Bert Vaux y Scott Golder. 2003. The Harvard Dialect Survey. Harvard University Linguistics Department. www4.uwm.edu /FLL/linguistics/dialect/staticmaps/q_95.html.

313 Habrá otro grupo de personas, menos nutrido que el anterior: Gretchen McCulloch. 20 de junio de 2017. twitter.com /GretchenAMcC/status/877250919053885440.

313 En la Constantinopla medieval estaban tan seguros: Marek Stachowski and Robert Woodhouse. 2015. «The Etymology of Istanbul: Making Optimal Use of the Evidence». *Studia Etymologica Cracoviensia* 20(4), pp. 221–245.

315 Cuando, en 1976, Richard Dawkins sugirió: Richard Dawkins. 1976. *The Selfish Gene.* Universidad de Oxford.

315 «¿Han creado una extensión...?»: pregunta basada en un ejemplo de la vida real citado aquí con una mera actualización de la referencia cultural. La extensión original ocultaba el nombre «Justin Bieber», pero existe. Philip Hensher. 12 de octubre de 2012. «Invoke the Nazis and You've Lost the Argument». *The Independent.* www.independent.co.uk/voices/comment/invoke-the-nazis-and -you-ve-lost-the-argument-8209712.html.

315 Presentándoselo a los lectores de *Wired*: Mike Godwin. 1 de octubre de 1994. «Meme, CounterMeme». *Wired.* www.wired.com/1994/10/godwin-if-2/.

316 Los internautas más experimentados: Eric S. Raymond, (ed.). 29 de diciembre de 2003. «September that never ended». The on-line hacker Jargon File, versión 4.4.7. www.catb.org/jargon /html/S/September-that-never-ended.html.

317 Las rarezas culturales: Limor Shifman. 2014. *Memes in Digital Culture.* MIT Press.

318 En lugar de tener que subir una imagen cada vez que quisiéramos usarla: Bill Lefurgy. 28 de mayo de 2012. «What Is the Best Term to Categorize a Lolcat Image and Text?». *English Language & Usage Stack Exchange.* english.stackexchange.com/questions/69210/what-is-the-best-

term-to -categorize-a-lolcat-image-and-text. Hugo. 11 de septiembre de 2008. «Antedatings of "image macro"». LINGUIST List. listserv.linguistlist.org/pipermail/ads-l/2013 -September/128420.html, via Ben Zimmer. 2011. «Among the New Words». *American Speech* 86(4), pp. 454–479.

318 **La gente empezó a postear:** Lev Grossman. 16 de julio de 2007. «Lolcats Addendum: Where I Got the Story Wrong». Techland, *Time.* techland.time.com/2007/07 /16/lolcats_addendum_where_i_got_t/.

318 **Este fenómeno gatuno:** Lev Grossman. 12 de julio de 2007. «Creating a Cute Cat Frenzy». *Time.* content.time.com/time/magazine/article/0,9171,1642897,00.html.

319 **para superponer texto en los primeros *lolcats* era necesario usar programas de edición gráfica:** Jerry Langton. 22 de septiembre de 2007. «Funny How "Stupid" Site Is Addictive». *Toronto Star.* www.thestar.com/life/2007/09/22 /funny_how_stupid_site_is_addictive.html.

320 **Generadores de memes:** Kate Brideau y Charles Berret. 2014. «A Brief Introduction to Impact: "The Meme Font"». *Journal of Visual Culture* 13(3), pp. 307–313.

320 **Kate Miltner, una especialista en Inteligencia Artificial y gestión de datos:** Kate Miltner. 2014. «There's No Place For Lulz on LOLCats: The Role of Genre, Gender, and Group Identity in the Interpretation and Enjoyment of an internet Meme». *First Monday* 19(8). www.ojphi.org/ojs / index.php/fm/article/view/5391/4103.

321 **En lugar de perdernos:** Lauren Gawne y Jill Vaughn. 2012. «I Can Haz Language Play: The Construction of Language and Identity in LOLspeak». *Proceedings of the 42nd Australian Linguistic Society Conference*, pp. 97–122. digitalcollections.anu.edu.au/bitstream/1885/9398/5/Gawne_ICanHaz2012.pdf. Jordan Lefler. 2011. «I Can Has Thesis?». Trabajo final de máster, Universidad Estatal de Louisiana y Escuela de Mecánica y Agricultura assets.documentcloud.org/documents/282753 /lefler-thesis.pdf. Aliza Rosen. 2010. «Iz in Ur Meme / Aminalizin Teh Langwich: A Linguistic Study of LOLcats». *Verge 7.* mdsoar.org/bitstream/handle/11603/2606/Verge_7_Rosen.pdf?sequence=1&isAllowed=y.

324 **La gente ya se planteaba la mayoría de las dudas filosóficas:** triscodeca. 26 de junio de 2000. *Quoteland* forums. forum. quoteland.com/eve/forums/a/tpc/f/487195441/m/840191541. La imagen del filosorraptor no se creó hasta 2008.

325 **La última edición del congreso tuvo lugar en 2012:** Tim Hwang y Christina Xu. 2014. «"Lurk More": An Interview with the Founders of ROFLCon». *Journal of Visual Culture* 13(3), pp. 376–387.

327 La profesora japonesa Atsuko Sato: Kyle Chayka. 31 de diciembre de 2013. «Wow this is doge». *The Verge.* www.theverge.com/2013/12/31/5248762/doge-meme-rescue -dog-wow.

327 Yo acabé analizando: Gretchen McCulloch. 6 de febrero de 2014. «A Linguist Explains the Grammar of Doge. Wow». *The Toast.* the-toast.net/2014/02/06 /linguist-explains-grammar-doge-wow/.

329 «En 2014 me di cuenta»: Ryan M. Milner. 2016. *The World Made Meme: Public Conversations and Participatory Media.* MIT.

330 Estaba pensado para novatos: Whitney Phillips. 2015. *This Is Why We Can't Have Nice Things.* MIT.

330 Este fenómeno provocó: Dawn Chmielewski. 30 de septiembre de 2016. «Internet Memes Emerge as 2016 Election's Political Dog Whistle». *USA Today.* www.usatoday.com/story/tech/news/2016/09/30/internet-memes-white-house-election -president/91272490/. Douglas Haddow. 4 de noviembre de 2016. «Meme Warfare: How the Power of Mass Replication Has Poisoned the US Election». *The Guardian.* www.theguardian.com/us-news/2016/nov/04/political-memes-2016-election -hillary-clinton-donald-trump. Gabriella Lewis. 20 de marzo de 2016. «We Asked an Expert If Memes Could Determine the Outcome of the Presidential Election». *Vice.* www.vice.com/en_us/article/kwxdqa/we-asked-an-expert-if-memes-could -determine-the-outcome-of-the-presidential-election.

330 La redacción de una entrada de *Know Your Meme*: Mom Rivers. 22 de febrero de 2016. «2016 United States Presidential Election». *Know Your Meme.* knowyourmeme.com/memes /events/2016-united-states-presidential-election.

330 Un meme oficial diseñado desde la candidatura de Hillary Clinton: Elizabeth Chan. 12 de septiembre de 2016. «Donald Trump, Pepe the Frog, and White Supremacists: An Explainer». Gabinete de Hillary Rodham Clinton. www.hillaryclinton.com/feed/donald-trump -pepe-the-frog-and-white-supremacists-an-explainer/.

330 «Poned al mismo nivel a esos imbéciles y a los nazis siempre que podáis, sin parar»: Mike Godwin. 13 de agosto de 2017. twitter.com / sfmnemonic/status/896884949634232320.

330 De perros y cachorros adorables: Brian Feldman. 10 de agosto de 2016. «The Next Frontier in internet Culture Is Wholesome Memes About Loving Your Friends». *New York.* nymag.com/selectall/2016/08/the-next-frontier-in-internet-culture-is-wholesome-memes.html knowyourmeme.com/memes /wholesome-memes.

331 «Somos la generación que más inmersa ha estado»: Taylor Lorenz. 27 de abril de 2017. «Inside the Elite Meme Wars of America's Most

Exclusive Colleges». *Mic.* mic.com/articles/175420/ivy -league-college-meme-wars.

331 **Los memes más actuales**: Aja Romano. 15 de mayo de 2018. «"Is This a Meme?" The Confused Anime Guy and His Butterfly, Explained». *Vox.* www.vox.com/2018 /5/15/17351806/is-this-a-pigeon-anime-butterfly-meme-explained.

333 **Harold Godwinson**: Martin Foys. 2009. *Pulling the Arrow Out: The Legend of Harold's Death and the Bayeux Tapestry.* Boydell & Brewer, pp. 158–175.

333 **Sociedad de Bordados de Leek**: Distrito de Reading. 2014. «Britain's Bayeux Tapestry at Reading Museum». www.bayeuxtapestry.org.uk /bayeuxinfo.htm.

333 **Una versión basada en *Juego de Tronos***: www.ireland.com/game-of-thrones-tapestry/. Felicity Campbell. 25 de julio de 2017. «Northern Ireland Unveils Giant Game of Thrones Tapestry». *The National.* www.thenational.ae/arts-culture/television /northern-ireland-unveils-giant-game-of-thrones-tapestry-1.614078.

334 **Me enteré de que Susan Kare**: Alex Soojung-Kim Pang. 8 de septiembre de 2000. «Interview with Susan Kare». *Making the Macintosh: Technology and Culture in Silicon Valley.* web.stanford.edu/dept/SUL/library/mac/primary/interviews/kare /trans.html. Alexandra Lange. De abril de 19, 2018. «The Woman Who Gave the Macintosh a Smile». *The New Yorker.* www.newyorker.com/culture/cultural-comment /the-woman-who-gave-the-macintosh-a-smile.

335 **Un diccionario de 1902**: William Dwight Whitney. 1902. *The Century Dictionary and Cyclopedia.* Century.

335 **Las cadenas de correo postal**: Daniel W. VanArsdale. 1998. «Chain Letter Evolution». www.silcom.com/~barnowl/chain-letter/evolution.html. Daniel W. VanArsdale. 21 de junio de 2014. «The Origin of Money Chain Letters». www.silcom.com/~barnowl/chain-letter/TOOMCL-Final.html.

336 **«Faxlore» o «xeroxlore»**: Michael J. Preston. 1974. «Xerox-lore». *Keystone Folklore* 19(1). babel.hathitrust.org/cgi/pt?id=inu.30000108623293;-view=1up ;seq=19.

336 **Advertencia redactada en un sucedáneo de alemán**: Eric S. Raymond, (ed.). 29 de diciembre de 2003. «blinkenlights». The on-line hacker Jargon File, versión 4.4.7. www.catb.org/jargon /html/B/blinkenlights.html.

339 **Personajes estereotípicos**: Jimmy Stamp. 23 de octubre de 2012. «Political Animals: Republican Elephants and Democratic Donkeys».

Smithsonian. www.smithsonianmag.com/arts-culture/political-animals-republican-elephants-and-democratic-donkeys-89241754/.

339 Martín Lutero, en el libelo: Dan Backer. 1996. «A Brief History of Political Cartoons». xroads.virginia.edu/~ma96/puck/part1.html.

339 La personificación de lugares e ideas abstractas: David M. Robinson. 1917. «Caricature in Ancient Art». *The Bulletin of the College Art Association of America* 1(3). pp. 65–68.

340 Reírse de un chiste sexista o racista: Ronald de Souza. 1987. «When Is It Wrong to Laugh?». En J. Morreall, (ed). *The Philosophy of Laughter and Humor.* Universidad Estatal de Nueva York, pp. 226–249.

340 Foros de debate de la extrema derecha: Alice Marwick and Rebecca Lewis. 15 de mayo de 2017. «Media Manipulation and Disinformation Online». Data & Society. datasociety.net/output/media-manipulation-and-disinfo-online/.

340 La lingüista Erin McKean publicó en un tuit: Erin McKean.21 de junio de 2017. twitter.com/emckean/status/877711672684584960.

341 It's never been easier: An Xiao Mina. 26 de enero de 2017. «How Pink Pussyhats and Red MAGA Caps Went Viral». *Civicist.* civichall.org/civicist/how-pink -pussyhats-and-red-maga-caps-went-viral/.

341 La Biblioteca del Congreso de los Estados Unidos ya los archiva: Erin Blakemore. 15 de junio de 2017. «Why the Library of Congress Thinks Your Favorite Meme Is Worth Preserving». *Smithsonian.* www.smithsonianmag.com/smart-news/library-of-congress -meme-preserve-180963705/. (Sin autor citado). (No consta fecha de publicación). Web Cultures Web Archive. Biblioteca del Congreso de los Estados Unidos. www.loc.gov/collections/web-cultures -web-archive/.

341 Trabajan a tiempo completo en memología avanzada: Justin Caffier. 19 de mayo de 2017. «Meme Historians Are an Inevitability». *Vice.* www.vice.com/en_us/article/meme -historians-are-an-inevitability.

342 Los doctorandos memólogos de 2014 que ya hemos mencionado: Whitney Phillips y Ryan M. Milner. 2017. *The Ambivalent internet.* John Wiley & Sons.

342 «Los vídeos con un acabado *amateur* y poco cuidado»: Limor Shifman. 2014. *Memes in Digital Culture.* MIT Press.

344 Sesenta veces más extensa: 5,5 millones de artículos en inglés en la Wikipedia. Fundación Wikimedia. 25 de febrero de 2018. «Wikipedia: Size comparisons». Wikipedia. en.wikipedia.org/wiki/Wikipedia:Size_comparisons.

345 **Aunque esto ya se hacía antes de que existiera internet:** Anne Jamison: 2013. *Fic: Why Fanfiction Is Taking Over the World.* Smart Pop.

345 **Abrieron blogs:** en torno a febrero de 2018: 3,6 millones de obras en Archive of Our Own. archiveofourown.org/. 8,1 millones de obras en Fanfiction.net. Datos extraídos de: Charles Sendlor. 18 de julio de 2010. «FanFiction.Net Member Statistics». *Fan Fiction Statistics FFN Research.* ffnresearch.blogspot.ca/2010/07 /fanfictionnet-users.html. fffinnagain. 23 de noviembre de 2017. «Lost Works and Posting Rates on fanfiction.net and Archive of Our Own». *Sound Interest.* fffinnagain.tumblr.com/post/167805956488/lost-works-and-posting-rates-on -fanfictionnet-and. destinationtoast. 2 de enero de 2016. «2015 a (statistical) year in fandom». *Archive of Our Own.* archiveofourown.org/works/5615386. Gracias a fffinnagain y a destinationtoast por su ayuda para calcular los datos de los *fanfics.* Los representantes de Wattpad no respondieron a las diferentes peticiones que se les hizo para que aclararan algunos de los datos que nos facilitaron, por lo que finalmente no se incluyeron en este libro. Gavia Baker-Whitelaw. 21 de enero de 2015. «Tumblr Launches Tool to Measure the Most Popular Fandoms». *The Daily Dot.* www.dailydot.com /parsec/tumblr-fandometrics-trends/.

Capítulo 8

349 **Escribí «lengua inglesa»:** Getty Images, Shutterstock, iStock, Adobe Stock, Pixabay, Bigstock, Fotolia, StockSnap.io, Fotosearch, ImageZoo, Solid Stock Art, Pexels, Crestock, Alamy, SuperStock, Stock Photo Secrets, Depositphotos, Thinkstock, Stock Free Images, Unsplash. Imágenes recopiladas cruzando datos de los principales repositiorios en abierto y eliminando aquellos que no aportaban más de diez resultados al buscar en ellos *English language.*

351 **Neurocientíficos actuales prefieren hablar de ordenadores:** Gary Marcus. 27 de junio de 2015. «Face It, Your Brain Is a Computer». *The New York Times.* www.nytimes.com/2015/06/28/opinion /sunday/face-it-your-brain-is-a-computer.html.

356 **Wikipedia solo se puede consultar:** Fundación Wikipedia Foundation. Marzo de 2019. «Lista de Wikipedias». Wikimedia. meta.wikimedia.org/wiki/List_of_Wikipedias.

356 **Google Translate funciona:** Google Translate: Languages. translate.google.com /intl/en/about/languages/. 1 de marzo de 2018.

356 **Las principales redes sociales:** (Sin autor citado). (No consta fecha de publicación). «Localization». *Facebook for Developers.* developers.facebook.com/docs/internationalization. (Sin autor citado). (No consta fecha de publicación). «About the Twitter Translation Center». Centro de Ayuda de Twitter. support.twitter.com/articles/434816.

356 Incluso lenguas nacionales relativamente importantes: Jon Henley.26 de febrero de 2018. «Icelandic Language Battles Threat of "Digital Extinction"». *The Guardian.* www.theguardian.com/world/2018/feb/26/icelandic-language-battles-threat-of-digital -extinction.

356 Incluí estos datos en el primer borrador que hice del libro: Tanto en agosto de 2016 como en marzo de 2019, Google Translate incluía 103 lenguas, mientras que Wikipedia contaba con artículos en 283 lenguas en la primera fecha, pero con 293 en la segunda.

356 Sin embargo, los cibernautas siguen ideando nuevas formas: https://www.theringer.com/ tech/2018/11/5/18056776/voice-texting-whatsapp-apple-2018.

358 La cultura popular y la cultura de internet: Molly Sauter. 31 de julio de 2017. «When WWW Trumps IRL: Why It's Now Impossible to Pretend the internet Is Somehow Less Real». *National Post.* nationalpost.com/entertainment/books/book -reviews/when-www-trumps-irl-why-its-now-impossible-to-pretend-the-internet -is-somehow-less-real.

Índice de términos

A

abreviatura: 50, 105, 106, 127, 143, 144, 160, 164, 167, 174, 183, 357
acrónimo: 24
adolescencia: 45, 47, 48, 51, 94, 96, 114, 117, 139, 140, 271, 368
alargamiento expresivo: 163
alfabeto: 62, 63, 77, 78, 79, 80, 81, 84, 177, 241
alfabeto latino: 77, 78, 79, 80, 177
alifato: 79, 80
almohadilla: 81, 174, 196
alt: 98, 296, 404
AOL: 110, 112, 113, 316
apóstrofo: 78
ARPANET: 99, 101, 295
ASCII: 77, 233, 234, 237, 238
asterisco: 187, 235

B

BBS: 95, 98
Buzzfeed: 51, 187, 303

C

caca sonriente: 218, 229, 230
cambio lingüístico: 48, 54, 56, 57, 58, 59, 61
cambio vocálico: 46, 57
canal escrito: 25, 49, 89, 202, 284, 347
capa de significado: 26, 145, 254
ciberespacio: 29, 72, 91, 189, 210, 259, 291, 295
cibervillanos: 188
cockney: 94
codificar: 99, 233
código numérico: 239
colección de memes: 337, 338
coloquial: 68, 80, 314
comunicativo: 213, 222, 228, 329, 357
comunidad de hablantes: 38, 52, 53, 59, 77, 79
connotación: 46
copistas: 24, 30, 155, 156, 231, 394
corporalidad: 210, 246, 252, 253, 254
corpus: 53, 55, 83, 135, 137, 143, 161, 162, 191, 204, 226
corrector ortográfico: 73, 74
cortesía: 9, 122, 145, 165, 166, 167, 171, 200, 266, 267, 270, 273, 279, 284
cursiva: 158, 159, 164, 172

D

deletrear: 26, 103, 308
dialecto: 94, 375
Diccionario: 42, 101, 350
discurso oral: 20, 23, 30, 49, 68, 86, 157, 164, 175, 176, 179, 237
disrupción: 275, 289, 316

doble sentido: 181, 196, 200, 202, 221
doge: 327, 328, 329, 331

E

emblema: 217, 223
emoji: 28, 132, 212, 213, 216, 217, 218, 219, 221, 223, 224, 225, 226, 227, 229, 230, 240, 241, 242, 243, 245, 247, 249, 251, 254, 256, 257
emoticono: 133, 170, 171, 220, 237, 240, 242, 246, 247, 249
entonación: 75, 149, 155, 186, 187, 202, 274, 276
enunciado: 144, 145, 149, 150, 151, 152, 237, 247, 353
Erin McKean: 340, 362
errata: 88, 169, 270
escritura: 7, 13, 14, 15, 16, 17, 20, 21, 22, 23, 24, 25, 26, 27, 28, 29, 30, 68, 69, 71, 77, 79, 80, 85, 87, 89, 97, 105, 106, 116, 122, 135, 136, 137, 148, 149, 150, 153, 155, 156, 158, 163, 174, 177, 197, 203, 204, 205, 207, 209, 210, 225, 232, 233, 243, 244, 253, 256, 258, 259, 263, 283, 284, 328, 336, 343, 347, 356, 357, 359, 361
escritura formal: 20, 24, 28, 204, 258
escritura informal: 7, 13, 17, 20, 21, 28, 85, 105, 106, 116, 135, 136, 137, 148, 150, 163, 205, 225, 233, 243, 258, 259, 263, 284, 347, 357
estado del Messenger: 173, 182, 299, 309
estereotipo: 190, 221
exclamación: 168, 169, 170, 177, 179, 180, 200, 201, 203, 206, 249, 266
expresión facial: 202
expresión fática: 266

F

Facebook: 39, 61, 73, 84, 95, 96, 105, 112, 113, 114, 117, 120, 124, 125, 126, 130, 132, 138, 140, 142, 143, 147, 194, 197, 263, 282, 293, 294, 300, 301, 303, 307, 310, 330, 356
FaceTime: 126
familecto: 52, 88
fanfiction: 344
fáticos: 272, 273
filosorraptor: 322, 324, 339
formalidad: 28, 77, 88, 150, 154, 232, 258, 269, 283, 347
fotocopiadora: 336
franja de edad: 96, 125, 138
frisón: 82, 83

G

garabatear: 171, 232, 233, 309
gatete: 320, 321, 325
GeoCities: 111, 112, 116, 239
geolocalizados: 41, 81
gesticular: 27, 213, 222, 231, 248
gesto: 23, 29, 170, 213, 217, 218, 220, 223, 229, 230, 248, 249, 254
gesto emblemático: 217, 220, 222
gesto ilustrativo: 223
gesto rítmico: 229
gestualidad: 213, 214, 215, 222, 234, 248, 254, 255, 363
gif: 29, 220, 239, 251, 252
glosario: 42, 101, 102, 337
googlear: 124, 338
gramática: 67, 69, 205, 326, 327, 328
guiñar: 213, 216, 219, 222

H

hablante: 49, 58, 148, 164, 187, 313, 360

hashtag: 175, 176, 179, 225, 292

I

iMessage: 95, 138, 287
impresor: 180
informalidad: 21, 25, 26, 84, 86, 87, 283
innovación lingüística: 47, 49, 58, 61
interlocutor: 26, 145, 150, 151, 166, 170, 200, 217, 218, 248, 249, 250, 266, 267, 269, 275, 284, 288, 290
internauta: 282, 337
iPhones: 242, 285
ironía: 10, 39, 127, 128, 143, 175, 180, 181, 185, 186, 187, 198, 199, 200, 201, 202, 203, 237, 272, 307, 330, 339, 340, 343
islandés: 58, 67, 356

J

jerga: 45, 49, 50, 51, 52, 85, 101, 102, 103, 104, 105, 106, 111, 117, 123, 126, 132, 167, 169, 172, 182, 183, 184, 191, 200, 201, 310, 318, 320, 322, 324, 327, 333, 337, 342

K

kaomoji: 238, 239, 240

L

lenguaje: 9, 10, 15, 16, 18, 20, 26, 30, 31, 38, 46, 49, 53, 54, 73, 75, 81, 82, 83, 87, 88, 89, 91, 99, 102, 103, 104, 106, 116, 126, 129, 144, 163, 168, 171, 172, 179, 181, 192, 193, 194, 199, 203, 209, 211, 214, 225, 226, 248, 253, 256, 261, 273, 284, 342, 343, 359
lengua oral: 22, 150, 152, 175, 248
léxico: 36, 213, 219
lexicógrafos: 71
lingüística: 15, 16, 36, 37, 44, 47, 49, 52, 59, 60, 61, 69, 70, 77, 83, 84, 87, 88, 94, 97, 106, 149, 189, 197, 200, 201, 211, 214, 265, 324, 340, 355, 356, 360
Linguthiasm: 213, 363
LISP: 99, 172
Listserv: 295, 296, 301
LiveJournal: 95, 111, 179, 185, 186, 345
LOL: 25, 103, 106, 107, 122, 126, 132

M

malsonante: 56, 168
mapas dialectales: 34, 45, 63, 351, 356
Maria Heath: 156
mayúscula: 73, 122, 196, 198
mayúscula inicial: 73, 122, 196, 198
meme: 18, 315, 316, 317, 318, 321, 322, 325, 327, 328, 330, 331, 332, 333, 334, 338, 339, 340, 341, 342, 343, 347
memes de gatitos: 320, 322, 325, 331
memología: 341
memólogos: 342
mensaje de texto: 9, 85, 148
mensaje escrito: 157, 159, 206, 358
mensajería: 82, 85, 109, 110, 115, 116, 117, 149, 165, 234, 235, 282, 286, 299, 357
mensajería instantánea: 82, 85, 109, 110, 115, 116, 117, 165, 282, 286, 299
Merriam Webster: 350, 351
Messenger: 95, 110, 111, 113, 136, 166, 173, 182, 282, 286, 299, 309
mímica: 27, 225, 255
minúscula: 72, 160, 191, 198, 355
MSN: 95, 110, 111, 299

multiventana: 280
mundo digital: 29, 69, 129, 131, 137, 148, 152, 171, 246, 334, 358
MySpace: 95, 111, 115, 137, 140, 142, 182

N

normas de cortesía: 9, 122, 267, 273, 279, 284
normas lingüísticas: 133, 150, 151, 199

O

OMG: 25, 185, 258
oralidad: 77, 163, 258, 262, 283
ordenador: 44, 70, 99, 100, 107, 108, 131, 138, 160, 166, 172, 178, 204, 209, 239, 261, 318
ortografía: 26, 42, 44, 63, 64, 69, 70, 73, 74, 121, 156, 162, 253

P

palabrota: 345
pasivoagresividad: 128, 143, 154, 190
peineta: 213, 216, 217, 218, 219, 222, 230, 248
performar: 113, 114
persona anónima: 294
persona conectada: 109, 110, 336
pixelados: 29, 197
plurilingüismo: 356, 362
pódcast: 92, 213, 363
posinternet: 128, 130, 137, 138, 142, 143, 146, 147, 148, 300, 332
post: 76, 127, 195, 200, 250, 257, 272, 284, 303, 304, 305, 306
preinternet: 128, 129, 130, 131, 132, 134, 136, 138, 146
pseudónimo: 105, 113, 143, 305, 343
puntos suspensivos: 147, 152, 153, 154, 155, 201
puntuación decorativa: 196, 197, 200
puntuación irónica: 200, 201, 205
puntuación minimalista: 187, 194, 197, 201, 327

Q

QWERTY: 19, 174

R

rasgo lingüístico: 60, 76, 133
recurso expresivo: 163
Reddit: 98, 117, 127, 296, 309, 310
Ryan Gosling: 324, 326, 328

S

salto de línea: 237
sarcasmo: 159, 165, 172, 174, 179, 181, 182, 183, 184, 185, 187, 197, 200, 204, 237, 253
significado literal: 184, 251, 272
signo: 26, 87, 121, 154, 155, 168, 169, 170, 177, 180, 181, 182, 183, 184, 185, 186, 196, 202, 203, 216, 217, 235, 240, 250, 279
signo de exclamación: 168, 169, 170, 177
signo de interrogación: 180, 196
signo de puntuación: 154, 177, 182, 184, 185, 202, 279
sílaba: 177
sistema de escritura: 27, 77, 80, 256
sistema de mensajería: 149, 235
Snapchat: 95, 137, 138, 194, 220, 286, 294
snek: 327, 329
sobreinterpretar: 148

SoftBank: 239, 240, 241, 242
sonido vocálico: 43, 57, 164
subcultura: 192, 346

T

Talkomatic: 277, 280
teclado predictivo: 69, 73, 132, 190
teléfono fijo: 92, 140, 287, 358
tercer espacio: 291, 298, 311, 403
texto escrito: 225, 234
textos informales: 15, 44, 83, 147, 150, 152, 164
tipografía: 174, 241, 258
tono de voz: 146, 148, 156, 157, 161, 162, 166, 176, 197, 199, 202, 203, 204, 206, 207, 211, 248, 262, 269, 357
transcribir: 17, 22, 34, 41, 78, 79, 80
transcripción: 16, 78, 79, 87
trols: 306, 309, 329
tuit: 39, 42, 71, 81, 97, 196, 299, 330, 340
tuitear: 82, 83, 174, 197
tuitero, -ra: 53
Tumblr: 92, 116, 173, 179, 192, 193, 194, 195, 196, 197, 200, 201, 337, 341, 345
turno de palabra: 276
Twitter: 38, 40, 41, 42, 49, 50, 53, 55, 56, 61, 72, 73, 80, 81, 82, 89, 95, 104, 112, 114, 117, 120, 124, 125, 133, 138, 143, 157, 163, 173, 175, 190, 191, 194, 196, 197, 201, 220, 237, 285, 292, 293, 295, 301, 339, 341, 356

U

Umashanthi Pavalanathan: 81, 245
Unicode: 173, 240, 241, 242, 243, 245
Unix: 188, 277, 388, 401
Usenet: 95, 98, 99, 100, 103, 104, 113, 157, 179, 204, 295, 296, 315, 316
uso de las mayúsculas: 87, 102, 156, 159, 137, 189

V

variación ortográfica: 43, 367
variedad lingüística: 94, 97, 201
verbalizar: 274
vernáculas: 34, 77
videochats: 250, 311
videollamadas: 91, 126, 138, 290
vínculos débiles: 57, 58, 59, 60, 61
viral: 36, 127, 195, 200, 294, 329
virgulilla: 177, 182, 183, 184, 185, 186, 187
vocabulario: 45, 47, 49, 51, 56, 76, 83, 101, 102, 126, 188, 213, 359
vocálico: 43, 46, 57, 164

W

WeChat: 285, 286
Wired: 121, 122, 158, 247, 315, 362

X

xeroxlore: 336, 337, 411

Todas las erratas de este libro
han sido colocadas estratégicamente.